バビロニア語文法

～バベルの塔を見上げて人々は何を語ったか～

飯島　紀

オリエンス語シリーズ

信山社

はしがき

アモリ人によるシュメール文化のいわゆる換骨奪胎は、まずBC2380年頃サルゴン（シャルル・ケーヌ）のアッカド王朝によって始められたが、BC2000年頃になると、イシン王朝、ラルサ王朝のセミズム文化によってほぼ確立され、遂にBC1800年頃のバビロン王朝によって完成された。以降はシュメール文化から脱皮したセム族王朝の時代になるわけだが、その創設者はハンムラビ王だったと考えて良かろう。

ところが農耕・牧畜の民、バビロニア人は一挙に大帝国を築くというような武力を持たなかったため、歴史上は同族のアッシリア人が成し遂げた全世界統一の偉業を脇から眺めている雌伏の時が続いた。そしてBC600年頃になってナボポラッサルがアッシリアの王アッシュール・ウパリット二世を攻撃、自殺させて、王政復古し、カルデア王国（新バビロニア王国）を確立したのである。従って、古バビロニア王朝の文化・伝統は1200年の古都バビロンを中心に、ハンムラビ王以降連綿と新バビロニア王国にまで続いたと考えるのが自然である。

本書はそういう意味で、H.F.LUTZ博士の集めたカリフォルニア大学にある資料から、新古バビロニア国での古文書を紹介する形で、バビロニア語文法を解説したつもりである。

なお、楔形文字は時代によって、場所によってかなりの変化があった。そこでやむを得ず、シュメール時代、バビロニア、アッシリア語ごとに代表的なサインのみに限定し使用したことをご了解頂きたい。

日本語に音読みと訓読みとあるように、バビロニア語にもシュメール読みが残っていた。そこで、同じ文字でもシュメール読みする時はアルファベットの大文字で表す習慣があるのだが、必ずしもこのルール通りでないところがあるのでこれもご了解頂きたい。

平成24年7月

飯島　紀

目　次

・はしがき

I　バビロニアの歴史 …… *1*

1　シュメール …… *2*
オリエント（中近東）の先史時代（*2*）
シュメールの都市国家（*7*）
セム語の分類（*9*）
シュメール文字（*11*）
シュメールの遺産（*13*）
2　シリアのセム族 …… *14*
セム族の台頭（*14*）
セム帝国アッカドの興隆（*15*）
イシン・ラルサ王朝（*16*）
バビロンの世界統一（*18*）
ハピルの移動（*23*）
バビロニア王国（*23*）
3　アッシリア王国 …… *24*
アッシリア語の発見（*24*）
アッシリア王国の独立（*25*）
経済交流と軍事体制（*26*）
アッシリアの信仰（*27*）
神聖売春と幼児犠牲（*28*）
アッシリアの恐怖政治（*29*）
セミラミス女王（*30*）
アッシリアの属州制度（*31*）
第一次バビロン捕囚（*33*）

アッシリア大帝国（34）
アッシリアの滅亡とカルデア王国（35）
第二次バビロン捕囚（36）
4　新バビロニア王国 ……………………………… 37
カルデア王国の台頭（37）
ネブカドネザール王のシリア攻略（39）
新バビロニア王国の栄華（41）
バビロンの日常生活（42）
バビロンの神々（44）
新バビロニア王国の衰亡（46）
ペルシア王の出現（47）
新バビロニア王国の滅亡（48）

Ⅱ　バビロニア語文法 ……………………………… 51

1　音　　韻 ……………………………… 52
2　最古の辞典 ……………………………… 53
3　名　　詞 ……………………………… 54
4　代 名 詞 ……………………………… 61
5　数　　詞 ……………………………… 66
6　暦（月名） ……………………………… 68
7　度 量 衡 ……………………………… 69
8　形 容 詞 ……………………………… 72
9　副　　詞 ……………………………… 74
10　否定詞・肯定詞 ……………………………… 82
11　小　　詞 ……………………………… 83
12　接 続 詞 ……………………………… 84
13　前 置 詞 ……………………………… 85
14　動　　詞 ……………………………… 89
15　時代変化 ……………………………… 112

Ⅲ　バビロニア文例 …………………………………………………… 119

1　古バビロニアの古文書 ………………………………………… 120
2　新バビロニアの古文書 ………………………………………… 244

Ⅳ　常 用 楔 字 ……………………………………………………… 309

1　常用楔字（アッシリア文字による目次）（310）
2　楔形文字一覧（313）

Ⅴ　グローサリー ……………………………………………………… 337

・あ と が き

バビロニア語文法

〜バベルの塔を見上げて人々は何を語ったか〜

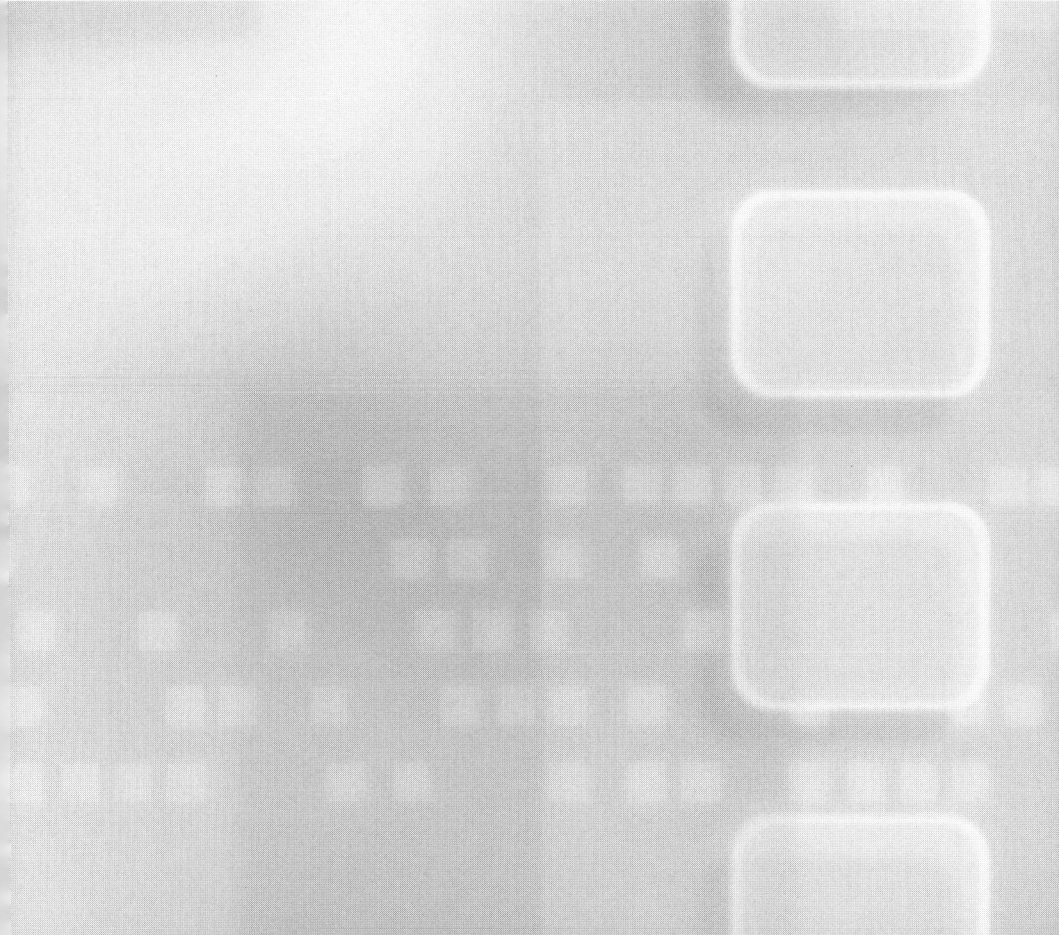

オリエントの興亡

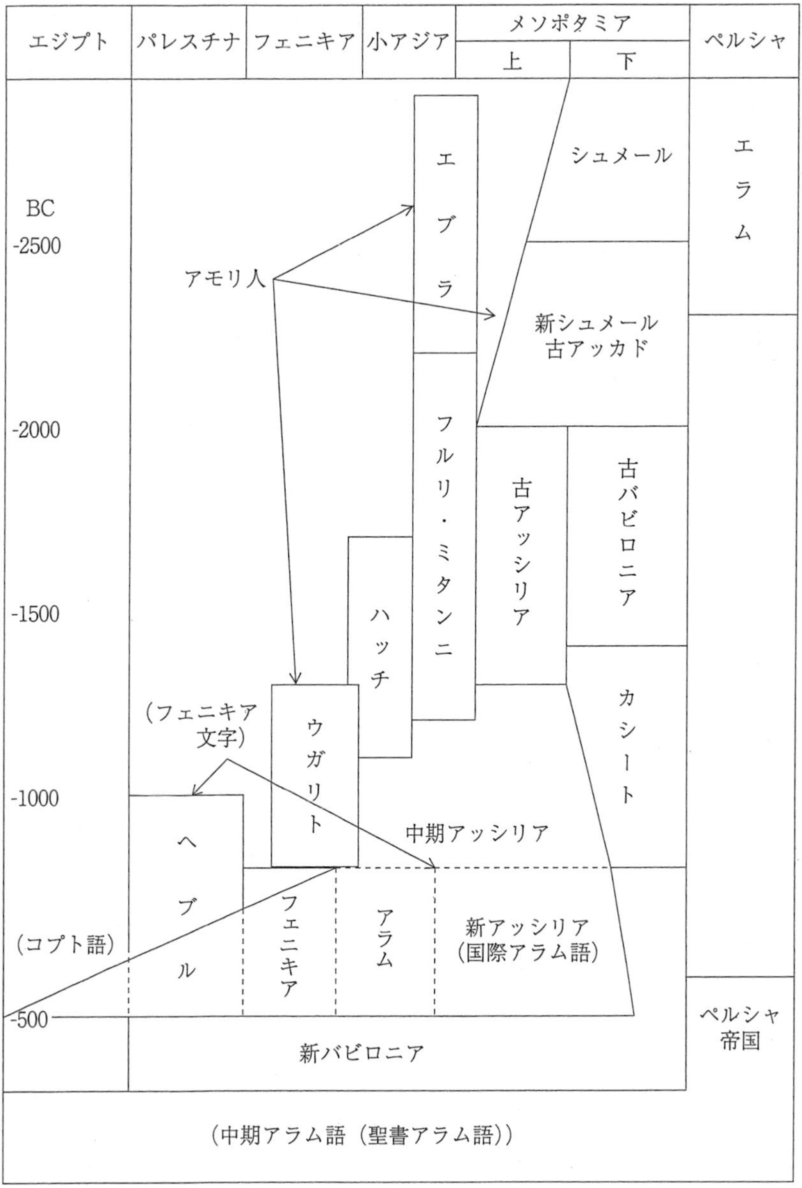
エジプト
パレスチナ
フェニキア
小アジア
メソポタミア
上
下
ペルシャ
BC
-2500
-2000
-1500
-1000
-500
シュメール
エラム
エブラ
アモリ人
新シュメール
古アッカド
フルリ・ミタンニ
古アッシリア
古バビロニア
ハッチ
ウガリト
カシート
(フェニキア文字)
中期アッシリア
ヘブル
フェニキア
アラム
新アッシリア
(国際アラム語)
(コプト語)
ペルシャ帝国
新バビロニア
(中期アラム語(聖書アラム語))

I バビロニアの歴史

1　シュメール

オリエント（中近東）の先史時代

中近東は、東はイラン（古代のペルシャ）インド、北はトルコ、南はエジプトに至るＴ字型の地形である。これこそが紀元前3000年の「全世界」であった。勿論遺跡として残る文化は各地に古くから多数存在するけれども、集団を統治する手段として規則を文字で書き残したのは正にこの地であった。ではどういう人たちであったか。人類の歴史を復習しておこう。

アフリカは300万年前以後、草木の茂るパラダイスであって、数種の類人猿が住んでいたが、その中でアウストラロピテクスと呼ばれる類人猿が頭角を現わした。身長１～1.5mだが、はっきりと二足歩行していたからである。

250万年前になると、氷河時代に入り、寒冷で乾燥した時代になるが、大きな脳と石器を持つホモ・ハビリスが現れる。脳が大きくなったのは寒冷・乾燥時代に生きるため行動せねばならなかったからである。彼らが初めて言語を使用した。その後、ホモ・エレクトスが現れる。そして中近東を初め、ロシア、印度、東南アジアへとユーラシア大陸に広がっていった。

今から100万年前になると、再び厳しい寒気が訪れて、新しい人類を生み出した。それがホモ・ローデシエンシスである。200年前のホモ・ハビリスに比べると、脳の体積は2.5倍になった。

35万年前の寒冷期になると、ホモ・ヘルメイ（又はホモ・サピエンス）が現れて、ユーラシア大陸に広がった。ヨーロッパではネアンデルタール人として有名である。このホモ・ヘルメイから我々も別れているので、従兄弟のような関係である。我々はホモ・サピエンス・サピエンスと呼ばれるが、12万年前頃現れ、８万年前頃、アフリカを出てアラビア半島経由でインド辺りに移動して、そこからユーラシア大陸に分散していく。

８万年前一時的であるが、世界の海岸は今より100mも低くなりアフリカがアラビア半島と陸地続きになったという。この機会にホモ・サピエンス・サピエンスは西インドに移動した。そしてここから東へ旅を続けたのは華南モンゴロイドであり、折り返し西の中近東に向かったのがセム・ハム族であり、寒冷な北に向かったのが、後に西欧の白色人種とアジアの黄色人種が分離することとなるユーラシア人である。

米テキサス大学人類進化学の根井正利教授は人間の細胞の遺伝子の比較研究から、まずアフリカ人がおり、そこからホモ・サピエンス・サピエンス人が分離したのは12万年前で、それから西欧の白色人種やアジアの黄色人種が別れたのは５万5000年前であると発表した。根井教授は蛋白質や血液に含まれる186個の遺伝子を比較して計算したという。

同じような結論は、惜しくも最近亡くなった国立遺伝学研究所の宝来聡教授も発表した。

彼は細胞の中だが核外に存在するミトコンドリアのＤＮＡを調査したのである。少し専門的な話になるが、１万6500対から成る塩基配列は面白いことに母親からのみ遺伝し、かつ核内ＤＮＡよりも５～10倍の早さで突然変異することに目を付け、世界の母親116人の胎盤のミトコンドリアＤＮＡを取り出して調べ、仮にその突然変異が100万年に２回起こると想定し計算した結果、一人のアフリカ黒人女性（旧約聖書の天地創造の記事から、冗談に最初の女性エバだと言う人もいる）から現人類60億の祖先が12万5000年前に生まれ、それからユーラシア人や古モンゴロイドつまり華南モンゴロイドが分離したのは７万年前であると発表した。根井と宝来では少し数字に違いがあるけれどもオリエントに人が住み始めたのは５～７ 万年前だと言えそうである。

米ハワイ大学のレベッカ・キャン教授も147人の DNA を調べてほぼ同じ結果を得ている。

こういうことから人類の12万年前の分離はアフリカのエチオピアあたりであろうと考えられるし、５～７万年前の分離は西インドに近い所であったと想像されている。不思議なことに遺伝子で調べても現在旧人の影響は殆ど残っていない。99.99% までこのホモ・サピエンス・サピエンスが現在の人類の祖先である。

今日のオリエント地方はおよそ２万年前、雨量が豊かで、草木や動物が繁殖し、原始林で覆われた湿潤地帯であった。それから氷河の後退に従ってこの地帯の雨は少なくなり、異常乾燥が支配するようになった。そこで１万年前頃から人類はこれに対応して狩猟、牧畜、農耕の生活をするようになった。

この逆境に対応した人類の知恵と努力がこのオリエントの三日月地帯に最古の文明を作り上げたのである。

シリアにおける遺跡は紀元前8000年まで遡(さかのぼ)る。当時ユーフラテス川の上流までペルシャ湾が延長し入り込んでおり、当時の海岸にあったと思われる、現存する最古の遺跡テル・ムレイベト（今や残念ながら近年作った人造湖の下に沈んでいるのだが）を調べても住民はまだ農耕を知らず、狩猟や野生の麦を採集して生計を立てていたらしい。

一方、その頃ヨルダン渓谷では既に農耕が行われていたという。その中心は農耕に灌漑用水まで使用していたイェリコであるが残念ながらイェリコの歴史はいったん紀元前6000年で途絶えてしまうので詳細は分からない。

もう一つは地中海沿岸のラタキアから北に10キロほどのラス・（アッ）シャムラすなわち、茴香(ういきょう)岬（ウガリトともいう）と呼ばれた所で紀元前7000年頃の遺跡が発見された。まだ土器を知らなかったと言う。同じ頃の遺跡はビュブロス（今日のジェベイル）でも見つかっている。この時代をオリエントの新石器時代と呼ぶが、紀元前4000年頃まで続く。

残っている当時の家は楕円形の一間きりの煉瓦壁のもので、床は石を敷き詰め、上に漆喰(しっくい)を塗った物であった。通常の日用品は石か骨で作ったが、紀元前4000年頃からは青銅で作った物、たとえば回転式の印章が現れてくる。時代は青銅器時代に入ったわけだ。印章があるということはこれは村落の中で所有関係を明瞭にし始めたということでもある。

当然のことながら銅の精錬所も発見されている。温度を上げるためにはアスファルトを用いた。ふいごもあったであろう。材料としての金属錫(すず)も入手していた。青銅つまり銅と錫との合金のよさ、つまり色のよさや堅い材質は恐らく初めは偶然発見したに違いない。

青銅加工は中空成型法と言い、先ず作りたい物を蜜蜂の蝋で作り、その回りを粘土で固めてから暖めて中の蝋を溶かし出し、その粘土の型にドロドロに融けた青銅を流し込むという技術である。蜜蜂の巣から蝋を集めるのも山岳地方の大変な仕事であった。

なお普通、地中海の東沿岸地方をレヴァント地方というが、誤解がなければシリアという言い方もある。昔のアッシリアの最大版図（トルコやエジプ

イディ・イルムの円筒印章　前期シリア文化期　前2000年頃　アレッポ博物館

i　-di$_3$　-il$_3$　šakkanakku　ma　-ri$_2$^{ki}

イディ・イル　長官　マリ国の、（及び）

i　-di$_3$　-^{d}　da　-gan　šabra

イディ　・　ダガン　高位聖職者（その）

解説

šakkanakku=GIR$_3$-NITA$_2$　šabra=PA-AL

前2000年頃の物。シャカナックは封建領主で副王とも訳す。マリ国はミタンニに近い国だが、バビロニア国に占領されていた。そこで領主は副王（長官）と呼ばれた。図像で、立つのはイディ・ダガン。坐している女神は一本の麦を手にしたシャラ神。彼女はダガンの配偶神である。ダガンは穀物神で、ユーフラテスの上中流でアモリ人に尊崇された。

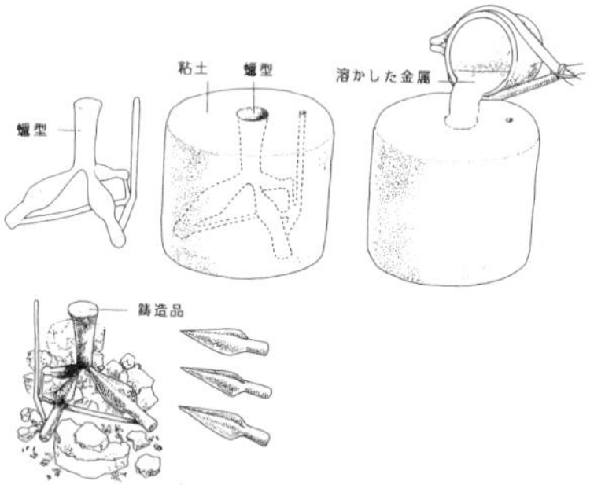

失蝋法は前４千年期に発明されていた。先ず蝋で模型を作り、これをきめの細かい粘土で覆い熱すると、蝋は融けて流れ出し、粘土の型が出来る。この粘土の型に溶かした金属を流し込み、冷めてから型を割れば製品が出来る（上図参照）

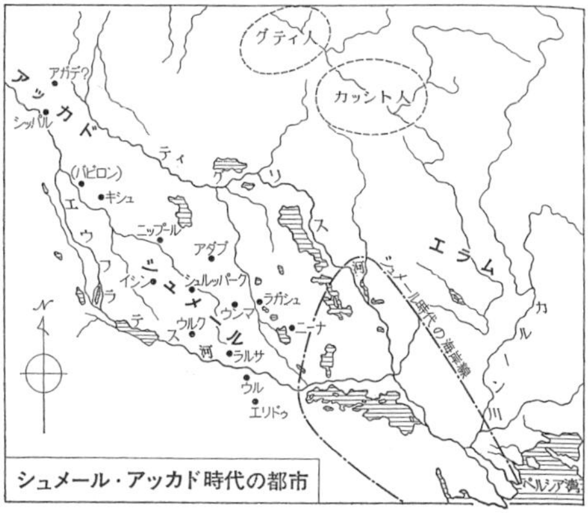

シュメール・アッカド時代の都市

トを除く）をシリアというのだが、現在はシリア共和国が存在するので紛らわしいため、なるべくレヴァント地方ということが多いのである。

この地は東西に狭く、山岳が海岸近くに迫っており、ヨルダン峡谷のように水面下の地形もある。又農作物の豊富な地もあれば一本の木も生えぬ荒野もある。

レヴァントの地は古代文明の発祥地と言うよりは東西南北の文化の交流点であった。紀元前3500年頃には近くのビュブロスにも家々が立ち並び小規模な集落ができてくる。そして金銀の細工や土器からシュメール文化との交流さえ認められる。当時レヴァントに住むフェニキア人は金属や象牙の細工を輸出していたし、現在のイスラエルのベール・シェバ近くではネゲヴ砂漠の銅鉱山から出た銅を精錬加工もしていた。こうして作られた祭用の銅器具が430個もエンゲディ近くの洞窟で発見された。

紀元前3000年頃のエジプトは銅やトルコ石を産するシナイ半島への通路を確保し、さらに海外に輸出するためにレヴァントのビュブロス町の船を利用した。ミイラを納める棺や死体保存に不可欠な樹脂をとる糸杉や樅（もみ）の木を輸入するにもビュブロスの船が必要だった。また葡萄酒や蜂蜜もビュブロスから輸入していた。このようにビュブロスはエジプトの重要な貿易港であった。

新石器時代末期の紀元前3000年以後はペルシャ湾がかなり干上がって現イラクのバビロン（今のバグダッドの南約80キロにある）の南部にはシュメール王国が設立された。このシュメール人の出所については定説がないがおそらく東部から移住してきたと言われる。

聖書のジェイムズ王版では、紀元前3500年頃、人々は東からシュメールに入って来たと言う。

そして、彼らが東から旅行して来た時、シナールの地で平原を見つけ、彼らはそこで住んだと言う。

考古学は、シナールとは結果として、シュメールであることを確認した。1981年の、トーラー（モーゼ五書）でも「東から（人々が）、移住したときに、彼らは、シナールの土地で谷を見つけた。そして、彼らはそこに定住した」と明解に述べている。

「国家の表」として知られている詩の中で、シュメールの回りのいくつかの国が、明らかに全体の中心地にあるシュメールを取り囲むようにして、リストアップされている。

「シェムの子に　エラム、アッシュール、アルファハド、ルッド、およびアラムがいた。」とある。シェムとはノアの長男だったが、ここではシェム（シュメール）の属国としてエラム、アッシュール、アラムなどの国が存在したことを意味している。上記の詩で、ちょうどシュメールが地理上文化国家の中心だったように、聖書はシェムを彼の息子達によって囲まれた父として表したものだ。

同じ頃ペルシャのザグロス山脈の南側高台にはシュメール時代以前からエラム人がいたので、シュメールと干戈（かんか）を交えて止むことがなかったが、このエラム人はモヘンジョダロで代表される古代インダス文明を作り上げたドラヴィダ人に近く、またシュメール人にも近い人種だったのではないかと言われる。

それは、原エラム文字はシュメール文字と似ているし、エラム語も今日のドラヴィダ語に似ているからである。

シュメールの都市国家

初期王朝は都市国家時代で、メソポタミア地方の支配者は殆どシュメール人であった。歴史的に確定できる最初の王朝はキシュ第一王朝である。続いてウルク第一王朝が生まれる。有名なギルガメシュは洪水物語の叙事詩に登場するが、実際に実存したウルクの暴君であったと言う。粘土板によるとウルク第一王朝の第５番目の王であった。

紀元前2700年頃メス・アン・ニ・パド・ダがウル町で第一王朝を開く。これに続く百年はウル町にとって闘争の時代となる。この時代に有名なのは王墓で発見された殉死の習慣である。王が死ぬと槍を持った護衛兵とか女官たちとか戦車など、おびただしい殉死が行われた。エジプトの古代王朝時代にも殉死の習慣が持ち込まれていたが、起源は同じと考えられる。シュメールでは殉死の習慣はウル第一王朝以後には伝わらなかった。しかしこの習慣は遠く中国に伝わり、殷の王朝や秦の王朝にも見られるのである。

シュメール人の都市国家の分立した時代を初期王朝時代（紀元前2900～

2335年頃）というが、ウル、ラガシュ町など神殿を中心に城壁で囲った独立国家であった。神殿には町ごとにそれぞれ守護神が祀られ、サンガと呼ばれる神官がいた。王はサンガを通して町を支配した。例えば、ラガシュでは王は主神ニン・ギルス神を祀る神官であり且つ王であった。ラガシュでは紀元前2600年頃ウル・ナンシェを初代としたラガシュ王朝が成立していた。そしてウル又は近くのウンマなどの都市と絶えず争った。

最後はウンマのルーガル・ザギシが勝利を治め、ラガシュを征服した後、統一した帝国を築き上げた（紀元前2400年頃）。史上初のシュメール帝国である。ただしルーガル・ザゲシはシュメール全体の統一までには至らなかった。なぜならアッカドより起こったセム族のサルゴン（シャルル・キーン）が戦車と弓矢を用いてルーガル・ザゲシを破り、セム族では初めてメソポタミアを統一するからである。アッカド人の始めての王朝でもある。なおこの頃地中海に近いエブラでも繁栄期を迎えていた。

山岳のグティウム族がメソポタミアに侵入し、再び外国人による王朝が開かれる。これを倒し、シュメール人の手に戻すのはウル・ナンム王である。

紀元前2111年になるとウルのウル・ナンムがメソポタミアとエラムとを併合し、シュメール人最後の帝国、ウル第三王朝を開くのである。

ウル・ナンムは最古の法律を成文化しただけでなく、ウルやバビロンの地に大ジグラッドを建てさせた。これが聖書の中でバベルの塔といわれるもので、メソポタミアのピラミッドと称されるのである。ジグラッドはシュメール語ではウニールと呼ぶが、それぞれに固有の名前があった。例えば、ニップルのエンリル神のジグラッドは「エドゥル・アンキ」、後のバビロンのマルドゥクのジグラッドは「エテメン・アンキ」と言う。

ウル第三王朝がアモリ人、エラム人の連合軍に首都ウルを占領されて滅びると、セム族のイシン、ラルサの二王朝の並立時代となる。

以上メソポタミアの歴史を区分すると初期王朝の時代（紀元前2900～2400年）シュメール・アッカド時代（紀元前2400～2000年）、イシン・ラルサ時代（紀元前2000～1800年）、古代バビロニア時代（紀元前1800～1600年）となる。古代バビロニア時代以前はしばしば異民族の支配があったとはいえ、広い意味でシュメール王朝時代と呼んでいいだろう。宮廷ではシュメール語が活用されていたからである。

セム語の分類

レヴァント地方のアレッポの南方65キロにあり現在テル・マルディークと呼ばれている所に大きな丘があるが、これが古代のエブラであった。このエブラの宮殿の公文書館から2万枚に上る粘土板が1963年に見つかった。紀元前2250年頃のものである。王宮が破壊されたとき書庫も崩れたためかなり壊れていた。

この種の発見はマリに次ぐ最大級のものであった。この文書は大部分シュメール語であったが2割近い3000枚は古い楔形(くさびがた)文字の北西セム語（エブラ語）であった。しかし今の所、粘土板の大部分は取引での台帳や商品目録や日記帳であった。ということはエブラは国を挙げて商業で繁栄を築いたらしい。

エブラから出土した文書の全資料の公開にはまだ20年はかかるだろうという。セム語は大別すると東方のアッカド語（バビロニア、アッシリア語）と北西セム語のアモリ語、ウガリト語、フェニキア語、ヘブライ語、モアブ語と南方のアラビア語とに分けられるが、この北西セム語の最も古い形のエブラ語がエブラで発見されたのであった。

セム語の分類

東方セム語	アッカド語（バビロニア、アッシリア語）
北西セム語	アモリ語、フェニキア語、ヘブライ語、モアブ語、エブラ語、ウガリト語
南方セム語	アラビア語

一例を挙げると、

ヘブライ語		原セム語	エブラ語
yašar	（公正な）	yašar	išar
yad	（手）	yad	ida

「…へ」または「…のため」を意味するエブラ語の前置詞 ina は、ヘブライ語では li であるが、アッカド語では ana であって、よく似ている。

このような比較からエブラ語はアッカド語、アモリ語、ウガリト語、ヘブ

エブラの都市遺跡

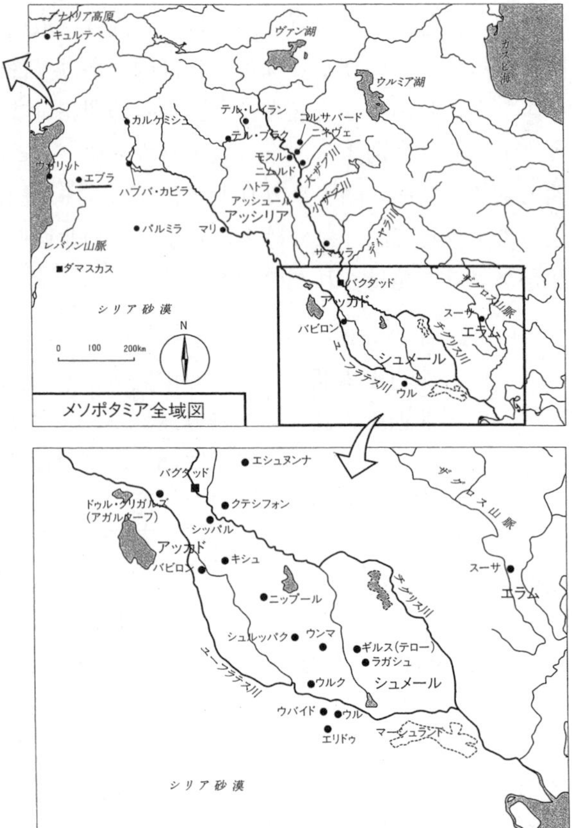
アナトリア高原
キュルテペ
ヴァン湖
ウルミア湖
カスピ海
テル・レイラン
コルサバード
カルケミシュ
テル・ブラク
ニネヴェ
モスル
ニムルド
大ザブ川
ウガリット
エブラ
ハブバ・カビラ
ハトラ
アッシュール
小ザブ川
アッシリア
パルミラ
マリ
ディヤラ川
レバノン山脈
サマッラ
ダマスカス
バグダッド
ザグロス山脈
シリア砂漠
アッカド
スーサ
バビロン
エラム
チグリス川
0　100　200km
N
シュメール
ユーフラテス川
ウル
メソポタミア全域図
エシュヌンナ
バグダッド
ドゥル・クリガルズ
(アガルクーフ)
クテシフォン
シッパル
ザグロス山脈
アッカド
キシュ
バビロン
スーサ
ニップール
チグリス川
エラム
シュルッパク
ウンマ
ギルス(テロー)
ラガシュ
ユーフラテス川
ウルク
シュメール
ウバイド
ウル
エリドゥ
マーシュランド
シリア砂漠

ライ語の順に乖離していることが分かった。ということはバビロニアにアモリ人が侵入する前に、つまりシュメール人の中にアモリ人が入り込んで混在していた時代に既に同じ一部のアモリ人はエブラのあたりに移り住んだのであろう。

発見された粘土板は主として遠隔地貿易関係の文書で、その中に旧約聖書で馴染みの多いセム的な人名、たとえばダビデ、アブラム、エサウ、サウル、ベニアミンなどが発見された。またミカイル、イシュマイル、イシュライル、エルサレムのようにイル、エル（神）の名を含むものもあった。

シュメール文字

シュメール文字については古都ウルク（現イラクのワルカ）で出土した紀元前3100年の680通の古文書が古いものであるが、それによると初めシュメールの作った絵文字は直接そのものを忠実に図示した象形文字であった。それが次第に表意文字をも含むようになった。たとえば足 du の形ははじめ足そのもので描き表したが、後には du の後に -na と付けて gin-na と読み、行くという動詞も表すようになった。また du の後に -ma と付けた時は tum-ma といい、運ぶという意味を表した。日本語の送りがなと同じである。たとえば徒歩の歩は、歩むと書けばアユムと読むようなものである。その次に足 du の形は速やかに書けるように横書きにしたり、簡単に書かれるようになっていった。

エジプトに比べると、メソポタミアの方がはるかに文字の世界であったと言われる。エジプトでは書記と言っても大した職業ではなかったが、シュメールでは書記と言えばエリート中のエリートであった。書記を養成するための学校があり、そこでの生活が粘土板に残されているのだが、現在の日本の学校生活とそんなに違いがない。

「遅刻をすれば教室で立たされ、字を間違えると鞭で叩かれ、成績の悪い子の場合には、父親が心配の余り先生を自宅に呼んで相談し、またご馳走をして帰りに金品を贈る。すると今度は先生が急にニコニコして、君は来学期級長になれるぞ、などと発言した。」と言うようなことが書かれていたのである。

さて文字の話に戻るが、この文字はシュメール人から次世代のアッカド人にも伝わっていく。紀元前1900年まで、つまりハンムラビ王朝以前をアッカド時代、その後はバビロニア時代という。もっとも、その後のアッシリアの時代を含めて、使用言語はアッカド語と総称する。

絵文字は柔らかい粘土板に葦のスチルスを打ち込みながら書いたので段々象形文字から変形して独特な楔形（くさびがた）文字となった。楔形文字はラテン語の cuneus くさびに由来する。英語では cuneiform script ドイツ語では Keilschrift という。

元来楔形文字は縦書きで、日本語や漢文と同じように、上から下へ、そして右から左へと書いた。第一バビロン王朝まではそうであったが、印欧語族のカッシュ（カッシート）がシュメールを征服する時代に入ると、横書きとなり、書き方も左から右へと変わった。つまり、反時計まわりに90度回したのである。

なおシュメール語はグルジア語やインドのドラヴィダ語に似ており、トルコ語とも似たところがある。例えば神はトルコ語で tengri だがシュメールでは dingir である。またこれらアルタイ系の言語は日本語同様に膠着語（こうちゃくご）であり、動詞は文章の最後に来る。

さてこの楔形（くさびがた）文字はシュメールからアッシリアやバビロニアも受け継いだが、筆記体は少しずつ変化した。たとえば天、神についてシュメールではと書き an とも読んだが、これはアッシリア、バビロニアすなわちアッカドの世界でも、天、神の意味だけでなく an の音としても使った。このように表音文字であり、今のアルファベットとなんら変わりない。又たとえばシュメール語でクグ・バッバール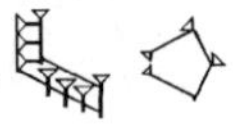 kug-babbar（直訳すれば聖なる光）とは銀を意味するがアッカド語ではそのまま書いてカスパムと発音した。ハンムラビ法典などを見るとシュメール文字で書かれてはいるがこのような表意文字が意外に多い事が分かる。ちょうど星と書いてセイともホシとも読むようにである。英語でも VIZ と書いて、実際にはネイムリーと発音するようなものである。日本語同様こうしたところが楔形文字の難しい点ではある。

後世、楔形文字は古代ペルシアにも採用される（紀元前6世紀のアカイメネス朝）が、ペルシアでは独特の30程の表音的楔型アルファベット文字を作り出していた。アルファベットと同じ表記法である。その後、ササン朝時代に入るとアラム語がペルシャ世界の公用語となったけれども、宮廷内のペルシア語は長くこの楔形文字で表現した。

ただし一般庶民はアラム文字を用いてペルシア語つまりアーリア人のいわゆるインド・ヨーロッパ語で読み書きする習慣になった。

シュメールの遺産

シュメールの主神は天神であるアンであった。アンと言えば天神であり、天空をも意味した。同時にアンはウルク町の守護神であったが、後には娘イナンナに権力を取って代わられた。又最高神「神々の父」の称号もエンリルに奪われてしまう。サルゴン（紀元前2334～2279年）の頃まではエンリルの権威は保たれていた。

シュメール人の神話はそのままアッカド人に受け継がれた。地母神、愛と力の女神イナンナがイシュタル、太陽神ウトゥはシャマシュというように名は変わったが、同じような神々のパンテオンも形成されていた。やがて、紀元前2000年に入ると、最高神の地位もバビロニアのマルドゥク神に代わる。

アッカド王朝ののち一時、シュメール国家が復活するが、これがウル・ナンムのウル第三王朝である。ウル・ナンム王については残っている物は断片的だが、最古の法規を作ったとして有名である。

エジプトの人生観とメソポタミアの地の人生観にはかなり差があった。エジプト人は現世を安定した幸福なものと感じ、来世は現世の延長であり、死後も復活して永遠の生命を得ると楽天的に考えていた。

破壊力を持つ悪霊から身を守るために神々に捧げものをし、魔術師の呪文（じゅもん）で悪魔払いをすることを好んだのはこのためである。ウル第三王朝以降個人神、家系神の概念が発展した。例えば、グデア王（紀元前2143～2124年）の個人神は豊饒の神ニン・ギシュジダであった。それは龍蛇の形をしていた。

シュメール人は大の計算好きであった。シュメール人は普通、10進法と60進法とを併用した。例えば、

◇ ◇ ◇ 𒐏 ≪ 𒐗

$3,600 \times 3 + 60 \times 3 + 10 \times 2 + 5 = 11,005$

のような計算をこともなげにやっていたのである。

この60進法の文化はそのままアッカドの世界に伝えられた。欧米で現在、日常的に使っている12進法の原点もここにある。60才で還暦という干支の習慣もシルクロードを伝わって中国に移転された。

2 シリアのセム族

セム族の台頭

今までセム族が登場する前後の周辺の歴史を眺めてきた。しかしその間もセム族は元来アラビアの砂漠に放浪の旅を続けていたのである。先ず紀元前3000年頃以降、セム族のアモリ人がシュメール人の地に入った。次いで紀元前2500年頃以降セム族の一団が北西に移動し、一部はエブラの地に入りエブ

ウルクの女性　大理石　21.2×15.0㎝

ラ人となり、一部はカナンの地を襲ってフェニキア人となったのである。
　時代は下がるが紀元前1000年頃にはアラム人がその後を追った。
これらの移動は気候の乾燥化が著しく進んだ時と一致している。草原での狩猟が出来なくなったのがその移動理由であると思われる。
　さて紀元前3000年頃から、レヴァント地方各地にセム族の定着が多くなる。しかしまだ独自の文字はなく、公式には楔形文字のシュメール語やアッカド語を流用していた。このようにシュメールやアッカドの傘の下にはあったが、独特の思想が現れ始めた。それは露骨な豊饒祈願と交易至上主義である。
　レヴァント地方のそれぞれの都市には守護神が置かれた。たとえばビュブロス町で豊饒を願う男性の神はバアル（意味は主人）であり、地母神は女主人つまりバアラトであった。
　バアラトはエジプトの牛神ハトホルやアッカドの美の女神イシュタルと同じと考えられた。そこでビュブロスのバアラトは獅子の上に乗りながらも、ハトホルと同様に頭に牛の角と太陽を頂く形で描かれている。

セム帝国アッカドの興隆

　メソポタミアでは早くから、恐らく紀元前3000年頃からシュメール人に混じってセム人（アッカド人）が定着していた。ユーフラテス川中流にセム人の多い都市アズピラヌがあった。この都市の守護神を祭る神殿の女司祭、エントゥに男の子が生まれた。大体、神殿に奉仕する斉女に子が生まれるということは、神を冒涜することになるため、この女は困って幼児を篭に入れて川に流した。潅漑の監督官アッキが偶然それを発見し拾い上げて親代りになった。そしてこの捨て子はサルゴン（シャルル・キーン、正統な王の意味）と名付けられた。このモチーフの物語は中近東には多い。イスラエルのモーゼもそうだし、日本の桃太郎伝説もこの流れである。
　さて、紀元前2400年シュメールのウンマ国のルーガル・ザゲシはキシュ国のアッガ王を攻め滅ぼした。その仇を取ったのがこのキシュの将軍サルゴンであった。アッガ王はシュメール人だったが、仕える宰相サルゴンはアッカド人である。サルゴンは庭師から身を起こしやがて都市国家キシュの宰相に抜擢された。セム人のサルゴンは、シュメール人よりも軽くて強い弓で武装した軍を作り、僅か20年でシュメール人を駆逐し、キシュ近くのアガデを拠点としてアッカド王国を創設した。しかし支配者が変わっても外見上文化は何も変わらなかった。こうしてはじめてセム族によるシュメール文化の世界が始まったのである。

サルゴン王のコルサバードの宮殿は壮大で毎日5400人の兵士達が彼の面前で食事をしたという。バビロニアは鉱産物の全くない土地だがアガデの町には各地から金、銀、銅が集められ、豪華絢爛（ごうかけんらん）たる手芸品で飾られた。

サルゴンの孫のナラム・シン（紀元前2260～2223年）の時代にはシリアの都市エブラ、ウガリトを破壊し地中海沿岸にまで、それこそ「下の海」から「上の海」までアッカド帝国を拡張した。現在のトルコ、ボアズキョイはかってのハッチ国の都ハットウシャであるが、そこで発見された「ナラム・シン叙事詩」に詳しく述べられている。サルゴンのアッカド王朝はその後ナラム・シンなど11王が197年統治したが、紀元前2150年頃ザグロス山脈に居住するグチ族によって攻撃を受け滅亡した。

イシン・ラルサ王朝

シュメールのウルに、エジプトのピラミッドに相当する、ジグラットという高い塔を創ったのはシュメール最後のウル第三王朝であったが、イビ・スエン王の時、つまり紀元前2000年、シリア砂漠から活発に侵入してくるアモリ人（アムル人）によって完全に滅亡した。アモリ人とは砂漠で遊牧生活を送っていたセム族である。こうしてメソポタミアはセム族の時代に入るのである。

さてアモリ人が支配したイシンの町に紀元前1934年頃リピト・イシュタル王が現れてイシン王朝を開き世界最古の法典が作られた。現存するのは破片であるが、100年ほど後に作られるハンムラビ法典と内容的によく似ており、これの方が古いことが立証されている。

イシュタル王法令　(イシン王朝第５代リピト・イシュタルの法令)

§8 

tukum -bi lu_2 lu_2 -u_3

もし　人に　人が、

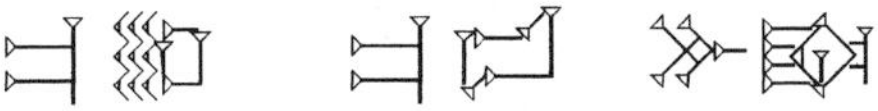

giš-$kiri_6$ giš gub bu de_3

果樹園に　樹を　植えるために

kislah in na an sum kislah bi

未耕地を　与えた時　未耕地で　その

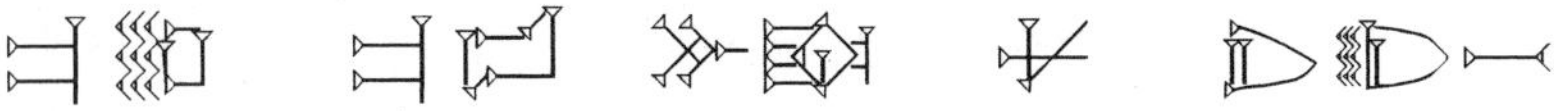

giš-$kiri_6$ giš gub bu de_3 nu ni in til

果樹園に　樹を植えることが　ないならば　終わら

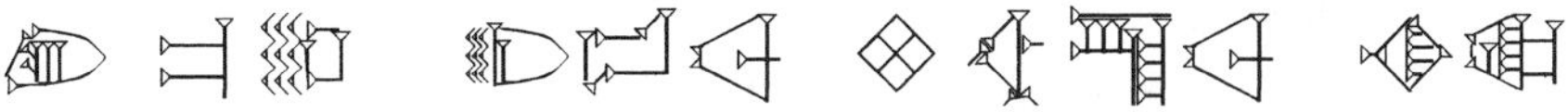

lu_2 giš-$kiri_6$ in gub ba $ša_3$ ha -la ba na ka

人は　果樹園に植えた所の　中　分け前　その　彼の　の　で

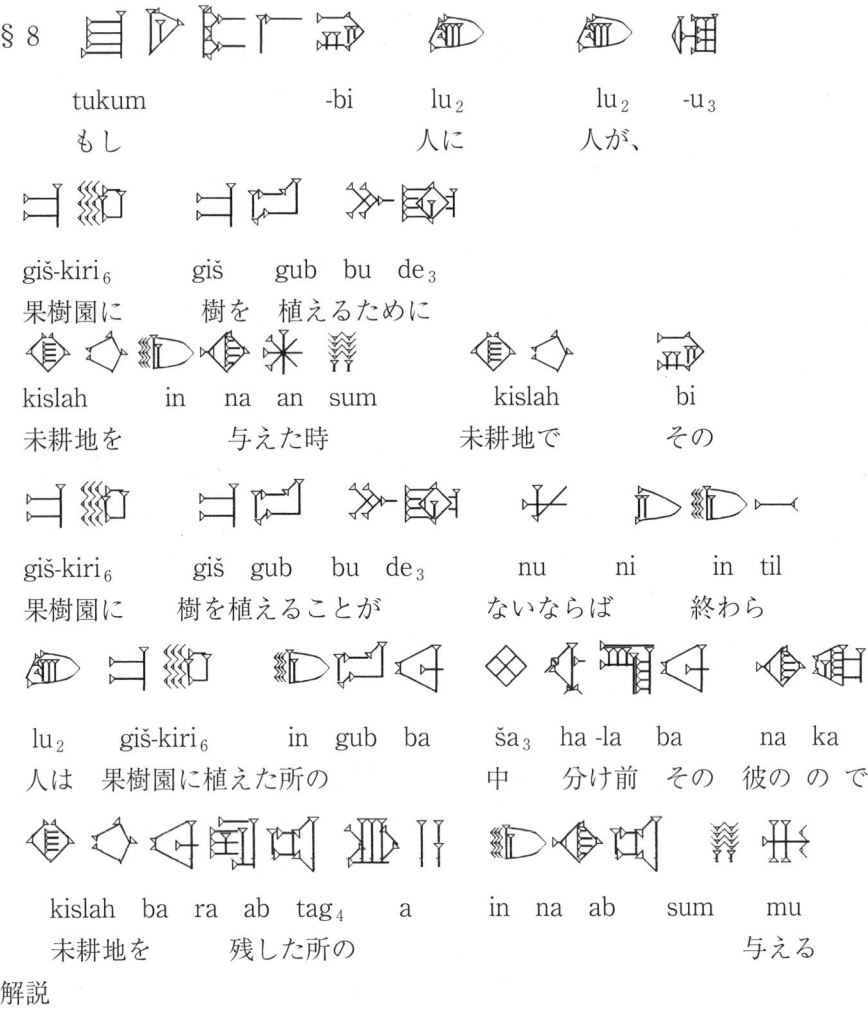

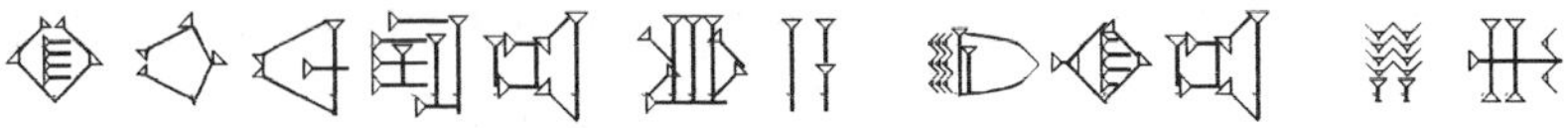

kislah ba ra ab tag_4 a in na ab sum mu

未耕地を　残した所の　与える

解説

tukumbi もし、は長いが šu nig_2 tur lal bi と書く。 kislah < KI -HAD_2

gub bu de_3<gub ed e　in na an sum<i_3 na n sum

植える　こと　が　彼に 彼が 与えた

nu ni in til<nu i_3 ni n til　in gub ba<i_3 n gub a

ない　そこで　彼が 終わら　彼が 植えた 所の

ša$_3$ ha-la ba na ka < ša$_3{}^5$ ha-la^3 bi^1 ani^2 ak^4 a^6
中　分け前 その 彼の の で

ba ra ab tag$_4$ a<ba na　b　tag$_4$　a　in na ab sum mu<i$_3$ na　b　sum e
彼に　それを　残した　所の　彼に　それを　与える

これはセム族アモリ人が支配していたイシンの町で紀元前1934年頃現れたリピト・イシュタル王がハンムラビ法典に先立つこと百年前にシュメール語で編集、施行したものであるが、残念ながら断片的にしか残っていない。ハンムラビ法典の61条と同文である。元来果樹園の成果は依頼主と園丁とが折半するのだが、園丁が果樹園を完成できなかった時は、園丁は未完成の土地分だけ、受け取る成果が減らされる、という内容である。現在と違って土地はあまり価値がなかった時代である。

§８　もし人が、人に果樹園に樹を植えるように未耕地を与えた時、未耕地に樹を植え終わらないならば、果樹園に植えた人にはその彼の分け前として残したところの未耕地が与えられる。

バビロンの世界統一

イシンから130キロ北のバビロンでもアモリ人が王となった。バビロン第一王朝で初代はスムアブ王という。マリにもアモリ人の王朝が生まれた。

アモリとはシュメール語でマルトゥ、東方という意味である。

ユーフラテス川のずっと上流にある古都マリやハランをフランスの考古学者が発掘したところ、バビロニア語で書かれた２万枚に上る粘土板が発見されたが、この紀元前1800年のマリ文書を読むと当時イシンやバビロンやヤムハッド地方のハレブ（アレッポ）を初め多くの都市国家が互いに激しく攻防を繰り返していたことが分かる。この群雄割拠の中からバビロンの第６代のハンムラビ王が浮かび上がってくるのである。彼もセム族のアモリ人で、「マルトゥ全土の王」であったが、彼の法典だけはまだ当時の古代語シュメール語が残っている。バビロニアの６代ハンムラビ王（紀元前1792～1750年）が隆盛を作ったその社会の基礎は正義と自由ということであった。社会は貴族・自由人（アウィールム）、平民（ムシュケーヌム）、奴隷（ワルドゥム）

ハンムラビ法典石碑　ルーブル美術館

サルゴン一世（BC2350頃）
編みひげとヘアーバンドがアッカド風
青銅製　高さ36㎝　イラク国立博物館

ハンムラビ法典本文（山梨学院大学所蔵）

より成る階級社会であったが、刑罰はそれぞれ身分に応じて差があり、また貴族といっても少数の高位の身分ではなく、士族階級程度であったからバランスがとれていてそれなりに自由であった。弱者である寡婦や孤児は伝統的に大切に扱われ、奴隷といえど主人が承認したときは正妻の子と同様遺産も相続でき、あるいは奴隷の身分から解放されることもあったのである。

バビロニア人ハンムラビ王の名は聖書の創世記第14章にもアムラペルとして出てくるがアッカド王サルゴンとともに有名である。どちらも戦国時代を天下統一したが、サルゴンが専制君主とすればハンムラビは政略型の帝王であったという。ハンムラビは太陽神シャマシュを信じ正義を守るために 282 条から成るハンムラビ法典を作り上げこれで国民を統治した。法典は高さ 2.25m、周囲 2 m の玄武岩に彫られた8000語の碑であり初めに訴訟法、ついで窃盗罪、誘拐罪、強盗罪、兵役の義務、土地所有、借家、債権債務等の法律が細かく決められているのである（ハンムラビ法典［国際語学社刊］参照）。

ハンムラビ法典　117条

§117 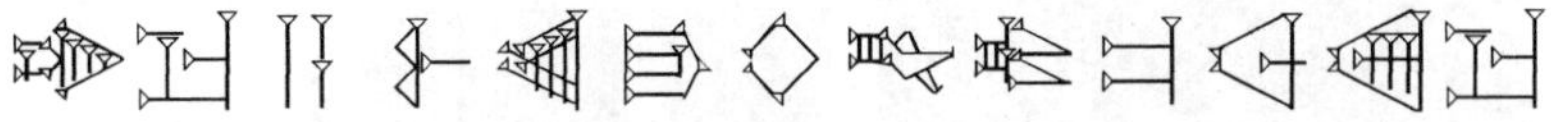

šum-ma　a-wi-lam　e -hi -il -tum　iş-ba-zu　ma
もし　人を　負債が　捕らえたので、

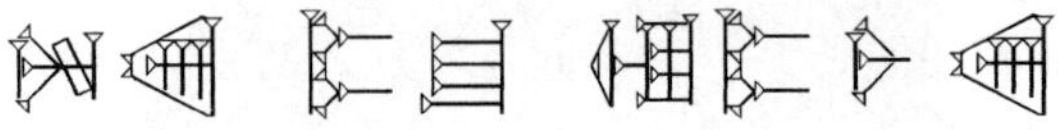

aššа　zu　mār　šu　u_3　māra　zu
妻　彼の、息子　彼の　や　娘を　彼の

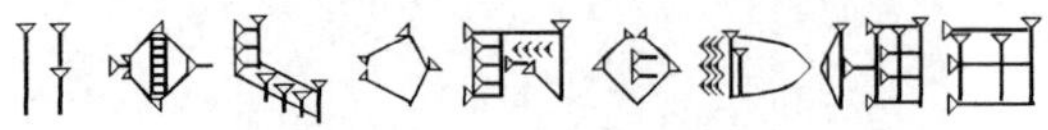

a -na　kaspim　id -di -in　u_3　lu
のために　銀貨　売り、　又は

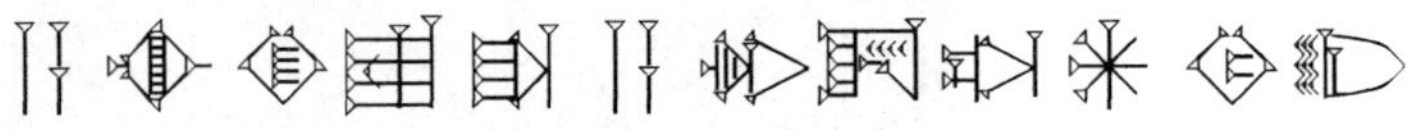

a -na　ki -iš -ša -a -tim　it -ta -an -di -in

に　　　　　　抵当（人質）　　　　渡したならば、

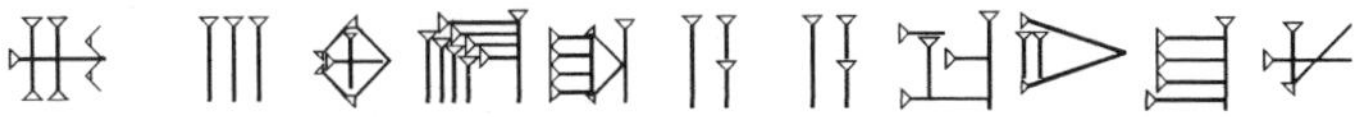

šattam šalašu kam　bit　ša　-a　-a　-ma -ni　šu -nu
年　　　三 の間 家で　　　買い主の　　　彼らの

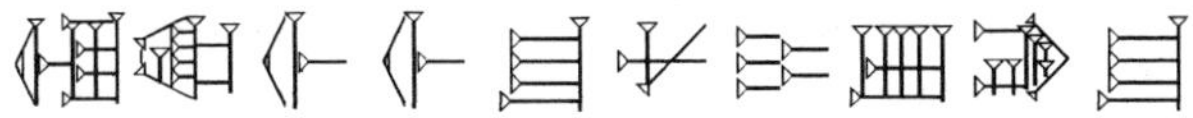

u$_3$　ka -si　-si　šu -nu　i　-ib　-bi　-šu
又は　主人の　　彼らの、居り（働き）、

i　-na ri -bu　-tim　ša -at　-tim　an-du-ra　-ar　šu -nu　iš -ša -ak -ka -an
には　第四　　　年には、自由に　　　彼らを　する。

訳

§117　人に負債が生じたため、金のため妻や子を売ったり、人質に渡した時は妻子はその買い手又は主人の家で三年働けば、四年目には自由と見なされる。

ハンムラビ法典　196条

§196

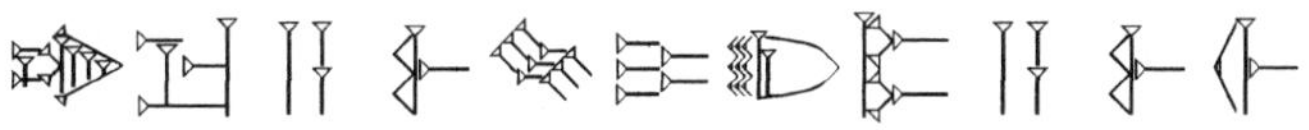

šum-ma　a -wi -lum　i　-in　mār　a -wi -lim
もし　　　人が　　　目を　子の　人の

uh$_2$ -tab -bi　-it　i　-in　šu　u$_2$　-ha　-ab -ba$_2$ -tu$_3$
潰したなら、　目を　彼の　　　　潰す。

訳

§196　人の子の目を潰したなら、彼の目を潰す。

iş-ba-zu　< işbut 過去、三単男　< şabātum 掴む　　aššа zu < aššatu šu

it-ta-an-di-in < itanaddin　完了、三単男 < nadānum 与える
i-ib-bi-šu < ibašši　現在、三単男 < bāšum 存在する
iš-ša-ak-ka-an　< išakkan　現在、三単男 < šakānum 置く
uh$_2$-tab-bi-it　< uhtabbit　D 話態、完了、三単男 < habātum 壊す
u$_2$-ha-ab-ba$_2$-tu$_3$　< uhabbat　D 話態、現在、三単男 < habātum 壊す

全体はバビロニア語であるが、語順は日本語つまりアルタイ語と同じように、動詞が最後に来る所に注意願いたい。この語法は古モンゴロイドの時代より各民族には保持されているが、セム族も初めは古代シュメール語の影響を受けたと考えられる。

ティグリス川（シュメール語ではイディグナ川、アッカド語ではイディクラート川）の上流のアッシュールには同じセム族のアッシリア国があったが、ハンムラビはこれと同盟を結ぶと一気に今のイラクの地を統一しその後シュメール、アッカドの地をバビロニアと称するようになった。

バビロンとはバビロニア語でバブ・イリムつまり神々の門という意味であり、町にはバアル神等のために捧げられた壮大な門が作られ有名になった。元来シュメール語では神々の門カ・ディンギル・ラといった。

シュメール時代の主神アヌ（天のことをアンといい、天地をアンキという。日本語の天と地を天地と言うのに似ている。）はバビロン時代ではマルドゥク、アッシリア時代ではアッシュールと同一と考えられた。またシュメールの太陽神ウトゥ（～の時、～の日、もウトゥという。）をバビロンではシャマシュといい、特に太陽神は正義の神として重んぜられた。日本にも伝わる太陽神信仰大日如来信仰はここにルーツがある。

神殿はジグラット（名はエテメン・アンキつまり、天と地の基礎の家）という初期のピラミッドを中心にして築かれた。ここではニサンの月（3月）の12日間、新年祭が執り行われた。それは一年の豊饒（ほうじょう）の感謝と住民福祉の祈願のためで、儀式の中心は神との聖婚の式であって、その模様は残された粘土板に詳しく説明されている。特に王が交代した年は王権神授の儀式も兼ねた盛大な新年祭があった。これも日本では大嘗祭（だいじょうさい）として行われているところである。

ハピルの移動

聖書によるとこの数百年後に、つまり紀元前1800年頃にアブラハム一族はシュメールのウルを立ち、エブラ近くのハランを通ってカナーンの地に向かっている。ハランではウル同様、シン神殿の仕事に従事していたという。アブラハム一族は元シュメール人の一団とも言われるが、言語は既にアッカド語を使用していたようである。

当時紀元前2100年頃から1100年頃までエラム、メソポタミア、ハッチ、エジプト等の多くの文書で出てくる「ハピル」がアブラハム一族のことだろうと言われている。彼らは人種的にも多様であり職業も雑多で、傭兵、季節労働者、行商人、時には盗賊などと半遊牧の生活を送っていたという。

ヘブライ人つまりイブリ人はエブラの人々だったという説もある。（ただしイブリのイはáで表す喉音の発音でエブラのエとは決定的に違うので、ハピルであるヘブライ人の起源はいまだに討議されている所である。）

紀元前1750年頃海岸都市の人口は急増し、はみ出したその一部はハピルとともに大挙してエジプトのデルタ地帯を襲った。このセム族を中心とする民族はエジプト側からはヒクソスと呼ばれる。戦車を使用してたちまちにデルタ地帯を占領し、タニスを都とする２百年に亘るセム族の王朝を築いたのである。

バビロニア王国

シュメール時代は終わり、イシン・ラルサ王朝に続いてバビロニア時代に入る。バビロンの名について少し触れておく。この地は元来シュメール語で「カ・ディンギル・ラ」つまり神の門と呼ばれていた。そこでアッカド語で「バブ・イル」神の門と言い換えるようになり、更にこれが約（つず）まるとバビロンとなった次第である。

バビロン王ハンムラビ（紀元前1792～1750年）はラルサ王朝を滅ぼし、且つエラムの勢力をメソポタミアの地から一掃すると、全国統一に成功する。こうしてメソポタミアの地は北のアッシリアと南のバビロニアの、セム族二国に分割されたのであった。公用語の言葉も完全にシュメール語からアッカド語（バビロニア、アッシリア共通語）に変わった。

ハンムラビ王が死んで、王子のサムスイルナ（第７代）の時にペルシャ山岳地方、初めての青銅器文化を築いたルリスタン地方のカッシュ（カッシート）族が侵入してくる。やがて東北部の半分を占領して、カッシート王朝を樹立するに至るのである。各地では反乱が絶えずペルシャ湾近くには「海の国」と称する王国も出来た。シュメールの地は暫くこの三国が並立する。

紀元前1600年頃、トルコ、アナトリア地方のハッチ（ヒッタイト）のムルシリシュ一世王が雪崩の如く侵入し、当時の新兵器であった鉄製の刀で攻めかかり11代サムスディタナを殺したので、ここにバビロニア第一王朝は滅亡する。

ついで「海の国」王朝、いわゆるバビロニア第二王朝も崩壊する。
カッシートの第三王朝はバビロンに居を移した。この頃からバビロニア地方はカルドニアッシュ地方と呼ばれるようになった。カッシート族の王朝は400年続くのだが、意外に文化的な寄与が少ない。馬と戦車をバビロニア地方に普及させた事と、楔形文字を縦書きから、反時計回りに90度回して横書きにした事と刺繍技術を広めたぐらいであるという。

紀元前1150年頃、ペルシャのスサを都とするエラム王国のシュトルク・ナフンテによってこの第三王朝は倒されたが、この際、ハンムラビ法典の石碑が盗まれてスサにまで運ばれた事は有名な話である。後にバビロニアにネブカドネザル一世（紀元前1146～1123）が現れ仇を取ってエラムを滅ぼすこととなる。

3　アッシリア王国

アッシリア語の発見

アッシリアの名は彼らの首都の守護神アッシュール神に由来する。アッシリア人も東セム語に属し、バビロニア人同様セム族であった。

アッシュールの地は海抜500メートルの高地であり下流のような湿地帯ではない。代々の王は運河の開発をしているが、これは農耕潅漑のためではなく都の中の庭園や水利のためであった。剛健な、時には残忍過酷なアッシリアの民族は農耕文化性の強いアッカド王朝、バビロニア王朝とは対象的である。

この後、アッシリアの歴史は紀元前612年ニネヴェ（アッシリア語ではニヌア、ギリシャ語ではニノス。現在のクユンジク村とネビ・ユヌス村に当たる）の陥落まで2000年にわたる長いものである。

19世紀末トルコのカッパドキア地方で多数の粘土板が発見された。これはアッシリア語であることがすぐ分かったが今までに知られているものと楔形文字の綴り方が全く違っていた。それまでニネヴェで見つかったものはアッシュール・バニパルの在位中（紀元前668〜627年）のもので、今度のものは紀元前2000年頃の古代アッシリア文字のものであった。

ここで音読みと訓読みについて述べたい。

シュメール語の楔形文字で dingir（神）と書いた場合、発音は ilu とアッカド読みする場合と、シュメールの発音を残してアンと読む場合とあった。日本語の「日」を音読みでニチ、訓読みでヒと読むようなものである。

もう一つの例を挙げる。多くのアッカドの碑文では一番最初に「大きい家」bit rab と記されていることがある。この意味は「王宮」だがしかしこれは bit rab と発音せず、シュメール語訛りで e-kāllu（<e_2-gal シュメール語で、大きい家）と発音される。これも音読みと言えるだろう。なお参考にいうと、エジプトでも per-aa「大きい家」と記してペルアア、つまりファラオは王宮、王の意味となる。

カッパドキア地方から発見された数千枚の粘土板がアッカド学を盛んにした。面白いことにその殆どが経済関係の記事だった。

アッシリア王国の独立

アッシリア王国の初期の王はシャルルム・ケン一世（紀元前1970年頃）とその子プズル・アッシュール二世であった。今のトルコのキュルテペの丘に当時カネシュという古代都市があり、ここを中心にアナトリア地方にまで活躍して植民地を広げていた。丁度その頃からアッシリアは独立の勢力となった。かれらは首都アッシリアから千里の道も遠しとせず、はるばるやって来てメソポタミアの織物と錫を提供し、銅を買い付けたのである。

たとえば銀１シェケルについて錫20シェケル量の買い付けをしてきて、アナトリア高原では銀１シェケルについて錫６～10シェケル量で売りつけたから２、３倍の儲けを得ていた。

その後このようなうまい取引はハッチ人の攻勢で衰退したが、紀元前18世紀シャムシ・アダド王（紀元前1823～1791年）の時代に再び隆盛を迎える。彼は主に西に向かって領土を拡張し地中海沿岸にまで達した。

アッシリアは初めバビロン第一王朝とは友好関係にあったが、このシャムシ・アダド王の死去により、天下はバビロンのハンムラビ王が統一することとなる。

ハンムラビ亡き後も印欧語族のハッチやカッシュやミタンニ等の強大な王国の前ではアッシリアは完全な独立は得られなかった。

アッシリアはミタンニの滅亡によりやっとアッシュール・ウパリット一世（紀元前1365年～1330年）が着実に勢力を伸ばした。これから５代１世紀半の間に最もめざましい歴史を残すこととなる。

経済交流と軍事体制

紀元前12世紀末ティグラト・ピレセル（トゥクルティ・アピルエッシャラ）一世は版図を黒海からフェニキア沿岸まで拡張し歴代の王の念願を果たした。

アッシリア王のライオン狩り

シリアの木材を大量に買い付け、船を作り、フェニキア人を使って海上にまで兵を進めた。その時、鯨も目撃されている。アッシリアは正に中東の文化交流の要を握ったのである。

ウパリット一世は毎年定期的に農民を集めては軍事訓練を施し国力の強化を進めた。アッシリアの通商路を完全に確保するためには武装化する必要があったのである。

トゥクルティ・ニヌルタ一世（紀元

前1244～1208年）は更に富国強兵策を進めてカッシュ王朝下のバビロンを征服し、興味ある事だが、その土地の守護神マルドゥクの信仰を初めバビロニア文化をアッシリアに持ち帰った。

アッシリア軍の中核は陸軍であったが、兵は弓と盾と剣をもち、投石器と戦車で戦った。戦車とは二頭の馬に引かせ、御者、射手、護衛兵の三人が乗ったものである。軍には必ず船、橋や陣営の建設に当たる工兵を抱えていた。工兵は時には敵の城壁の真下に土地を盛り上げるとか城壁を突き破る槌（破城槌）も作った。

アッシリアの信仰

エジプトの太陽神をラーというが、元来はエルだったと思われる。それがギリシャに入るとヘリオスとなり、アッシリアのセムの間では太陽神エルウ、イルウ（el → elu → elh）となっていた。この言葉は後にエロハ（複数はエロヒーム）となり、更にアラビア語では冠詞アルが付いてアル・エロハつまりアッラーとなる。

シャムシ・アダドの碑文によると既に紀元前25世紀からニネヴェは女神イシュタルに捧げられており、特にエメヌエ神殿には愛と戦争の女神としてのイシュタルが祀られていた。

イシュタルは月神シンの娘でライオンを従えている。ギリシャではアテナ女神、エジプトではハトホル女神と同じと考えられた。

アッシリアのトゥクルティ・ニヌルタ一世（紀元前1244～1208年）はカッシュ王朝下のバビロンを征服し、守護神マルドゥクの信仰をアッシリアに持ち帰った。マル

天候神アダド

ドゥクはアッシュール神と同格とされ、他に太陽神シャマシュ、月神シン、稲妻と雷で表現する天候の神アダドがあった。アダドは手に稲妻を槍のように携え雄牛を従えて、バアルつまり主とも呼ばれた。

神聖売春と幼児犠牲

バビロンでも神聖売春が行われていたことはヘロドトスも述べているが、フェニキア人も、ヘブライ人もイシュタル女神殿で娼婦を抱えていた。

特にキプロス島の西南端のパポスにあるアシュタロテ女神殿が有名で、この地方の未婚女性は神殿に詣で、パポスの王の代理人と称する者に処女を捧げることを喜んだ。愛と力の女神アシュタロテ（イシュタル）に女の愛を捧げることが奨励され、女は神殿で参拝者の中から選んだ男性に一生に一度の操を捧げることとなっていたのである。日本でも水揚げといい、京都の半玉の芸子がスポンサーの旦那に身を捧げて一本にして貰い悲しみの中にも喜んだものであるし、昔から宿泊する貴人の床にそこの娘が夜伽（よとぎ）として仕える習慣があった。

長男を犠牲に捧げようとして押しとどめられたアブラハムレンブラント　エルミタージュ美術館

古代ギリシャの歴史家ヘロドトスの言葉を聞こう。

「女性は誰でも一生に一度イシュタル神殿にて見知らぬ男性の腕に抱かれねばならない。彼女達は頭に紐で編んだリボンを着けて聖域に座っている。見知らぬ男はそこを歩いて選択をする。男は誰かの膝の中に金を投げ込めば良い。それから聖域の外で彼女は男に身を任せ、初めて家に帰ることが出来る。その後はいかに金を積んでも彼女を自由に出来ない。醜い女は三年も四年もひたすら座らねばならなかった。また目抜き通りで彼女達を見て脇に逃げるような男性はいなかったという。」

この神殿売春は地中海沿岸からインダス川に至るまでオリエントのどこの神殿でも普通に行われていたことだった。

またメルクァルト神は最高の供物を要求したから、人間特に子供、長子を犠牲にすることを望むと考えた。一般にセム族はすべてその習慣を持っていたが、フェニキアやカルタゴでも盛んであった。犠牲を捧げる祭壇は石で出来た物で、神が天から降りてくるための依り代でもあった。カルタゴでは何千という焼いた子供の骨の入った壷が発見されている。初めは自分の子を捧げた母親も、後には奴隷の子を養子にした後捧げるようになったと言うが当然かも知れない。

紀元前330年アレキサンダー大王（紀元前356〜323年）はバビロンに都したがイェルサレムを占領した。

アッシリアの恐怖政治

アダド・ネラーリ二世（紀元前911〜891年）はバビロニア軍を打ち、アラム人を駆逐しアッシリア国を復興せしめた。
彼の政策の特色は国内の建設や制度の充実に目を受けた点にあり、貢納と交易でたちまち豊かになった。そして各国がいったん宗主権を認めておきながらアッシリアに背いた場合は激しい徹底した報復をとった。

トゥクルティ・ニヌルタ二世（紀元前888〜884年）はユーフラテス川の中流にあるアラム人の国ラクェを攻め、その勝利を玄武岩の石碑に刻みテル・アシャラに残している。その碑にはバアル神が竜を退治する様を描いている。また、この次のアシュール・ナシル・アプリ王（紀元前883〜859年）は更にシリアに雪崩（なだれ）込み、カルケミシュとハッチは貢物で許されたが、ビュブロス、シドン、ツロ（テュロス）は降伏した。

反乱の指導者はすべて皮をはがれ、その皮膚は町の城壁に張り付けられた。多くのものは鼻、耳、指を切られ目をくり抜かれた。手足を切り落とされ、生きたまま人柱とされ、また火の中に投じられた。頭は町の周囲の木の幹にぶら下げられて、町の老若男女を問わず皆殺しにされ髑髏の山とされたのである。専制の度を進め、その残虐さのために世に恐怖王と恐れられた彼は都をカルフー（今のニムルード）に移した。

アッシリア軍が撤退するとシリア諸国はすぐ貢税を止めてしまったのでシャルマネセル三世（シュルマヌ・アシャーレドゥ、紀元前858～824年）は再びシリアに攻め込み、ダマスコのバアル・ハダド二世を盟主としイスラエルのアハブ王やアンマンのバサ王等の加わった反アッシリア同盟軍とカルカルで大激戦を演じた。（紀元前853年）

アラブの族長ギンディブも千頭のラクダに乗った兵を率いて同盟軍とともに戦闘に加わったと言うが、これがラクダの戦闘参加の最初である。

さてアッシリアが辛うじて勝ったものの、この戦いでは７万人の兵士の内１万4000人も戦死するほどであった。しかしその後もアッシリアは再三シリア出兵した。

セミラミス女王

シャルマネセルはサンムルアマトというバビロニア女性を王子の妃に迎えたが、彼女は夫の死後５年間息子アダド・ネラーリ三世の摂政政治を行った。これがギリシャではセミラミスの名の有名な女王とされている。

ギリシャに伝わる女王セミラミスの伝説は次のようである。

その母親が夫以外の男性と過ちを起こしたことによって生まれた私生児であったが、生後捨てられて鳩によって育てられ、後に羊飼いがこれを見つけて、王の家畜の監督人に養育を頼んだと言う。彼女は成人して王の高官と結婚したが、その後ニノス王（アッシリア王国の創設者でニネヴェを建設したニノスとすれば、時代錯誤がある。）が横恋慕し、王の命令に従わないならば目をくり抜くと言って脅かしたため、夫は気が狂い遂に首を吊って自殺したと言うことになっている。こうしてセミラミスはニノスの王妃になった。

セミラミスにはニニャスと言う男子が生まれたが、王の死後は女王がこの王子の成人まで摂政として政治を見た。その間、バビロンやその他の都市を建設し、戦争では勝利を収めたという。

また他の伝説では彼女自身が娼婦であったが、アッシリア王が見初めて王妃とした。その後王に5日間だけ統治を代行させてほしいと頼む。王笏(おうしゃく)を持ち王衣を纏ったセミラミスは統治の最初の日に大宴会を開いて、高官達や軍幹部を呼び寄せると自分の味方として行動するように誓わせ、その上で夫を逮捕し、処刑した。こうして政権を奪い、年老いるまでに多くの偉大な事業を遂行したという。

現在ではアッシリア王シャムシ・アダド五世（紀元前823～810年）の王妃サンムルアマトがセミラミスと思われている。彼女は息子アダド・ネラーリ三世（紀元前809～782年）の代わりに5年間国内を統治したからである。

彼女はバビロニアの女であったから、アッシリアの王位に就くやバビロニアの文学の神ナブ神の信仰をアッシリアに広めた。しかし晩年は王位継承問題で内紛が絶えなかった。

今でも方向違いだがアルメニアのヴァン町には、セミラミス城があり、側を流れる運河はセミラミスの流れと呼ばれている。

アッシリアの属州制度

アダド・ネラーリ三世（紀元前809～782年）もシリアへの略奪遠征を企て、自身もダマスコまで行き、イスラエルを攻撃し、ベート・フ・オムリアつまりオムリ家というサマリア王を屈服させた。

ちょうどその頃今のアルメニア地方でウラルトゥ人（バララト人）が勢力を得て、特にアルギシュティ一世（紀元前789～766年）やサルドゥリス三世（紀元前765～733年）の時北シリアを占領し、且つ北シリアの王達とアッシリアを攻撃する。

これに対して、アッシリアはアッシュール・ダーン三世（紀元前772～754年）やアッシュール・ネラーリ五世（紀元前753～746年）が軍を送り、やっと勝利を収めている。これらの条約はアッカド語で書かれた物が残されている。

属州制度はティグラト・ピレセル三世（紀元前744～727年）の行政改革によって最も整備された。それをサトラピ制度として完成したのはアケメネス朝のペルシア人であり、後にはローマ帝国の制度としても手本にされた。

ティグラト・ピレセル三世は自称アダド・ネラーリ三世の子孫ということであったが、本名はプルといい、たぶん平民の出身者らしい。ティグラト・

ピレセル三世はウラルトゥに内通したシリアの都市を弱めるために民族の強制移住策を強行した。また旗本と外様とに分け、本土内の行政区画は縮小して数を増やし、外様（とざま）である属州に編入されない征服地は土着の王の支配をそのまま認める代わりにケプという総督が王を監督した。

軍制を改革し、属州でも徴兵を行い、常備軍に加えて戦いの先頭に出したのでアッシリア人自身の血は節約された。最近ではイギリスが自国の戦争でネパール兵を最前線に使っているようなものである。

ニネヴェやバビロンの再建のような国家的大事業にも強制移住は付きものだった。

王は国内は勿論、敵国にスパイを送り込み情報を集める一方、通訳を介して穏便な交渉を進めるなど硬軟両用の外交政治をするようになった。

BC2500年頃　祈るシュメール人

ダマスコのラヒアヌ王は、イスラエルのペカフ王とともに再びアッシリアに反抗した。そしてユダ王国のアハズ王にも同盟に加わるように説得したところ、アハズはこれを裏切り、ティグラト・ピレセルに内通して金銀財宝を送り、アラム王とイスラエル王とを攻めさせた。アッシリア王は即刻シリアに進撃し紀元前732年ダマスコのラヒアヌを殺し、イスラエルを攻めたため、イスラエルは国の北部を占領され、ペカフ王はホシェアに殺され、アッシリアの家臣となることで許された。

しかしさすがのアッシリアもティグラト・ピレセル王が死ぬと、アラビア砂漠の遊牧セム族のアフラム人（アラム人）が次々とメソポタミア地方に入り込み幾つも都市国家を作り上げたので、国力は辛うじて命脈を保つのみに成ってしまって、2千年続いていた王権更新のための新年祭も停止されるに至った。

第一次バビロン捕囚

サルゴン二世の年代記によると、シャルマネセル五世（紀元前727～722年）は幾度となく反乱を起こすイスラエルに業をにやし紀元前725年から3年にわたって攻略し、ホシェア王とサマリアの住民2万8000人をサマリアの土地からアッシュールの地に連れ帰った。イスラエル人の王国はもはや存在しなかったも同然であった。

占領地のサマリアには、住民としてバビロニア人やエラム人や他のアラム人を住まわせ、総督を置いて統治させた。サマリア人はバビロニアではテル・メラ、テル・ハルカ、ケルブ・アッダーン、イムメル、カシピア、テル・アビブ（元はテル・アブビつまり洪水の丘の意味）などの各地に分散したが、いずれも現在は不明である。なお現在のテル・アビーブはこの名を復活させたものである。

全シリアを掌握しえたのはやっとサルゴン二世（シャルルキーン、紀元前721～705年）の時であった。

イスラエル王国が滅亡してまもなくユダ王国のヒゼキア王（紀元前721～693年）もイスラエル同様にアッシリアに対する朝貢を止めてしまった。エジプトの援助が得られると思ったからである。そして万一アッシリアから攻撃されても良いようにイェルサレムの城壁を一層高くし、飲料水確保のため、城外のギホンの泉から城内のシロアムの池まで地下水道を堀抜いた。

1880年このトンネルから古代ヘブライ語のシロアム碑文が発見された。工事人の書き残したものらしい。

「両方から互いに向かい合って鶴嘴（つるはし）を挙げて掘る。後3キュビット（約130センチ）という所でお互いに相手を呼ぶ声が聞こえた。岩の地層に亀裂があったからである。更にお互いに向かって掘り進んだ。遂に掘り抜かれた時、水が貯水池まで流れ落ちた。石工の頭の上の岩の厚さは100キュビット（45メートル）あった。」このトンネルは今でも残っており人が屈んで中を進むことが出来るが、精度の高い作業に驚かされる。

アッシリア大帝国

紀元前721年サルゴン二世は当時のイスラエル王国を直轄の属州とした。

一方では反アッシリア勢力の強いバビロンでは、アラム人（カルデア人）マルドゥク・バラダン（マルドゥク・アパル・イディナ、マルドゥークが子を与える、の意）がエラムの援助でバビロニア王となり、10年間もアッシリアに抵抗を示していた。それにも拘らず紀元前712年以降しばらくエジプトはアッシリアに友好的態度をとったのでサルゴンは辛うじて国内の治安維持と属州統治に成功した。

この後もバビロニアではしばしば反アッシリア運動が繰り返されるのだが、周辺諸国ではアッシリアに対して友好と忠誠を誓ったという。

サルゴン二世は旧都ニネヴェの北東30キロに1.5キロ四方の新都ドゥル・シャルルキン（サルゴンの都の意味）を完成した。

この新都は王の死とともに放棄されたが、現在は発掘され当時のアッシリアの帝都の偉容を伺い知ることができる。

新都を嫌ったサルゴン二世の長男センナ・ケリブ王（シン・アヘリーバ、紀元前704～681年）の時も、地元バビロニアではアラム人のマルドゥク・バラダンが王となりアッシリアに反抗した。そこでセンナ・ケリブも反乱軍鎮圧により王威を示すために、先ずバビロニアを叩き、次いで西方に進撃してフェニキア、ユダ軍を踏みにじって都イェルサレムを包囲したので、あっけなくユダは降伏し、この時はアッシリアも税収を厳しくしただけで引き上げた。

紀元前701年ニネヴェの軍はペリシテの平原エルテケでシリア連合軍を破った。時のユダの王はヒゼキアであった。ヒゼキアは銀800タレント、金300タレント、宝石、象牙、戦車、武器、銅、鉄等を差し出してやっと服従を許された。しかし、センナ・ケリブ王がエジプトへ進撃することには失敗したという。その理由は突然鼠の大群が現れ、武器の繊維や皮を食いきり、破壊し、同時にペストが流行したため、多くの兵士が死に、遂に退却せざるを得なかったのだと言われている。

後年のセンナ・ケリブは不幸だった。彼が神ニスロクの神殿で礼拝している時、その実子のアドラムメレクとサリゼルとによって、後ろから剣で殺されたという。そこで一時政権は動揺したが、センナ・ケリブの末子エサルハッドン（アッシュール・アフ・イッディン、アッシュールはアフを与える、の意）がアドラムメレクや兄達の大軍を破り父の仇を打って王位に付いた（紀元前680～669年）。

その頃南ロシアから移動してきた遊牧民スキタイ（印欧語族と考えられる）がカフカズを越えてキンメリ人と合流しつつあったので、エサルハッドン王はキンメリ人とは講和を結び、スキタイ人には王女の一人を降嫁させて、北、東で和を結び南のエジプトを攻撃した。現在も途中ベイルート近くのエル・カルブ川沿いの崖に勝利の碑文が残されている。

エサルハッドンは50キロに渡るエジプトの砂漠を横断して何かと言うとシリアを応援するエジプトの首都メンフィスを遂に陥落させた（紀元前671年）。

ここで歴史上初めてメソポタミアとエジプトとを結ぶ大帝国が誕生した。

もっともこれは一時であり、アッシリアの大軍が引き上げるとエジプト王はまたメンフィスに戻ったという。

アッシリアの滅亡とカルデア王国

先ずアラム人のマルドゥク・バラダンがサルゴン（シャルルキーン）二世の時反政府運動を興し約10年もバビロンに君臨した（紀元前721～711年）。
しかしこの施政は、重税への民衆の反感から失敗し、マルドゥク・バラダンはキシュの戦いでセンナ・ケリブ王（シン・アヘリーバ）に殺された。

エサル・ハッドンは遠征の途上で病を得て、亡くなったが、遺言によって、アッシリア帝国を東西に二分した。兄シャマシュ・シュム・ウキンの方にバビロニアを得、弟アッシュール・バニパル（アッシュール・バン・アプリ、紀元前668～627年）の方にバビロニアを除くアッシリア本土とすべての属州を得た。しかしカルデア人の反アッシリア運動に巻き込まれた兄のシャマシュ・シュム・ウキンは弟のアッシュール・バニパルの攻撃を受け、兵糧尽き自殺した。

そこで王となったアッシュール・バニパルは再々エジプトに侵入した。フェニキア海岸の22人の王にも軍の提供を割り当てたのでユダの王マナセも出撃した。古都テーベはこのため壊滅から立ち直ることがなかった（紀元前635年）。

次いで紀元前626年にナボポラッサル（ナブー・アパル・ウスル、ナブ神は子を守る、の意味）というカルデア人がバビロンに入りカルデア王国（新バビロニア王国）を築き、アッシュル・バニパルの軍を追放した。

ナボポラッサルは諸民族でもこんな小人は見たことないと言うような小人であったと言う。これについては新バビロニア年代記に詳しく述べられている。ナボポラッサルはユーフラテス川を遡って、アッシュールに向かった。一方メディアではウマキシュタル（ギリシャ語ではキュアクサレス）が勢力をテヘラン地方に伸ばしていたが、この機を逸せず相共にアッシュールを攻め、この連合軍は遂にアッシュールを陥落させてしまった。

そこでアッシリアの王、アッシュール・ウパリット二世は事もあろうにエジプトのプサンメティコス一世に救援を依頼した。そして失地回復を図る。

アッシリアの残存部隊はしばらく抵抗を続けた。しかしナボポラッサル連合軍によって、首都ニネヴェの砦も２回焼き討ちされ、３度目の攻撃で紀元前612年陥落しニネヴェのシン・シャル・イシュクンは火の中で自殺した。

第二次バビロン捕囚

エジプトから見放されたユダ王国ではエホヤキムが死んで18才のエホヤキンが王位を継承した。ネブカドネザールは先王が親エジプト派であったから直ちにこの王を解任し、以前ネコに解任されたヨアハスの弟であるマタヌヤ（ヤー神の贈り物の意）を新しい王とした。これがゼデキアである。王エホヤキンを始め貴族、官吏、文化人等と熟練労働者合計3023名が高価な戦利品とともに、バビロンに連行された。

エホヤキンは反抗が無意味だと知ると自発的にネブカドネザールに投降した。この勇気ある行動にネブカドネザールが感激したのが、ユダヤ人に対して寛大で自由行動を認めた理由である。彼らは囚人と分かる服を付けてはいたが、バビロンの与えられた家で家族に囲まれ、平安に暮らしていた。これはネブカドネザールの慈悲深い性格を示している。

しかるにユダ王国の最後の王ゼデキアは親エジプト派に唆（そそのか）されてこの新バビロニア王国のネブカドネザールに背いた。つまり納期が来たのに年貢の支払を拒んだのである。

紀元前594年エジプトに新王プセムセーク二世が即位するやバビロンから離脱するようにユダに反乱の圧力をかけたからである。次の王、エレミア書ではホフラと呼ばれているワフ・アブ・ラー四世が武器援助と軍の派遣まで約束した、とユダは信じた。

直ちに12万のバビロニア軍はユダ王国を攻略した。城の攻撃には城壁の回りに燃え易い物を大量に積み上げげて火を放ち、昼夜を問わず燃焼して城壁を破壊させたと言う。

2500年たった今でもその灰が累々と高く積み上げられている。イェルサレムは飢えと疫病の中で一年半は持ちこたえたが、エジプトからの援軍はなく遂に陥落した。そして都はことごとく灰燼に帰し城壁は徹底的に破壊された（紀元前586年）。以後シリア地方はツロを除いて新バビロニアに従順な一地方となる。

ツロは海の中の出島の要塞都市だったためその後13年もネブカドネザールに抵抗を続けたが、これも紀元前573年イトバアル三世が降伏した。

ユデアのゼデキアなどの反逆者は目をくり抜かれて殺され、こうしてユダ王国も滅亡した。残った住民を治めるためにネブカドネザールはゲダルヤフというユダヤ人を総督に指名した。

またイェルサレムの住民の大部分は捕囚としてバビロニアに連行された。ところでこれより前に捕囚されたイスラエル王国の人々も含めて4600人のヘブライ人はバビロニアではかなり自由を与えられていた。モーゼの時代にエジプトに捕らえられていたときに比べるとずっと自由であった。これは経済復興の貴重なエネルギーであったからである。ヘブライ人はバビロニアから神と人間との間に天使や大天使があると言う考えを学んだ。またペルシアのゾロアスター教からは悪の神サタンの存在を教えられた。

4 新バビロニア王国

カルデア王国の台頭

エジプトの第28王朝のネコ二世は紀元前610年プサンメティコスの後を継

いで王位に就いていたが、ネコ二世にしてみれば宿敵からの依頼とはいいながら、そしてアッシリア軍にテーベを破壊されてまだ日も浅く、恨みがあったものの、ナボポラッサルにシリアを任せるわけにはいかず、のちのちシリアへの発言権を主張するにはよい機会と考えたため出軍した。

アッシリアと約束した軍事援助の義務を果たすため、ネコ二世はユーフラテス川に向かう途中、ユダ国のヨシュアの抵抗に会ったが、メギッドでこれを打ち破る。ヨシュアも傷が元で戦死した。

カルケミシュの近くのキムフをエジプト軍は占領した。ナボポラッサルにはこれを奪い返すことができなかった。

このナボポラッサルの子がネブカドネザール二世（ギリシャ語ではナブコドノソル、ネブカドネザールはヘブライ語、本来はナブ・クドゥリ・ウスルで、ナブ神は我が境界線を守る、の意）であるが、責任を感じたナボポラッサルは全指揮権を息子のネブカドネザールに任せて、自分はバビロニアの宮殿に引きこもってしまった。本当はナボポラッサルにしても、アッシリアからやっと手にいれたシリアとパレスティナの支配権を、みすみす失いたくないので、息子のネブカドネザール（紀元前605～562年）を派遣したため、エジプト軍とカルデア軍はカルケミシュで激突する。

さて最近発見された遺跡からバビロニア軍の兵士はカルケミシュの市内を一メートル刻みに、それこそ一部屋ごとに奪取するという白兵戦を演じたことが分かっている。この大激戦の最中ネブカドネザールには父王の逝去の知らせが入ったのである。

バビロンには弟のナブ・シュムリ・シル始め王位に野心を持つ者が多い。この場合できる限り速かに帰国し正当な王位継承の宣言をすることが必要である。

例えばツングースの満州族（文殊(もんじゅ)菩薩への信仰から満州(まんしゅ)と唱えた）のヌルハチの子の愛親覚羅（アイシンギョロ、金の姓を持つの意）ホンタイジが国を大清(だいしん)と号し、北京を占領したが、その段階でホンタイジが病没した。しかしその長子ホゲは中国本土を平定すべく、最前線で奮戦中のため北京に戻ることが出来なかった。そこで幼帝順治が王となる。ホゲつまり愛親覚羅粛親(しゅくしん)の悲劇はこの時始まる。

さてそこでネブカドネザールは急遽、不本意ながらエジプト王ネコと和解して、バビロンに帰国するのである。軍や将軍達と分かれ少数の親衛隊を引き連れて、11日間昼夜兼行でシリア砂漠を横断してバビロンに到着する。ほぼ850キロの距離という。つまり１日ほぼ80キロをラクダの背で踏破したことになる。

こうして紀元前605年ネブカドネザールはバビロンで即位する。

ネブカドネザールは再び全軍に総攻撃を命令し、カルケミシュの土地を奪い返していった。ここでエジプトは全滅し以後シリアへの支配権を失ってしまう。そしてシリアから撤退せざるを得なかったネコ王は二度とエジプトを出ることはなかった。やがてネブカドネザールはキュアクサレスの娘アミティスを王妃に迎えることとなる。

ネブカドネザール王のシリア攻略

エジプトのネコはシリア戦線から戻るとユダの当時の王ホアハズを廃しヨシュアのもう一人の子エルヤキムを擁立し、名前もエホヤキム（紀元前608～597年）とさせて、忠実な親エジプト政権としてしまう。もしユダ王国としてはバビロニアと戦うことがあったとしてもエジプトは助けに来てくれるであろうし、ユダ王国としてはそう信ぜざるを得ない立場になってしまった。

しかしネブカドネザール二世はレヴァントとハリュス川以東のアナトリアを征服し、そのため反乱を興したユダ王国を攻めた（紀元前598年）。

エレミア書によると、ネブカドネザールはユダに出軍すべきかどうか占うため、粘土板の的を作り各地の名を書き入れてその的を射たところ、ユダの名が入った物に矢が貫いたためユダに出兵したと言う。

この敗北でユダの王エホヤキンとともに貴族や職人達合計3023人も捕らわれの身になってバビロンへ連行された。

エホヤキンは反抗が無益と察すると、母と側近とともに進んでネブカドネザールのもとに赴き、自発的に投降した。元来慈悲深いネブカドネザールはこれを嘉として寛大な処置をしたのだと言う。バビロンでの彼らの生活は比較的に自由であった。後にネブカドネザールの次の王アヴェル・マルドゥクは父の死後直ちにエホヤキンの一切の罪を許し、諸侯の中で最高位に遇した。

ネブカドネザールは「自分の意に叶った」マタヌヤという男を新しいユダ王に任命し、名前をゼデキアと変えさせた。

しかるにこのユダ王国の最後の王ゼデキアは20才で即位したが、政治状況の高度の判断にはまだ若か過ぎたから、親エジプト派に唆(そそのか)されてこの新バビロニア王ネブカドネザールに背いた。具体的には納期が来たのに年貢の支払を拒んだのである。

その理由は、紀元前594年エジプトに新王プセムセーク二世が即位するやバビロンから離脱するようにユダに反乱の圧力をかけたからである。エレミア書ではホフラと呼ばれているエジプトの次の王ワフ・アブ・ラー四世は、反乱するのであれば更に武器援助と軍の派遣をすることまで約束したと言う。

直ちに12万のバビロニア軍はユダ王国を攻略した。城の攻撃には城壁の回りに燃え易い物を大量に積み上げて火を放ち、昼夜を問わず燃焼して城壁を破壊させたと言う。

2500年たった今でもその灰が累々と高く積み上げられている。イェルサレムは飢えと疫病の中で１年半は持ちこたえたが、エジプトから約束の援軍はなく遂に陥落した。そして都はことごとく灰燼(かいじん)に帰し、城壁は徹底的に破壊された（紀元前586年）。

この時はモアブ、アンモン、エドム、ツロ（テュロス）、シドン等もユダに協力し反対したため、ネブカドネザールは徹底的にフェニキアも破壊し、焼き払い、またヘブライ人には親エジプト派が多かったのでさらにエジプトにも侵入した。

以後シリアはツロを除いて新バビロニアに従順な一地方となる。ツロは海の中の出島の要塞都市だったためその後13年もネブカドネザールに抵抗を続けたが、結局ツロも紀元前573年イトバアル三世が降伏した。

またイェルサレムの住民の大部分は捕囚としてバビロニアに連行された。ゼデキアなどの反逆者は目をくり抜かれて殺され、こうしてユダ王国は滅亡した。ところで、これより前に捕囚されたイスラエル王国の人々も含めて4600人のヘブライ人はバビロニアではかなり自由を与えられていた。モーゼの時代にエジプトに捕えられていたときに比べると、貧しくはあったがずっと自由であった。独自の部落を形成し、橋梁の建設などに従事し、信仰も自由であった。これは経済復興の貴重なエネルギー源であったからである。

同じセム語でもヘブライ語を話すユダヤ人はこの国の言語であるアッカド語はあまり出来なかったが、当時普及していたアラム語は容易に理解できたので少しも不便はなかった。元来、先祖のアブラハム自身アラム出身であったし、アラム語とヘブライ語とは方言程度に似た言葉であったからである。

新バビロニア王国の栄華

さてネブカドネザールはバビロンの栄華を復活させ、いわゆる世界七不思議の一つの空中庭園を作ったと言われている。これは口型のビルの中庭に土を盛り上げて植物を植え込んだようなもので、遠いメディアから輿入れした王妃アミュテスを慰めるためのものだった。

バビロン市の中央にマルドゥク神の神域があり、その入り口を昔から神々の門（シュメール語ではカ・ディンギルラ、アッカド語ではバブ・イリム）と呼ぶので町の名がバビロンとなった。このマルドゥクの神域の中にはジグラトという七層の階段の丘のような塔があった。一辺が91メートルの正方形、高さは90メートルで頂上は約20平方メートルあった。これこそ旧約聖書で天まで届くと言われたバベル（バビロン）の塔だと思われる。ユダヤ人が「バビロンの捕囚」で捕らえられてこの都に来て、毎日ジグラトを見上げる内に生まれた神話である。

ジグラトはエジプトのピラミドと違って、王墓ではない。紀元前3000年代に既に数米程度の高さの神殿が作られていた。ウルナンム王の頃（紀元前2047〜2029年）本格的な二段ないし三段のものが現れた。今でも月神シンのためのジグラトがウルに残っている。シュメール語のジクラトーとは山の峰と言う意味で、ギルガメシュの叙事詩の中でもジクラトーの上で穀物を神々に供えたとされている。

一辺２〜３メートルの巨岩を積み重ねたピラミドですら角度が52度以上になると崩壊したのであるから、焼き煉瓦だけの積み重ねでは高いジクラトは出来るわけがなかった。

王宮と空中庭園もこの神域とすこし離れたところにあった。

バビロンの日常生活

エジプトのファラオと違ってメソポタミアでは王は神として崇拝されたことはない。これはセム族の一つの特徴である。王は常に臣下と神々との仲介者であった。支配者は神から見て好ましい者で、合法的に承認された者でなければならない。

素性が卑しくとも神が選んで、神の好意で支配者として承認したと言う運の良さがあれば人々を納得させた。

王には政教一致の一連の義務が生じ、毎月、毎日一定のタブーと祈祷があった。

たとえばウルルの月にはいかなる車にも乗ってはいけないとか、何日はマルドゥクに犠牲を捧げねばならないとか、毎日バビロニアの沢山の神々が犠牲を求めていた。その社会的責任の内、最も重要な祭が新年祭であった。

新年祭は紀元前2000年頃のラガシュのグデア時代に遡（さかのぼ）る。当時はサグ・ムク（年の始め）と呼ばれ、7日間続けられた。この間主従の身分の差はなくなり、親は子供を罰せず、通常の仕事はすべて休みであった。それが新バビロニア時代にはアキツと呼ばれ、春のニサンの月の12日間となった。

祭だけでなくこの間に、国家生活の全体の行事を定め、また1年間の出来事の予言の儀式も入っていたから、王や神官にとってこの祭を滞りなく済ますことが重大事であった。

祭で面白いのは、バビロニアの主神マルドゥク（昔は一地方都市バビロンの守護神にすぎなかった。）は人民の身代わりとして、いったん裏切られ、槍に刺され、殺され、消え去らねばならないと言う点である。その間、町は灯火を消し、人々はマルドゥクを求めてさまようこととなっている。形式的だが人々は神官を問いつめてマルドゥク神を探すらしい。そしてしかる後マルドゥク像を華やかに飾り付け、栄光の復活をさせるのである。

これは現在行われている春の復活祭前のキリストの受難劇の元祖である。また日本の天照（あまてらす）大神の岩戸隠れを想像しない訳にはいかない。

王自身も神殿の前で権威を象徴する一切の物、たとえば王笏（おうしゃく）、王冠、指輪などを投げ出し、人民の代表として神に1年の不幸な事件を釈明し、許しを乞うとウリガル（主教）が王の頬を打ち、耳を引き、説教をする。

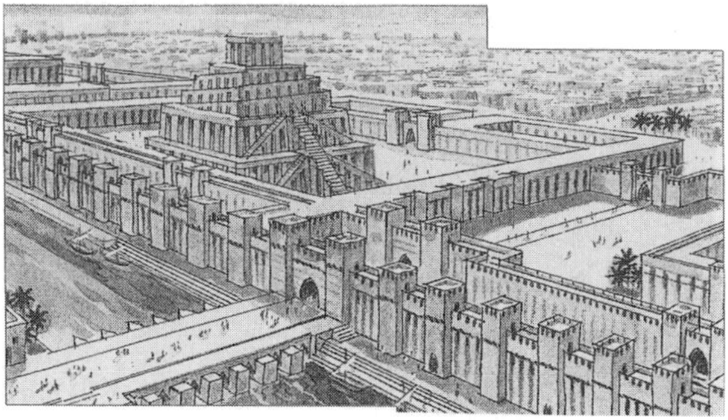

バビロンはハンムラビ王（BC1728～1686年）から前三世紀までの約1400年間古代オリエントの最大都市であった。新バビロニア時代には周囲13kmの城壁に囲まれ、八つの城門を設け、市街は幅10～20mの舗装道路が碁盤目に整然と造られていた。

ウルのジグラット

ウル第三王朝（前21世紀）ウル・ナンムによって月神ナンナルに捧げられたジグラットは、ウーリーの復元図によって復元しつつある。

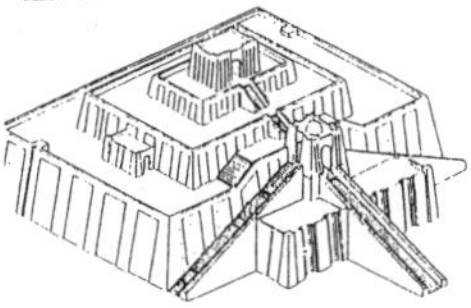

各都市からそこの主神が行列してバビロンに集まったと言う。日本の神無月を思わせる。

祭のクライマックスはマルドゥクと妻サルパニトゥムとの聖婚式である。この一年が平和で豊饒であるように祈念して、代わって国王がジグラットの頂上神殿で女司祭と聖婚の儀式をした。これも日本の大嘗祭を思わせる。そして後の数日間は用意された奴隷が王の地位に就き、これが終わると王の身代わりとして羊のように殺されたという。

その社会は貨幣経済が発達していたので商業資本が充実され、高利貸しや銀行家が社会を牛耳って支配し、一方では中産階級の没落、ユダヤ人のような奴隷の増加という不健全不均衡な状態になった。一商人あたり奴隷が数十人という異常さであった。集落のヘブライ人は概して貧しく、ネブカドネザールがときどき施しをしたと言われるが、中にはバビロンの銀行業をすっかり手にいれてしまったユダヤ人銀行家もいた。たとえば、バビロン捕囚が終わった頃の粘土板の記録によると、ユダヤ人のムラシュ父子銀行はニップールを中心に国内に200の支店を持っていた。

こういうバビロニアでは性生活は重要な意味を持っていた。性的な節制は不幸の原因となるとして避けられ、性を拒む女は悪魔の手先とさえ考えられた。精力減退を防ぐためにいかがわしい薬さえ出回っていたのである。

宮廷では内紛が絶えず、ネブカドネザール以後の三代の王が次々と暗殺される。

バビロンの神々

バビロンのパンテオンを眺めてみよう。

天地創造神話によると天神アヌの以前に神々がいる。淡水の海の神アプスと塩水の海の女神ティアマトの二人から洪水の神ラフムと女神ラハム、天空の神アン・シャルと下界の女神キ・シャルが生まれ、キ・シャルの息子が天神アヌであるという。

神々の内でも最高の神はアヌで、天国の主、神々の父と呼ばれた。アヌは多くの災いの原因で、一般人はむしろ敬遠する傾向があった。その代わりがマルドゥクであった。

アヌの子のエンリルは嵐、大洪水や、いなごの神で、父アヌ同様人間に罰を与える神である。エンリルの子エンキ（エアともいう。）は水の神であり、知恵と魔術の神であった。人間の持つ生産、知識はすべてこの神の技であった。以上の神の下に太陽神シャマシュ、月神シン、愛と戦の神イシュタルが続く。

イシュタルはシンの娘でライオンを従えている。ギリシャではヴィーナスとしてよりアテナの女神に当てられ、エジプトではハトホル女神と同じと考えられた。

次の神は稲妻と雷の天候神アダドで、手に稲妻を槍のように携え雄牛を従えている。フェニキアではバアルつまり主と呼ばれ、主神の位置に上った。

元来中近東には雄牛崇拝の信仰があった。牛は恐ろしいと同時に民に祝福を与えた。ギルガメシュ叙事詩（紀元前2500年）の中で、女神イシュタルがギルガメシュに想いを懸けるがはねつけられる。傷ついたイシュタルは天の神アヌに天の雄牛を送ってほしいと頼む。雄牛は雲を巻き鼻から火を吹き恐ろしい勢いで地上に駆け降りてくる。その鼻息で２～300人の人間を吹き飛ばした。この吠える牛の背中に乗ってアダド神が炎を上げる稲妻の束を握りしめ、激しい雷雨とともに現れたという。なお神話では雄牛はギルガメシュに殺されることになっている。

古いアッシリアの法典では誓いのすべて初めに「太陽神の子、雄牛の神に賭けて」という言葉にあるように、太陽神と雄牛とは古い関係にある。エジプトのハトホル神の頭の角の間に太陽を表す円盤があるのもこれを暗示している。アルファベットがアルファつまり雄牛から始まるのも無関係ではない。

またバビロニア各地にはマルドゥクの神殿が55、女王イシュタルのための祭壇が180、その他の神々の神殿が1000ほど造営されていたと言う。

戦争と狩猟の神はニヌルタと呼ばれる。マルドゥクは初め単にバビロニアの守護神にすぎなかったが、遂に世界の創造神にまで駆け上がった。マルドゥクは体が鱗の四足獣シルッシュを従えている。その息子が学問の神ナブだという。こうしてバビロニアでの主神はアヌ→エンリル→マルドゥク→ナブと変わるという系列が出来上がった。

被征服者は常に先ず敵側の神に気に入られるように供物を捧げる慣わしだった。

バビロン人はそれぞれの家族には家族の守護神がおり、偉大な神に対する仲介者となると信じていた。人々は文字どおり数え切れないほどのタブーや規則に縛られており、常に違反行為や禁止事項を犯していた。その赦免（しゃめん）と償いの不足は家族の不幸と病死となった。

たとえば日によって、にんにくを食べてはいけない、屋根に上ってはいけない、焼き肉を食べてはいけない、とか、ひどいのはトイレに入ってはいけない日があった。365日がこのようであった。人間性無視も甚だしいのである。

ユダヤ教の旧約時代に入っても人間と神との関係は毎日の罪と罰の契約であった。偉大絶対な神が奴隷のような人間の上に大きく覆い被さるように支配する現在のユダヤ教にもこのルールの煩雑（はんざつ）さは同じである。悔い改めよ、世の終わりは近い、と言う脅しや押し付けのような予言者の悲壮な叫びは旧約的で、キリストはこれを嫌った。神は愛でなければならない。人間愛の溢れた生活そのものがイコール神の国であると私は思う。

新バビロニア王国の衰亡

カルデア王国の最後の王はナボニドゥス（ナブ・ナイド、紀元前555～539年）である。彼はネブカドネザールの将軍であったが、父は祭司のナブ・バラート・ス・イクヒで母はハラン市の月神シンの神殿の女祭司であったという。そこで彼は幼い王ラバシュ・マルドゥクを暗殺して王位に就くや、この月神信仰を盛んにした。そしてエジプトのアクエン・アテン王の日輪信仰と同じように一神教にまで高めようとした。そして伝統的な新年の祭を中止した。

晩年王はバビロンを子のベルシャザール（バルタザールともいうが、ベール・シャル・ウスル）に任せ、アラビア半島の北西部にあった、タィマに移った。ここを帝国の首都にしたいという遠大な夢からであった。

それから約400キロ南下し、6つのオアシスを発見し、ヘブライ人を多数移住、入植させた。これらの行動はちょっと、当時としては常軌を逸していた。その後、砂漠を横断してメディナに至りバビロンに戻ったが、既に70才であった。

ファールス地方、昔のパールサ地方の、ハザグロス山中の眺望雄大な高原にあるシラーズ近く、パサール・ガーダエの地にアカイメネス（ハカーマーヌシー）家が起こり、紀元前547年このアカイメネス家のキュロス二世（紀元前559～530年）は、紀元前550年メディア国に勝利を収め、その都エクバタナ（現在のハマダーン）を奪い新バビロニアを攻撃した。

なお彼は王宮をパールサに持っていたのでその後ペルシアという国名が生まれる。ところがバビロンのナボニドゥス王の月神崇拝に反対するマルドゥク神の神官や支持者ゴブリュアスとガダタスがこのキュロスと内通したため、キュロスの軍はユーフラテス川の川筋を変更して容易に城内に侵入しバビロンを陥落してしまうのである。キュロスは征服者としてではなく、バビロンの混乱を静める解放者として入城した。しかも見せかけだけとしても、ナボニドス王はキュロスから王者として寛大な取扱いを受け、翌年の死去に際しては国葬が行われた程である。

ペルシア王の出現

キュロス王はバビロンに集められていた各地の神々をそれぞれの都市に返却し、神殿の復興に協力した。当時アラム語が公用語とされていたがまだ楔形文字もシュメール語もアッカド語もしばらくは使用されていた。しかしこの陥落によって確実にメソポタミアは政治の中心ではなくなった。セム族の世界は後にマホメットが現れるまで終わることとなる。そして以後ユダヤ人は宗教的行事以外はヘブライ語でなくアラム語を語るようになった。キュロスは武人だが寛大で、温かみのある性格であった。キュロスはバビロン捕囚のユダヤ人も郷里に返して、エルサレムの神殿の再建さえ承認した。（紀元前537年）

現在のイラン、ペルセポリスの北西6kmのナクシェ・ロスタムにはアケメネス王朝の王墓群があるが、これはダレイオス（ダリウス）一世の墓。

キュロス二世の息子のカンビュセス二

世（カンブージャ、紀元前529～522年）はアラムの地に支配権を確立するため治世３年目に大軍をフェニキアからエジプトへ向ける。しかし武運つたなく５万の兵士はアンモンで全滅するし、王自身も非業の最後を遂げたとされている。この時2500年前の天一坊ではないが、王弟スメルディスに似ていたガウマータというものが自分が王であると称して帝位を奪おうとした。そこで、７人の青年貴族とともにこの僭称者を捕らえて処刑したのがアカイメネスの流れを引くダレイオス（ダーラヤワウシュ、紀元前521～485年）であった。そしてその彼が王となる。

新バビロニア王国の滅亡

さてバビロンの人々はペルシャに対して再び反乱の狼煙（のろし）を挙げたのでダレイオスはバビロンを攻撃した。バビロンの人々は食糧を節約するため、兵による凌辱をさけるため、自分の母親と家族のもう一人の女だけを除き、すべての女性を扼殺してこれを迎えた。攻防は20カ月に及んだ。

ここで、ゾピュロスというペルシア貴族がいて、史上初めての二重スパイを演ずるのである。彼は我が身を傷つけ、耳と鼻をそぎ落とし、脱走兵と称してバビロン人の元に赴き、言葉巧みに信頼を受けると、その将軍としてペルシア軍と戦う。策を弄してペルシア軍千人の部隊を包囲殲滅（せんめつ）し、さらに進んで２千人を殺し、また精鋭軍４千人を皆殺ししたという。こうして乞われるままに守備隊の指揮官となった。

ある日ダレイオスがバビロンに総攻撃をかけようというとき、ゾピュロスは陰でダレイオスと密約を結ぶ。そして総攻撃に合わせてバビロンの城門を次々に開いてしまう。その結果ペルシア軍は怒濤の如く城内になだれ込んだ。ダレイオスは城壁を壊し、町の主な男３千人を串刺しの刑に処した。

ダレイオスは彼に従順なバビロン人だけを町に居住させ、減った女性を補うために近隣の民族から５万人の女性をバビロンに移させたと言う。そしてその勝利によってペルシアはバビロンを介せずに直接にシリア、フェニキア地方を支配することとなった。彼の下で帝国は最大の版図を持つことになる。

その後ダレイオスは帝国全土を20の軍管区に分け（その長をサトラップ、総督という。）アラム、フェニキア、パレスチナ、キプロスを一つの軍管区とした。それぞれの軍管区は一定の租税を納めることになっていたが、インドだけは黄金で、他は銀または穀物であった。そしてアラム地方の軍管区は年に銀350タラントであったという。

ここで中近東セム族の最後の帝国と呼ばれたバビロニアの興亡と宗教の変遷を終えなければならない。

Ⅱ バビロニア語文法

1 音韻
2 最古の辞典
3 名詞
4 代名詞
5 数詞
6 暦（月名）
7 度量衡
8 形容詞
9 副詞
10 否定詞・肯定詞
11 小詞
12 接続詞
13 前置詞
14 動詞
15 時代変化

1　音　韻

それぞれの文字はローマ字の通り発音したらよいが、アルファベット順で、

a ā b d e ē g h i ī k l m n ă ĕ p q r s ş š t ţ u w z

などの音韻がある。

（1）　ă, ĕ の喉音は日本語にはないが、強い排気音であった。

（2）　ş は日本語のツ、š は日本語のシュ、ţ は英語の th の音を示す。

（3）　q はしばしば g で表されるが、これは鼻音の g である。そこで qātu 手は gā-tu  と書かれることがあるが、この gā は正しくは $q\bar{a}_2$ 又は $k\bar{a}_3$ である。 命令は ki-bī-tu と書かれるがこれも qi_2-bī-tu  と解釈出来る。

（4）　m が n になることもある。

šalimtu　→　$\check{s}a_2$-li-in-tu_2 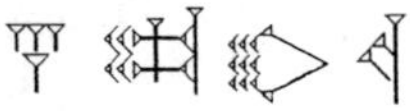 安全

hamšu　→　ha-an-šu  → ha-$a\check{s}_2$-šu  五

šum šu　→　šu-un $\check{s}u_2$  彼の名

hamţiš　→　ha-an-diš 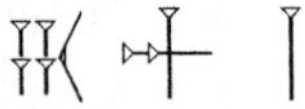 速く

（5）　t を d で代えることがある。これは本当は tu_3 と表すべきだろう。

tāmtu　→　tām-du 又は　tām-tu_3 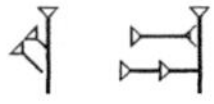 海

又 te を $\c{t}e_4$ で代えることがある。この場合、t と ţ とどちらが正しい発音だったかは分からない。ţ は d に近い音である。

iqtebī　→　iq-$\c{t}e_4$-bī  彼は語った

（6） št や şt を含む動詞では促音便となることがある。

aštakan → as-sa-kan 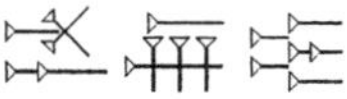 私は作った

aştabat → as-sa-bat 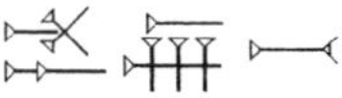 私は取った

（7） šu が su に代わることがある。

qāt šu → qāt su 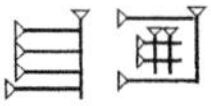 彼の手(又は qa-as-su 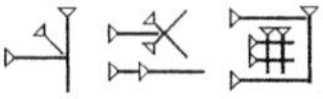 となる)

2　最古の辞典

古代のアッカド人つまり、アッシリア人やバビロニア人はシュメール文字を採用するに当たって辞典に相当する一覧表を作っている。
例えば、

シュメール文字	発音	アッカド文字	発音	訳
	 an		 ša -mu -u$_2$	天
	 di -in -gir$_2$		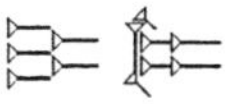 i -lum	神
	 mu -lu	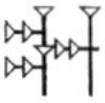	 kak -ka -bu ..	星
	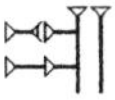 ur$_2$		 ka -al -bu	犬
	 ne$_2$ -e		 ki -nu -nu	火鉢

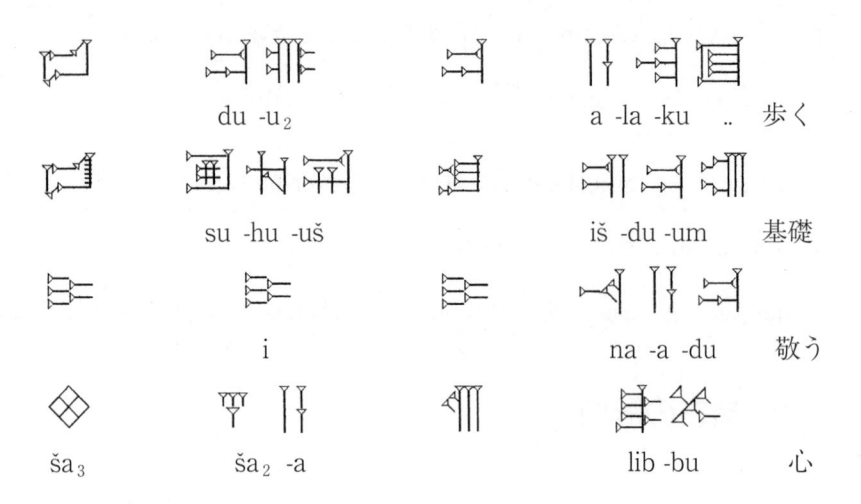

du -u$_2$　　a -la -ku ..　歩く

su -hu -uš　　iš -du -um　基礎

i　　na -a -du　敬う

ša$_3$　ša$_2$ -a　　lib -bu　心

中にはこれで発音の説明になったのかと思う物もあるが、このような一覧表が沢山作られていたのでアッカド学者は粘土板の解読に役立ったという。

3 名　詞

（1）　名詞の性

名詞は若干の物を除いて男性と女性に分かれる。形容詞も同じだが、男性から女性を作るには -atu 又は -itu でよい。

〔例〕

šar-ru		王	šar-ra-tu	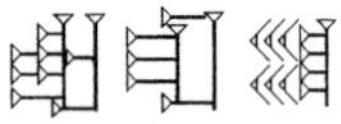	女王
ma-ru	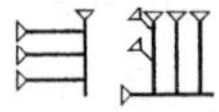	息子	mar-tu	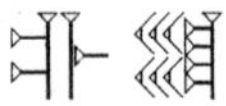	娘
ar-du	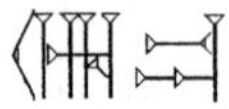	奴隷	ar-da-tu		婢女
dan-nu	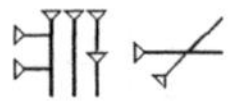	強い	dan-na-tu		
ru-bu-u$_2$		大きい	ru-ba-a-tu		

da-ru-u_2		続く	da-ri-tu	
kab-tu_2		重い	ka-bit-tu_2	
ţa-a-bu		良い	ţa-ab-tu	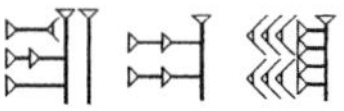

（2）　複数

複数を作るには語幹に若干の変更を加える。

①語尾を e 又は i とする。

ša-mu-u_2		天	ša-me-e	
mu-u_2		水	me-e	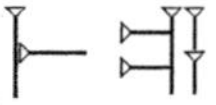
ru-bu-u_2		王子	ru-bi-e	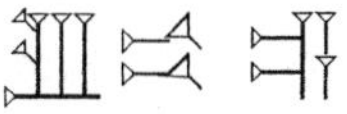
ka-ak-ku	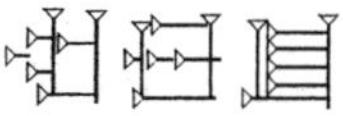	武器	ka-ak-ki	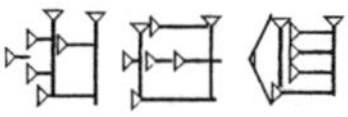

②語尾に āni, ānu を加える。

a-lu		町	a-la-a-ni	
hur-šu	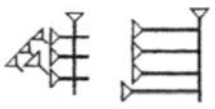	山	hur-$ša_2$-a-ni	
şa-al-mu		像	şa-al-ma-a-nu	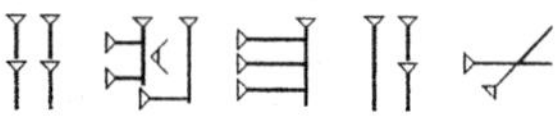
šar-ru	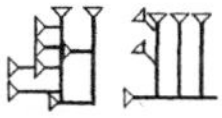	王	šar-ra-a-nu	

③語尾に ā を加える。特に人体の二つの物に多い。

i-du	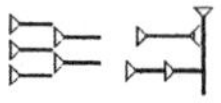	脇	i-da-a	

④語尾を ātu 又は ētu とする。特に女性名詞に多い。

šar-ra-tu		女王	šar-ra-a-ti	

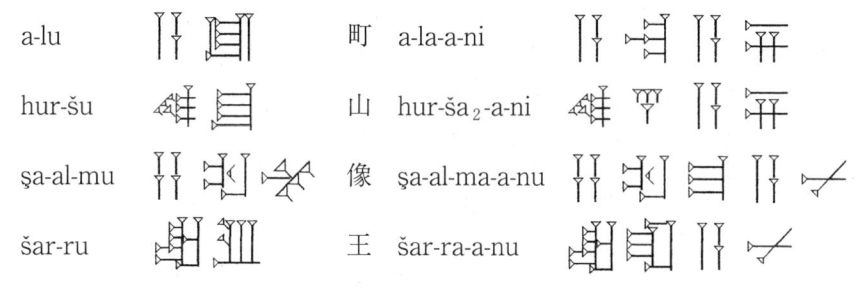

kib-ra-tu  地区　kib-ra-a-ti 

ku-dur$_2$ ru  境界石　ku-dur$_2$-ri-e-ti 

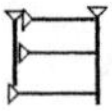 も  も元来同じ。

⑤以上のいくつかを用いるもの。

su-u$_2$-qu 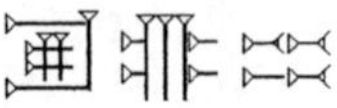 ちまた　su-qa-a-ni  又は

su-qa-a-ti 

gir-ru  旅行 gir-ri-e , gir-ri-e-ti 

但し発音は上記のようだが、表記法としては、単数の楔形文字に複数を示す限定詞を付ける場合が多い。

HA$_2$, MEŠ, ME（MEŠ$_2$）などがあるが、初期の資料ではHA$_2$が多く用いられた。その後HA$_2$は特定の名詞に多く用いられる。

（元来はURU-URU，KUR-KURのように、語の繰り返し表示だった。）

gišGIGIR HA$_2$ 四輪馬車　URU HA$_2$　町々　KUR HA$_2$　国々

KU$_3$ BABBAR HA$_2$　銀貨（複数）　ITI 5　HA$_2$　五ヶ月

MEŠはşābu（ERIN$_2$ MEŠ）軍隊、のように普通に使用される。

MEはMEŠ$_2$から出たものである。

表示されないが、意味上で複数とされることがある。

ilu  神　ilāni=ilu meš 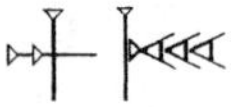

mātu  国　mātāti=mātu meš 

šadū  山　šadē（-e）=šadū meš 

ここでeを付けるのは、楔形文字が同じためmātātiでないことを示す。

＊ mešの 語源についてはシュメール語のme-en動詞、三人称複数からという。因みに三人称単数amは数字を示す限定詞として使われている。

（参考）単一　-me-en　（I am）　複一　-me-enden　（we are）

二　-me-en　(you are)　　二　-me-enzen　(you are)
三　-am　. (he, it is).　　三　-me-eš　(they are)

〔例〕

DUMU MEŠ ia IR$_3$-ka =marē ia warde ka

我が子達は　汝の奴隷である。

pa-ni ia a-na LU$_2$ MEŠ IR$_3$ -tum ša LUGAL EN ia i-na šul-mi

顔は　我が に（向いている）　奉仕　への 王、主 我が、に 安らか。

LU$_2$ MEŠ IR$_3$ -tum=^{amīlu} wardu-tum　　奉仕活動

（LU$_2$ MEŠ も元来は LU$_2$-LU$_2$と書かれた）

LUGAL=šarrum　　EN=bērum

⑥双数

身体の一部で二つあるものは -an を付けて表す。これを双数という。古代バビロニア以降はない。

īnu  目　īnān 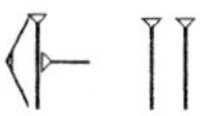

šēpu 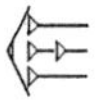 足　šēpān 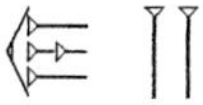

語尾の n は構文体においては脱落する。

若干の複数のみの名詞もある。

mū（< māū）水、nišū（f）国民、pānū　顔、kišpū　魔法

印欧語の Phašdu という人名に対しては bi -ha -aš -TU,　pa -ha -aš -TU$_4$, be -ha -aš -TU$_4$, be -ha -aš -DU などいろいろに表現されている。これが翻字の難しさである。

（3）　限定詞

シュメール語と同様バビロニア語には名詞に付く限定詞がある。全ての名詞というわけではないが、それにより名詞の内容を示すだけで、普通は読まない。

		シュメール語	バビロニア語
神名		dingir	ilu

男名		lu_2	diš 又は amēlu（語源は awilum 人）	
女名		mi_2	sinništu	
町名		uru	ālu	
木名	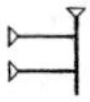	giš	iṣu	
川名		id_2（又は i_7）	nāru	
月名		itu, iti	arhu	
国名		kur	mātu	
地名		ki	ašru	
複数		ha_2, hi-a（又は meš）	meš	

地名と複数は名詞の後に付ける習慣である。元来シュメールの複数は dingir-dingir（神々）のように繰り返すものであったが、後 hi-a（混ぜられた物、種々の）や meš を貼付するようになった。

〔例〕^{d}nin-gir_2-su  ニンギルス神

lugal^{meš} 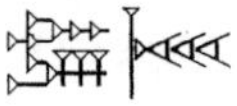 王達（バビロニア語では šarrānū と読む）

なお一を表す （diš）をもって人名の限定詞とする事が古バビロニア時代以降増えてくる。

^{I}ilum-bāni 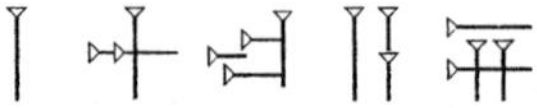 イルム・バーニ（人名）

これを m で表現する人もいるが、印欧語の male, man にとらわれ過ぎると思う。

（4） 送りがな

日本語でも「生」と書かれていると、何と読むか分からないが、「生む」とか「生きる」とか送りがなを付けると、読み方が分かってくる。同じ事がアッカド語でもあった。例えば šaknu 担当係員（< šakānu 置く）は普通 šak-nu と書くのだが、GAR-nu と書かれることがある。シュメール語の GAR には色々の読みと意味があるが、ここでは置く、という意味で、文字は šaknu と読むのだ、ということで -nu を付けている。

LUGAL-rum も LUGAL はシュメール語だが šar-rum（王、主格）と読むことを示す。同様 LUGAL-am なら šar-ram（王、対格）である。

AN にも an（アン神）、ilu（神）、šamū（天）など色々の読みがある。そこで今、šamē（天の複数）と読ませたいときは AN-e と書くのである。

（5） 名詞の格変化

名詞の格は主格、属格、対格と構文体しかない。若干の例を挙げる。

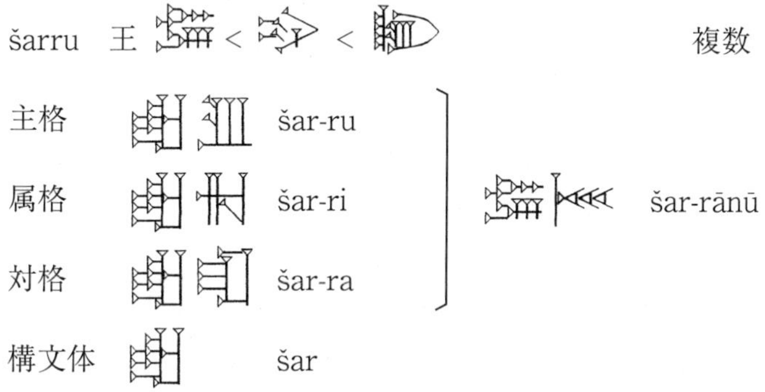
šarru 王 < <
複数
主格 šar-ru
属格 šar-ri
対格 šar-ra
šar-rānū
構文体 šar

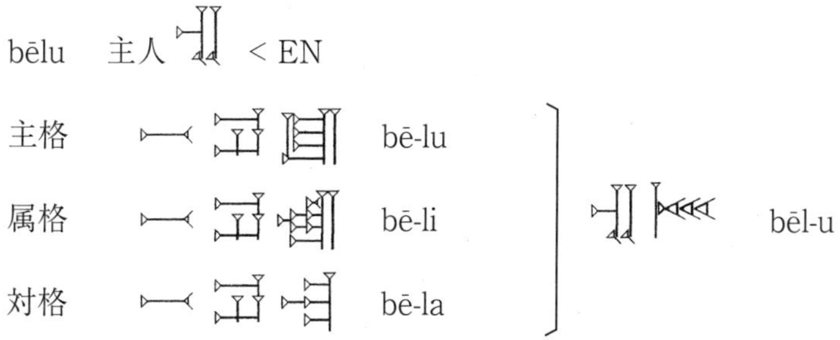
bēlu 主人 < EN
主格 bē-lu
属格 bē-li
対格 bē-la
bēl-u

構文体 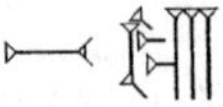 bē-el

bēltu 淑女 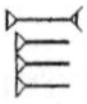 < GAŠAN,  < NIN

主格  bē-el-tu

属格  bē-el-ti

対格  bē-el-ta

 ,

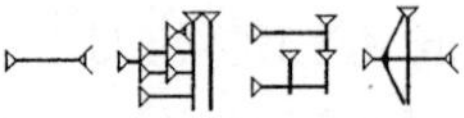 bē-li-e-ti

構文体 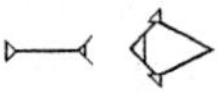 bē-lit

（6） 名詞の構文体（Construct state）

後に属格が置かれて繋がる名詞の列があるとき、最初の名詞は構文体と呼ばれる省略体をとる。

šarrum 王 + mātim 国の → šar mātim
ummānum 軍隊 + šarrim 王の → ummān šarrim
mārum 息子 + awīlim 人の → māri awīlim > mār amīlim*
wāşum 出発 + abullim 門から → wāşi abullim
bēlum 主人 + ālim 町の → bēl ālim
ekallum 宮殿 + nakrim 敵の → ekal nakrim

※中期バビロニアの特徴で w → m 例 awīlum → amīlu

後に人称代名詞が来る名詞も当然構文体で書かれる。

nakrum 敵 → naker šu 彼の敵 （主格、対格）
→ nakrī šu 彼の敵の .（属格）
alpum 牛 → alap šunu 彼らの牛 （主格、対格）
→ alpī šunu 彼らの牛の .（属格）
ummānum 軍 → ummān ka 貴方の軍 （主格、対格）
→ ummānī ka 貴方の軍の（属格）

構文体においては語尾の i が落ちることもある。

ālum	町	→	āli　又は āl
mārum	息子	→	māri 又は mār
bītum	家	→	bīti 又は bīt
šumum	名	→	šumi 又は šum

（7） 名詞の M 語尾（Mimation）

元来、名詞や形容詞や動詞の語尾に ma を付けて意味を強調したものだが、だんだん意味が薄れて、中期バビロニア以降は語尾の最後の m も消えてしまう。

〔例〕

belum	主人	→	belu
ašrum ellum	聖なる場所	→	ašru ellu
šībūtum ālim	町の長老たち	→	šībūt āli

mi -im -ma -am -ma < mi -im -ma	何であれ。
iš -tu u$_4$ -mi an -ni -i -im　< anumma	今日の日から。
i -na pa -ni pa -ni -i -im -ma	以前に 常に。

4 代 名 詞

人称代名詞は形態上、独立型と動詞接尾型とある。

（1） 独立型人称代名詞

	主格 ～が		対格　～を		与格～に	
単一		a-nā-ku		iā-ti		iā-ši
二男	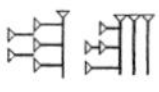	at-ta		kā-tu$_2$		kā-šu$_2$
二女	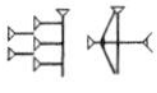	at-ti		kā-ti		kā-ši
三男		šū, šū-u		šā$_2$-šu (ša$_2$-a-šu$_2$)		

三女　šī　šā$_2$-ša$_2$

複一　a-nī-ni　ni-iā-ti　ni-iā-ši

nī-ni

二男　at-tu-nu　kā-šu-nu　kā-tu-nu

三男　šu-nu　šā$_2$-šu$_2$-nu

三女　ši-na

古代バビロニア（以後 OB）の後 iāšim > iāši, kāšim > kāšu, šuāti > šāšu, šunūti > šāšunu と変化した。

（2）　接尾型人称代名詞

名詞への属格　～の

単一	ia	複一	ni, nu
二男	ka, ku	二男	ku-nu, ku-un
二女	ki	二女	ki-na
三男	šu	三男	šu-nu, šu-un
三女	ša$_2$	三女	ši-na, ši-in

	動詞の対格　～を	動詞の与格　～に
単一	ni, a-ni, an-ni	am
二男	ka, ku, ak-ka	(ak-) kum
二女	ki, ak-ki	(ak-) kim

三男 šu, aš$_2$-šu (aš-) šum

三女 ša$_2$, aš$_2$-ši (aš-) šim

複一 an-nā-ši, ni-iā-ši (an-) nā-šim

二男 ku-nū-ši, ku-nū-ti (ak-)ku-nū-šim

二女 ki-nā-ši, ki-nā-ti (ak-)ki-nā-šim

三男 šu-nu(-ši), šu-nū-ti (aš-)šu-nū-šim

三女 ši-na (-ši), ši-nā-ti (aš-)ši-nā-šim

実例

šu-mi	< šum-i*	我が名
ekalli-a	< E$_2$-GAL-ia	我が宮殿
bēlti-ia	< NIN-ia	我が女主人
lib-ba-ki	< ŠA$_3$-ba-ki	汝の心(ba は送り仮名)
ši-ma-tu-uš	< ši-ma-tu-šu	彼の運命
ilāni-ša$_2$	< DINGIR-MEŠ-ša$_2$	彼女の神々

* 主格に付く ia, a は i となる。例えば、我が主、王よ šarru, bēl-i しかし、u で終わる名詞には a となる。例えば、我が罪 ānnū-a 中期バビロニア以降では所有代名詞には attu- を付け、attū-šu（彼のもの）、attū-a（私のもの）という言い方が始まる。

（3） 再帰人称代名詞

魂とか自身を表す ramānu を用いる。

ra-ma-ni ia, ram-ni ia 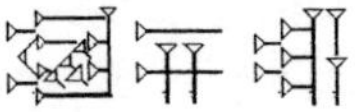 私自身

ra-ma-ni ki 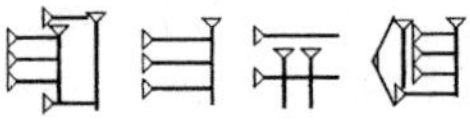 汝自身

ra-ma-nu šu, ram-ni šu  彼自身

ra-man ku-nu 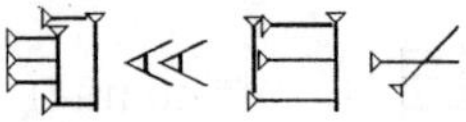 汝ら自身

ra-ma-ni $šu_2$-nu 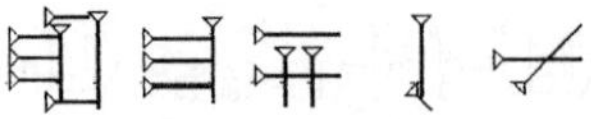 彼ら自身

（4）　指示代名詞

名詞と同じように、主格・属格・対格よりなる。

an-num　この

男単　　　　男複

主　an-ni-u, an-nū 

属　an-nē, an-nī 　an-nū-te, an-nū-ti 

対　an-ni-a, an-nā 

女単　　　　女複

主　an-nī-tu 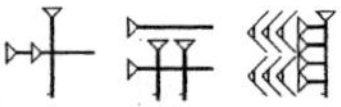

属　an-nī-te, an-nī-ti 　an-nā-te, an-nā-ti 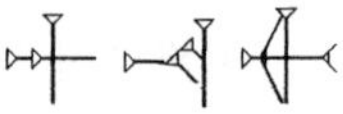

対　an-nī-ta 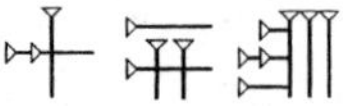

a-gā　この（アラム語系）

男　a-gā, a-ga-i 　女　a-gā-ta 

後に an-nū と結合しても使われた。 a-ga-nu-tu 2 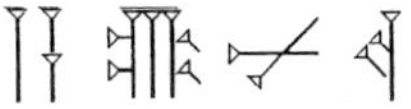

šu-a-tu その（強調）

男単 šu-a-tu  男複 šu-a-tu-nu 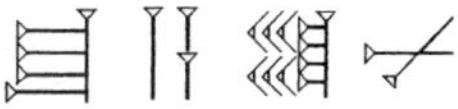

ša 2-a-tu  šā 2-tu-nu 

女単 ši-a-ti  女複 šu-a-ti-na 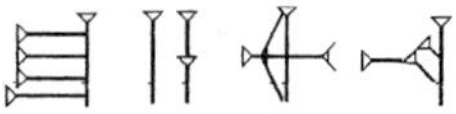

šā 2-ti-na (ša 2-a-ti-na) 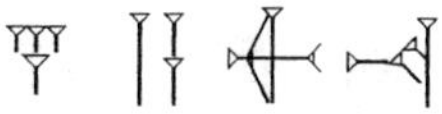

šū その

男単 šū, šu-u 2  男複 šu-nu, šu-nū-ti 

女単 šī 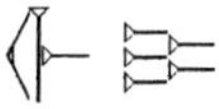 女複 ši-nā-ti, ši-nā-ti-na 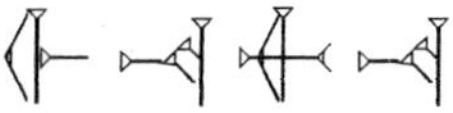

（5）不定代名詞

man-ma 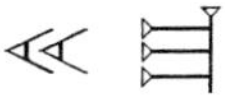, ma-am-ma 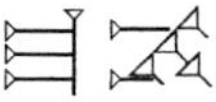 誰かが

min 3-ma 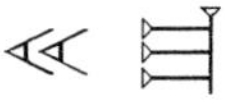, mi-im-ma  何かが（又は nin-ma 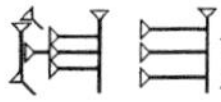）

（6）疑問代名詞

man-nu 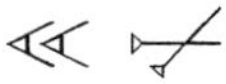 誰が、誰に mi-nū 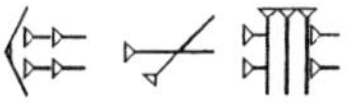 何が

主 mi-nū 

属 mi-nī 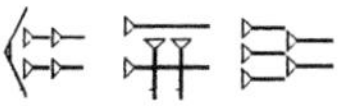, mi-nē 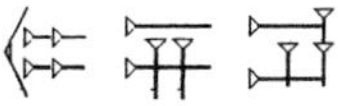

対 mi-nā 

aya-u 誰が、何が

男単	aya-u_2		男複	aya-u_2-tu_2	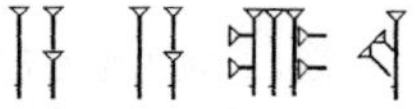
女単	aya-tu		女複	aya-ta	

ayaの表現注意

（7）　関係代名詞

šaَ, ša 2　　　ところの（もの）

5　数　詞

		基数		序数（番目、を付ける）	
		男性	女性	男性	女性
1	𒁹	išten	ištenit	mahrū	mahritu
2	𒈫	šina, šena	šitta, šittin	šanū	šanitu
3	𒐈	šalašu	šalaštu, šalaltu	šalšū	šaluštu
4	𒐉	arbau, erba	erbit, erbittu	rebū, rabū	rebitu
5	𒐊	hamšu	hanšet	hamšū, haššu	hamuštu
6	𒐋	šiššu	šišset	šiššū, šeššū	šiššitu
7	𒐌	sibe, sibi	sibittu	sibū	sibtu
8	𒐍	samanu	samantu	samnū	samantu
9	𒐎	tišu	tišit, tišittu	tišu	tiltu
10	𒌋	ešru	ešrit, ešerit	ešrū	ešritu
11	𒌋 𒁹	išten-ešru	išten-ešrit	išten-šerū	išten-šeritu
12	𒌋 𒈫	šin-šeru	šin-šerit	šin-šerū	šin-šeritu
13	𒌋 𒐈	šališ-šeru	šalaš-šerit	šalaš-šerū	šalaš-šeritu
14	𒌋 𒐉	irbi-šeru	irbi-šerit	irbi-šerū	irbi-šeritu

15	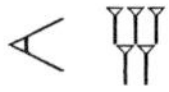	hamiš-šeru	hamiš-šerit	hamaš-šerū	hamaš-šeritu
20		ešna		ešnū	
30		šelaša		šelašū, šalašū	
40		arbaa		arbū	
50		hanša, hašša		haššū	
60		(išten) šuššu		(išten) šuššū	
70	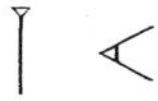	subā		subū	
80		samanā		samanū	
90		tešiā		tešū	
100		meat		meatū	
600		ner		nerū	
1, 000		lime		limū	
3, 600		šar		šarū	

例えば、1, 000, 000 は1, 000 ×1, 000 であるから  と書く。

 は 1 išten であるとともに60 šuššu をも表すので注意を要する。
そのため誤解を起こさないように送り仮名をすることがある。

išten=  -en　išten=  -nit　šuššu=  -šu

中期アッカド時代以降には 1，2 のみが性別にこだわるようになった。当然 1 は単数であるが、2 以上は複数である。但し初期には双数があり、男性名詞（二つある場合）のみに使われていた。序数は形容詞として扱われた。

今1998 を60 進法で示すと、33×60＋18 であるから、

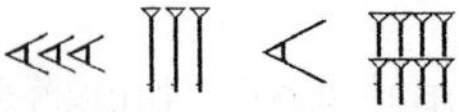 šelaša-šalašu šušši samani-šeru　となる。次のような場合は

3 ×3, 600＋600＋ 6 ×60＋27=11, 787 となる。
分数は次のように書く。

1/2 　1/3 　2/3 

何回も、と言う時は　ana šalašu　išu　三回も、のように使う。

6　暦（月名）

（現在）　シュメール語　バビロニア語　アッシリア語

3～4月 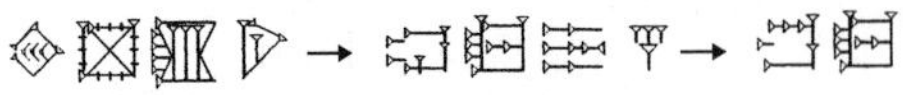 ^{arhu}nisannu

iti bar$_2$ zag-gar　内陣に神の力を置く月　arhu bar$_2$

4～5月 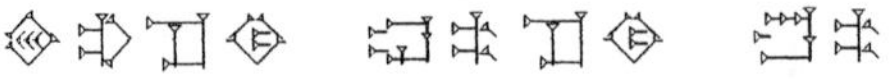 ^{arhu} aiar, iyyar

iti gu$_4$ si-sa$_2$　公正な牛の月　arhu gu$_4$

5～6月  ^{arhu} siwannu, simānu

iti sig$_4$-ga　煉瓦の月　arhu sig$_4$

6～7月 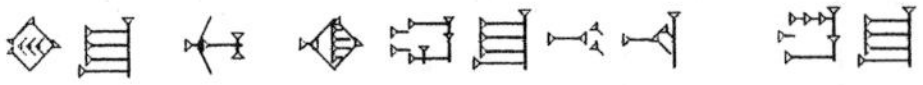 ^{arhu} dūzu, tammuz

iti šu numun-na　穀物種子の月　arhu šu

7～8月 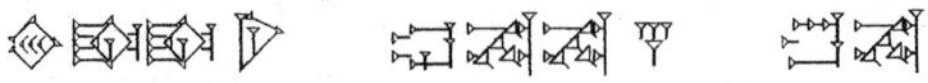 ^{arhu} abu

iti ne-ne nig$_2$　物を加熱する月　arhu ne

8～9月  ...^{arhu} ululu, elulu

iti kin ^{d}inanna　イナンナ女神の仕事の月　arhu kin

9～10月 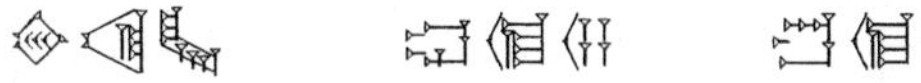 ^{arhu} tešritu

iti du$_6$-ku$_3$ 聖なる丘の月 arhu du$_6$

10～11月 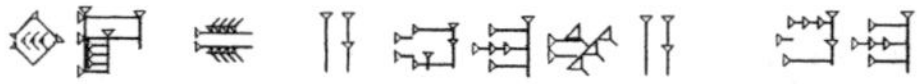 arhsamna

iti apin du$_8$ -a 耕地を開く月 arhu apin

11～12月 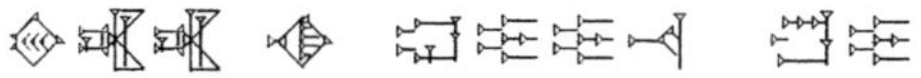 ^{arhu} kisiliwu, kislimu

iti gan-gan-na 瓶の月 arhu gan

12～1月 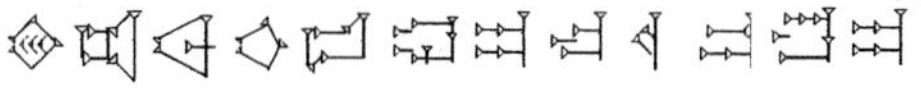 ^{arhu} tebētu

iti ab-ba -e$_3$ 穴を出る月 arhu ab

1～2月  ^{arhu} šabattu

iti ziz$_2$-a-an エンマ小麦の月 arhu ziz$_2$

2～3月 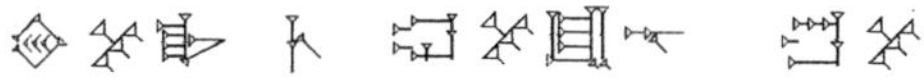 ^{arhu} addaru

iti še gur$_{10}$-ku$_5$ 麦の収穫の月 arhu še

うるう月 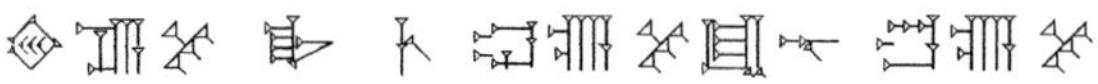 ^{arhu}atar-addaru

iti diri še gur$_{10}$-ku$_5$ 麦の収穫の追加月 arhu diri še

文字は簡略化され、読み方も変わっているが詳細不詳。最後はヘブル・フェニキア語からの類推した名。

7 度量衡

シュメール文字　アッカド文字　読み　英訳　換算

重さ

 ŠE  uţţatum グレイン 約1/20g

	GIN_2		šiqlum	シエケル	180ŠE　約8. 3g
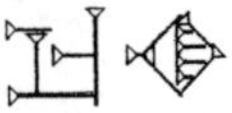	MA-NA	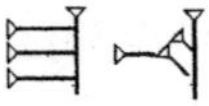	manum	マナ	60 GIN_2約500 g
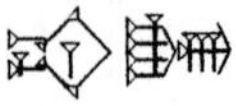	GU_2-UN	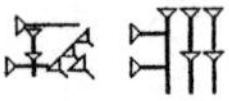	biltum	タレント	60MA-NA 約30kg

長さ

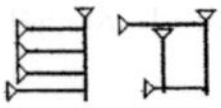	ŠU-SI	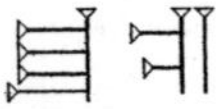	ubānum	（指の太さ）	約1. 6cm
	$KUŠ_3$	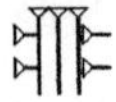	ammatum	キュウピド	30ŠU-SI 約50cm
	GI		qanūm	リード	6 $KUŠ_3$　約 3 m
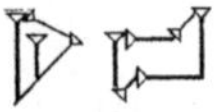	NINDA-DU				2 GI　約 6 m
	$EŠ_2$		ašlum	コード	10NINDA　約60m
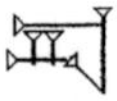	UŠ				6 $EŠ_2$　約360m
	DANNA		bērum	リーグ	30 UŠ　約10km

広さ

	ŠAR		šarum	ガーデン	1 $ninda^2$約$36m^2$
	IKU	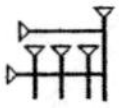	ikūm	フィールド	100ŠAR 約$3600m^2$
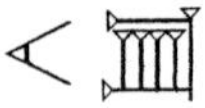	BUR_3^{iku}		burūm	ブール	18IKU
	$ŠAR_2^{iku}$		šarum		60BUR_3

大きさ

	$SILA_3$		qūm	クォート	60GIN_2 約840cc
	BAN_2		sūtum	シーハ	10$SILA_3$約8, 400cc
	2 BAN_2				

	3 BAN_2				
	PI	pānum		6 BAN_2	約50 l
	GUR	kurrum	コル	144$SILA_3$	約120 l
				180$SILA_3$（新王朝）	約150 l
	GUR（-LUGAL）	kurrum	コル	5 PI=300$SILA_3$	約250 l

シュメール婦人像　前2600～2350年頃

8 形 容 詞

（1） 形容詞の格

形容詞には名詞と同様、主格、属格、対格と構文体がある。

例　gamru　完全な

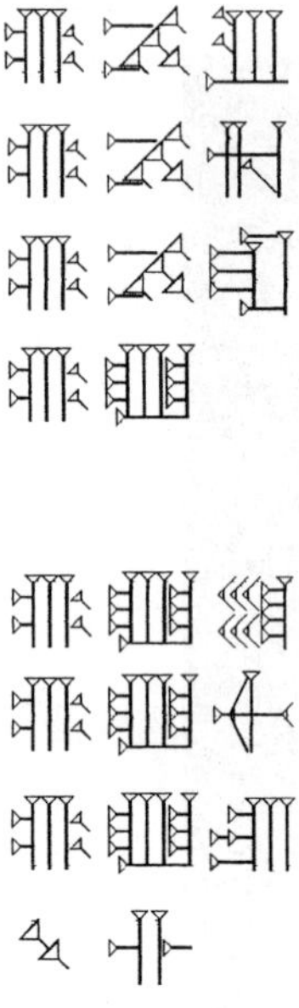
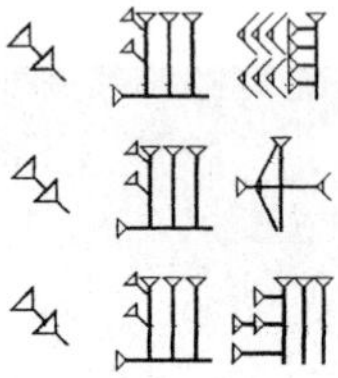

男性	単数	複数
主格	ga-am-ru	gam-ru-tu
属格	ga-am-ri	gam-ru-ti
対格	ga-am-ra	gam-ru-ta
構文体	ga-mir	

女性	単数	複数
主格	ga-mir-tu	
属格	ga-mir-ti	
対格	ga-mir-ta	
構文体	gam-rat	gam-ra-(a-)ti

例　dannu　強力な

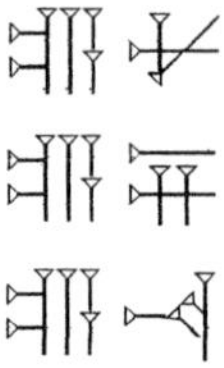
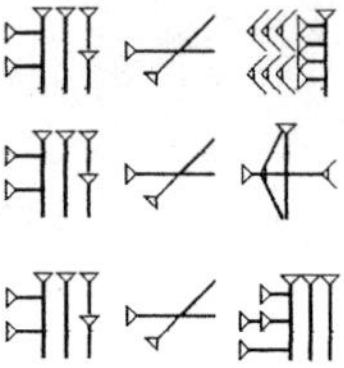

男性	単数	複数
主格	dan-nu	dan-nū-tu
属格	dan-ni	dan-nū-ti
対格	dan-na	dan-nū-ta

構文体  … dan

女性

主格  dan-na-tu

属格 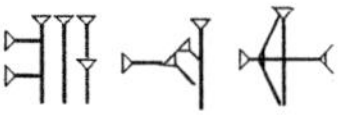 dan-na-ti 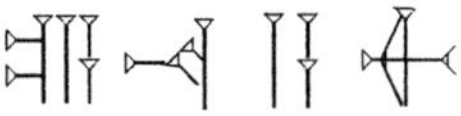 dan-na-a-ti

対格  dan-na-ta

構文体 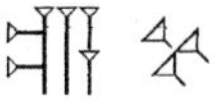 dan-nat

（2） 比較級

一般に、最後の母音を長くすることによって比較級を作るが、その格変化は上述と同じである。

e-le-nu-u 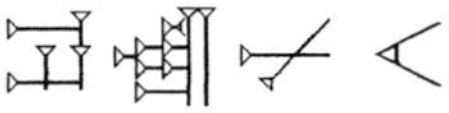 より上の

šap-lu-u  より下の （šap<PA-IBU）

mah-ru-u  以前の

ar-ku-u 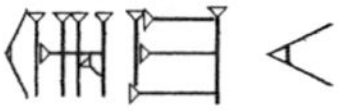 最近の

なお、比較級を作るには eli（越えて）を用いることも出来る。

（3） 形容動詞の名詞化

damāqum（善良である）のような状態動詞は名詞にすることが出来る。（継続形参照）

damiq	彼は良い	→	damqum	良い男
damqat	彼女は良い		damiqtum	良い女
damqū	彼らは良い		damqūtum	良い男達

damqā　彼女らは良い　　damqātum　良い女達

9 副　詞

（1）時間的副詞

ādu	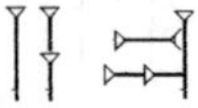	(a-du)	今
annuri		(an-nu-ri)	既に
annurig	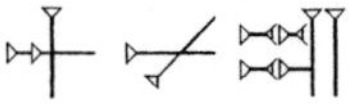	(an-nu-rig)	既に
appitti		(ab-bit-ti)	すぐ、常に
arhiš	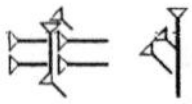	(ar_2-hiš)	早く
ārhišam	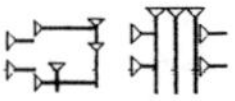	(arhu-šam)	毎月
ārhussu		(arhu-us-su)	毎月
ūrhiš	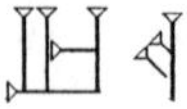	(ur-hiš)	早く
arkaniš	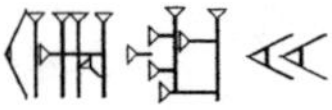	(ar-ka-niš)	その後
ātā		(a-ta-a)	まだ
eninna		(e-nin-na)	今では（以前と比べて）
ēnna	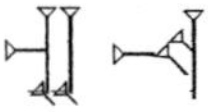	(en-na)	その時
hanţiš	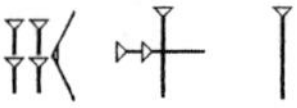	(ha-an-diš)	直ちに
immatēma		(ih-ma-te-ma)	たとえ何時でも
īmmuumuša		(ih-muumu-ša)	日夜

inaamšat		(AŠ-am-šat)	昨晩
īšteniš		(iš-te-niš)	一度に
iššiari		(iš-ši-a-ri)	明日
īsseniš		(is-se-niš)	一度に
issumur	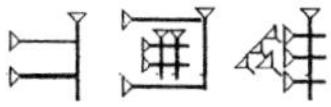	(is-su-mur)	その後
(i)timali		(i-ti-ma-li)	昨日
kapuda	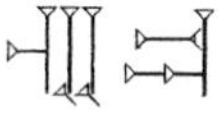	(kap-du)	速く
kāyanam		(ka-aya-nam)	常に
kāyamani		(ka-aya-ma-ni)	常に
matīma		(ma-ti-ma)	いつでも
mušiš		(mu-šeš)	夜に
mušetan		(mu-še-tan)	夜に
mušamma		(mu-šam-ma)	昨日
panama		(pa-na-ma)	以前に
qaqdā		(qaq-da-a)	常に
rēssu		(re-es $_2$ -su)	先ず
sattakam	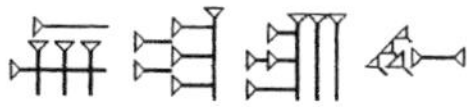	(sa-at-ta-kam)	常に
surriš	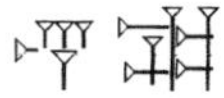	(sur-riš)	直ちに
šaddagiš		(šad-da-giš)	少し以前に

šattišamma	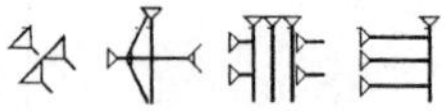	(šat-ti-šam-ma)	毎年
ūddakam		(ud-da-kam)	毎日
ūddiš		(ud-diš)	朝に
ullanu	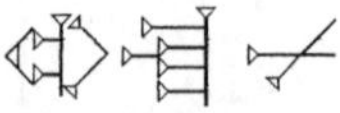	(ul-la-nu)	古い
ultuulla	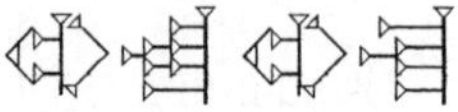	(ul-tuul-la)	昔から
ūmā	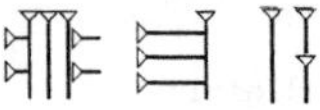	(u_2-ma-a)	きょう
ūmešam		(u_4-me-šam)	毎日
ūmussu		(um_2-us-su)	毎日

例 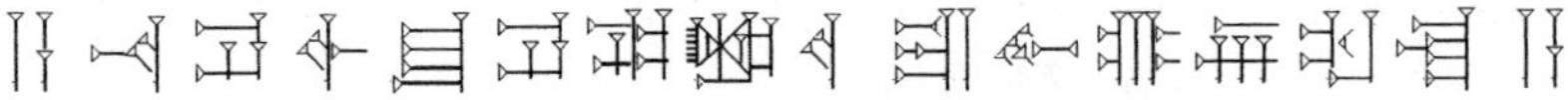

a-na　e -pē -šu　e　-sag　-il_2　ud -da -kam　u_2　-sa -al -la -a

ために　建てる　エサギラを、 毎日　　私は祈願した。

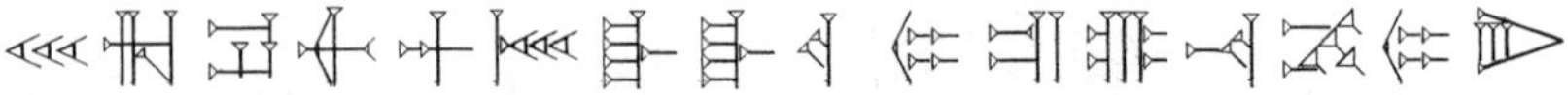

eš -ri -e　-ti　　ilāni　　rabūti　　$ū_4$-mi-iš　u_2　-na -am -mi -ir

10（多数）の　神々を　偉大な、昼のように 私は磨き上げた。

解説

usallā　< salūm（< salaum）祈る、の D 話態、過去、一単

unammir < namāru　輝かす、の D 話態、過去、一単

rabūti < GAL-GAL

（2）　空間的副詞

āganna	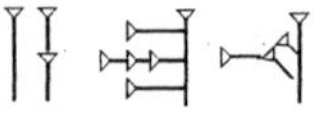	(a-gan-na)	ここに

人面牛像　前2400年頃

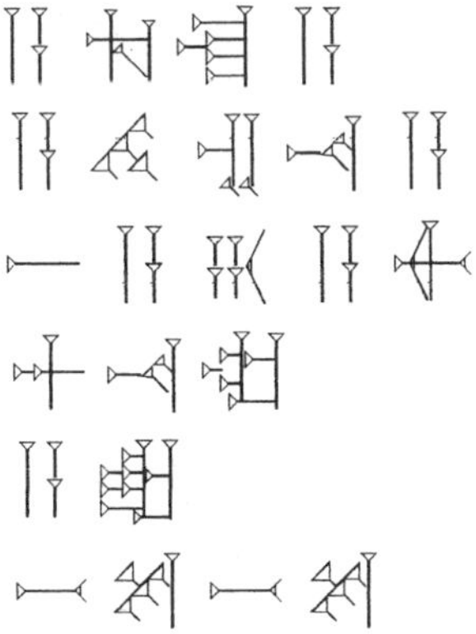

ahulā	(a-hu-la-a)	あちら側に
ahennā	(a-he-en-na-a)	こちら側に
inaāhāti	(AŠ-a-ha-a-ti)	片側に
annaka	(an-na-ka)	そこに
āšar	(a-šar)	どこで
batte-batte	(bad-tebad-te)	周りに

ēliš	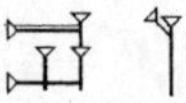	(e-liš)	上の
libbū	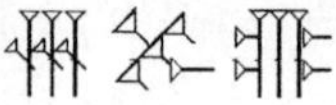	(ŠA$_3$-bu-u$_2$)	その中に
inalibbi		(AŠ-ŠA$_3$-bi)	そこで
libbišu		(ŠA$_3$-šu$_2$)	そこで
mātitan	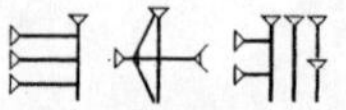	(ma-ti-tan)	国々で
rapašti	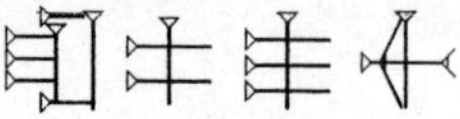	(ra-pa-aš$_2$-ti)	はるかに
šapliš		(PA-IBU-liš)	下の
šaplanu	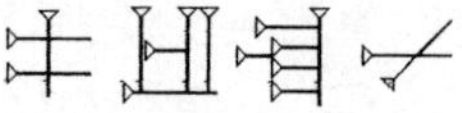	(PA-IBU-la-nu)	下の
ultiayaka	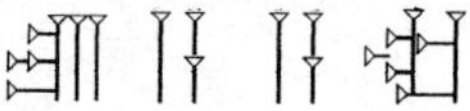	(TAaya-ka)	どこから

（3）　程度副詞

ad（d）aniš		(ad-da-niš)	非常に
addiriš		(ad-di-riš)	重大に
atarta		(a-tar-ta)	過剰に
appunama	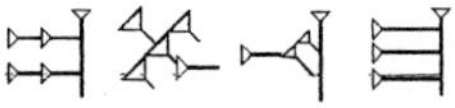	(ab-bu-na-ma)	非常に
maadu		(ma-a-du)	たくさんに
maāttu	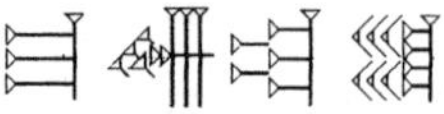	(ma-ah-at-tu)	たくさんに
maādiš	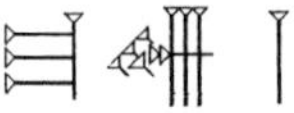	(ma-ah-diš)	非常に

（4） 強調副詞

lū  (lu-u$_2$, lu)

三単・複や一単・複の動詞過去の前に置かれて、意味を強調する。
又 lū は動詞過去と共に用い命令を表し、継続と共に用い願望を表す。
なお、lū には後述のように、「又は」の意味もある。

例

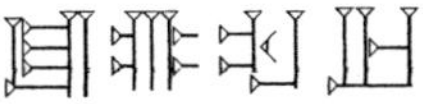

lu-u$_2$　al　-lik　私は行ったのだ　　　　<alākum 過一単

liib-lu-ut$_2$<lūib-lu-uţ 彼が生きてほしい <balāţum 生きる、の嘆願三単．

lu-u$_2$　bal-ţā-ta　貴方が健康であるように < balāţum　継続、二男

luuš-pur　<lū aš-pur 私が送りたい　<šapārum　送る、の嘆願一単

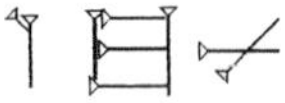

liš-ku-nu　<lūiš-ku-nū 彼らが置くように <šakānu　置く、の嘆願三複

（5） 疑問副詞

adimati	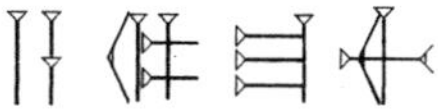	(a-dima-ti)	いかに長く
anamēni	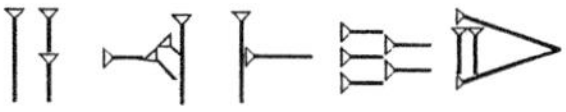	(a-name-i-ni)	なぜ
ammēni		(am-me-ni)	なぜ

ammīni	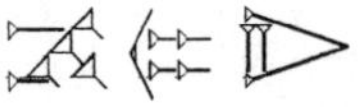	(am-mī-ni)	なぜ
āhulapi		(a-hu-la-pi)	いかに長く
akkāa	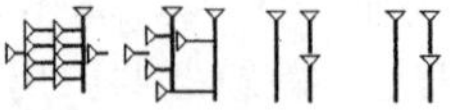	(ag-ka-aya)	いかに
akkāi		(ag-ka-a-i)	いかに
ali	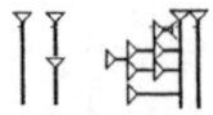	(a-li)	どこに
ēkiām		(e-ki-a-am)	どこに
ēš		(e-eš)	なぜ
ianu	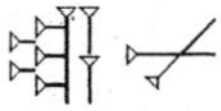	(ia-nu)	どこに
iau		(ia-u_2)	どこに
inaēliminē	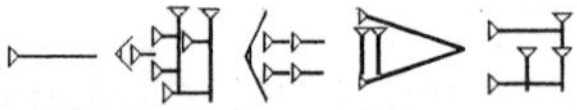	(AŠ-UGUmi-ni-e)	なぜ
kī-maşi	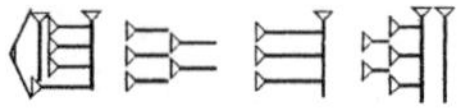	(ki-i-ma-şi)	どれ程
mēnamma		(me-nam-ma)	なぜ
mēnu	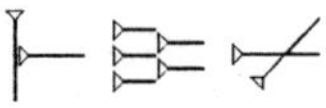	(me-i-nu)	なぜ
mīni	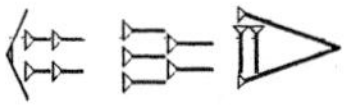	(mi-i-ni)	いかに

（6）　方法副詞

ākī		(a-ki-i)	～のように
ammaki	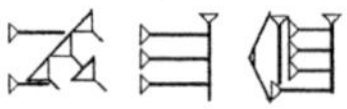	(am-ma-ki)	～の代わりに
ēma	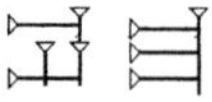	(e-ma)	同程度の

mā		(ma-a)	かように（言う）
muku	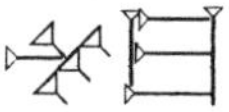	(mu-ku)	かように
kiām		(ki-a-am)	かように
kī	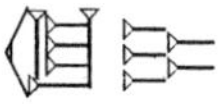	(ki-i)	～のように
kī-adī		(ki-ia-di-i)	～のように
kī-kī	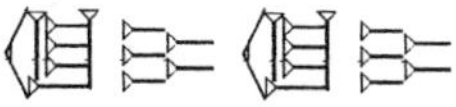	(ki-iki-i)	～のように
kima	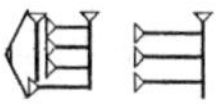	(GIM,ki-ma)	～のように
kī-pī	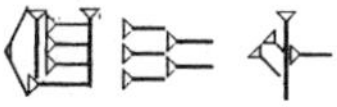	(ki-ipi-i)	～によれば
ummā	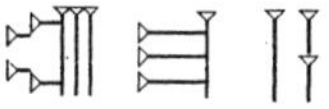	(um-ma-a)	かように

（7）　感嘆副詞

ēnna	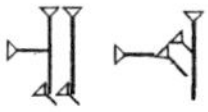	(en-na)	見よ！
āmur	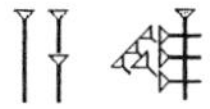	(a-mur)	見よ！
ālka	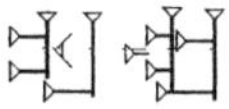	(al-ka)	来い！
e		(e)	さあ
gana	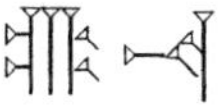	(ga-na)	さあ
aa	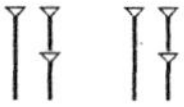	(aya)	ああ
ua		(u_2-a)	おお

10 否定詞・肯定詞

発音	文字		
lā		(la-a, la)	従属節、命令文、疑問文中の否定
	又は 	(nu)	
ul		(ul)	通常文中の否定
	又は 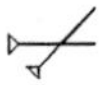	(nu)	
aa (aya)		(aya)	否定の願望（母音の前、動詞は過去形）
e		(e)	否定の命令（子音の前、過去形）
balu		(ba-lu)	～なしで
ibaššī	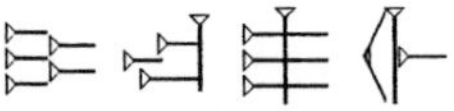	(i-ba-aš $_2$-ši)	はい、そうです =yes,it is.
laššūni		(la aš $_2$-šu-u-ni)	いや =no, it is not.

例 

ay a-ba-aš $_2$

ないように 私が恥をかか ---- < bāšum 恥じる、の過一単

例 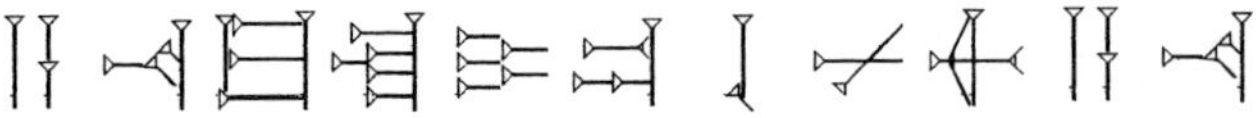 a-na は  でも可

a-na-ku la i-du šu $_2$-nu-ti

私は ない 知ら 彼らを。

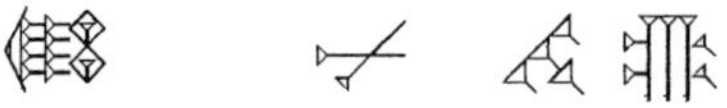

murşu lā ţā-bu murşu < GIG

病気 （所の） ない 良く ---- ţā-bu< DUG $_3$-GA

解説

良い ţābu の表現には色々あるが、ここでは DUG$_3$-GA。シュメール語の dug$_3$が ţābu に当たる。送りがなとして -ga をつけるのは hi と読まぬ為。

lā は個々の語や従属句の否定に用いられ、ul は主文の否定に用いる。

例 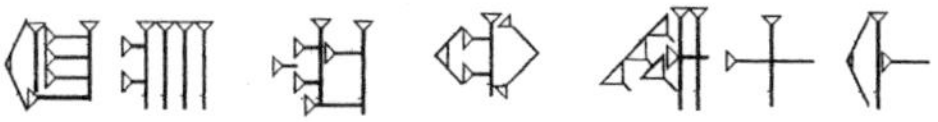 im-maš-ši<in-maš-ši<mašūm

qi$_2$-bit　ka　ul　im-maš-ši　忘れる、の N 話態、現単三
命令を　貴方の　ない　彼は忘れられ。

例 

e　tal　-lik　　tal-lik　<alākum の過去、二単男
な　貴方は行く。　　過去形に注意

11 小　　詞

ma	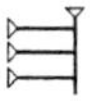	(ma)	こそ（あらゆる品詞の強調詞）
ni	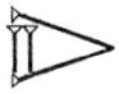	(ni)	～のだ（動詞の強調詞）
ū		(u$_2$)	～か？（疑問小詞）
ī	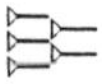	(i)	さあ！(勧誘小詞、一複)
-iš		(-iš)	～に（副詞化小詞）

例 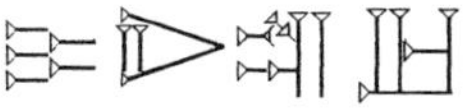

ī　ni-il-lik　　ni-il-lik　< alākum　過去、一複
我々は行きましょう。　　過去形を取ることに注意

at-ta　ma　mu-bal-liţ　mi-i-ti
貴方こそ　命を与える者だ　死者に。

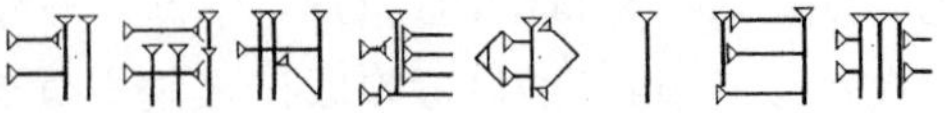

iš-ta -ri -tum　　ul　ana-ku　u_2　?

女神は　　ない　私で　か

例 

a-dan-niš	iṣ-ṣu-riš	ma-ā-diš	šal-meš
豊富に	鳥のように	沢山に	平和的に

12 接続詞

主文と副文とを接続する小詞を接続詞という。

発音	文字		
adi	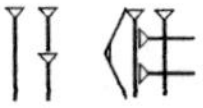	(a-di)	一方、～するまで
arkiša		(ar_2-ki-$ša_2$)	～の後
aššu	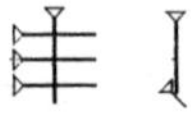	($aš_2$-$šu_2$)	～のため
aššuša		($aš_2$-$šu_2$-$ša_2$)	～のため
enuma		(e-nu-ma)	～の時
inu	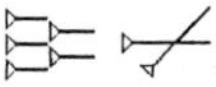	(i-nu)	～の時
inum		(i_3-nu-um)	～の時
inuma	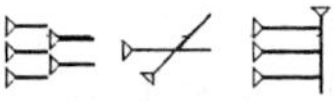	(i-nu-ma)	～の時
ištu		(iš-tu)	～ので
ultu	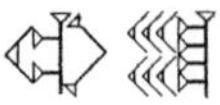	(ul-tu)	～ので
kī		(ki-i)	～のように

kīša	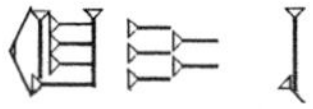	(ki-i ša$_2$)	～のように
akīša	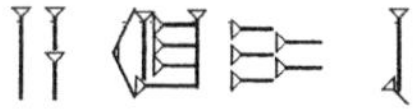	(a-ki-i ša$_2$)	～のように
lū		(lu)	又は
ū		(u$_3$)	又は、そして
ū lū		(u$_3$ lu)	又は
lū・・lū	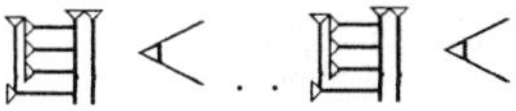	(lu-u . . lu-u)	どちらの～でも
lū・・ū		(lu-u . . u)	どちらの～でも
lū・・ū lū		(lu-u . . u$_3$ lu-u)	どちらの～でも
ma	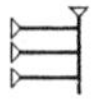	(ma)	そして（動詞間）
niš	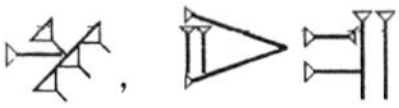	(MU,ni-iš)	によって
šumma	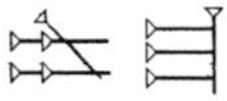	(šum-ma)	もし～ならば
u	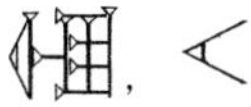	(u$_3$, u)	そして
udīni	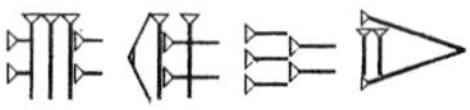	(u$_2$-di-i-ni)	しかし

13 前 置 詞

後置詞の多いシュメール語と異なり、バビロニア語では前置詞の複雑さに特徴がある。

発音	文字		
ādi		(a-di, EN, EN-na)	～にまで、ともに
ādī		(a-di-i)	～（の日付）に

守護獅子像
イシン・ラルサ王朝　テラコッタ製　95cm
テル・ハルマルのニサバ神殿前の狛犬で、
この習慣は初期王朝ウバイド遺跡のニン・
フルサグ神殿にまでさかのぼるという。

āna (DIŠ, a-na)	～に向かって
ānaēli (a-nae-li)	～に関して、対して
ānamāki-ma (a-nama-ki-ma)	～の代わりに
ānamuhhi (a-na UGU-hi)	～に関して、対して
ānatarşi (a-na tar-şi)	～に対して
aššu (aš-šu $_2$, aš $_2$-šu, aš $_2$-šu $_2$)	～に関して
aššum (āna šum) (aš-šum)	～のために
ārki (EGIR, ar-ki)	～の後に

balū  (ba-lu)	～なしに
bīrit 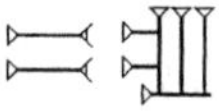 (bi-rit)	～の間に
ēl  (el)	～の上に、について
ēlannu 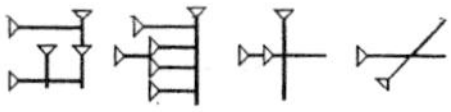 (e-la-an-nu)	上の
ēli 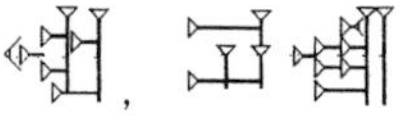 (UGU, e-li)	～の上に、について
ēllamu 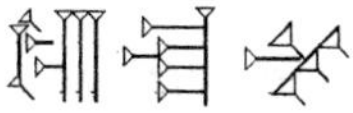 (el-la-mu)	～に面して
gādu 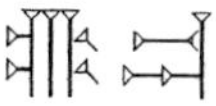 (ga-du)	～とともに
īna 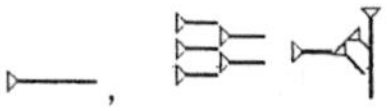 (AŠ, i-na)	～によって、と
īna bēri 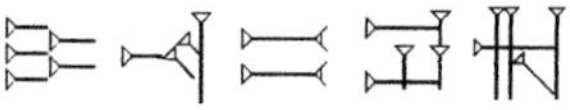 (i-na-be-e-ri)	～の間に
(īna) bērit 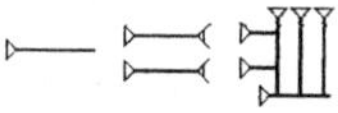 (AŠ-be-rit)	～の間に
īna īrti 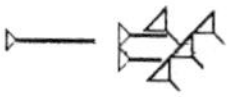 (AŠ-GAB)	～の前に
īna muhhi 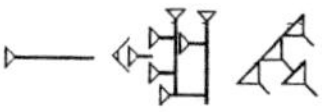 (AŠ UGU-hi)	～に関して
īna tarşi  (AŠ tar-şi)	～に反対の
(īna) ţihi  (AŠ-ţi-hi)	～の傍ら
īta 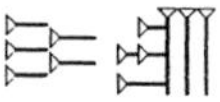 (i-ta)	～の傍ら
itti 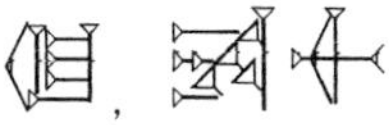 (KI, it-ti)	～とともに、に対して
issi 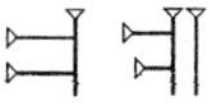 (is-si)	～と
ištu 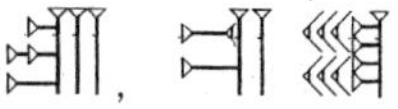 (TA, iš-tu)	～から
ištu tarşi 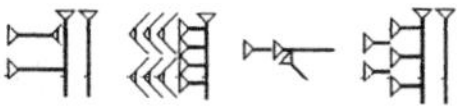 (iš-tu tar-şi)	～から

kēmu 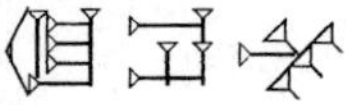	(ki-e-mu)	～の代わりに
kī 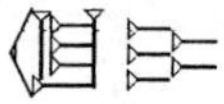	(ki-i)	～のように
kīma 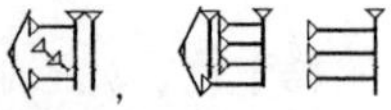	(KIM, ki-ma)	～のように
kirib 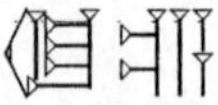	(ki-rib)	～以内に
kūm 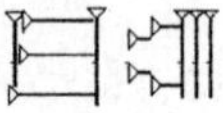	(ku-um)	～の代わりに
lām 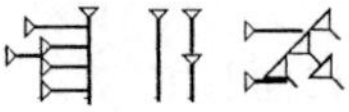	(la-a-am)	～の前に
lāma 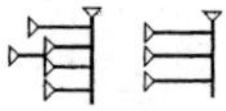	(la-ma)	～の前に
la-pani 	(la-pa-ni)	～の前に
libbi 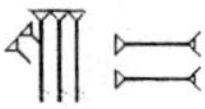	(lib_3-bi)	～以内に
mahar 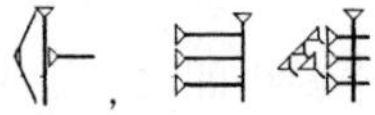	(IGI, ma-har)	～の前に
mehrit 	(MAH-ri-it)	～の前に
muhhi 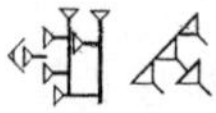	(UGU-hi)	～にまで
pān 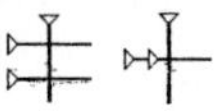	(pa-an)	～の前で
pāni 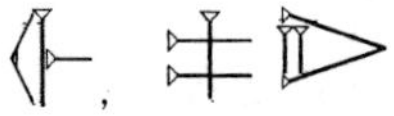	(IGI, pa-ni)	～の前で
pūt 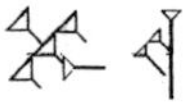	(pu-ut)	～に面して
qabal 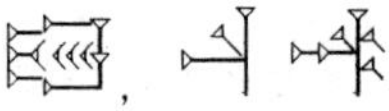	(MUR_2, qa-bal)	～以内に
qabalti 	(qa-bal-ti)	～の中で
ṣir 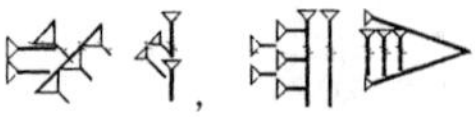	(GAB-$ERIN_2$, ṣi-ir)	～に対して
ša 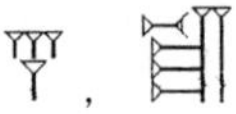	($ša_2$, ša)	～の、～に関する

šuh 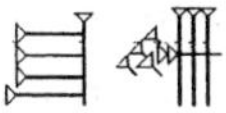 (šu-uh)	～に関して
šut 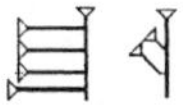 (šu-ut)	～に関して
šapal 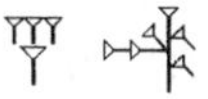 (ša$_2$-bal)	～の下に
ūltu 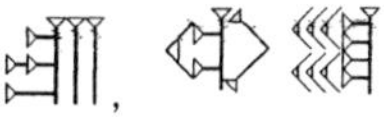 (TA, ul-tu)	～から

例 

şir　āban　šad-ī　ū$_2$-šib　aban は abnu<ZA$_2$の構文体読み
上に　石の　山の　私は座った。　ūšib 過去一単 <ašābu

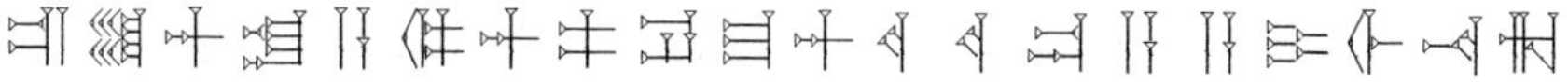

īš-tu šamē-išdi ā-di　elāt　ē-ma　[ilu]šamši　a-şū　aya　iši　nakiri
から 天の麓　まで　頂点、所には　太陽神が 出る、なかれ！居る 敵が。

解説

šamē-išdi は išdi-šamē でもよい。elāt は天頂のこと、AN-PA と書く。ēma はどこでも、の意味。a-şu$_2$ シュメールでは E$_3$=U$_4$-DU に当たる。aya は禁止願望。

14 動　詞

（1） 強音・強動詞、弱音・弱動詞

上顎音の g, k, q や舌音の r, ţ, t や唇音の b, p 等を強音というが、三字根とも強音の動詞を強動詞という。強動詞ではそれぞれの子音を完全に発音する。それに対し、喉音の a, h, ă や n, w, y 等を弱音といい、三字音中にこれらが一つでも存在する動詞は弱動詞と呼ぶ。この強動詞、弱動詞の区分は動詞音韻上の変化を調べるのに便利であるが余り気にしないで実例を学ぶ方がよい。

（2） 動詞の時制

動詞の時制は、過去形（シュメールでは完了相)、現在・未来形（シュメールでは未完了相)、継続形である。「過去」といったが、実際は時の流れのある時点で、なされた瞬間的動作を表現する事で、英語では、preterite又はpunctualという。これに対し「現在」は、している、なるだろう、というように連続する動作、状態をいう。「継続形」(permansive) は文法上分詞に似ているが、人称が付加している。尚R.Caplice氏は時制 (tense) ではなく、動詞相 (verbalaspect) と呼ぶ。例えば、

šakānum　GAR　置く (強動詞)、過去　*( ) は脱落し、男女共通となる

単数			複数		
一	aš$_2$-kun	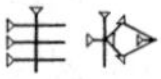	一	niš-kun	
二男	taš-kun		(二男	taš-ku-nu)	
二女	taš-ku-nī		二女	taš-ku-nā	
三男	iš-kun		三男	iš-ku-nū	
(三女	taš-kun)*		三女	iš-ku-nā	

現在

一	a-šak-kan		一	ni-šak-kan	
二男	ta-šak-kan		(二男	ta-šak-ka-nu)	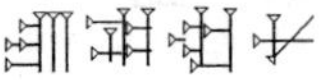
二女	ta-šak-ka-nī	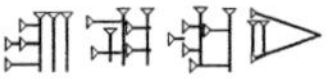	二女	ta-šak-ka-nā	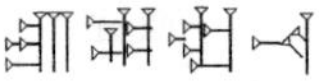
三男	i-šak-kan		三男	i-šak-ka-nū	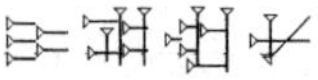
(三女	ta-šak-kan)		三女	i-šak-ka-nā	

nadānum　MU　与える (弱動詞)、過去　*バビロニア中期以降はinandin

一	ad-din		一	ni-id-din	
二男	ta-ad-din		(二男	ta-ad-di-nu)	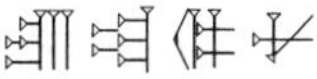
二女	ta-ad-di-nī		二女	ta-ad-di-nā	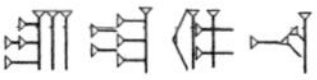
三男	id-din		三男	id-di-nū	
(三女	ta-ad-din)		三女	id-di-nā	

現在

一	a-na-ad-din		一	ni-na-ad-din	
二男	ta-na-ad-din	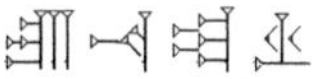	(二男	ta-na-ad-di-nu)	
二女	ta-na-ad-di-nī		二女	ta-na-ad-di-nā	
三男	i-na-ad-din *		三男	i-na-ad-di-nū	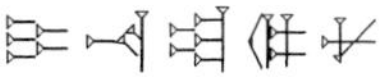
(三女	ta-na-ad-din)		三女	i-na-ad-di-nā	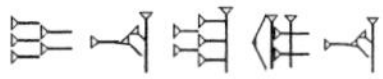

amārum　IGI　見る（弱動詞）、過去

単数			複数		
一	ā-mur		一	nī-mur	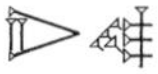
二男	tā-mur		(二男	tā-mu-ru)	
二女	tā-mu-rī		二女	tā-mu-rā	
三男	ē-mur		三男	ē-mu-rū	
(三女	ta-mur)		三女	ē-mu-rā	

現在

一	am-mar	𒄠𒈥	一	ni-im-mar	𒉌𒅎𒈥
二男	ta-am-mar	𒋫𒄠𒈥	（二男	ta-am-ma-ru）	𒋫𒄠𒈠𒊒
二女	ta-am-ma-rī	𒋫𒄠𒈠𒊑	二女	ta-am-ma-rā	𒋫𒄠𒈠𒊏
三男	im-mar	𒅎𒈥	三男	im-ma-rū	𒅎𒈠𒊒
（三女	ta-am-mar）	𒋫𒄠𒈥	三女	im-ma-rā	𒅎𒈠𒊏

wašābum　　座る（弱動詞）、過去

単数			複数		
一	u_2-šib	𒌑𒉺	一	nu-šib	𒉡𒉺
二男	tu-šib	𒌅𒉺	（二男	tu-ši-bu）	𒌅𒅆𒁍
二女	tu-ši-bī	𒌅𒅆𒁉	二女	tu-ši-bā	𒌅𒅆𒁀
三男	u_2-šib	𒌑𒉺	三男	u_2-ši-bū	𒌑𒅆𒁍
（三女	tu-šib）	𒌅𒉺	三女	u_2-ši-bā	𒌑𒅆𒁀

現在

一	uš-šab	𒍑𒊭𒀊	一	nu-uš-šab	𒉡𒍑𒊭𒀊
二男	tu-uš-šab	𒌅𒍑𒊭𒀊	（二男	tu-uš-ša$_2$-bu）	𒌅𒍑𒃻𒁍
二女	tu-uš-ša$_2$-bī	𒌅𒍑𒃻𒁉	二女	tu-uš-ša$_2$-bā	𒌅𒍑𒃻𒁀
三男	uš-šab	𒍑𒊭𒀊	三男	uš-ša$_2$-bū	𒍑𒃻𒁍
（三女	tu-uš-šab）	𒌅𒍑𒊭𒀊	三女	uš-ša$_2$-bā	𒍑𒃻𒁀

（3） 継続形（permansive）

時制に関係なく、終わった動作の結果が継続していることを示す。

動詞には内容から分けると、動作を示す動詞と状態を示す動詞とあるが、状態を示す動詞では、例えば

damāqum （良くなる） >damiq （彼は良い）

動作を示す動詞では

parāsum （切る）　　　>paris （それは決められている）

この場合意味からは受け身になることが多いが、このように、結果が継続している事を示すのを permansive という。

普通、動詞の語尾は人称代名詞の対格であった（動詞＋語尾代名詞の項参照）が、継続形では次のように主格がつき、一句一文章とする事が出来る。

rabūm>rabāta　（貴方は偉大である）

damāqum>damqū （彼らは善良である）

nādinum>nādināku（私は与えている）

若干の例を示す。

ha -ad -ia -ku?<ha -da$_2$ -ak -ku（<hadūm）私は喜ぶ。普通は ahhadi 私は喜ぶ。

aš -ba$_2$ -ku, aš$_2$ -ba -ku<aš -ba 2 -ak -ku（<wašābum）普通は aššab 私は座る。

pal -ha -ku iš-tu KUR EN -ia　私は我が主の国から恐れ（離れ）る。

（<palāhum）普通は a -pal -lah

šakānum　　　置く（強動詞）の継続 --- 置かれている

単数			複数		
一	šak-na-ku		一	ša$_2$-ak-na-a-ni	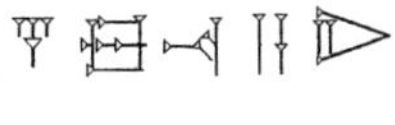
二	ša$_2$-ak-na-a-ta	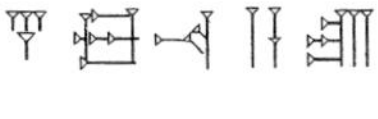	二	šak-na-tu-nu	
三男	ša$_2$-kin,		三男	šak-nu,	

	ša $_2$ -ak-nu	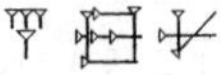		ša $_2$ -ak-nu-u-ni	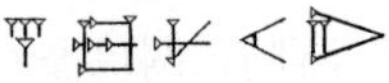
三女	šak-nat	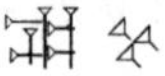	三女	ša $_2$ -ak-na	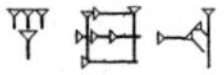

wašābum　　　座る（弱動詞）の継続 --- 住んでいる

単数			複数		
一	aš $_2$ -ba-ku		一	aš $_2$ -ba-a-ni	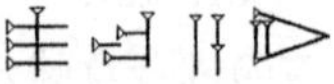
二	aš $_2$ -ba-a-ta	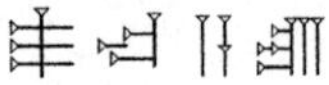	二	aš $_2$ -ba-tu-nu	
三男	a-šib,	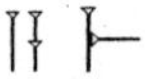	三男	aš $_2$ -bu,	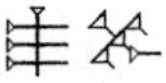
	aš $_2$ -bu	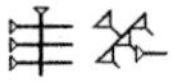		aš $_2$ -bu-u-ni	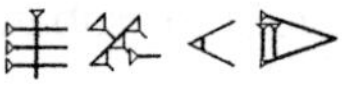
三女	aš $_2$ -bat	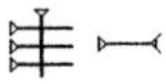	三女	aš $_2$ -ba	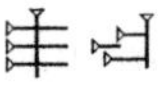

この複数に -nu, -ni をつける習慣が -nim で主格を表現することとなる。

i -du $_2$ -kunim	（< dākum）	彼等は殺した。
i -ka $_3$ -SA -dunim（現在 i -kaš -ša -du < kašādum）		彼等は到着している。
li -ip -pu -šunim < liipšunim（< epēšum）		彼等はなすように。
pu -hu -runim -mi !	（< pahārum）	汝等は集めよ。

（4）　完了形

動詞の完了形は第一語根の後に -ta- を加える。完了した事実がずっと継続している事を示す。つまり過去 + 現在のような状態である。

～したので～してしまう、というような付随した行動を強調するときにも完了を用いる。

parāsum　切る

単数	過去	完了	複数	過去	完了
一	aprus	aptaras	一	niprus	niptaras

二男	taprus	taptaras			
二女	taprusī	taptarsī	二	taprusā	taptarsā
三	iprus	iptaras	三男	iprusū	iptarsū
			三女	iprusā	iptarsā

なお、完了形は後述の Gt 話態と同じ活用である。言い換えれば、Gt 態は相互作用（お互いに）、離散作用（あちらへずっと）と完了を意味するのである。

（5） 反復形

動詞の第一語根の後に -tan-（-ten）を加え常々、しばしばと訳す。

iptanallah 常々恐れて暮らす <palāhum 恐れる、の現三単

iptallah<iptanlah 常々恐れて暮らした <palāhum の過三単

ištanarriqū　彼らは度々盗む <šarāqum 与える、盗む、の現三単

il -ta -nam -par$_2$　<iš-（tan）-ap -par$_2$（< šapārum）　彼はしばしば書く。

aš -（ta -n）a -ăl　<a -ša -ăl　（< šālum）　私はしばしば尋ねる。

it -（ta$_2$ -n）a -aş -şi　<uş -şi　（< waşūm）　彼はしばしば出かける。

（6） 動詞の活用

強動詞の活用　parāsum 切る（šakādum, kašādum も同じ活用）

		過去	現在	完了
単数	一	aprus	aparras	aptaras
	二男	taprus	taparras	taptaras
	二女	taprusī	taparrasī	taptarsī
	三	iprus	iparras	iptaras
複数	一	niprus	niparras	niptaras

	二	taprusā	taparrasā	taptarsā
	三男	iprusū	iparrasū	iptarsū
	三女	iprusā	iparrasā	iptarsā

E 動詞の活用　　erēbum　入る、来る　<arābum

単数	一	ērub	errub	ēterub
	二男	tērub	terrub	tēterub
	二女	tērubī	terrubī	tēterbī
	三	īrub	irrub	īterub
複数	一	nīrub	nirrub	nīterub
	二	tērubā	terrubā	tēterbā
	三男	īrubū	irrubū	īterbū
	三女	irubā	irrubā	īterbā

W 動詞の活用　abālum 運ぶ <wabālum（wašābum も同じ活用）

		過去	現在	完了
単数	一	ūbil	abbal	attabal
	二男	tūbil	tubbal	tuttabal
	二女	tūbilī	tubbalī	tuttabalī
	三	ūbil	abbal	ittabal, itbal
複数	一	nūbil	nubbal	nittabal
	二	tūbilā	tubbalā	tuttabalā
	三男	ūbilū	abbalū	uttabalū
	三女	ūbilā	abbalā	uttabalā

W 動詞の活用　aşūm 出かける < waşūm < waşium

		過去	現在	
単数	一	ūşi	uşşi	
	二男	tūşi ...	tuşşi	
	二女	tūşī ...	tuşşī	
	三	ūşi	uşşi	→ušēşi (引き出す:使役)
複数	一	nūşi	nuşşi	
	二	tūşā	tuşşā	
	三男	ūşū .	uşşū	
	三女	ūşā .	uşşā	

A 動詞の活用　alākum 歩く（amārum, akālum も同じ活用）

		過去	現在	完了
単数	一	ā（l）lik .	allak	ātalak
	二男	tā（l）lik	tāllak	tātalak
	二女	tā（l）likī .	tāllakī	tātalakī
	三	ī（l）lik	illak	ittalak
複数	一	nī（l）lik	nīllak	nītalak
	二	tā（l）likā .	tāllakā	tātalakā
	三男	ī（l）likū	īllakū	ittalakū
	三女	ī（l）likā	īllakā	ittalakā

上記 E 動詞、W 動詞、A 動詞は本質的に強動詞と同じ。

N 動詞の活用　nadānum 与える　*addin < andin　と考えると強動詞と同じ。

		過去	現在	完了
単数	一	addin *	anaddin	āntaaddin
	二男	taddin	tanaddin	tāntaaddin
	二女	taddinī .	tanaddinī	tāntaaddinī
	三	iddin	inaddin	intaaddin
複数	一	niddin	ninaddin	nītanaddin
	二	taddinā	tanaddinā	tātanaddinā
	三男	iddinū	inaddinū	itanaddinū
	三女	iddinā	inaddinā	itanaddinā

間違いやすい itta- のついた動詞例

ittadin	< intadin	< nadānum	彼は与えた	（完了）
ittabal	< itabal	< wabālum	彼は運んだ	（完了）
ittaşi	< ūşi	< waşum	彼は出かけた	（完了）
ittamhar	< intamahar	< imahar	彼は受け取られた	（受身、完了）
ittaškan	< intaškan	< išakkan	彼は置かれた	（受身、完了）
ittatīl	< ittīl	< itūlum	彼は横たわった	（完了）
ittaţlū	< inţulu	< naţālum	彼らは互いに見た	（相互）
ittakkirā	< intakkirā	< inakkirā	彼女らは互いに敵となる	（相互）
ittallak	< illak	< alākum	彼は去っていく	（離散）
ittalak	< ilak	< alākum	彼は去ってしまった	（完了）
ittalkam	< ilk-am	< alākum	彼はそこに着いた	（完了）
ittanamhaş	< intan-amhaş	< mahāşum	彼は繰り返し叩かれる	（繰返し）

（7）動詞の法

準動詞形として、嘆願法、命令法、分詞、不定法については次のようになる。

šakānum　　置く（強動詞）の嘆願法 --- 置くように

単数　　　　複数

一　lu-uš-kun 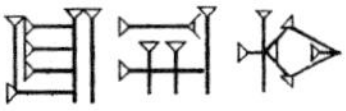

二男　lu-taš-kun 

二女　lu-taš-ku-ni 

三男　liš-ku-un 　　三男　liš-ku-nu 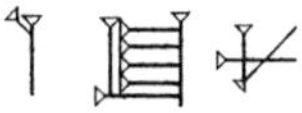

paqādum　　任す（強動詞）の嘆願法 --- 任すように

単数　　　　複数

一　lup-qi$_2$-id 

二男　lu-tap-qid 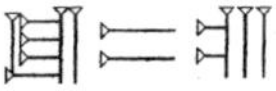

二女　lu-tap-qi$_2$-di 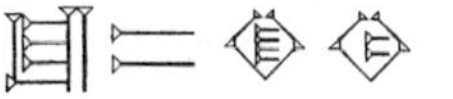

三男　li-ip-qid 　　三男　li-ip-qi$_2$-du 

例

yi -ip -qi- id$^?$ ni < li ip -qid ni　（< paqādum）彼が私に任すように。

yi -da an-ni < li ida an-ni　（< idūm）　彼が私を知るように。

li -ip -pu -šu$^?$ nim < li ipšu nim（< epēšum）　彼等はなすように。

li -wa -aš -šar?（waššaru, wuššuru < Old Bab. wašārum）彼が諦めるように。

但し Mid.Assr.　ušāru;　Mid., Neo Bab.　mussuru

yi -iš -al < li - iš -al　（< šālum）　彼が尋ねるように。

yi -iş -ba -tu < li -iş -ba -tu (< şabātum) 彼等が掴むように。
li -iš -pur -ra am (< šapārum) 書き送れ。
li -il -li -ka$_2$ am (< alākum) 彼が来るように。
iš-tu LU$_2$ GAL li -il -qe$_3$ (< lēqum) 上司から彼が得るように。
li -din (< nadānum) 彼が与えるように。
li -i -de$_4$ (< idūm) 彼が知るように。
li -wa -ă -ir (< waărum) 彼が送るように。
li -ša -(am)-mi -id < u$_2$ -ša -med (Š 話態 < emēdum) 彼が据え置かせるように。
li -qi -pa an-ni (< qāpum) 私を信用するように。
lu -u$_2$ -ta$_5$ -am -mi (< tamūm) 私に宣誓させるように。
lu -u$_2$ ul -lik$^?$ < lu-allik (< alākum) 私は行きたい。
lu -u$_2$ -ma -al -li mi (< malūm) 私が完成するように。
la -ad -du -uk (< dūkum) 私は撃ち殺したい。
lu -u$_2$ ti -i -de$_4$ < lu -ta -i -de$_4$ (< idūm) 汝が知るように。
lu -ud -din < lu-ad-din (< nadānum) 私が与えたい。
lu -u$_2$ ta -na -di -na (< nadānum) 汝が与えるように。
lu -u$_2$ ni -iş -bat (< şabātum) 我々は掴みたい。
lu -u$_2$ šul-mu (< šalāmum) 平和であれ。

šakānum 置く（強動詞）の命令法 --- 置け

単数 複数

二男 šu-kun 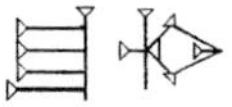 二男 šuk-na 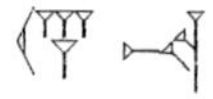

二女 šuk-ni 

nadānum 与える（弱動詞）の命令法 --- 与えよ

単数 複数

二男 i-din 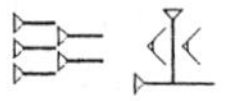 二男 id-na 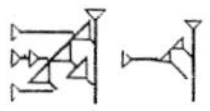

二女　id-ni　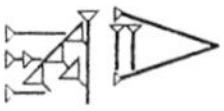

amārum　見る（弱動詞）の命令法 --- 見よ

単数		複数	
二男　a-mur	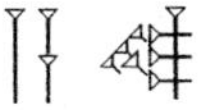	二男　am-ra	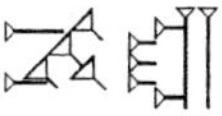
二女　am-ri	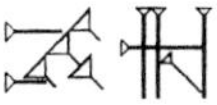		

例　ki -i lib-bi ka e -pu -uš　ša$_{10}$!（< epēšum）汝の心が何であれ、彼女になせ。

le -qe$_3$ ša$_{10}$!　（< lequm）　彼女を伴え。

LUGAL-ru id -din an -ni!　（< nadānum）　王よ、私に与え給え。

lu -u$_2$ i -de$_4$ an -ni !（i-de < idūm）　私を知るように。

šu -pur ! šu -up -ra !$^?$　（< šapārum）　書け。

（LUGAL-ru = šarru）

šakānum　置く（強動詞）の分詞

単数			複数
男主格	ša$_2$-ak-nu	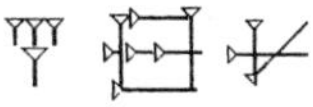	šak-nu-u-ti 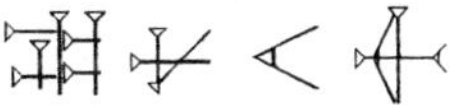
属格	ša$_2$-ak-ni	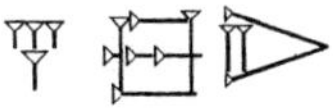	
対格	ša$_2$-ak-na	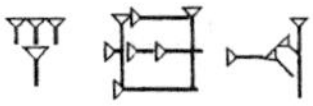	
構文体	ša$_2$-kin		
女主格	ša$_2$-kin-tu		šak-na-a-ti 
属格	ša$_2$-kin-ti		
対格	ša$_2$-kin-ta		

構文体　šak-nat　

動詞不定法

ša 2 -ka-a-nu		置くこと
na-da-a-nu		与えること
a-ma-a-ru		見ること
a-ša 2 -a-bu		住むこと
a-ba-a-ru		もたらすこと
a-ha-zu		持つこと

（8）動詞の談話態

動詞の語根を加工して、強意・使役・再帰などを示す形（談話態）を作る。会話ではこれが一般的である。しかし慣用的に、ある動詞にはある談話態が好んで用いられるのであって、一動詞が全ての話態で語られるわけではない。表記にはアラム語動詞 pǎl（作る）を基本形として表すのが普通であるが、ここでは kašādu（届く）の変化例を示したい。

例 話態変化	名称	三単男		
pǎl	G（ground の g）話態	ikšud	（過去）	基本
pěěl	D（dubble の d）話態	ukaššid	（過去）	強意
šapěl*	Š　話態	ušakšid	（過去）	使役
napěl*	N　話態	inkašid	（過去）	受身
（h）iptaǎl	Gt 話態	iktašad	（完了）	離散
（h）iptěěl	Dt 話態	uktaššid	（完了）	強意

(h) ištapăl	Št 話態	uštakšad	(完了)	使役
(h) intapăl	Nt 話態	ittakšad	(完了)	受身

* šafĕl, nifăl と表記することもある。

(8. 1)　N 話態の動詞の活用

šakānum	置く		置かれる		
単一	ašakkan	→	anšakkan	> aššakkan	
二男	tašakkan		tanšakkan	> taššakkan	
二女	tašakkani		tanšakkani	> taššakkani	
三	išakkan		inšakkan	> iššakkan *	
複一	nišakkan		ninšakkan	> niššakkan	
二	tašakkana		tanšakkana	> taššakkana	
三男	išakkanu		inšakkanu	> iššakkanu	> iššaknu
三女	išakkana		inšakkana	> iššakkana	> iššakna

* mahārum（受ける）では　inmahhar > immahhar
parākum（妨害する）では inparrak > ipparrak

(8. 2)　D 話態の動詞の活用

D 話態は基本動詞の使役、作為、強調を表す。例えば

damāqum（善良である）　→ dummuqum（良くする）
lamādum（習う）　→ lummudum（教える）
šebērum（毀す）　→ šubberum　（何度も毀す）
išbir（彼は毀した）　→ ušebbir　（彼は何度も毀した）

	kanāšum 征服する	parāsum 切る	
	現在	現在	過去
単一	ukannaš	uparras	uparris
二男	tukannaš	tuparras	tuparris

二女	tukannaši	tuparrasī	tuparrisī
三	ukannaš	uparras	uparris → uptarris（完了）
複一	nukannaš	nuparras	nuparris
二	tukannašā	tuparrasā	tuparrisā
三男	ukannašū	uparrasū	uparrisū
三女	ukannašā	uparrasā	uparrisā

なおD話態を受け身にするには-tを加える。すなわち（hi）ptĕēl話態である。

šalāmum　完全である→šullumum 完全にする→šutallumum 完全とされる

→šutatallumum 完全とされた（完了）

因みにG話態に-tを加えた（hi）ptaăl話態では、完了を意味する場合と、相互作用又は離散を意味する場合とがある。

mahārum 向かう →mithurum 向かい合う、向かった（完了）
parāsum 切る →pitrusum 切り合う、切った（完了）
alākum　行く →atlukum　行ってしまう、行った（完了）

（8.3）Š話態の動詞の活用

Š話態は基本動詞の使役を表す。例えば

epēšum（作る） →不定法 šūpšum　（作らしめること）
parāsum（切る） →不定法 šuprusum（切らしめること）

parāsum 切る

	現在	過去	完了（ištapăl）
単一	ušapras	ušapris	uštapras
二男	tušapras	tušapris	tuštapras
二女	tušaprasī	tušaprisī	tuštaprasī

三	ušapras	ušapris	uštapras
複一	nušapras	nušapris	nuštapras
二	tušaprasā	tušaprisā	tuštaprasā
三男	ušaprasū	ušaprisū	uštaprasū
三女	ušaprasā	ušaprisā	uštaprasā

例

e -te -el$_2$ -lik	（D 話態完了 < alākum）	私は行った。
nu -tar -ri -iş	（D 話態 < tarāşum）	我々は伸ばした。
u$_2$ -še -bal$^?$ < u$_2$ -še -eb -bal	（Š 話態 < wabālum）	私は運ばせる。

（9） A 動詞活用一覧表

	食べる	答える	掴む	D 話態	Š 話態	N 話態
不定法	akālum*	apālum	ahāzum	uhhuzum	šuhuzum	nanhuzum
過去						
単一	ākul	āpul	āhuz	uhhiz	ušahiz	annahiz
二男	tākul	tāpul	tāhuz	tuhhiz	tušahiz	tannahiz
二女	tākulī	tāpulī	tāhuzī	tuhhizī	tušahizī	tannahizī
三男	īkul	īpul	īhuz	uhhiz	ušahiz	innahiz
三女						
複一	nīkul	nīpul	nīhuz	nuhhiz	nušahiz	ninnahiz
二	tākulā	tāpulā	tāhūzā	tuhhizā	tušahizā	tannahizā
三男	īkulū	īpulū	īhuzū	uhhizū	ušahizū	innahizū
三女	īkulā	īpulā	īhuzā	uhhizā	ušahizā	innahizā
現在						

単一	akkal	appal	ahhaz	uhhaz	ušahaz	annahhaz
二男	takkal	tappal	tahhaz	tuhhaz	tušahaz	tannahhaz
二女	takkulī	tappulī	tahhuzī	tuhhaz"	tušahaz"	tannahhaz"
三男	ikkal	ippal	ihhaz	uhhaz	ušahaz	innahhaz
三女						
複一	nikkal	nippal	nihhaz	nuhhaz	nušahaz	ninnahhaz
二	takkulā	tappulā	tahhuzā	tuhhazā	tušahazā	tannahhazā
三男	ikkulū	ippulū	ihhuzū	uhhazū	ušahazū	innahhazū
三女	ikkulā	ippulā	ihhuzā	uhhazā	tušahazā	innahhazā
完了三男	ītakal	ītapal	ītahaz	ūtahhaz	uštahaz	ittanhaz
継続三男	akil	apil	ahiz	uhhuz	šuhuz	nanhuz
命令二男	akul	apul	ahuz	uhhiz	šuhiz	nanhiz

*akālum < ākālum　（強動詞と同じ活用）

（10）　二子音動詞活用一覧表（第一群）

	作る	聞く	数える	阻止する	D 話態	Š 話態	N 話態
不定法	banūm *	šemūn *	manūm *	kalūm	bunnūm	šubnūm	nabnūm
過去							
単一	abni	ašme	amnu	akla	ubanni	ušabni	abbani
二男	tabni	tešme	tamnu	takla	tubanni	tušabni	tabbani
二女	tabnī	tešmī	tamnī	taklī	tubannī	tušabnī	tabbanī
三男	ibni	išme	imnu	ikla	ubanni	ušabni	ibbani

三女							
複一	nibni	nišme	nimnu	nikla	nubanni	nušabni	nibbani
二	tabnā	tešmā	tamnā	taklā	tubannā	tušabnā	tabbanā
三男	ibnū	išmū	imnū	iklū	ubannū	ušabnū	ibbanū
三女	ibnā	išmā	imnā	iklā	ubannā	ušabnā	ibbanā
現在							
単一	abanni	ašamme	amannu	akalla	ubanna	ušabna	abbanni
二男	tabanni	tešemme	tamnnu	takalla	tabanna	tašabna	tabbanni
二女	tabannī	tešemmī	tamannī	takallī	tabannī	tašabnī	tabbannī
三男	ibanni	išemme	imannu	ikalla	ubanna	ušabna	ibbanni
三女							
複一	nibanni	nišemme	nimannu	nikalla	nubanna	nušabna	nibbanni
二	tabannā	tešemmā	tamannā	takallā	tabannā	tašabnā	tabbannā
三男	ibannū	išemmū	imannū	ikallū	ubannū	ušabnū	ibbannū
三女	ibannā	išemmā	imannā	ikallā	ubannā	ušabnā	ibbannā
完了三男	ibtani	išteme	imtanu	iktala	ubtanna	uštabni	ittabni
継続三男	bani	šemi	manu	kali	bunnu	šubnu	nabnu
命令二男	bini	šime	munu	kila	bunni	šubni	nabni

* それぞれ banium, šemeum, manuum, kalaum より。

(11)　二子音動詞活用一覧表（第二群）

	固定する	ある	尋ねる	支配する	D 話態	Š 話態	N 話態
不定法	kānum *	bāšum	šālum	bēlum	kunnum	šukunum	nakanum
過去							

単一	akūn	abāš	ašal	abēl	ukīn	uškīn	akkīn
二男	takūn	tabāš	tašal	tabēl	tukīn	tuškīn	takkīn
二女	takūnī .	tabāšī	tašalī	tabēlī	tukinnī	tuškinnī	takkinī
三男	ikūn	ibāš	išal	ibēl	ukīn	uškīn	ikkīn
三女							
複一	nikūn	nibāš	nišal	nibēl	nukīn	nuškīn	nikkīn
二	takūnā	tabāšā	tašalā	tabēlā	tukinnā	tuškinā	takkinā
三男	ikūnū	ibāšū	išalū.	ibēlū	ukinnū	uškinū	ikkinū
三女	ikūnā	ibāšā	išalā	ibēlā	ukinnā	uškinā	ikkinā
現在							
単一	akan *	abaš	ašāl *	abel	ukan	uškan	akkan
二男	takan	tabaš	tašāl	tabel	tukan	taškan	takkan
二女	takunnī	tabašši	tašāli	tabeli	tukannī	taškunnī	takkunnī
三男	ikan	ibaš	išāl	ibel	ukan	uškan	ikkan
三女							
複一	nikan	nibaš	nišāl	nibel	nukan	nuškan	nikkan
二	takunnā	tabaššā	tašāl	tabelā	tukannā.	tuškunnā.	takkunnā
三男	ikunnū	ibaššū	išālū	ibelū	ukannū	uškannū	ikkannū
三女	ikunnā	ibaššā	išālā	ibelā	ukannā	uškannā	ikkunnā
完了三男	iktūn	ibtāš	ištāl	ibtēl	uktīn	uštakīn	ittakūn
継続三男	kīn	bāš	ša-l	ēl	kūn	šukūn	nakūn
命令二男	kūn	bāš	šāl	bēl	kīn	šukīn	nakīn

*kānum < kuānum < kawānum　　* akan < akawan,　　ašāl < ašaāl

kašādum（占領する）の法対応活用

	過去形	現在形	継続形	命令法	分詞法	不定法
単数						
一	akšud	akaššad	kašdaku			
二男	takšud	takaššad	kašdāta	kušud		
二女	takšudī	takaššadī	kašadāti	kušudī		
三男	ikšud	ikaššad	kašid		kāšidu	kašādu
三女			kašdat			
複数						
一	nikšud	nikaššad	kašdānu			
二男			kašdātunu	kušudū		
二女	takšudā	takaššadā	kašdātina	kušudā		
三男	ikšudū	ikaššadū	kašdū			
三女	ikšudā	ikaššadā	kašdā			

kašādum の話態対応活用（三単男のみ）

		過去形	現在形	継続形	命令法	分詞法	不定法
G 話態	paál	ikšud	ikaššad	kašid	kušud	kāšid	kašādu
D 話態	paéél	ukaššid	ukaššad	kuššud	kuššid	mukaššidu	kuššudu
		ukešid			kaššid		
Š 話態	šapél	ušekšid	ušakšad	šukšud	šukšid	mušakšidu	šukšudu
N 話態	napál	ikkašid	ikkašad	nakšud	nakšid	mukkašidu	nakšudu
Gt 話態	iptaál	iktašad	iktaššad	kitšud	kitšad	muktašidu	kitšudu
		iktešid		kitašud	kitašad		kitašudu
Dt 話態	ptéél	uktaššid	uktaššad	kutaššud		muktaššidu	kutaššudu

		uktešid					
Št 話態	ištapál	uštakšid	uštakšad	šutakšud	šutakšid	muštakšidu	šutakšudu
		uštekšid					šitakšudu
Nt 話態	ittapál	ittakšad	ittakšad			muttakšidu	ittakšudu

（12）　動詞句

普通文章ではカプラ動詞（be 動詞）を使わない。例えば

damiq　　　　　彼は善良である　　（継続形参照）

ul abī atta　　　貴方は私の父でない

adad šarrum-ma　アダドは王である

強調の小詞 -ma を付けることもある。しかし動詞を使う文章では、アッカド語はシュメール語の影響を受け、文章の最後に動詞句を置き、文章を完結する。

šarrum　eqlam　ana　awīlim　iddin

王は　　土地を　に　　男　　与えた（彼は）。

（12. 1）　シュメール語動詞句の例

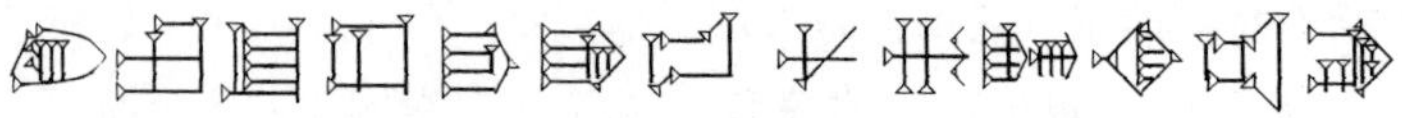

lu$_2$ uru še$_3$ ga$_2$-e ga gen nu mu un na ab be$_2$

< lu$_2$ uru še$_3$ ga$_2$-e ga gen nu mu na b e-e

誰も「町に　私が（意志）行く」と、ない（敬語）彼にそれを 言わ。

ga　mu　ra　(a) b　sum

（意志）（敬語）貴方に それを 差上げる（私は）。

mu　ne　ni　(i) n　du$_3$

（敬語）彼らに そこで それを 建てた（彼は）。

^{d}en-lil$_{2}$-la$_{2}$　igi　zid　mu　(u)　n- ši$_{4}$　(i)　n　bar

神エンリルは 目を 忠実な　彼に向け それを 開いた（彼は）。

（12. 2）　動詞 + 語尾代名詞の例　（接尾型人称代名詞、対格を参照のこと）

iddin（彼は与えた）を例に、接続する対格、与格の語尾代名詞を挙げる。

単数	対格	与格
一	iddin anni	iddin am
二男	iddin ka	iddin ak-kum
二女	iddin ki	iddin ak-kim
三男	iddin šu	iddin aš-šum
三女	iddin ši	iddin aš-šim
複数		
一	iddin niāši	iddin an-nāšim
二男	iddin kunūti	iddin ak-kunūšim
二女	iddin kināti	iddin ak-kināšim
三男	iddin šunūti	iddin aš-šunūšim
三女	iddin šināti	iddin aš-šināšim

（12. 3）　動詞 + 方向語尾の例

-am を、運動を表す動詞に付してその方向を示すことがある。例えば

irrub-am　　彼は来る 私の方へ

terrub-am　　貴方は来る 私の方へ

但し動詞の最後が母音の時、二人称三人称複数の時は　-nim となる。

irrubū-nim　　彼らは来る　私の方へ

ここで、彼らが貴方の方へ来る、という時は

irrubū-nim-kum　> irrubūnikku（m）
inaši-am-kum　> inaššiakku　彼は貴方の所に、もたらすだろう
iqrib-am　彼は現れる　近くに
taqrib-am　貴方は現れる 近くに
iqribā-nim　彼女らは現れる　近くに

（動詞 erēbum 来る、našūm 運ぶ、qarābum やって来る）

(13) 仮定法

従属節の動詞に $-u_2$ を加える。又否定は ul でなく、la を用いる。

　　baliṭ　彼は元気だ　→　šarrum ša　balṭ-u
但し　iprusū 彼らは分けた　→　šarrū ša iprusū　etc

15　時代変化

アッカドの時代区分は一般的に次のようにされる。（数字は紀元前～年）

古アッカド（シュメール）　2500～2000
古バビロニア　（OB）2000～1500　古アッシリア　（OA）2000～1500
中期バビロニア（MB）1500～1000　中期アッシリア（MA）1500～1000
新バビロニア　（NB）1000～600　新アッシリア　（NA）1000～600
近バビロニア　（LB）　600～0

（1）　二重子音

古バビロニア時代にはまだ二重子音を表記する習慣がない。中期以降である。

I-DI$_3$-SUM$_2$=iddissum > iddin sum > iddin aššum　彼は彼に与えた
A-TA　> atta　貴方　ŠU-MA > šumma もし
i -la -aq -qu$_2$ ni（m）< il -qu$_2$ ni　(< leqūm)　彼等は取る。
u$_2$ -še -(eš)-še -er < ušešer（Š 話態 < ešērum）　私は（道を）整えさせる。

近在では二重子音での間違いも起きた。

i -na -ki -ir$^?$　< i -na -ak -ki -ir　(< nakārum)　彼は取り替える。
in$_4$ -ni -ri -ir$^?$ < a -ne -ri -ir　(< ne -rā -rum)　私は救った。

i -ma -lik -ku$^{?}$ < i -mal -li -ku (< ma -lā -kum) 彼等は相談する。
iş -bat -tu$_3$ nim? < iş -ba -tu nim (< şabātum) 彼等は掴んだ。
ta -šak -kan$_2$ -nu nim? < ta -šak -ka -nu nim 汝らは置く。
aš -ba -ak -ku$^{?}$ < aš$_2$ -ba -ku (継続 < wašābum) 私は座る。

（2） 人称代名詞の分化（OB）

古バビロニア時代以降三人称単数の -š は分化して -šu（彼の）、-šum（彼に）、-ši（彼女の）、-šunu, -šuni（彼らの）が生ずる。

（3） 母音変化（古バビロニア時代） a → e, i iu, au, ua → u

arāšum 要求する → erēšum
inaddan 彼は与える → inaddin
uşşiū 彼らは出かける → uşşu
kuāum 貴方の → kūm
itūar 彼は帰る → itur（OB）, itūwar（OA）

（4） 母音調和

続くシラブルの母音に調和して母音が変化する（古バビロニア時代）

aššatum 妻 → aššutum, aššitim, aššatam
išaqqulu 彼は払う → išaqqalu
ikkanik それは封印された → ikkinik

（5） 動詞の接尾型人称代名詞（動詞対格 → OA, OB 動詞与格の発生）

kunūti 二複男
kināti 二複女
šunūti 三複男
šināti 三複女

（6） OB, OA の違い （余り無いと考えて良い。）

例 OB	OA
mārum 息子	merum
abu 父（構文体）	abi
ahu 兄（構文体）	ahi

（7） 動詞前接辞（OB）

女性名詞でも対象が物であるときは男性とみなし動詞前接辞は i- とする。

三単女の ta- は中期バビロニア以降消滅して三単男と同じになる。

（8）　M の脱落（MB）

名詞語尾の -m、動詞の方向語尾の -m や与格の -m は古バビロニアの終わり頃には消えてしまう。但し前接の小詞 -ma を付けた場合だけは残される。

例　bītum　家　> bītu
irrubū-nim-kum 彼らは貴方の方へやって来る　→　irrubūnukku

（9）　W の脱落と変化（MB）

例　wardum　奴隷　> ardu
wašābum　座る　> ašābu
wāṣum　出発する　> aṣū
waššurum　諦める　> muššuru
awīlum　人　> amīlu　w → m

（10）　m → n　（MB）

hamṭis　急いで　> hanṭis
umtaššer　彼は諦めた　> undeššer
attalk-am-šu　私は彼の方に行った　> attalkanšu

（11）　z, s, ṣ, š → l（MB）

ašṭur　→　al-ṭu-ur　私は書いた
aštakan　→　al-ta-kan　私は作った
ušziz　→　ul-ziz　私は設立した
iš-tu　→　ultu　～から
aš-tap-rak-kum 私は貴方に送った > altaprakku
tal-te-nem-me < te -eš - (te -n) em -me$^{?}$ (< šemūm) 汝はしばしば聞く。
(-tana, -tene は反復を示す)
al-te-me$^{?}$　< eš -te -me (完了 < šemūm)　私は聞いた。
ul-ta-ab-ba_2-ru < uš -ta -ab -ba_2 -ru (D 話態完了 < šabārum) 彼等は破棄した。
il-tak-nu　< ištakanu (完了 < šakānum)　彼らは置いた。

（12）　人称代名詞の変化（MB）

yašim 私に　> ana yaši

kašim 貴方に　> ana kaša
šuāti 彼の　> šātu
šiāti 彼女の　> šāti
c.f.　mātam šiāti　その国を > māta šāti
šunūti それらの > šašunu

(13)　所有代名詞 attu-, -īya の新設（MB）
attū-šu　彼の（所有の）
attū-a　私の（所有の）
ab-ī　私の父　> ab-īya
ah-ī　私の兄　> ah-īya　但し普通は　bēlī　私の主

(14)　完了の発生（MB）
中期バビロニアから始まる。annuma（今や)、inanna（今）を伴うことが多い。
例　ana　šimāti　ittaklū　決定において、彼らは阻止された。
ittaklū　< in-ta-ak-lū　(kalūm の三複、受身・完了)
完了 -ta の出現により、過去は否定や質問や従属句に多く用いられるようになった。

(15)　小詞 kī の出現（MB）
kīma に代わって kī で、その時、その後、〜や否や、等の意味に用いるようになった。
例　I huzālum　kī　elqa　ītamar　ši
フザルムを 時 連れた（私が)、彼は彼女を調べた。
elqa < lequm の過去、一単　ītamar　< amārum の三単、完了

(16)　手紙の形式の確立（MB）
シュメール時代は使者に伝言を依頼した。この言い方がアッカド時代にも残った。(PN は個人名のこと。)
例　PN ra　u_3-na-ă-du_{11}　PN に（彼に）言え
u_3-na-ă-du_{11}D 話態 < naădu　注意深く報告する。
ana　PN　qibī-ma　PN に　言え ------ 拝啓、に当たる
umma　PN_2-ma　かく PN_2（は語る）------ 敬具、に当たる

（17）　d → n （NB）

inaddin	彼は与える	> inandin, inamdin
idna	我に与えよ	> inna
ittadna	彼は与えた	> ittanna

（18）　人称代名詞の変化 （NB）

ana yaši	私に	> ayyaši
nīnu	我々は	> anēni
ahu-īya	我が兄	> ahu-ā
ab-īya	我が父	> ab-ā
bēl-ī	我が主	> bēl-īya
iddin ak-kum	彼は貴方に与えた	> iddin akka

（19）　指示代名詞 （NB）

annum	この	> agu（男）、agātu（女）

（20）　諸代名詞 （NB）

疑問代名詞が関係代名詞になる。新しい後置形容詞が生まれる。

mannu　誰　> mannu 所の誰でも

mīnu　何　> mīnu　所の何でも

kalum　全て　> gabbu

例　mātāti gabbi　全ての国々

（21）　格の消失 （NB）

対格も主格同様 -u で終わる。時には格を示す語尾すら失う。

属格の -i が -e となることもある。　ina umē-šu　その日に

（22）　i → u　u → a （NB）

例　aşşūm　> nuşşi　我々は出かけた　> nuşşu

takālum > taklāku 私は信じている（継続形）> taklāka, taklāk

（23）　過去 → 希望（NB）

完了の出現により、過去は未来の希望を表すこともある。（このため preterite を過去と訳すのは厳密には相応しくない。但し便宜上従前どおり過去と訳す。）

例　šatium > šatum 飲む > ništi 我々は飲んだ > nilti 我々は飲みたい

aşūm 出かける > nuşşi 我々は出た > nilli 我々は出たい

完了形 niltati が過去の表現に使われたため、nilti が希望を表すために使われた。

(24)　アラム語の影響（NB, LB）

ištu ～から、ana ～へ、の代わりにアラム語の la が好んで用いられた。そこで否定の lā とよく混乱した。

例　la　qātī šarri　lā　nilli　王の手から離れたくない

アラム語と同じように文末の動詞が文頭に出るようになった。

(25)　複合前置詞　(NB)

名詞の本来の意味は失われて使用。

ana　muhhi ～の理由で（muhhu=UGU * 本来はシュメール語で頭蓋骨）

ina　muhhi ～に関して

ina　pāni　～の前に　（pānu 全面、顔）

ina　libbi ～の中に　（libbu 心）

ana　libbi その場所に

libbū agāi このようにして

* 昔、シュメール語に UGU　MU　TA 私の所から、という言い方があった。おそらく UGU には自己の中心、の意味が生じたのだろう。

(26)　ša（NB）

～の、の他に、間接代名詞、～する所の、の意味を持つようになった。

Ⅲ バビロニア文例

1　古バビロニアの古文書

この「古バビロニアの手紙」のほとんどは、今のイラクの南バビロニア地方にあるシャット・エル・カールの近くにあったというラルサ町から出たもので、カリフォルニア大学に所有されているものを、H.F. ルッツが報告したものである。

紀元前2126年のイシン帝国の没落で、ラルサは、新しい首都になった。いわゆるラルサ王朝の始まりである。イシン王朝もラルサ王朝も主体はセム族であったが、風俗、習慣はまだシュメール人の文化を色濃く残していた。代表的な物が、使用する文字である。

その21年後に、ラルサ王朝の王リム・シンが敗北した後、ラルサは、バビロニア王国内に編入された。そしてハンムラビ王とその後継者の帝国の重要な前哨地として、境界の町として栄えたのである。

なお説明の中に、アウェールム（直訳すれば、人間）が出てくるが、通常訳される用語のように「貴族」ではない。村人の代表である。ここでは「領主」と訳している。封建的な土地授与のオフィスが確立されていて、その上にシャマシュ・ハジルと呼ばれる職員を置いていた。

男性の頭部、バビロンのハンムラビ王だという。ルーブル美術館

シュメール文化の最後を飾るイシン・ラルサ王朝時代は、公式文書にはシュメール語が根強く残っていたが、庶民の間ではアッカド化が進んでいた。言葉はバビロニア語が使われても、文字自体は簡易化が急速に進み、いわゆるバビロニア文字、アッシリア文字が広く使われていた。ここでは混乱を避けるため、なるべくシュメール文字で復元することとした。

1　銀貨の支払い

2 MA-NA　5 1/2　GIN$_2$　KU$_3$-BABBAR　MA-NA 約500g=60シェケル
2マナと　5.5　シェケルの　銀を

KI　URIM^{ki}　-nā -ṣir　$^{I\ ilu}$　sin　-u$_2$ -se$_2$ -li　URIM=ŠEŠ-AB ウル町
から　ウル・ナーシル　シン・ウセリが　SIN=EN-ZU 神シン

ŠU -BA -AN -TI　ITU　na -ab -ru -u$_2$　ŠU-BA-AN-TI 手で受ける、の意
受け取る。　月に　奉献の

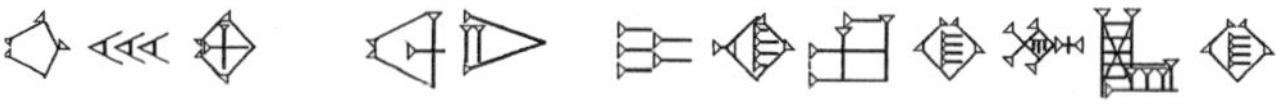

KAM 数字符号

U$_4$　30KAM　BA-ZAL　i -na　URU^{ki} ŠU-ŠI^{ki}　na-ab-ru-u$_2$　奉献祭
30日が　過ぎた時、で　町　スサの、

LA$_2$支払う　E 彼は

KU$_3$　I$_3$　LA$_2$ E　u$_2$ -še -te -iq　ma　ŠU-ŠI=MUŠ-ERIN
銀を　彼は支払う。万一(期日が)過ぎても　u$_2$-še -te -eq Š 話態、現三単
<etēqum 行進する

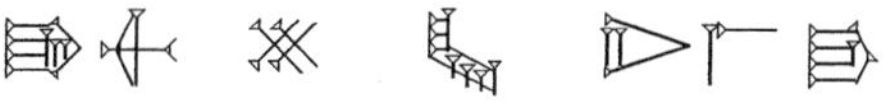

qa$_2$　-ti KASKAL　KU$_3$　I$_3$　LA$_2$ E　harrānu<KASKAL

終わらせて 旅を、銀を　支払うこと。

IGI　ša -ta（-ka）-lim　^{I}e 2 -a -na -şir
の前で シャタカリム、　エア・ナーシル、

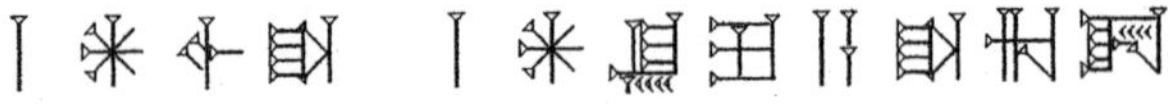

^{I}anu -pi -ša　${}^{I\ ilu}$ sin -a -ša -ri -id
アヌン・ピシャ、シン・アシャリド。

KIŠIB　LU_2-ENIM-MA　BI MEŠ　　LU_2-ENIM-MA 言葉の人
封印は　　証人　　そのたちの

ITU　NE -NE -GAR　　U_4　30KAM　NE-NE-GAR=abu
月の　　ネネガル（アブー月）の　30日、　月（7～8月）

MU　E_2　^{d} IŠKUR　　MU　UN　DU_3　A
年　神殿を　神イシュクル（アダド）の　　建てた所の。

u_2 -še -te -iq　ma だけがバビロニア語で、残りはシュメール語である。
スサは外国であるから国際語のシュメール語を用いる。
MA-NA 約500g=60シェケル。URIM=ŠEŠ-AB ウル町。SIN=EN-ZU 神シン。
ŠU-BA-AN-TI シュメール語で、手で受ける、の意。 KAM 前が数字であることを示す符号。
na-ab-ru-u_2奉献祭。 I_3　LA_2　E シュメール語で、彼は支払う、の意。
ŠU-ŠI=MUŠ-ERIN

ペルシャのスサ町。 u_2 -še -te -iq 進ませる、はŠ話態 <etēqum 行進する。LU$_2$ -ENIM -MA < lu_2 enim ak 言葉の人。BI その。MEŠ 複数。harrānu < KASKAL
元来は道路、の意。LU$_2$-ENIM-MA シュメール語で、言葉の人。NE-NE-GAR=abu 月（7～8月）

2マナと5.5シェケルの銀をウル・ナーシルからシン・ウセリが受け取る。奉献の月から30日が過ぎた時、スサの町で、彼は銀を支払う。万一（期日が）過ぎても旅を終わらせて、銀を支払うこと。
シャタカリム、エア・ナーシル、アヌン・ピシャ、シン・アシャリドの前で。
証人たちの封印は神イシュクル（アダド）の神殿が建てられた年のネネガル（アブー月）の 30日。

2　社会不安の警告

a -na　da -da -a　u_3 ^{ilu}sin　-u_2　-se_2　-li　qi_2 -bi_2 ma
に　ダダア　と　シン・ウシェリ　伝えよ。　sin < EN-ZU

um -ma　še -ep -　^{ilu}sin　ma　^{ilu}šamaš u_3　^{ilu}še -tir　še-tir 穀物の神、
かく シェプ･シンは言う。　太陽神 と アシュナン神が　アシュナン

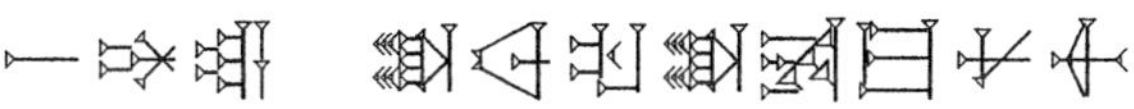

aš-šum　ia　li　-ba　-al　-li　-iţ　ku -nu -ti　ba（-al）-li-iţ 嘆願形
ために　我が ように 元気にする　汝等を。（さて）　< balāţum 生きる

iš-tu　al -li -ka　am　du -bu -ba -ku　du-bu-ba-ku 継続形一単
以来　私が来て ここに　私は迷惑している。　< da-bā-bum 躊躇する

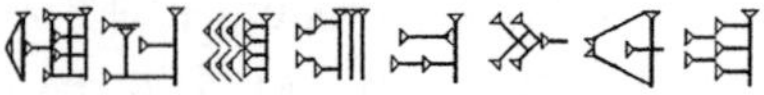

u$_3$ ma -tu -um du -bu -ba -at
国（民）も　迷惑している。

ta-la-ka$^{?}$< tal-la-ak 現二単

ša -at -ta -am　la　ta -la -ka　ni　　< a-la-ku　歩く
今年は　な　（ここに）来る。　　命令形なら la aluk

u$_3$　a -na ia -mu -ut -ba -li　la　tu -ra -da　ni　tu-ra-da$^{?}$ < tar -ra -ad　現二単
そして　にも　ヤムトバル　な　行く。　　< a-rā-du　出る

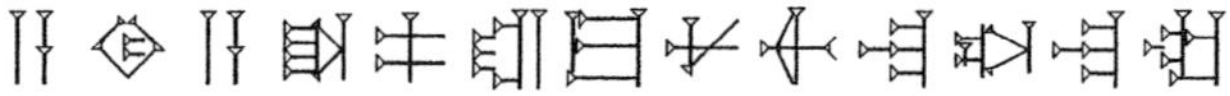

a -di　a -ša -pa -ra　ku -nu -ti　la　ta -la -ka　a -šap -pa -ra 現、一単
まで　私が書き送る　汝に、　な　来る。　< ša-pā-ru 書き送る

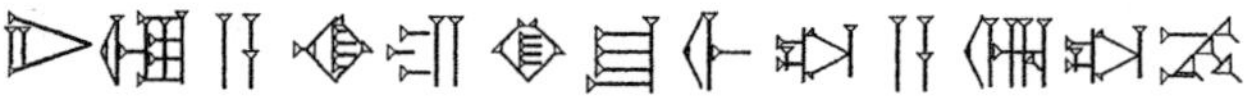

ni　u$_3$　a -na　URU^{ki}　ŠU-ŠI　ta -a -ar -ta　am　ta -ar -ta　継続形二単
むしろ　に　スサ町　回れ。　< tārum 回す

riša < rešu 頭

ri -ša -a　a -na　ki -si$_2$　ku -nu　la　te -gi -a　te-gi-a 現、二単
頭(注意)を　に　財布　汝の　な　怠る。　< egūm 怠る

i -na　bi -ti　ku -nu　KU$_3$ -BABBAR　IGI - 6 -GAL$_2$
に　家　汝の　銀貨を　1/6（シェケル）でさえ

la　te -zi -ba　ni　　　　te-zi-ba[?]< tez -zu -ba 現二単
な　残す。　　　　< ezēbum 去る

sin < EN-ZU、UUU つまり30の神、ともいう。še-tir 穀物の神、アシュナン。
ba（-al）-li-iţ 嘆願形 < balāţum 生きる。du-bu-ba-ku 継続形一単 < da-bā-bum 躊躇する。ta -la -ka[?] < tal -la -ak 現二単 < a-la-ku 歩く。命令形なら la aluk
tu -ra -da[?]< tar -ra -ad 現二単 < a-rā-du 出る。命令形なら la arud
a -šap -pa -ra 現一単 < ša-pā-ru 書き送る。te -gi -a 現二単 < egūm 怠る。
ta -ar -ta 継続形二単 < tārum 回す、精算する。te -zi -ba[?]
< tez -zu -ba < ezēbum 去る、残す。

国民も躊躇している、という意味は分からないが、バビロニア社会が混乱していたのであろう。

ダダアとシン・ウシェリに伝えよ。シェプ・シンはかく言う。太陽神とアシュナン神が我がために汝等を元気にするように。さて私はここに来て以来、躊躇している。国（民）も躊躇している。今年は（ここに）来るな。そしてヤムトバルにも行くな。私が汝に書き送るまで来るな。むしろスサ町に回れ。汝の財布に頭（注意）を怠るな。（留守する時には）汝の家に銀貨1/6（シェケル）さえ残すな。

3　錫の寄付

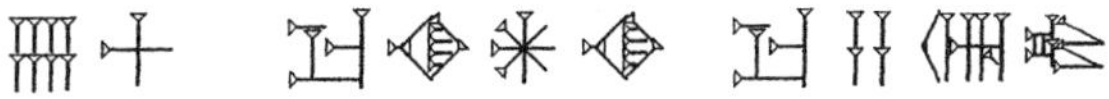

8　1/2　MA -NA AN -NA　ma -şa -ar -tum
8.5　ミナの　錫は　供託（寄付）であり

ša　la -ma -si$_2$　na -dī -tu　^{ilu}ša -ma -aš
への　ラマシ　修道女　太陽神（寺院）の

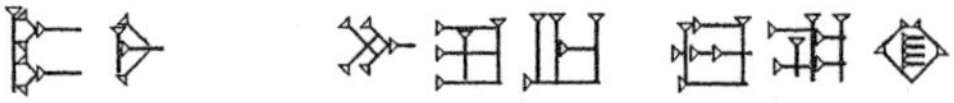

DUMU -MUNUS　pu -zu -ur　ak -šak^{ki}　　martu <DUMU-MUNUS
娘である（所の）プズルの　アクシャク町の、　　TIŠ-PAK=ŠUR-ŠU

ki　ib -ni - ^{d} TIŠ -PAK　DUMU　be -el -šu -nu
による　イブニ・ティシュパック　子の　ベール・シュヌの。

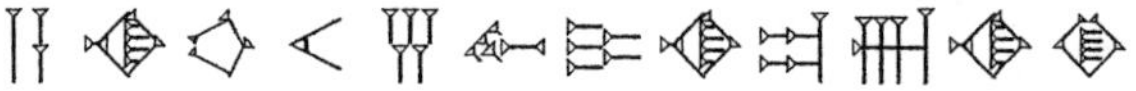

a -na　U$_4$　15　KAM　i -na　eš$_3$ -nun -na^{ki}
に　15日　で　エシュヌンナ町、　　mār < DUMU

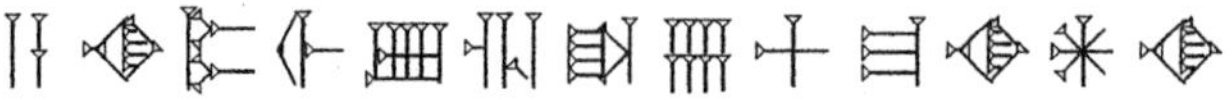

a -na　mār -ši-ip-ri　ša　8　1/2　MA -NA AN -NA
に　使者　彼女の　8.5　ミナの　錫を

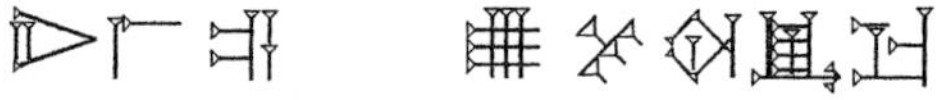

I$_3$　LA$_2$ E　u$_2$ -še -te -iq　ma　　I$_3$ LA$_2$ E 彼は支払う、の意
彼は支払うだろう。(もし期日が)過ぎたならば　　u$_2$-še-te-eq　Š話態、現三単

< etēqum 行進する

10GIN$_2$　1/3 GIN$_2$　AN -NA
10シェケルにつき 1/3シェケルの錫を

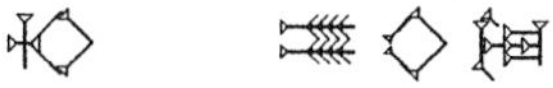

MAŠ$_2$　DAH HE -DAM
利子として　加える（毎月の）。

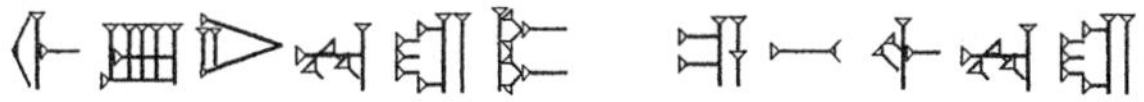

IGI　ib -ni -IR$_3$-RA　DUMU　e -tel -pi -IR$_3$-RA
の前で　イブニ・イラ　子の　エテルピ・イラの。

ITU　ZIZ$_2$ -A　U$_4$　14 KAM　MU　ha -am -mu -ra -bi LUGAL
月　シャバトの　14日、　年　ハンムラビが　王となった所の。

MA -NA　ミナ（重量単位）、60シェケル＝約500g　AN -NA > annaku 錫。

^{ilu}ša-ma-aš 太陽神、普通は ^{d}UD と表現する。 martu <DUMU-MUNUS mār < DUMU

I$_3$ LA$_2$ E シュメール語で、彼は支払う、の意。E < en　動詞の未完を示す。 u$_2$-še-te-eq 進ませる、は Š 話態、現三単 < etēqum 行進する。DAH -HE -DAM < DAH-E-DE$_3$ -AM$_3$　加えるように。 -E-DE$_3$ は不定法で、～ように。 -AM$_3$は連辞で、～である。

ZIZ$_2$ -A（-AN）=IMGAGA　エンマ小麦、のことだが月名では1～2月を示し後世のヘブライ語では šabātu の月に当たる。最後に、就任する、BA HUN が省略されている。

8.5ミナの錫は、プズルのアクシャク町の娘である（所の）、太陽神（寺院）の修道女ラマシに対する、ベール・シュヌの子のイブニ・ティシュパックによる供託（寄付）である。
彼は15日にエシュヌンナ町で、彼女の使者に8.5ミナの錫を払うこと。
（もし期日が）過ぎたならば10シェケルにつき1/3シェケルの錫を（毎月の）

利子として 加えるだろう。エテルピ・イラの子のイブニ・イラの前で。
ハンムラビが王となった年の、シャバト月の14日。

4　悲痛な旅

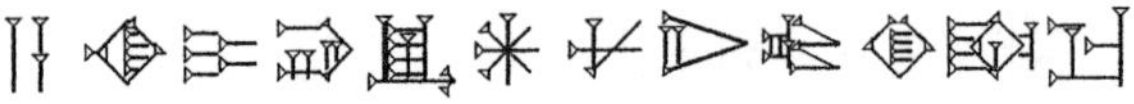

a -na　i -pi$_2$ -iq　an -nu -ni -tum　qi$_2$ -bi$_2$　ma
へ　イピク・アヌニット　伝えよ。

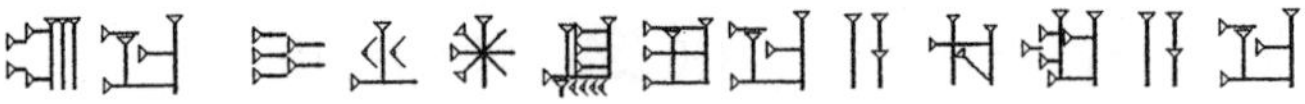

um -ma　i -din　^{ilu}sin　ma　a -hu　ka -a　ma
かく　イディン・シン　兄弟　汝の（は言う）。 ^{ilud}šamaš は普通

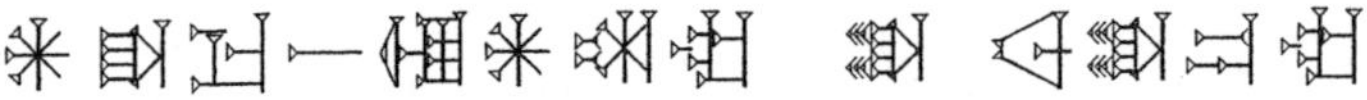 ^{d}UD 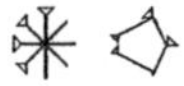

^{ilu}ša -ma -aš　u$_3$　^{d}il -ka —　li　ba -li -ţu$_3$　ka　ba(-al)-li-ţu$_3$ 嘆 願、
太陽神　と　イルカ — 神が ように 祝福する 汝を！ 三複男 < balāţum

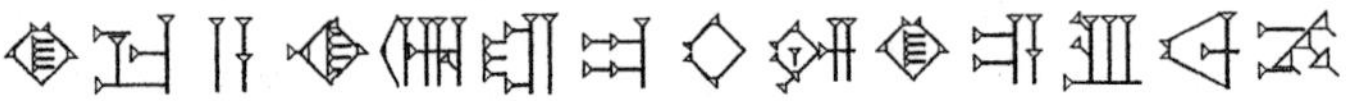

ki -ma　a -na　ar -ra -ap -hi -im^{ki}　e -ru -ba　am
時　に　アラフィム　入った（そこに）、 e-ru-ba 過一単

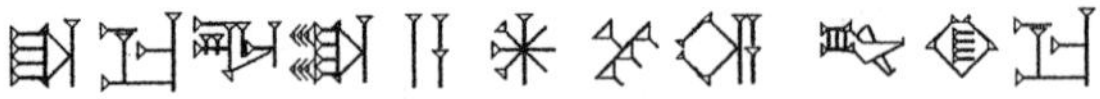　< erēbum

ša -ma -al -li -a　AN -ŠE ^{hia}　il -qi$_2$　ma　il-qi$_2$ 過三単男
私の番頭は　驢馬（pl）を　伴っていたが　< leqūm 伴う

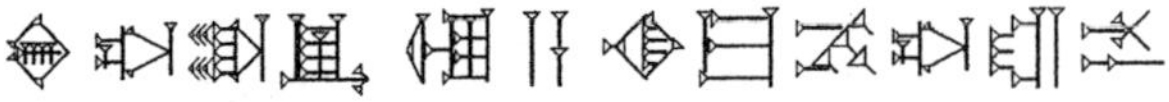　ih-ta-li-iq 完三単男

ih -ta -li -iq　u$_3$　a -na -ku　am -ta -ra -aş　< halāqum 壊す
駄目にしたし、　又私も　病気になって　am-ta-ra-aş 完一単

< marāṣum 病む

i -na　na -pi$_2$ -iš$_2$ -ṭim　e -li -i　e-li-i 過一単 < elūm 上がる
を　人生　駆け上がり（終わりかけ）、

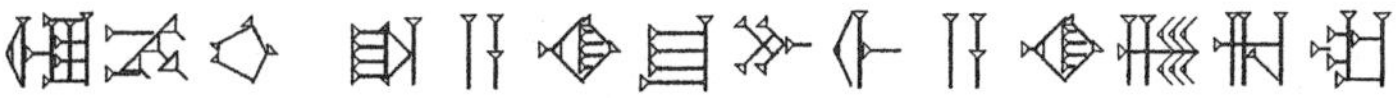

u$_3$　am -tam　ša　a -na　šu -bu -lim　a -na　ṣi$_2$ -ri -ka
又　女奴隷もの　筈　送る　へ　汝の方、

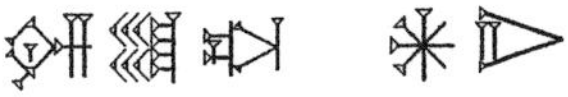

im -tu -ta　an -ni　im-tu-ta 完三女
死んでしまった ここで。　< mātum 死ぬ

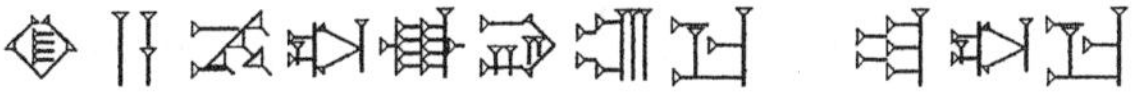

ki -a -am　ta -aq -bi　um -ma　at -ta　ma　ta-aq-bi 過二単女
その時　言った 次のように　汝は。　< qabūm 言う

^{I}al -ma -nu -šu　a -ha　ka　la -qa -at　la-qa-at 継続、三単女
アルマヌシュに 兄弟 汝の　汝は持たせる、と　< leqūm 伴う

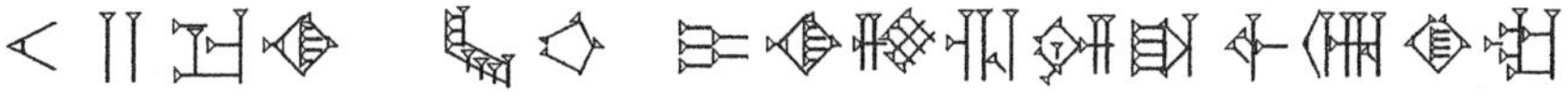

12　MA-NA　KU$_3$- BABBAR i -na　ge -ri -im　ša　wa -ar -ki　ka
12ミナの　銀貨を　で　旅　の　後　汝の。

u$_2$ -ša -ba -la -ṭu$_3$　ilam^{lam} ka　u$_3$　^{d} ša -ma -aš　u$_2$-ša-ba-la-ṭu　š 話態、三
祝福されよ　汝の神　と　太陽神は。 複、< balāṭum 生きる

 ţu$_2$-ur-da 命令形

gi -mil　ma　ţu$_2$ -ur -da　　aš -šu　la　ta -ka -la　šu　　< warādum 下す
報酬を　　汝は渡して　　彼に、な　こだわる　彼に。ta-ka-la　命令形

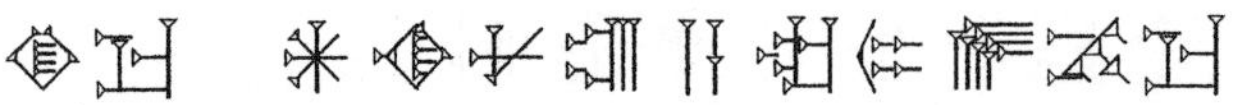 < kālum 保持する

ki -ma　　　an -na -nu -um　a -ka -mi -sa　am -ma　a-ka-mi-sa? < akammis
や否や　　　　すぐ　私は連絡をとる、 そこを　現一単 < kamāsum 連結する

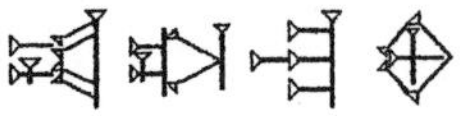　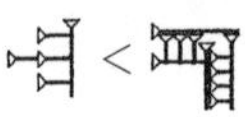 t-ta-la-ka 完一単

at -ta -la -kam　　　　　　　　　　　　　　　　　< alākum 行く
私は出発していた。　　　　　　　　　　　　　im-ar-ra-aş 現三単男

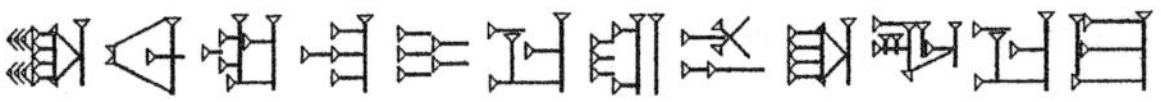 < marāşum 病む

li -ba ka　　la　i -ma -ra -aş　　ša -al -ma -ku　　ša-al-ma-ku 継続、一単
汝の心は　　な　　悩む。　　　　私は元気だ。　　　< šalāmum 栄える

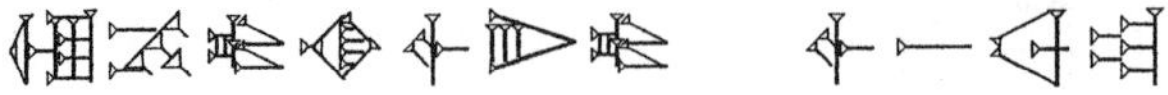

u$_3$　am -tum　na -wi -ir -tum　wa -aš -ba -at　(wa)-aš-ba-at 継続、三単女
所で、女奴隷が　明るい(ここに)住んでいる。(そこで)　　< wašābum 住む

a -na　a -li -ki -im　　　u$_2$ -ki -il　ši　ma　　u$_2$-ki-il　D 話態、過三単
に　　旅人たち　私は彼女を示したのだが、　　　< kalum 保留する

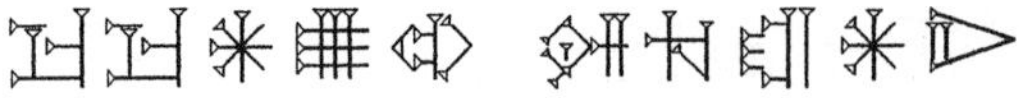

ma -ma -an　　u$_2$ -ul　　im -hu -ra　an -ni　　　　im-hu-ra 過三単
誰も　　　なかった　受け入れ　私(の提案)を。　　　< mahārum 受ける

um -ma　šu -nu　ma　gi -ru -um　da -an -nu　da-an-nu < dannu 困難な
なぜなら　彼らは　　旅が　危険（だから、という）。

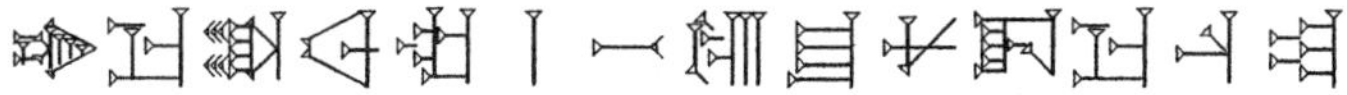

šum -ma　li -ba　ka　^{I}be -el -šu -nu　da -ma -qa -at　li -ba$^{?}$ < libbum
もし　汝の心が ベエルシュヌに 好意的なら、 da-ma-qa-at 継続、単三女

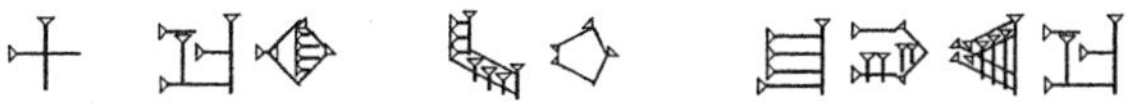 <damāqum 好意的である

1/2　MA-NA　KU$_{3}$- BABBAR　šu -bi -lam　ma　šu-bi-la　Š 話態、命令
半ミナの　銀貨を　送らせよ。又　<（w）abālum 運ぶ

 qa-qu$_{2}$-ul-lu < kakkullu

I$_{3}$ -SAG　da -qa -at　qa -qu$_{2}$ -ul -lim　šu -bi -lam　ma　麦芽汁用桶
油も　純良な　ビール桶の　送らせよ。

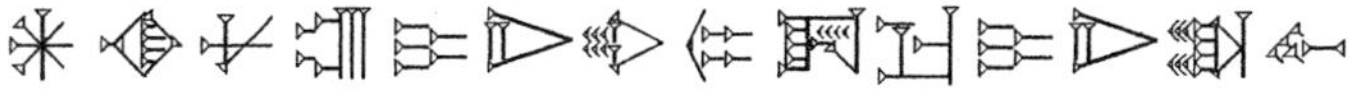 i-ni-in-mi-id$^{?}$< im-ma-di-id

an -na -nu -um　i -ni -in -mi -id　ma　i ni -li -kam　N 話態、現三単 <madādum
ここで　それが量られたら、さあ 我々は行く。ni-li-ka < nillak 現一複

 < alākum 行く

aš -šum　^{Id}iš-kur-ra -ma -an -sum　ša　ta -aq -bi -a am　ta-aq-bi 過二単男
については イシュクル・マンスム 所の 汝が述べた、　< qabūm

 LU$_{2}$ > amīlu 人

al -li -kam　ma　LU$_{2}$　im -tu -ut　al-li-ka 現一単 < alākum
私が来たが ここに、（既に）その人は 死んでいた。im-tu-ut 完三単 <mātum 死ぬ

da-ha-tam? < dehutum
不振、不景気

u$_3$　ša -rum -[d]adad　da -ha -tam　ma
しかしシャルム・アダドは 不具合を　　　i-ša-al 過三単 < šalum 尋ねる

u$_2$ -ul　i -ša -al　mi -im -ma la ta -na -si$_2$ -iq　　ta-na-si$_2$-iq? <tanassiq
現二単
なかった 尋ね　　何も。　な　気にする。　　< nasāqum 選ぶ

[ilud] šamaš は普通 [d] UD 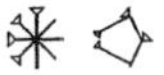　li ba -li -ţu$_4$ < li ba（-al）-li-ţu$_3$嘆願、三複男 < balāţum 生きる。生きるように、は正しくは li ibliţ。ē -ru -ba 過一単 < erēbum 入る。il-qi$_2$ 過三単男 < leqūm 伴う。ša -ma -al -lum 荷物運び、番頭。e-li-i 過一単 < elūm 上がる。ih -ta -li -iq 完三単 < halāqum 壊す。am -ta -ra -aş 完一単 < marşum 病む。im -tu -ta 完三単女 < mūtum 死ぬ。ta -aq -bi 過二単男 < qabūm 言う。ge -ri -im? < ger -ri -im < gerrum 道。la -qa -at 継続、三単 < leqūm 伴う。u$_2$-ša-ba-la-ţuš 話態、三複 < balāţum 生きる。ţu$_2$ -ur -da? 命令形 < tur-rad 現二単 < warādum 下す。ta -ka -la 命令形 < ta -kal 現二単 < kālum 保持する。
a-ka-mi-sa? < akammis 現一単 < kamāsum 連結する。an-na-nu-um? < an-umma 今や。at-ta-la-ka 完一単 < alākum 行く。im-ar-ra-aş 現三単男 < marāşum 病む。li -ba -ka < libbu ka　汝の心。ša -al -ma -ku 継続、一単 < šalāmum 健全である。na -wi -ir -tum 明るさ < nawārum 輝かす。wa -aš -ba -at 継続、三単 < wašābum 住む。u$_2$ -ki -il D 話態、過去、一単 < kālum 保持する。　im -hu -ra 過去、三単 < mahārum 受ける。
da -an（-nu）困難な、危険な。da -ma -qa -at 継続、三単 < damāqum 好意的である。I$_3$ -SAG シュメール語で、rūštu 油のこと。 im 風（実際は風見鶏）はシュメールではイシュクル神だが、バビロニアではアダド神を示す。šu-bi-la　Š 話態、命令 <（w）abālum 運ぶ。qa-qu$_2$-ul-lu < kakkullu 麦芽汁用桶。i-ni-in-mi-id? < im-ma-di-idN 話態、現三単 < madādum

量る。ni-li-ka < nillak 現一複 < alākum 歩く。al-li-ka 現一単 < alākum ta-aq-bi 過、二単男 < qabūm 言う。im-tu-ut 完三単 < mātum 死ぬ。LU$_2$ シュメール語 > amīlu 人。da-ha-tam$^{?}$ < dehutum 不振、不景気。i-ša-al 過三単 < šalum 尋ねる。ta-na-si$_2$-iq$^{?}$ <tanassiq 現二単 < nasāqum 選ぶ。

イピク・アヌニット へ伝えよ。汝の兄弟イディン・シン（はかく言う）。
太陽神とイルカ —— 神が汝を祝福するように！（さて）
アラフィムに入った時、私の番頭は驢馬を伴っていたが、それを不具合にしたし、又私も病気になって、人生を駆け上がり（終わりかけ）、更に汝の方へ送る筈だった女奴隷も、ここで死んでしまった。そういう時に、汝は次のように言ってきた。
兄弟アルマヌシュに、後追いの旅で12ミナの銀貨を持たせよう、と。
汝の神と太陽神は祝福されよ。（しかし）汝は報酬を彼に渡して、彼にこだわるな。
そこで連絡をとれた後、すぐに私は出発していた。汝の心を悩ますな。私は元気だ。所で、明るい女奴隷が（ひとりここに）いる。（そこで）
私は旅人たちに彼女を示したのだが、誰も私（の提案）を受け入れなかった。なぜなら彼らは旅が危険（だから、という）。
もし汝の心がこのベエルシュヌに好意的なら、半ミナの銀貨を送り届けさせよ。又ビール桶入りの純良な油も送らせよ。ここでそれが受領されたら、さあ、我々は出発だ。
さて、汝が述べた所のイシュクル・マンスムについては、私がここに来たが、（その時既に）その人は 死んでいた。シャルム・アダドさえ不具合を何も尋ねなかった（という）。あまり気にするな。

5　不払い金の対策打合せ

a -na　e -ri -ib -^{d} SIN　qi$_{2}$ -bi$_{2}$ ma　　SIN < EN-ZU

へ　エリブ・シン　伝えよ。

TIŠ-PAK< ŠUR-ŠU

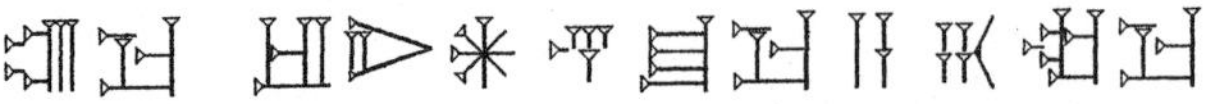

um -ma　ib -ni - ^{d} tiš-pak ma　a -ha ka ma

以下を イブニ・ティシュパック　兄弟 汝の（は言う）。

aš -šum　ţe -mi -im　ša warad -i$_{3}$ -li$_{2}$ -šu　　i$_{3}$ も li$_{2}$ も ni も同じ

について　件　の ワラド・イリシュ　　ţe-mi-im < ţemum 事柄

māru　ib -ni -IR$_{3}$ -RA　　warad < IR$_{3}$ RA のため、名を

子の イブニ・イルラ、　　イルラとしたが、ワラディか？

1/3　MA-NA KU$_{3}$- BABBAR ad -di šum　　ad-di 過一単

1/3　マナの　銀貨を　私は貸した 彼に。　　< nadūm 投げる

u$_{3}$　i -na　ši -bu -ti　ia　ša -aţ -ra -ti　　ša-aţ-ra-ta 継続、二単

且つ として　証人　私の 汝は書いている。　　< šaţārum 書く

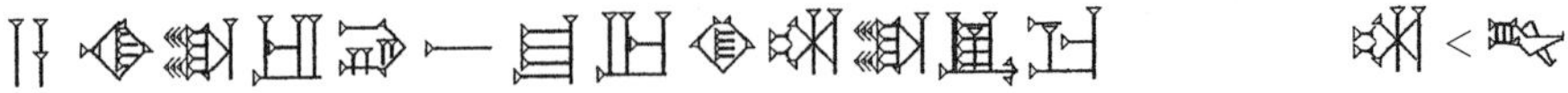

a-na　li -ib -bi　aš -šu -ur ^{ki}　il -li -ik　ma　　il-li-ik 過三単

に　の中　アッシュル町　彼は行ったが、　　< alākum 行く

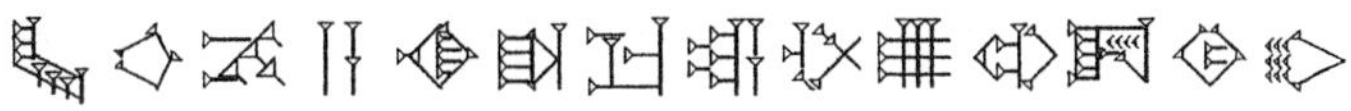 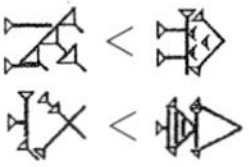

kaspam^{am}　a -na　ša -ma -ia -tim　u$_2$ -ul id -di -in　kaspum=KU$_3$-BABBAR
銀を　へ　シャマヤト　なかった 渡さ。id-di-in 過三単 < nadānum 与える

 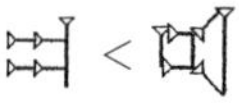

a -na -ku　u$_3$　ša -ma -ia -tim　i -na　li -ib -bi
私　と　シャマヤトは　で　の中

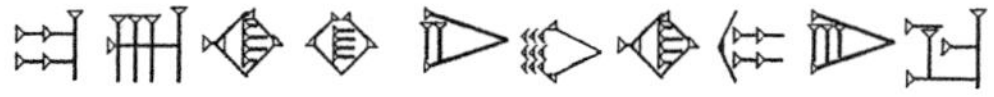

eš$_3$ -nun -na^{ki}　ni -in -na -mi -ir　ma　ni-nam-mi-ir 現一複
エシュヌンナ町、（友情に）輝いている。（早速）　< nawārum 輝く

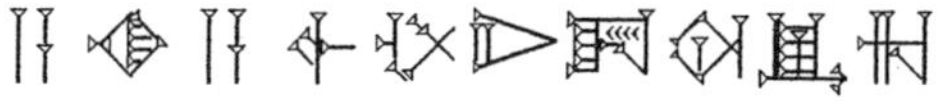　ni-it-te-ig-ri? < nitagar

a -na　a -wa -tim　ni -it -te -ig -ri　完了一複　< agārum 雇う
を　弁護士　我々は雇った。

 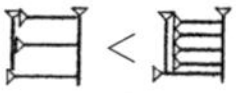

um -ma　a -na -ku　ma　kaspam^{am}
以下のように 私は（訴えた）。「銀を、

 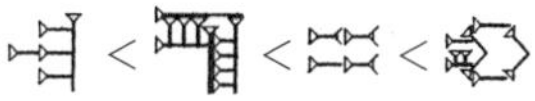

^{I} warad -i$_3$ -li$_2$　-šu　uš -ta -bi -la　ak -kum　uš-ta-bi-la Š 話態、完了
ワラド・イリシュに、私は運ばせた（汝に）」と。　< abālum 運ぶ

um -ma　šu -ma　šum -ma　^{I} warad-i$_3$ -li$_2$ -šu　id-din 過三単
だが　彼は（言う）。「ワラド・イリシュが（もし）　< nadānum 与える

kaspam[am] id -di -nam　kaspum[um]　kaspam[am]　li　ir -di　ir-di < radūm 加える
銀を　戻せば、銀（支払い）が銀（支払い）に 重なるだろう」と。

　a -ah < aha 側

a -na　kaspam[am] ša -tu　a -ah　ka　la　ta -na -ad -di
に対し　銀　その側で　汝の　な　諦める。　ta-na-ad-di 現二単男

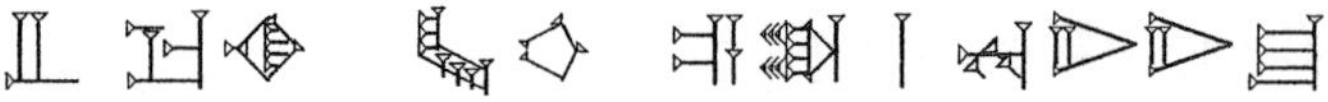　< nādum 投げる

1/3　MA-NA KU$_3$- BABBAR　e-li　[I]warad-i$_3$ -li$_2$ -šu
1/3　マナの　銀（の債権）を　に対し　ワラド・イリシュ

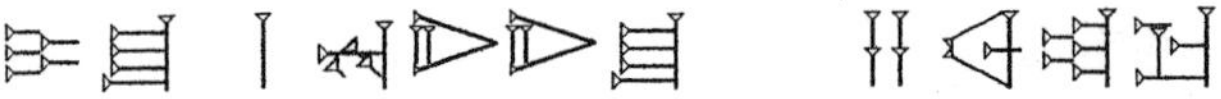　i-šu 現一単 < išūm

i -šu　[I]warad-i$_3$ -li$_2$ -šu　ṣa -ba -at　ma　ṣa-ba-at 継続二単
私は持つ。ワラド・イリシュ（の動向）を 汝は掴んで、　< ṣabātum

KU$_3$- BABBAR u$_3$　ne$_2$ -me$_2$ -li -ti　šu　kaspu < KU$_3$-BABBAR
銀（の債権）　と　利子を　その　e-li-tim < elūm 上る

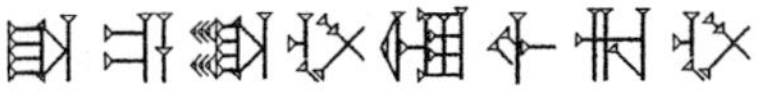　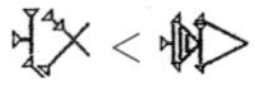

ša　e -li -tim　u$_3$　wa -ri -dim　wa-ri-dim
所の　上り、下りの旅（で作った）　< warādum 下向する

šu -uš -qi$_2$ -il　šu -u$_2$　ma　i -na　li -ib -bi -im　šu-uš-qi$_2$-il Š 話態、不定法
支払わせよ　彼に。　から　その中　< šaqālum 支払う

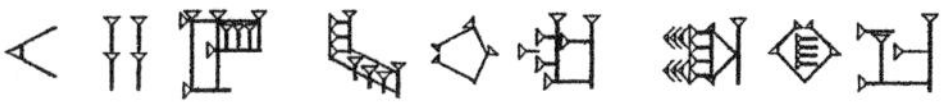

14　GIN$_2$　kasap　ka　li -qi$_2$　ma

14シェケルの銀を　汝の　取れ。(そして)

li-qi$_2$ 命令 < leqūm

ša -pi$_2$ -il -ta -am　šu -bi -lam

残りを　私に送れ。

šapiltum　下の部分、残部

šubila　Š 話態、命令

< abālum 運ぶ

u$_3$　aš -šum　ţe -mi -im ša　a -na　14 GIN$_2$　kasap

さて について 件 所 の のため 14シェケルの銀、

ţe-mi-im<
ţemum 事柄

šiqlu < GIN$_2$ 重量単位

60シェケル＝1　マナ
=500g

I　d šamaš -be -el　-i$_3$　-li$_2$　ta -aš -pu -ra　am

シャマシュ・ベリリを　汝が送った 私に、

kaspam^{am}　u$_2$ -ul　ad -di -in　šum

銀を　なかった 私は与え 彼に。

アッシュル町のシャマヤトに渡すべき金をワラド・イリシュが渡さなかったので、証人エリブ・シンに、利子付きで取り上げることを要請した手紙。SIN < EN-ZU,　tiš-pak < ŠUR-ŠU, i$_3$ も li$_2$ も ni も同じ warad < IR$_3$ 奴隷、この名も RA があるのでイルラとしたが、ワラディと読むべきか？

ad-di 過一単 < nadūm 投げる。KU$_3$- BABBAR > kaspu 銀。ša-aţ-ra-ta 継続、二単 < šaţārum 書く。il-li-ik 過三単 < alākum 行く。ta-na-ad-di 現二単男 < nādum 投げる。友情に輝いている、とは二人の間に嘘はない、

ということ。ni-nam-mi-ir 現一複 < nawārum 輝く。ni-it-te-ig-ri? < ni-tagar 完了一複 < agārum 雇う。awatu 元来は言葉だが、裁判。ここでは裁判を要請したこと。uš-ta-bi-la Š 話態、完了 < abālum 運ぶ。id-din 過三単 < nadānum 与える。li ir-di 未来 < radūm 加える、元来、願望の形式だが、ここではなる筈だ、の意味。i-šu 現一単 < išūm。ṣa-ba-at 継続二単 < ṣabātum。e-li-tim < elūm 上る。wa-ri-dim < warādum 下向する。šu-uš-qi$_2$-il Š 話態、不定法 < šaqālum 支払う、不定法だが命令文。 li-qi$_2$ 命令文 < leqūm 取る。šubil-am　Š 話態、命令文 < abālum 運ぶ。šiqlu < GIN$_2$ 重量単位（60シェケル＝1マナ =500 g）

エリブ・シンに伝えよ。汝の兄弟イブニ・ティシュパックは以下のように言う。

イブニ・イルラの子のワラド・イリシュの件についてだが、私は1/3マナの銀貨を彼に渡した。且つそれを汝は私の証人として書いている。

（所で）彼はアッシュル町に行ったが、銀を（渡すべき）シャマヤトに渡さなかった。それは、私とシャマヤトがエシュヌンナ町で、（深い友情に）結ばれた（ので分かったことだが、早速）弁護士を我々は雇って、以下のように私は（訴えた)。「銀を、私はワラド・イリシュに、運ばせた」と。だが彼ワラド・イリシュは（言う)。「私ワラド・イリシュが（もし）銀を返せば、銀の支払いが（二重に）なることとなる」と。

その銀（の裁判）に対して汝の側で諦めるな。私はワラド・イリシュに対し1/3マナの銀（の債権）を持つ。

汝はワラド・イリシュ（の動向）を掴んで、（資金の）銀とその上り、下りの旅（で作った）所の利子とを彼に支払わせよ。そしてその中から汝の分14シェケルの銀を取れ。（なお）残りは私に送れ。そこで その14シェケルの銀のため、汝が私にシャマシュ・ベリリを送った、という件については、私は彼に銀を渡さなかった。

6　老人への生活扶助

a -na　warad -^{d} SIN　qi$_2$ -bi$_2$　ma　SIN < EN-ZU
へ　ワラド・シン　伝えよ。

um -ma　^{d} a-šur$_3$ -a -su　ma
以下に　アッシュール・アス（は言う）。　marduk < AMAR-UTU

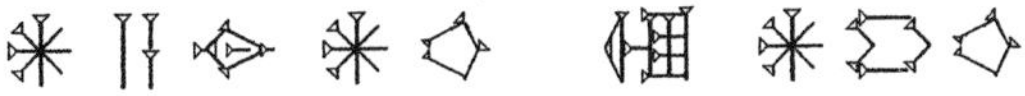

^{d} a-šur$_3$　^{d} šamaš　u$_3$　^{d} marduk
アッシュール神、太陽神、マルドク神が

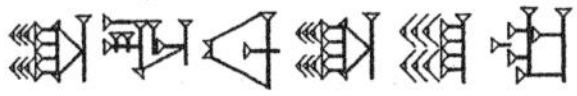

li　ba　-al　-li -ţu$_2$　ka　ba-al-li-ţu$_2$ 嘆願法
ように 祝福する　汝を！　< balāţum 生かす

 inanna

aš-šum　ki -su　-im　ša　^{I} im -di　-^{d}ištar　ki-si-im< kīsum 金、財布
について　金庫　の　イムデ・イシュタル

ša　i -na　ma -ah -ri　ka　ša -ak　-na -at
所の に　前　汝の　置いてある、

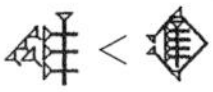

ša-ak-na-at　継続、三単

an -ni -ki　-a -am　ma -har　^{I} ha -ia -ab　-i$_3$ -li$_2$　< šakānum 置く
今ここで、　の前で　ハヤブ・イリ

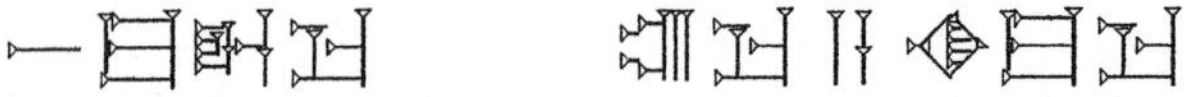

aš -ku -un ma um -ma a -na -ku ma aš-ku-un 過去、一単
私が（一言を）提起する。 以下（言う）私は。 < šakānum 置く

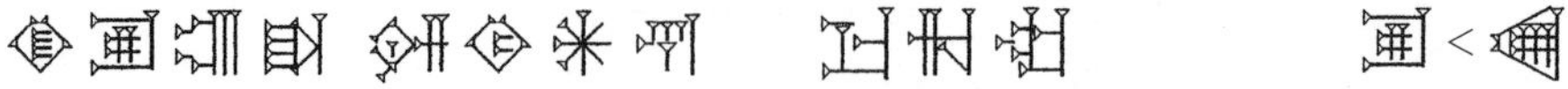

ki -su -um ša im -di -^{di}štar ma -ri ka
金庫が の イムデ・イシュタル 息子 汝の

iš-tu MU 2 KAM i -na sippar^{ki}
以上も 二年、 の シップル町

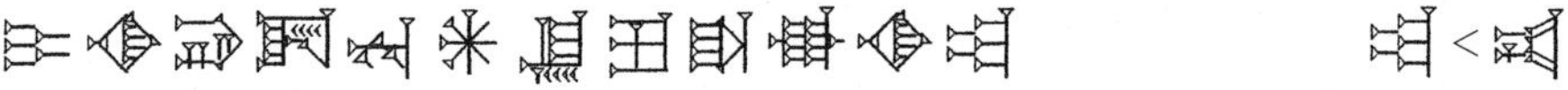

i -na bi -it warad -^{d} SIN ša -ak -na -at sippar <UD-KIB-NUN
に 家 ワラド・シンの、置いてある（筈だ）。

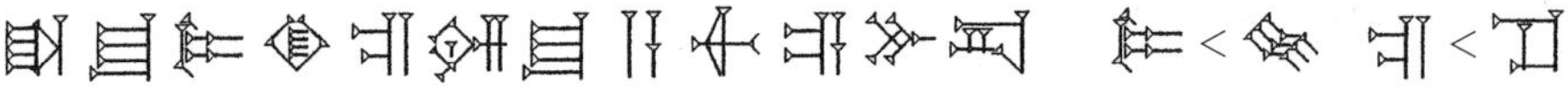

ša šu -lum ki -si -im šu -a -ti e -pu -uš
して 満足 金庫で その 汝はなせ（暮らしなさい）。

um -ma a -na -ku ma im -di -^{d}ištar e-pu-uš 命令文 < epēšum
又言う 私は。 イムデ・イシュタルに šu-lum < šulmu 完全、満足

ma -ra ka gi -mi -il u_3 gi-mi-il 命令文
息子 汝の 感謝せよ それから < gamālum 報いる

i -ia -a -ti gi -im -la an -ni a -nu -um -ma
私に 感謝せよ （私に）。 今や（既に）

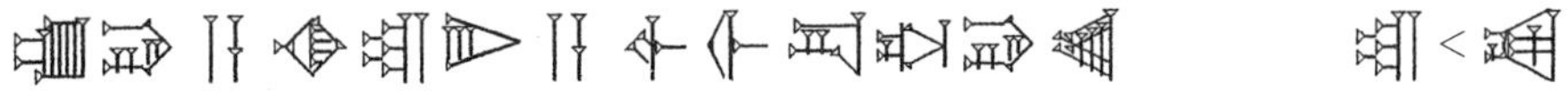

ţup -pi$_2$ a -na şi -ir a -wi -lim uš -ta -bi -lam uštabil Š 話態、完了一単
私の手紙は へ 高位の 役人 送ってある。 < abālum 運ぶ

a -nu -ma a -wi -lam a -bi hu -si$_2$ -is ma hu-si$_2$-is 命令文 < hasis
従って、 役人を 貴殿は 記憶しなさい < hasāsu 記憶する

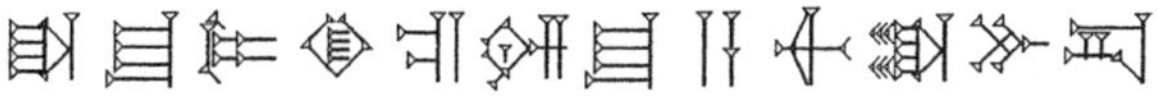

ša šu -lum ki -si -im šu -a -ti li -pu -uš li -pu-uš < li epēš
して 満足 金庫で その 過ごすように、（と配慮した）。 < epēšum

im -di -^{d}ištar a -ha ka gi -mi -il
イムデ・イシュタルに 兄弟 汝の 感謝しなさい。

u$_3$ i -ia -a -ti gi -im -la an -ni
又 私に 感謝しなさい。

ワラド・シンは子があり、兄弟がある、とされているが実際ではそうでない。孤独な老人である。

SIN < EN-ZU marduk < AMAR-UTU ba-al-li-ţu$_3$ 嘆 願 法、 三 複 < balāţum 生かす。正しくは ib-li-ţu$_3$。ištar < inanna。ki-si-im< kīsum 金、財布。ša-ak-na-at 継続、三単 < šakānum 置く。aš-ku-un 過去、一単 <

šakānum 置く。MU 2 KAM シュメール語で 2 年間。sippar シパル町、UD-KIB-NUN^{KI} と書いて、シュメールでは zimbir 町と、バビロニアでは sippar 町と読んだ。e-pu-uš 命令文　< epēšum。 šu-lum < šulmu 完全、満足。

gi-mi-il 命令文 < gamālum 報いる。uštabil　Š 話態、完了一単 < abālum 運ぶ。

hu-si$_2$-is 命令文 < hasis < hasāsu 記憶する。li -pu-uš < li epēš < epēšum なす。

ワラド・シン へ伝えよ。アッシュール・アスは以下のように（言う）。
アッシュール神、太陽神、マルドク神が汝を祝福するように！（さて）
汝の前に置いてある所の、イムデ・イシュタルの金庫について、今ここで、ハヤブ・イリの前で私は（一言を）提する。以下私は（言う）。
汝の息子イムデ・イシュタルの金庫が二年以上も、シップル町の（貴家）ワラド・シンの家に置いてある（筈だ）。その金庫で満足して汝は暮らしなさい。又私は言う。汝の息子イムデ・イシュタルに感謝しなさい。それから私にも感謝しなさい。今や（既に）私の手紙は高位の役人にも送ってある。従って、その金庫で満足して過ごすように、（と配慮した）役人のことも貴殿は記憶しておきなさい。（改めて）汝の兄弟イムデ・イシュタルに感謝しなさい。又私にも。

7　船荷検査の対価

a -na　be -li$_2$　ia　qi$_2$ -bi$_2$ ma　um -ma　^{d}šamaš　-ra -bi　ma
へ　主　我が　伝えよ。　以下に　シャマシュ・ラビ（は言う）。

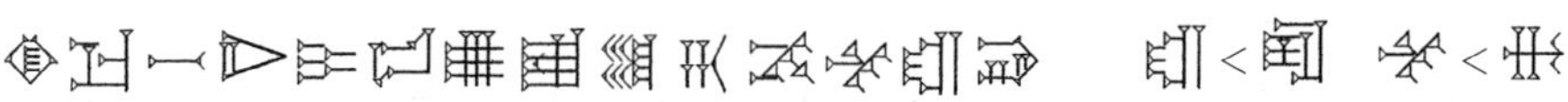

ki -ma be -li$_2$　i -du -u$_2$　iš -tu　ha -am -mu -ra -bi　i-du-u$_2$ 過三複
ように 我が主が ご存知の、以来　ハンムラビ時代、　< idūm 知る

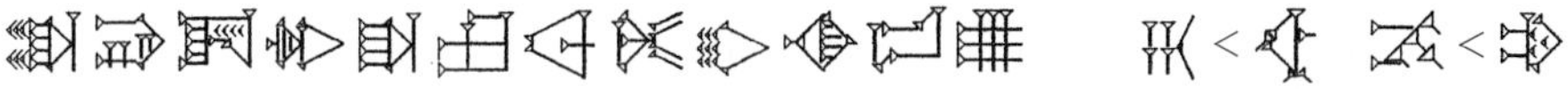

li -bi -it -tim　ša　^{uru}　ba -ṣu　in -na -du -u$_2$　in-na-du-u$_2$ N 話態、過三複
煉瓦仕事が　で　バツ　行われて、　< nadūm 投げる

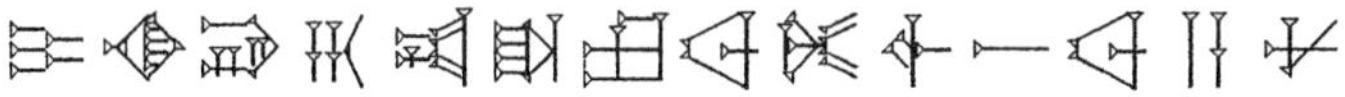

i -na　pi$_2$ -ha -at　ša　^{uru} ba -ṣu　wa -aš -ba -a -nu　wa-aš-ba-a-nu 継続、一複
に　管轄区域　の　バツ 我々は住んでいる。(そして)　< wašābum 住む

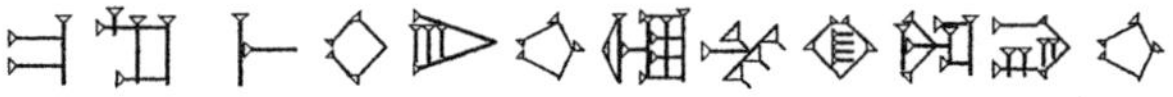
me-hi-ir-tam 対抗

^{giš} MA$_2$　me -hi -ir -tam　u$_3$　mu -qe$_2$ -el -pi$_2$ -tam　muq-qe$_2$-el-pi$_2$-tum
船について　逆行（上り）や　川下りの　< neqelpum 下向する

šarrum<LUGAL,ellepu< MA$_2$

dam -kar$_3$ ša　ţup -pi$_2$　šarrim　na -šu -u$_2$　na-šu-u$_2$ 継続、三複男
商人を　所の 手形を　王の　持つ、　< našūm 持ち運ぶ

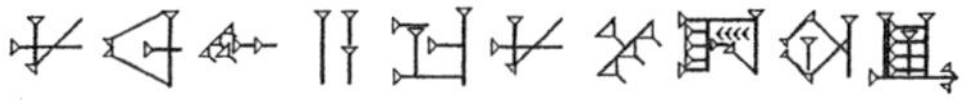
nu-ba-ā-a 過一複

nu -ba -ā -a　ma　nu -še- et -te -iq　< baău 求める
我々は調べて、　通過させたり、

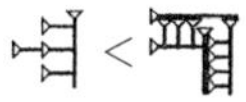

dam -kar$_3$　ša　ţup -pi$_2$　šarrim　la　na -šu -u$_2$　nu-še-et-te-iq š 話態、一複
商人は　所の 手形を　王の　ぬ　持た、　< etēqum 行進する

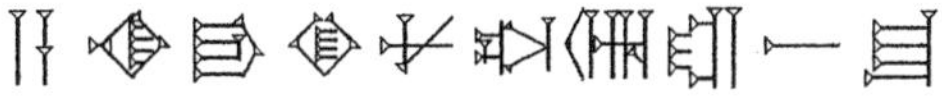
nu-ta-ar-ra 過一複

a -na　bābilim ^{ki}　nu -ta -ar -ra　aš -šu　< tārum 返す
へ　バビロン送り返した（それを）。　babilu ^{ki} < E ^{ki}=babylon

i -na -an -na iš -tu E_2 a -na -tum u_3 ri -iš -[d] šamaš
さて（所が）、以来　神殿が アナト やリシュ・シャマシュの

i -na bābilim [ki] wa -aš -bu -u_2 wa-aš-bu-u_2 分詞
に　バビロン　建座して、 < wašābum 住む

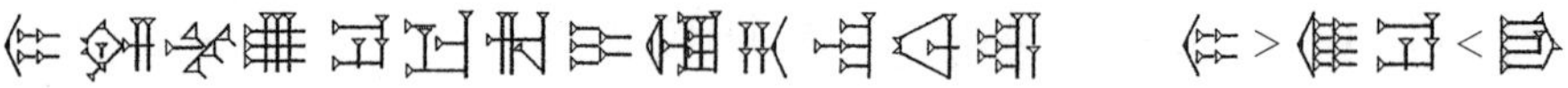

mi -im -mu -u_2 e -ma -ri -i u_3 ha -la -ba -ia
誰でもが　エマール　やハラブ（アレッポ）からの、

u_2 -še -et -te -qu_2 ni -in -ni ma i -na qa_2 -ti šu -nu
通過するが　我々の所を、　で　手　彼等の u_2-še-et-te-iq
š 話態、三複

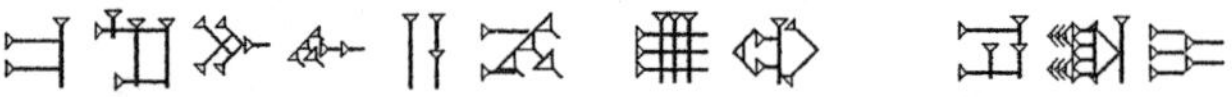

< etēqum 行進する

[giš] ma_2 bu -ŭ -a am u_2 -ul e -li -i e-li-i 現三単
船が　来る事は　ここに なくなっている　出来。 < leūm 出来る

i -na -an -na a -na 10 ŠE-GUR ša šeu < ŠE 大麦
さて、今 について　大麦10グル　所の　kurru < GUR 約150L

be -li_2 u_2 -te -er -ra am u_2-te-er-ra D 話態、過三単
我が主が　返してきた　私に、 < tārum 返す

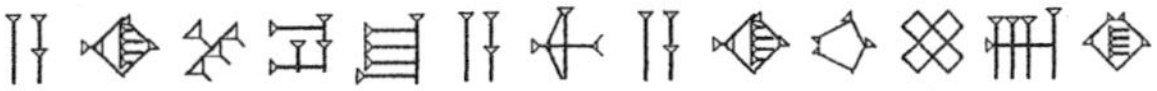
sippar < UD-KIB-NUN^{ki}

a -na　še-e　šu -a -ti　a -na　sippar ^{ki}
のため 大麦（調査）その　へ　シッパル町

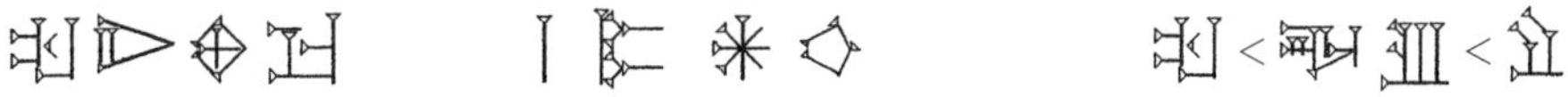

al -li$_2$ -kam ma　^{I} mār - ^{d} šamaš　al-li$_2$-ka 過一単
私は行きます（が代わりに）マール・シャマシュが　< alākum 行く

mār < DUMU 子

ša　pi$_2$ -ha -ti　i -na -ṣa -ru　i-na-ṣa-ru$^{?}$ < inaṣṣar 現三単
所の　私の管轄区域を　守る、　< naṣārum 守る

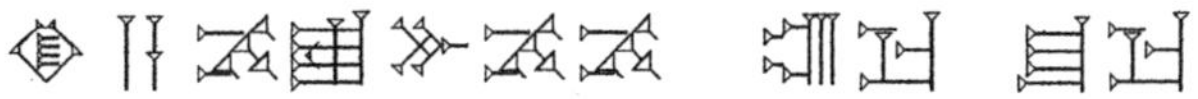

ki -a -am　iš -pu -ra　am　um -ma　šu　ma　iš-pu-ra 過三単
次のように　書いてきた 私に。　かように（です）。　< šapārum 書く

^{I} DUMU　ri -iš -^{d} šamaš　u$_3$　LU$_2$ -MEŠ　māru < DUMU
「子供　リシュ・シャマシュの　や 人々を　awilūtu < LU$_2$ -MEŠ

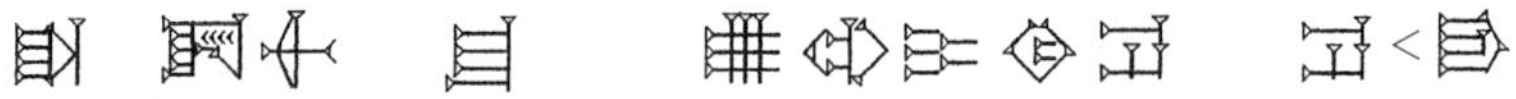

ša　it -ti　šu　u$_2$ -ul　i -di -e　i-di-e 現一単
所の 共にいる　彼と（私は）ないが　知ら、　< idūm 知る

libbu<ša$_3$ ellepu<MA$_2$

^{giš} MA$_2$　u$_2$ -ša -as$_2$ -ni -qu$_2$　nim　ma　u$_2$-ša-as$_2$-ni-qu$_2$　š 話態、
船を　彼等は調べさせた 私に。（そこで）　過三複　< sanāqu 調べる

u$_2$-ri-id D 話態、過三単

a -na　libbim　^{giš}ma$_2$　u$_2$ -ri -id　ma　　　< redum 導く
に　の中　船　私は降りたが、　　　biltu　< GUN$_2$　約30kg

10　GUN$_2$ AN -NA　na -šu -u$_2$　URU^{ki}　u$_2$ -ša -aţ -ţi -il　zannaku < AN-NA 錫
10ビルト　の錫　作成の　町で、　見つめさせた　　　ālu < URU　町

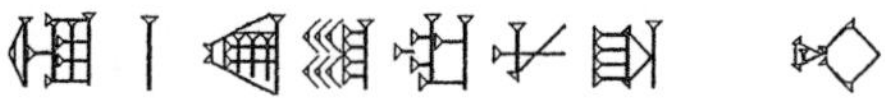
na-šu-u$_2$ < našūm 持ち挙げる

u$_3$　1　^{kuš}tu -ka -nu　ša　NA$_4$　　　tu-ka-nu < tukkānu バッグ
と　一つの革鞄 の（入った） 石を。（さてそこで）　abnu < NA$_4$ 石（ここでは貴石）

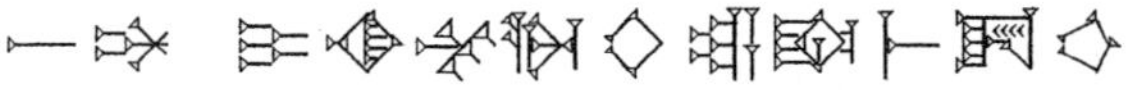
u$_2$-ša-aţ-ţi-il š 話態、過一単

aš -šum　i -na　mu -uh$_2$ -hi　ia　ne -me -et -tam　　　< naţālum 見つめる
について↓ での　方　私の　負担（報酬）が　　　mu -uh$_2$ -hi　方、側

la　ra -še -e　　a -na　　še -me -e　ka　　aš -pu -ra　am
無償である由↑、によると　聞いた所 貴方の、私は書きました」と。

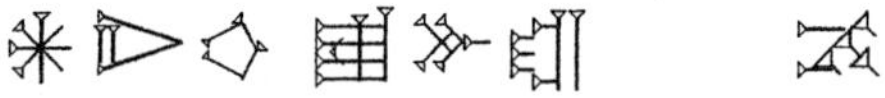
ra-še-e? < iraššši　現三単

an -ni -tam　iš -pu -ra　　am　　　< rašūm 持つ
以上は　彼が書き寄越しました 私あてに。　　aš-pu-ra 過一単

< šapārum 書く

ţup -pi$_2$　a -na　a -wi -lim　　uš -ta -bi -lam　uštabil Š 話態、完了一単
手紙を　へも　上役（領主）私は送ってあります。　　< abālum 運ぶ

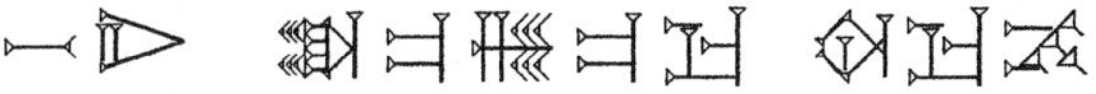 iz-zi-iz 嘆願法

be -li$_2$　　li　iz -zi -iz　ma　ţē$_4$ -ma　am　　< izzuzum 受ける

我が主よ、ように 取り上げる（この）問題を。（又その結果を）

li　　iš -pu -ra　am

ほしい 手紙して 私あて。

i-du-u$_2$ 過三複 < idūm 知る（複数表示）。in-na-du-u$_2$ N 話態、過三複 < nadūm 投げる（なぜか 煉瓦工事は投げる、という）。wa-aš-ba-a-nu 継続、一複　< wašābum 住む。

muq-qe$_2$-el-pi$_2$-tum < neqelpum 川を下向する。šarrum < LUGAL na-šu-u$_2$ 継続、三複男 < našūm 持ち運ぶ。 baău 求める、には紛らわしい色々の意味がある。来る、沿って行く、飛び越す、など。nu-ba-ă-a 過一複 < baău 求める。nu-še-et-te-iq š 話態、一複 < etēqum　行進する。nu-ta-ar-ra 過一複 < tārum 返す。babilu^{ki} < E^{ki}=babylon（E は土手の意味）。u$_2$-še-et-te-iq　š 話態、三複 < etēqum 行進する。e-li-i 現三単 < leūm 出来る。

šeu < ŠE 大麦 kurru < GUR 約150L（180シラ）sippar < UD-KIB-NUN^{ki} と書き ZIMBIR と読んだ。al-li$_2$-ka 過一単 < alākum 行く。 i-na-ş̧a-ru$^?$ < inaşşar 現三単 < naşārum 守る。iš-pu-ra 過三単 < šapārum 書く。 māru < DUMU 子。

awilūtu < LU$_2$ -MEŠ 人々。i-di-e 現一複 < idūm 知る。ellepu < MA$_2$

u$_2$-ša-as$_2$-ni-qu$_2$ š 話態、過三複 < sanāqu 調べる。u$_2$-ri-id D 話態、過三単 < redum 導く。biltu < GUN（約30kg）annaku < AN-NA 錫。 ālu < URU 町。

na-šu-u$_2$ < našūm 持ち挙げる。tu-ka-nu < tukkānu バッグ。abnu < NA$_4$ 石（ここでは貴石。u$_2$-ša-aţ-ţi-il š 話態、過一単 < naţālum 見つめる。（本来なら、見つめるは、石、の後に来る）。ra-še-e$^?$ < irašši 現三単 < rašūm 持つ。

mu-uh$_2$-hi 方、側（原義は骸骨）。aš-pu-ra 過一単 < šapārum 書く。
uštabil Š 話態、完了一単 < abālum 運ぶ。
iz-zi-iz 嘆願法 < izzuzum 受ける、立つ。

我が主へ伝えよ。以下のようにシャマシュ・ラビ（は言う）。
我が主がご存知のように、ハンムラビ時代以来、バツで煉瓦仕事が行われて、そのバツの管轄区域に我々は住んでいる。（そして）逆行（上り）や川下りの船について、王の手形を持つ所の商人は、我々が調べて通過させたり、王の手形を持たぬ所の商人は、バビロンへ送り返してきた。
さて（所が）、アナトやリシュ・シャマシュの神殿がバビロンに着座して以来、エマールやハラブ（アレッポ）からの誰でもが、我々の所を通過するが、彼等の手でここに船が来る事は出来なくなっている。
今我が主が私に送り返してきた所の大麦10グルについて、その大麦（調査）のためシッパル町へ私は行きます（が、代わりに）私の管轄区域を守る所の、マール・シャマシュが次のように私に書いてきました。すなわち、
「リシュ・シャマシュの子供や彼と共にいる所の人々を（私はよく）知らないが、彼等は私に船を調べさせた。（そこで）船の中に私は降りていくと、（そこに）町で作成した10ビルトの錫や貴石の（入った）一つの革鞄を見つけました。―
（さてこのような調査では）貴殿から聞いた所によると、私の方での負担（報酬）が無償である由にて、（改めて事実を）伺いたく、私は書きました」と。
以上は私あてに彼が書き寄越してきました。上役（領主）へも私は手紙を送ってあります。我が主よ、（この）問題をご検討くださるように。（又その結果を）私あてに手紙してほしいものです。

8　送金の督促

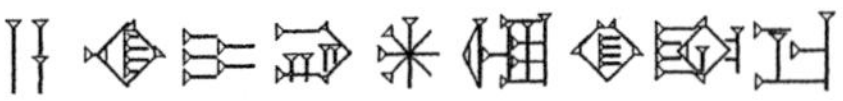

a -na　i -bi - ^{d}ilabrat　qi$_2$ -bi$_2$　ma　　ilabrat? < labārum
へ　イビ・イラブラット 伝えよ。　　< LIBIR 年をとる

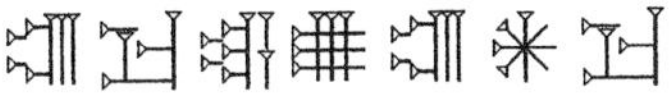　marduk < AMAR-UD

um -ma　ia -u$_2$ -um -ilum ma　　ba（-al）-li-ţu$_2$ 嘆願法、
以下に ヤウム・イルム（は言う）。　三複男 < balāţum

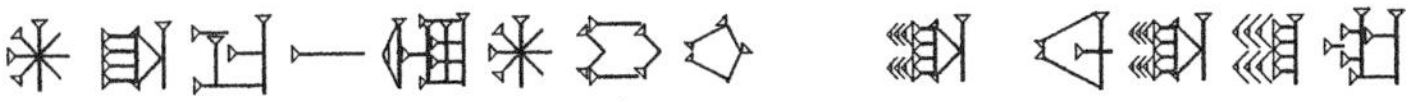

^{d} ša -ma -aš　u$_3$　^{d} marduk　li　ba -li -ţu$_2$　ka
太陽神　と マルドゥク神が ように 祝福する 汝を！

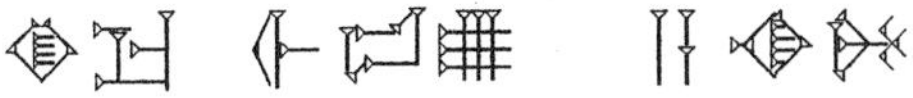

ki -ma　ti -du -u$_2$　a -na　amtim　ti-du-u$_2$ 現二複男 < idūm 知る
ように　汝らが知る、のため 女奴隷　amtu < AMAT

hi -ša -a -am　e -zi -ib　a -da -a -an　hi-ša-a-am< hiššāmum 棘
負債を　私は残した。　（所が）今や　e-zi-ib 過一単 < ezēbum

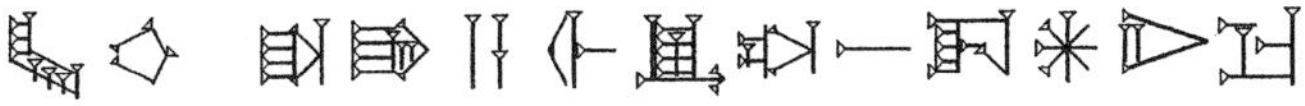　ik-ta-aš-da 完了、三単

KU$_3$-BABBAR ša -qa$_2$ -a -lim　ik -ta -aš -da　an -ni　ma　< kašādum 届く
銀の　支払い（の時）が やってきて　私に、

　tamkāru < DAM-KAR$_3$

tamkāru　is -ra　an -ni　a -nu -um -ma　is-ra 過三単
商人は（支払いを）督促した 私に。 さて　< esēru 囲む、督促する

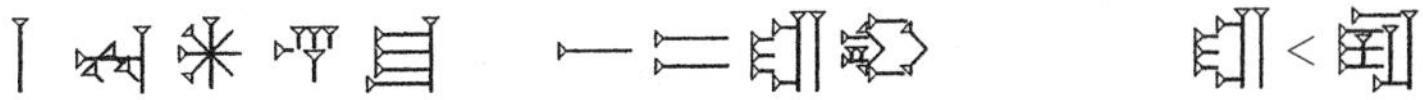

^{I}warad -^{d} tišpak　aš -tap -ra　kum　TIŠ-PAK< ŠUR-ŠU
ワラド・ティシュパクを 送った　汝の所へ。　aš-tap-ra 完了、一単
<šapārum 書き送る

3　GIN　KU$_3$ -BABBAR　ša　qa$_2$ -ti　ka　　　šiqlu < GIN$_2$ 重量単位
3　シェケルの銀　　の 手中　汝の、　　60シェケル = 1マナ =500g

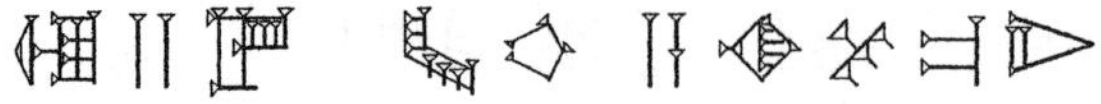

u$_3$　2 GIN　KU$_3$ -BABBAR a -na　še　- ^{giš} i$_3$　　^{giš} i$_3$　ごま油
と　2　シェケルの銀を のための ごま

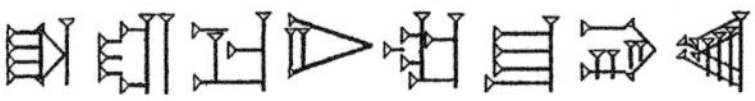

ša　ra -ma -ni　ka　　šu -bi -lam　　　　šubila　Š 話態、命令
の　自身用　汝　　送れ　私に。　　　　< abālum 運ぶ

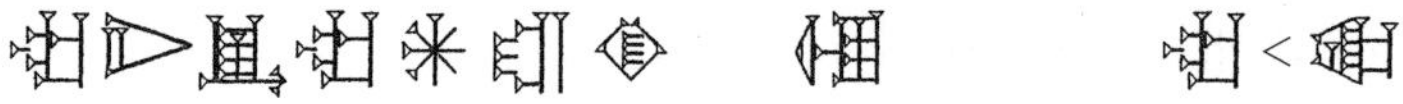

ka -ni -ik　KA-DINGIR-RA ^{ki}　　　u$_3$　　　KA-DINGIR-RA 原義は
（印章　　バビロンの）　　　そして　　　　神々の門

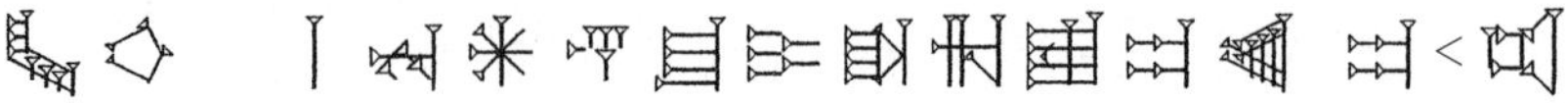

KU$_3$ -BABBAR　^{I}warad -^{d} tišpak　　i -ša -ri -iš　　ap -lam
銀で ワラド・ティシュパクを　　十分に　　満足させよ。

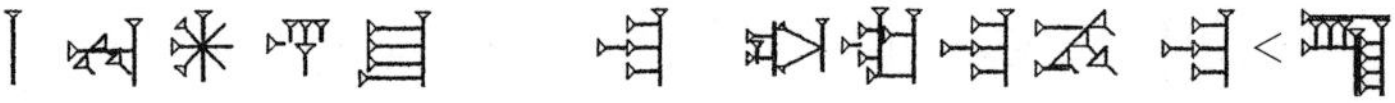

^{I}warad -^{d} tišpak　　　la　ta -ka -la am　ap-la 命令 <apālum 宥める
ワラド・ティシュパクを なく 止めること、　ta-ka-la 命令 < kalum 止める

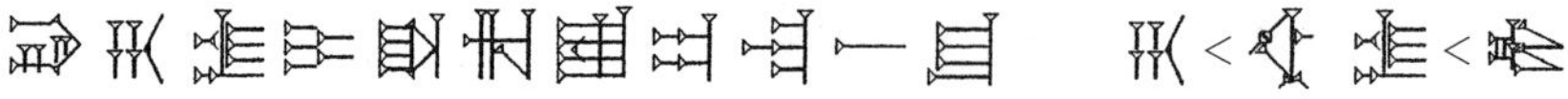

pi$_2$ -ha -tum　i -ša -ri -iš　　ap -la　　aš -šu
義務で　　　完全に　　満足させよ　彼を。

ilabrat$^{?}$ < labārum < LIBIR 年をとる、但しイラブラット神は不詳。

ba（-al）-li-ţu$_2$ 嘆願法、三複男 < balāţum 生きる。ti-du-u$_2$ 現二複男 < idūm 知る
hi-ša-a-am < hiššāmum 棘、負債。e-zi-ib 過一単 < ezēbum 残す。ik-ta-aš-da 完了、三単 < kašādum 届く。is-ra 過三単 < esēru 囲む、督促する。TIŠ-PAK 神 < ŠUR-ŠU と書く。aš-tap-ra 完了、一単 < šapārum 書き送る。šiqlu < GIN$_2$ 重量単位、60シェケル＝1マナ =500g ^{giš}i$_3$ 直訳すれば油の木、še-^{giš}i$_3$ ごま。šubila　Š 話態、命令 < abālum 運ぶ。
KA-DINGIR-RA バビロン、原義は神々の門、シュメール時代の呼び方。
ap-la 命令 <apālum 宥める。ta-ka-la 命令 < takalum 任す。

イビ・イラブラットに伝えよ。以下のように ヤウム・イルム（は言う）。
太陽神とマルドゥク神が汝を祝福するように！（さて）
汝らが知るように、女奴隷のために私は負債を作った。（所が）今や銀の支払い（の時）がやってきて、商人は（支払いを）私に督促している。

古バビロニア時代の勢力図

この度、ワラド・ティシュパクを汝の所へ送った。
汝の手中の3シェケルの銀と、汝自身（生活）用のごまのための2シェケルの銀を（彼によって）私に送れ。　——（バビロンの印章）——
そしてその額でワラド・ティシュパクを十分に納得させよ。しかしワラド・ティシュパクを止める事なく、（運搬の）義務で完全に彼を満足させよ。

9　50イクの畑の問合せ

a -na ^{I} ^{ilu}šamaš ha -zi-ir ^{I} ^{ilu} sin mu -ša -lim　^{ilu}šamaš < ^{d}UD
に　シャマシュ・ハジル、　シン・ムシャリム　^{ilu}sin < ^{d}EN-ZU

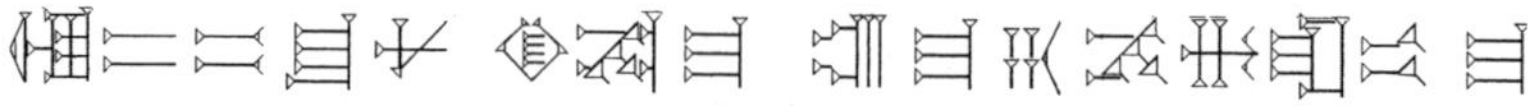

u$_3$ tap -pi$_2$ šu -nu qi$_2$ -bi$_2$ ma um -ma ha -am -mu -ra-bi ma
及び　仲間　その、　伝えよ。かく（言う）ハンムラビは。

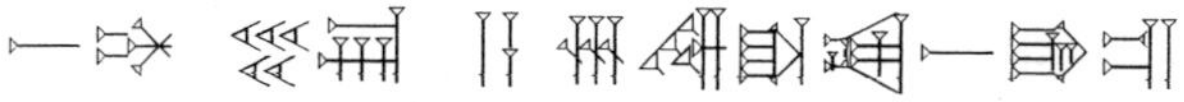

qibi 命令 <qibum 言う

aš -šum hanša iku eqlim ^{im} ša şi -rum ga -mil　1 iku= 60m 平方
関して　50　イクの　畑に　の　ツィルム・ガミル、

amurrum < MAR-TU
akul amurrim ša ku -ba -tim ^{ki}　akul < wakil
将軍 アモリ人の、にいる クバティム、　< UGULA=PA

^{I}awilu ^{d}NIN -URTA a -šā -al ma　a-šā-al 過一単 <šālum 尋ねる
アウィル・ニヌルタに　私は尋ねた。それに対し

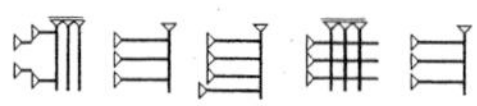

um -ma šu -u$_2$ ma

かく（言う）彼は。

i -na hanša iku eqlim šu -ā -ti　　šu-ā-ti は後 šā-šu となる
「の内 50 イクの 畑 彼の

šelašā iku eqlim ma a -na Şi-rum ga -mil
30 イクの 畑が に ツィルム・ガミル

　in-na-di-in N 話態、過三単男

in -na -di -in ēšrā iku eqlim šu am　　< nadānum 与える
与えられた。そして20イクの 畑が 彼の物である。」と。（更に）

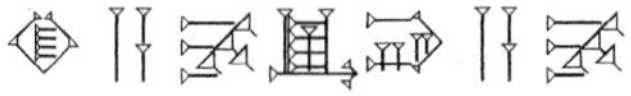　彼とはアウィル・ニヌルタ

ki -a -am iq -bi a -am　　iq-bi 過三単男 <qabūm 言う
このように 彼は言った 私に。

a -na šelašā iku eqlim ša i -na Ku -ba -tim [ki]
「では 30イクの畑 ある に クバティム

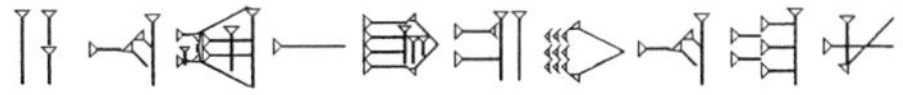

a -na Şi -rum ga -mil in -na -ad -nū　　in-na-di-nū N 話態、過三複男
に ツィルム・ガミル 与えられた、　　< nadānum

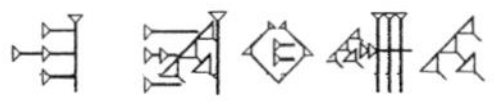

la iţ -ţe -ih -hi　　iţ-ţe-he 完三単男
いない 彼は申請して（まだ)。」　　< ţehūm 近づく

シャマシュ・ハジルは仕事名。1 iku= 60m 平方。amurrum < MAR-TU akul < wakil < UGULA=PA　a-šā-al 過一単 < šālum 尋ねる。 šu-ā-ti は後 šā-šu となる。in-na-di-in N 話態、過三単男、in-na-di-nū N 話態、過三複男 < nadānum 与える。iq-bi 過三単男 < qabūm 言う。iţ-ţe-he 完三単　男 < ţehūm 近づく。

シャマシュ・ハジル、シン・ムシャリム及びその仲間に伝えよ。ハンムラビはかく（言う)。クバティムにいるアモリ人の将軍、ツィルム・ガミルの 50 イクの畑に関して、アウィル・ニヌルタに私は尋ねた所彼はかく言う。「50 イクの畑の内、30イクの畑がツィルム・ガミルに与えられた。しかし 20イクの畑は彼の物である。」と。（更に）彼は言った。「ツィルム・ガミルに与えられた、クバティムの 30イクの畑については、（まだ）彼は届けていない。」

10　畑の分割

a　-na ^{ilu} šamaš -ha -zi -ir
に　　シャマシュ・ハジル

^{ilu} < DINGIR 神
^{ilu} šamaš < ^{d} UD 太陽神

qi$_2$　-bi$_2$　ma
伝えよ　（強調）

qibi 命令 < qibum 言う

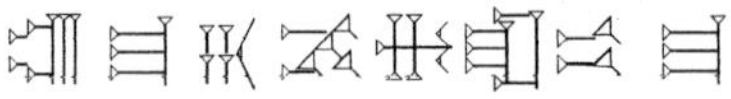

um -ma　ha -am -mu　-ra -bi　ma
かく（言う）　ハンムラビは。

eqlam < eqlu=A-ŠA$_3$

hanša iku　eqlam ^{am}

^{am} は -am と読ます送り仮名

50　イクの　畑を

a -na　a -hu -um　pa-pa
に　アフム　陸軍下士官の、又

šiššeru　iku　a -na　i$_3$ -li$_2$ -ma -li　-ki
16　イクを　に　イリマリ村の

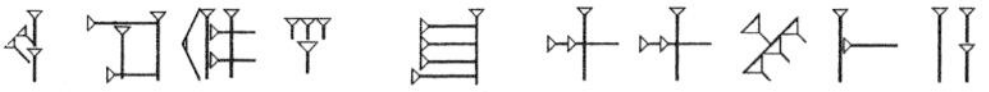

ṣābu kenu　ša$_2$　qat　ilu anu -še -me -a
兵士 誠実な、で　手下　アヌシェメアの

i -na　dur -dub -pi -u ki
にいる　ドゥルトゥッピウ町

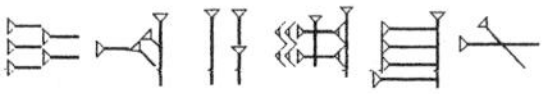

i -na　ā　-li　šu　-nu
にて　町　彼らの、

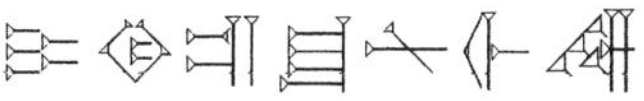

i　-di　-iš　šu -nu　-si　-im
与えよ　（彼らに）。

 eblu　6イク
┌の出身？

i$_3$-li$_2$-ma-li-ki イリマリ村
kenu < SI-SA$_2$　正しい

ša$_2$ ～の、ša でも良い

ilu anu < AN　天神
qatu < ŠU 手

ki 地名の限定詞（黙音）

ā-li < ālu 町

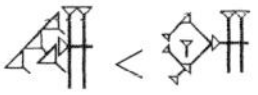

i-di-iš 命令形 < idin
< nadānum 与える
（šunusim のために n → š）

手紙は、郵便の使者に先方に赴き、「～と伝えよ」という命令形で始まる。神の限定詞はシュメール語では dingir, バビロニア語では ilu だが、習慣上 ^{d}anu=^{d}AN のように d で書き表すことが多い。（大文字はシュメール語）
畑はシュメール語で A-ŠA$_3$と書き、発音は eqlu（この場合は対格 eqlam）で

ある。
そこで、敢えて am を送り仮名している。
イクの単位は約60m 四方で、3600m^{2}をいう。< 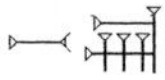は< と同じである。SI-SA$_2$を kenu に当てたが、ešēr　正直な、の方が良いかも知れない。
シャマシュ・ハジルは固有名詞ではなく、ここでは土地の使用権を公認する役職名である。

シャマシュ・ハジルに伝えよ。ハンムラビはかく言う。
50イクの畑を陸軍下士官のアフムに、又ドゥルトゥッピウ町にいるアヌシェメアの手下で、イリマリキ村の誠実な兵士に、16イクを彼らの町にて与えよ。

11　土地の分与

a　-na　^{ilu}šamaš　ha -zi -ir　　qi -bi$_2$ ma
に　シャマシュ・ハジル　　伝えよ。　　qibi 命令 <qibum 言う

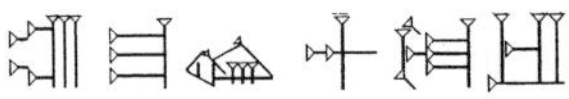　　 awilu <  LU$_2$ 人

um -ma　awilu -^{d} NIN -URTA　　NIN-URTA ニヌルタ神、
（こう言う）アウィル・ニヌルタは。　　元来は女神

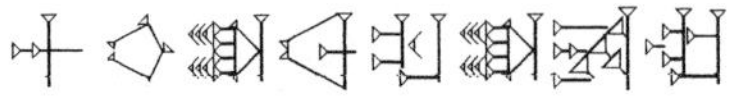

^{ilu}šamaš　li　ba　-al　-li　-iţ　ka
太陽神が ように 健康にする　貴男を！さて

　　 ^{tim}送りがな

aš -šum samanu　şabātim^{tim}　ša　　şabātum 悪党
に関して 八人の　悪党　　所の　　eqlu < A-ŠA$_3$

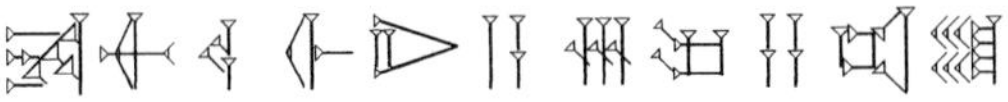

it -ti ṣābe ši -ni eqlam ^{lam} ṣa -ab -tu
と一緒に 兵 彼らの 野原を 占領した、

^{lam} 送りがな
ṣa-ab-tu 継続、三複男
< ṣabātum 掴む

^{ālu} Pa -la ^{ki} li ri -iq -qi ^{meš}
パラの町から たい 居なくし 彼らを。

^{ālu} < URU 町の限定詞
^{ki} < KI 地名の限定詞
ri-iq-qi< rāqum からにする

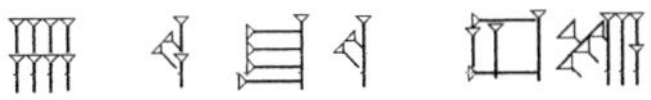

samanu ṣābe šu -ut bit -kāru
八人の 兵は これらの、倉庫

bitu < E_2

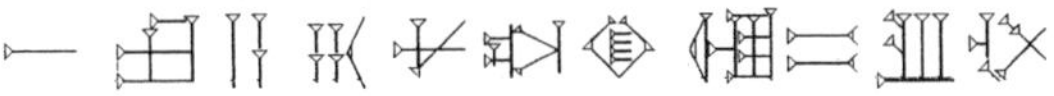

ina ^{ālu} a -ha -nu -ta ^{ki} u_3 bi -ru -tim
に アハヌタ町、 や 要塞を

一字で ina

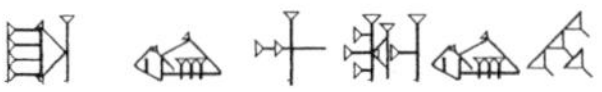

ša awilu ^{ilu} asar -lu_2 -hi
の アウィル・マルドゥク（持っている）。さて

 SILIG
asar-lu_2-hi は Marduk のこと

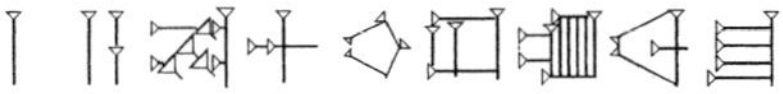

^{I} A -bil ^{d} šamaš bit -ṭuppi šu
アビル・シャマシュが 学校の その

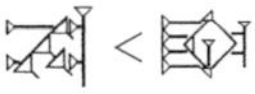

bit-ṭuppi < E_2-DUB-BA 学校
原義は「書記の家」

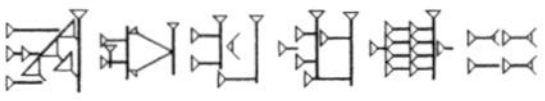

it -ta -al -ka ak -kum
来ていた 貴方に（会いに）。

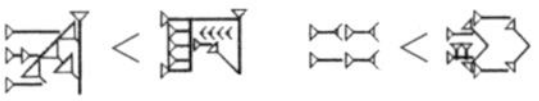

it-ta-la-ka 完三単
< alākum 歩く

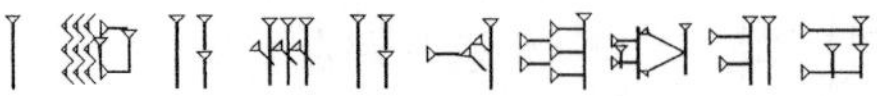

1 sar eqlim a -na At -ta -si -e　　1 sar は 6 m 平方の土地
1サールの土地も には アタシエ

la tu -še -iš$_6$ -ba šum　　tu-ša-ši-ba š 話態、過二単男
なかった 貴方は 残さしめ（彼に）。　　< ašābum 置く

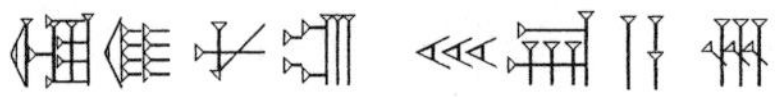

u$_3$ mi -nu -um šelaša iku eqlim
それなら 何か？ 30イクの土地とは　　1 iku は60m 平方

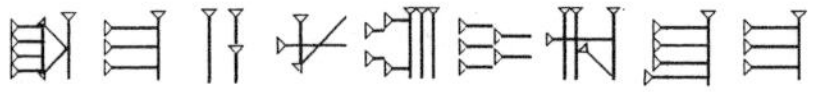

ša ma -a -nu -um i -ri -šu ma　　i-ru-šu 過三単 < erēšum
所の 誰かが 耕した。

um -ma šu ma ia -ši -im na -ad -nam ma　　na-ad-na 動詞不定法
（こう言う）彼は。「私に 与えられた物だ。」　　< nadānum

u$_3$ ki -ma a- hu -um šāpiru　　šāpiru < PA-PA 士官
又 ような アフム 士官は

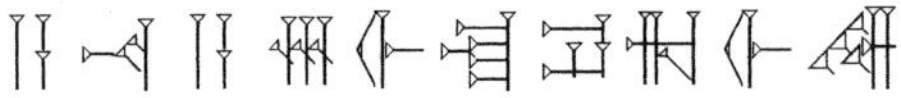

a -na eqlim^{lim} la e -ri -ši -im　　e-ri-ši-im <erēšum 要望する
に 土地 ない 要求をし、

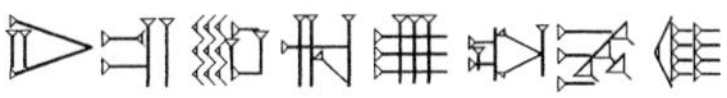

ni -iš šar -ri u_2 -ta -am -mi　　u_2-ta-am-mi D 話態、過三単
誓いを　王の　誓った。　　< tamūm 誓う

a -wā -tu_2 šu -a -tu bi -i -ir ši　　bi-ir-i（命令）< barūm 見る
言葉を　その　考えてみなさい（それを)。

u_3 eqlam ^{lam} ma -an -nu -um
そして　土地を　誰が

a -na ma -a -nu -um id -di -in bi -ir ma　　id-di-in 過三単男
に　誰に　与えたか　考えてみなさい。　　< nadānum

rēdu < AGA-US_2

eqlam a -na rēdu ^{meš} ma i -di -in　　i-di-in（命令）< nadānum..
土地を　に　兵達　与えなさい。

u_3 ēšur iku eqlim ša at -ta -si -e
そして 10イクの土地は の　アタシエ

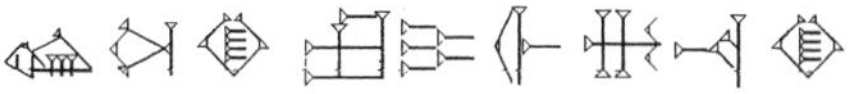

awelum < LU_2　人

awel-elamtu ^{ki} ^{alu} I -ši -mu -na ^{ki}　　elamtu エラム国 < NIM
エラム人　イシムナ町の、　　alu < URU　町の限定詞

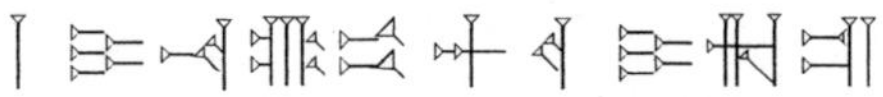

^{I} I na -ga -bi ^{ilu} šamaš i -ri -iš　　　i-ru-šu 過三単 < erēšum
イナガビ・シャマシュが　耕し、

wā -ar -ka -tam ap -ru -uş$_2$ ma　　　ap-ru-uş$_2$過一単
その後に　私が切り開いた。　　　< parāşum 打開する

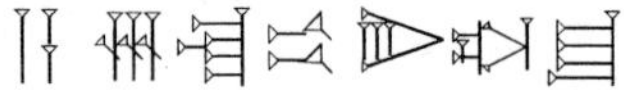

eqlam la -bi -ir -ta šu
土地では 古い（過去の）彼の、

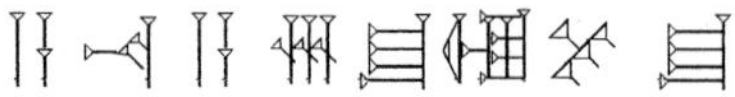

a -na eqil šu u$_3$ ŠE šu
に　畑　彼の　や　大麦 彼の、

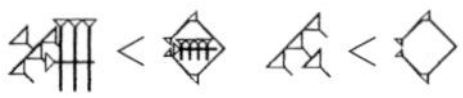

ma -am -ma -an la i -ţi -ih -hi　　　iţ-hi 過三単男 < ţahūm
誰も　ない　近づか。

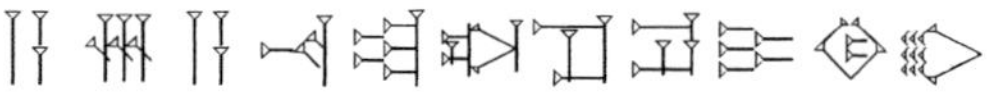

eqlam a -na at -ta -si -e i -di -in
土地を　に　アタシエ　与えなさい。

アウィル・ニヌルタがシャマシュ・ハジルに周囲の土地の現状を報告している。パラの町では八人の悪党が土地を占拠し、土地の相談に使いのアビル・シャマシュを寄越した、と言う事。次にマヌムが30イクの土地を耕したが、私に与えられた、と主張している、と言う事。司令官アフムは王に誓ったので、土地の要求をしていない事。エラム人アタシエの土地10イク

はイナガビ・シャマシュが耕して、後は私アウィル・ニヌルタが管理しているが、アタシエに戻した方が良いと言う事を綴っている。

 awilu <  LU$_2$ 人。NIN-URTA ニヌルタ神、元来は女神。ṣabātum 悪党。 ṣa-ab-tu 継続、三複男 < ṣabātum 掴む。 eqlu < A-ŠA$_3$ 畑、lam 送りがな。

ālu < URU 町の限定詞、ki < KI　地名の限定詞。ri-iq-qi 嘆願法 < rāqum からにする。bitu < E$_2$　asar-lu$_2$-hi は marduk のこと。bit-ţuppi < E$_2$-DUB-BA 学校、原義は「書記の家」。it-ta-la-ka 完三単 < alākum　歩く。1 sar は 6 m 平方の土地。

1 iku は60m 平方。tu-ša-ši-ba š 話態、過二単男 < ašābum 置く。i-ru-šu 過三単 < erēšum 耕す。šāpiru < PA-PA 士官。e-ri-ši-im 要望 < erēšum 要望する。na-ad-na 動詞不定法 < nadānum 与える。u$_2$-ta-am-mi D 話態、過三単 < tamūm 誓う。bi-ir-i（命令）< barūm 見る。id-di-in 過三単男、i-di-in 命令形 < nadānum 与える。awel-elamtu ki < LU$_2$ - NIM エラム国人。ap-ru-uṣ$_2$ 過一単 < parāṣum 打開する。iţ-hi 過三単男 < ţahūm 近づく。

シャマシュ・ハジルに伝えよ。アウィル・ニヌルタはかく言う。
太陽神が貴男を健康にするように！さて、彼らの兵と一緒に野原を占領した所の、八人の悪党に関しては、パラの町から彼らを居なくしたいものだ。
これらの八人の奴らは、アハヌタ町に倉庫やアウィル・マルドゥクの要塞を持っているが、そこの学校のアビル・シャマシュが貴方に会いに来ていた。
さて、アタシエには 1サールの土地も、貴方は彼に残さしめなかったというが、それなら誰かが耕した所の 30イクの土地とは何か？彼はこう言う。「これは私に与えられた物だ。」と。又アフム士官は、土地に要求をしないような、王の誓いを誓ったという。その言葉を考えてみなさい。そして土地は誰が誰に与えるものか、考えて下さい。土地を兵達に与えなさい。
そしてイシムナ町のエラム人、アタシエの 10イクの土地は、イナガビ・シャマシュが耕し、その後に私が切り開いたものだ。彼の古い土地では、彼の畑や大麦には、誰も近づかなかったという。アタシエに土地を与えなさい。

12　青年から土地の要求

a -na ilu šamaš ha -zi -ir qi$_2$ -bi$_2$ ma
に　シャマシュ・ハジル　伝えよ（強調）。

um -ma ilu bēl me -li ma
（かく言う）ベル・メリは。

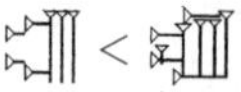

bēl < EN バアル神、
マルドゥク神とも

ilu sin u$_3$ d NIN-GAL
神シン　と　神ニンガルが

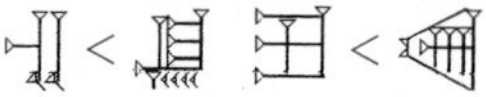

sin < EN-ZU

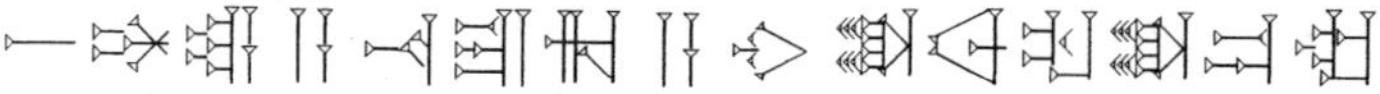

aš -šum -ia a -na da -ri -a -tim li ba -al -li -ţu$_3$ ka
のために 私　に　永遠、　ように 健康にする　貴方を！

aš -šum d a -hu -u$_2$ -a ga -mil
については　アフア・ガミル、

ba-al-li-ţu$_3$ < balāţum 生きる

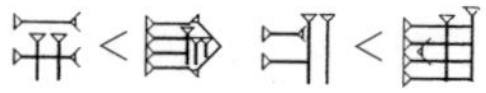

a-hu-u$_2$　正体不明の神

ki -ma şu -hā -ru -um ia -u$_2$ um
どんなかを　若者が　この

ia-u$_2$　私の

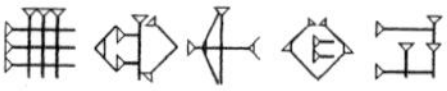

u$_2$ -ul ti -de -e
ない　貴方は知ら（と思うので紹介したい）。

ti-de-e 現二単 < idūm 知る

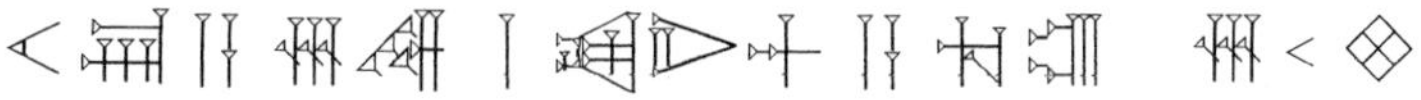

ēšur iku eqlim [im] [I] şi -li $_2$ [d] a -hu -um　　eqlu < A-ŠA $_3$

10 イクの畑が　（男）ツリ・アフウムの　　im は送り仮名

　　1 イクは約60m 平方の地

iš -šu -ru -u $_2$ ma　　iššir 過三単男 < našārum

切り分けられた。（その時）　　分ける

um -ma [d] a -hu -u $_2$ -a ga -mil

（こう言った）　アフア・ガミルが。

　　ni-ši-ir-tum 区域、土地

ni -ši -ir -tam ša şi -li $_2$ [d] a -hu -um　　id-na nim は idin našim

「地区を　の　ツリ・アフウム　　が正しい

　　 < 

ta -aš -šu -ra -a id -na nim　　taššir 現二単男 < ešērum

貴方が正した（所の）、下さい 我々に。

　　 < 　「配達する

a -zab -bal a -ni -nam ma　　a-zab-bal 現一単 <zabālum

私は運ぶ　今から（資材を）」と。　　a-ni-nam<annanum ここで——

アフア・ガミルが60m 平方の土地を購入した、と言う連絡の手紙だが、後半が不明で詳細は分からない。結構間違いがある。

bēl < EN バアル神、又はマルドゥック神ともいう。ba-al-li-ţu $_3$ 嘆願 < balāţum 生きる。

a-hu-u $_2$ 正体不明の神。ti-de-e 現二単 < idūm 知る。eqlu < A-ŠA $_3$ [im] は送

り仮名。
1イクは約60m 平方の土地。iššir 過三単男 < našārum 分ける。ni-ši-ir-tum 区域、土地。id-na nim 我らに与えよ、は idin našim が正しい。taššir 現二単 男 < ešērum 正す、案内する。a-zab-bal 現一単 < zabālum 配達する。a-ni-nam < annanum ここで。

シャマシュ・ハジルに伝えよ。ベル・メリはかく言う。
神シンと神ニンガルが私のために永遠に、貴方を健康にするように！
さて、アファ・ガミルについて、この若者がどんな男かを貴方は知らない

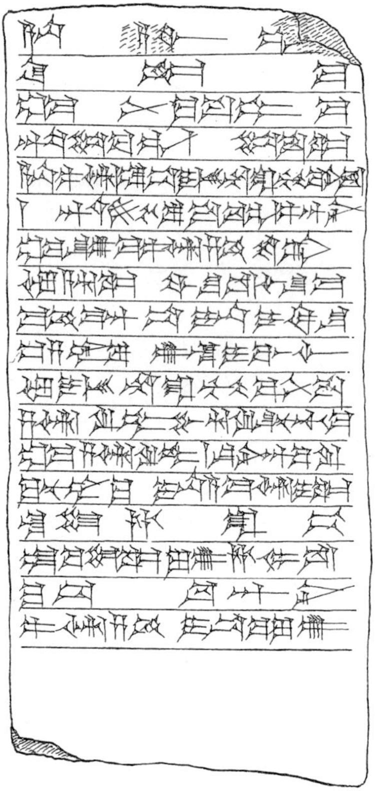

墓の移動　参照

（と思うので紹介したい）。ツリ・アフウムの 10イクの畑が切り分けされた。
（その時）アフア・ガミルがこう言った。
「貴方が分割した所の、ツリ・アフウムの土地を我々に下さい。私は今から資材を運びたい。」と。――

13　墓の移動

a -na a -pi――　qi$_2$ -bi$_2$ ma
に　アピー　伝えよ　（強調）

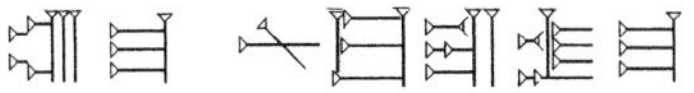

um -ma nu -ku -da -tum ma
かく（言う）ヌクダトゥムは。

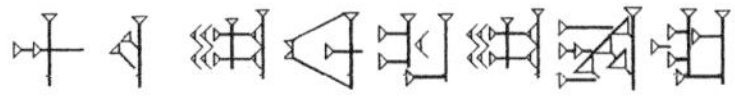
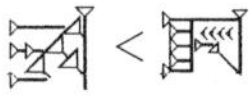

^{ilu}šamaš li ba -al -li -iţ ka　　li ba-al-li-iţ 嘆願法
太陽神が ように 健康にする 貴方を！　　< balāţum

a -na pa -ar -şi ša DUMU^{meš}　　mare（pl.）< mār < DUMU
について　墓　の　子達　　parşi < parşu 葬式

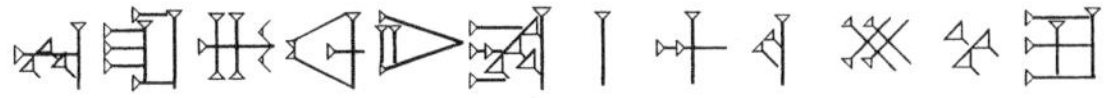  warad <  IR$_3$奴隷

IR$_3$ -ra -mu -ba -li$_2$ -id　$^{\text{I ilu}}$šamaš -illat -zu　　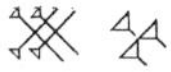 illatu　一族
イラ・ムバリットの、シャマシュ・イラト・ズは　　は男の決定詞、～殿

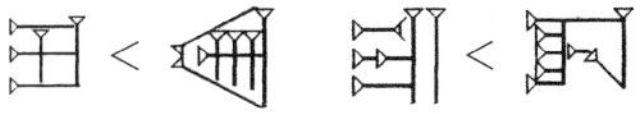

id -da al -pa an -ni　　id-da$^{?}$ < iddin < nadānum
与えた 牛（難問？）を 私に。即ち　　alpu　元来は、牛だが不明

um -ma　šu -u_2　ma　pa -ar　-ṣa　am　ṭeh　　　ṭeh 命令形 < ṭehum
と（言った）彼は「墓に　私が 近寄れ（世話しろ)」。　　　< TEG_3-GA

 am　私に

u_3　a　-hu　ka　pi　šu　iš　-ši　šu -ma　　iš-ši < našūm 運ぶ
又 兄弟にも 貴方の 言葉を 彼の 伝えた、彼は。しかし

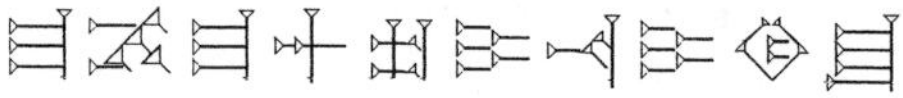

ma -am -ma -an　ša　i -na　i　-di　šu
誰も　所の　で　脇　彼の

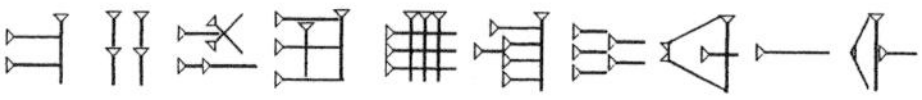　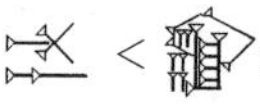az元来は、熊

iz　-za　-az　-zu　u_2　-la　i　-ba　-aš　-ši　　izazzu 現三複男
分担する、　なかった　居。　　< zāzum 分割する

u_3 DUMU[meš] IR_3 -ra -mu -ba -li_2　-id　　ibaš（ši）現三単男
そこで 子達（の墓）を イラムバリットの　　< bašum 存在する

　pu-hu-ru < pahārum

za -ar　-ru -tum pu　-hu -ru šu -nu -ti　ma　　不定法、三単男だがここは
ザルトゥムが　集めたいと（それらを）　lip-hu-ru 集めたいの意？

um -ma　za -ar　-ru -tum [I]　šu　-ni　-[d] ba -ru
（言った）ザルトゥムは　シュニバルに。

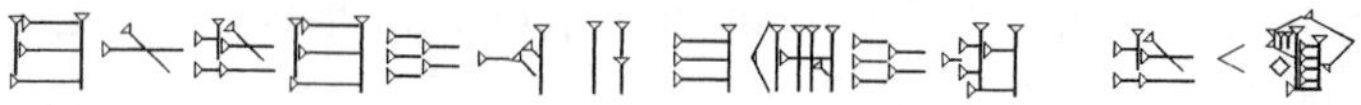 uk 元来は、獅子

ku -nu -uk -ku i -na a -ma -ar -i ka amāru < amārum 見る
手紙を の後 通覧 貴方の、

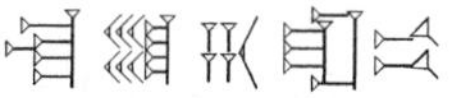

tuharābi 二単女（原文誤り ?）

la tu -ha -rā -bi < harābum 壊す
ない 貴方は破ら。

 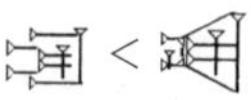

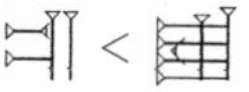 luu$_2$嘆願法

 şi -ba -tu ka lu -u$_2$ ha -mi -iš
希望を 貴方の ほしい 急いで、

ha-mi-iš$^?$< hamţiš

ku -uš -da an -ni ku-uš-da 命令 < kašādum
届け（知らせ）て 私に、

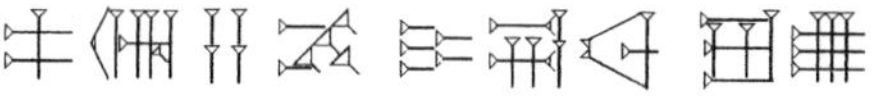 i-ta-ba-lu 過三複男

pa -ar -şa -am i -ta -ba -lu -u$_2$ < tabālum 運び出す
墓を 彼らが運び出す（時は）。

li～ 嘆願法、～であれ。meš バビロニア語の複数限定詞（従って付けるが読まない）。

mare（pl.）<mār < DUMU 男子。warad < IR$_3$奴隷、ra があるので、ワラドとは読めない。illatu < KASKAL-KUR 一族、キャラバン、の意。| は男の決定詞、～殿に当たる。id-da$^?$ < iddin 過三単男 < nadānum 与える。alpu 元来は、牛だが意味不明。ţeh 命令形 < ţehum < TEG$_3$-GA TEG$_3$-GA をバビロニア語では ţehu 近寄る、と読む。 am 私に。iš-ši$^?$ < iš-šin 過三単男 < našūm 運ぶ。

izazzu 現三複男 < zāzum 分割する。pu-hu-ru < pahārum 集める、不定法、三単男だがここは lip-hu-ru 集めたいの意。amāru 通覧 < amārum 見る。tu-ha-rā-bi は taharrab 貴方は壊す、が正しい。何を壊すのか判然としないが、手紙であろう。 ku-uš-da 命令形 < kašādum 届く。i-ta-ba-lu 過三複男 < tabālum 運び出す。

貴方の兄弟ザルトゥムは友人シュニバルに相談して、墓を集めようとしている。もし良ければ急い　で、墓を移動する時を知らせて欲しい、と言う手紙である。

アピーに伝えよ。ヌクダトゥムはかく言う。太陽神が貴方を健康にするように！さて、イラムバリットの子達の墓について、シャマシュ・イラト・ズは私に難問を与えた。即ち彼は「墓に君が近寄れ（世話しろ）」と言う。又貴方の兄弟にも彼の言葉を彼は伝えた。しかし、彼の脇で分担する所の誰も居なかった。その時、イラムバリットの子達（の墓）をザルトゥムが集めたいと、彼はシュニバルに言った。貴方は手紙を通覧の後も、それを貴方は破らない。（約束を守る人だ。）どうか墓を彼らが運び出す時は、貴方の希望を、急いで私に届け（知らせ）てほしい。

14　商品郵送の約束

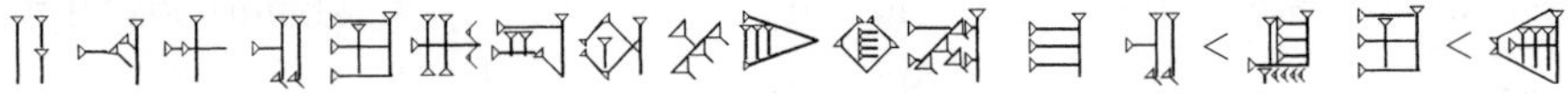

a -na ^{ilu} sin -mu -uš -te -še -ir qi$_2$ -bi$_2$ ma　sin < EN-ZU
に　シン・ムシュテシール　伝えよ（強調）。 qibi 命令 <qibum 言う

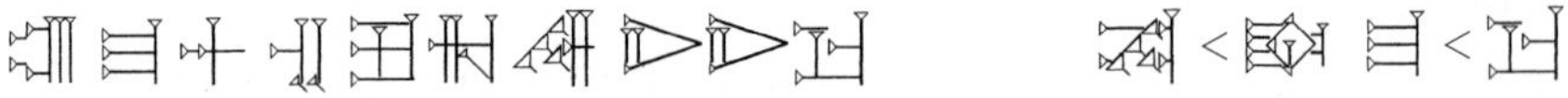

um -ma ^{ilu} sin -ri -im -i$_3$ -li$_2$ ma
（かく言う）　シン・リミリは。

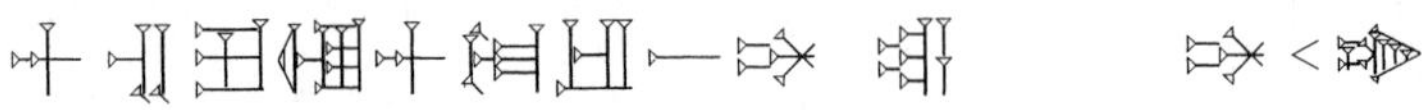

^{ilu} sin u$_3$ ^{d} NIN-URTA aš-šum ia

神シン　と　神ニヌルタが のため 私、

li　ba　-al　-li -ṭu -u$_2$　ka
ように 健康にする　　貴方を！さて

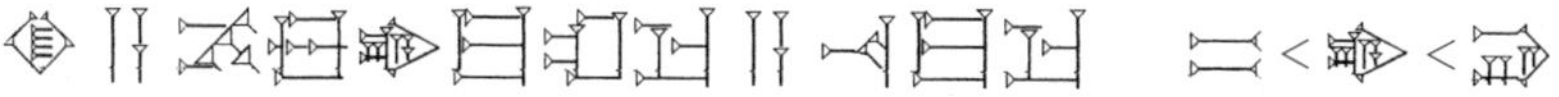

ki　-a　-am aq -bi　ku -um ma　a　-na -ku　ma　aq-bi 現一単
かく（私は）言いたい 貴方に　　私は。　　　　　　＜ qibum 言う

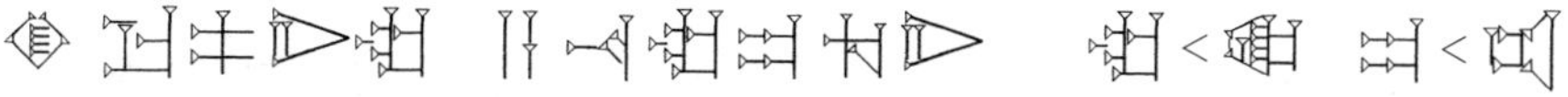

kī　-ma　pā -ni　-ka　a　-na　ka -ab -hu -ni　　pi-ri-ik ＜ parākum 拒む
ように　前の 貴方の　への（道を）カブフニ　　kī-ma ～ pi-ri-ik=lu pi-ri-ik

嘆願法

pi　-ri　-ik　ma　pa -ni　-it　ku -nu　-uk -ki　ia
控える。　以前の　　　書簡で　　私の　ku-nu-uk ＜kunukku 回転印

ut　-ti -e　-ma　　niš　GUR še -a　am　ut-ti-e-ma D 話態、過一単男
私は(送る事を)約束した、20　グルの 大麦、　　　　＜ tamum 誓う

ušu$_3$　GUR　suluppam　　　　1 グル = 255リットル
30　グルの なつめ椰子、　　　　šea ＜ šeu ＜ ŠE

hamiš GUR šamaššammam　　　　suluppu ＜ ZU$_2$-LUM
5　グルの　ごま、　　　　šamaššammu ＜ ŠE-GIŠ-I$_3$

išten biltu　šipātam

1タレントの羊毛を、

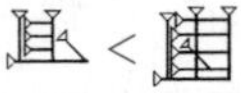 šipātu < $ŠIK_2$

biltu < GU_2　本来は税の意、

タレントと訳す、約20kg

a -na kurummat bītim

として　食料　家の。（以前に）

 bītu < E_2

kurummat<$KURUM_6$, ŠUG

pi-iš-ša-at < piššatu 塗油

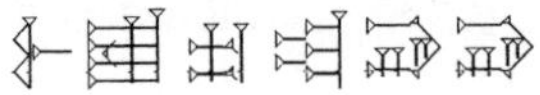

pi　-iš　-ša　-at　šikare

塗油の油、　酒

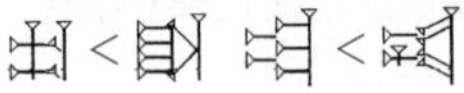

šikare < KAŠ-KAŠ 酒（pl.）

kubšu=U-KA 帽子？

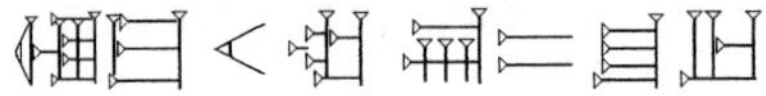

u_3　^{tug2}　kubšu　bītim　tap　-šu -ur

と　帽子を 家の、貴方は無駄にした。だが

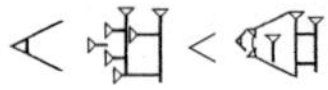 SAG-ŠU

tug_2服装品の限定詞

tap-šu-ur 過二単男

pe -he　u_3　u_3　ši-hat

留めなさい　心配は

< pašārum 無効にする

u_3 u_3 は書き損じ？

pe-he < pehum 閉じる

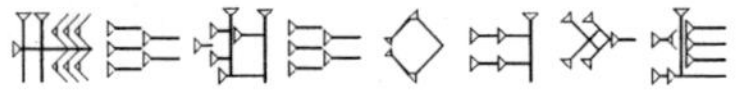

napišt-i　ka　i　-di_2　ap-pu -tum

魂の　貴方の　脇に　どうぞ。

ši-hat < šihhatu 萎縮

ap-pu-tum < ap-pu-ut-tum

magiru <magārum=ŠE-GA

bī　-tum　la magiru nī　-ri

家では ない 好ましく 私の叱言は。

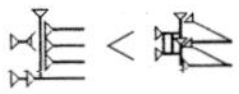 napištu< ZI

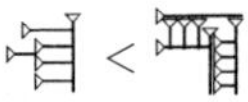 nīri < nīru -i

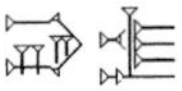 は普通 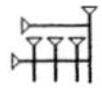 と書く

秘書の練習ノートのようで、意味のはっきりしない所が多い。

バビロニアのシン神はシュメール時代はエン・ズ神、又はズ・エン神と呼ばれた。ニヌルタ　神は　ニン・ウルタで元来はウルタ女神であった。動詞の語尾 -um は古バビロニア時代までの習慣である。kunukku は回転印章のことで、転じて、回転印章を押した手紙のことを言う。本来、背骨のことを指したが回転印章も同じ形をしているので kunukku という。大麦は šeu であるが、対格で　は šea となる。1グル（255L）の単位は新バビロニア時代にはこの六割となる。即ち153L。

塗油の油と酒の浪費は分かるが、家系の帽子の意味は分からない。

sin < EN-ZU ba-al-li-ţu-u_2 嘆願、三複男 < balāţum 生きる。pi-ri-ik < parākum 拒む、kī-ma ～ pi-ri-ik=lu pi-ri-ik 嘆願法。ku-nu-uk < kunukku 回転印、ここでは書簡。ut-ti-e-ma D 話態、過一単男 < tamum 誓う。1グル = 255リットル。

šeu < ŠE 大麦。suluppu < ZU_2-LUM なつめ椰子。šamaššammu < ŠE-GIŠ-I_3 ごま。

biltu < GU_2 本来は税の意、タレントと訳す、約20kg。kurummat < KU-RUM_6, ŠUG 食料。piššatu 塗油。šikare < KAŠ-KAŠ 酒。kubšu < U-KA 帽子？

kubšu < SAG-ŠU　帽子の一種。tug_2服装品の限定詞。tap-šu-ur 過二単男 < pašārum 無効にする。u_3　u_3 は書き損じ？一つでよい。pe-he 命令 < pehum 閉じる。

ši-hat 心配 < šihhatu 萎縮。ap-pu-tum < apputtum どうぞ（難しい立場、の意）。

magārum < ŠE-GA 好ましいこと。

シン・ムシュテシールに伝えよ。シン・リミリはかく言う。
神シンと神ニヌルタが私のため、貴方を健康にするように！さて
私は貴方に言いたい。貴方の前のカブフニへの道を進むことを控えるように。
私の以前の書簡で約束したように、私は20グルの大麦、30グルのなつめ椰子、
5グルのごま、1タレントの羊毛を、家の食料として送る。

以前（送ったが)、塗油の油、酒と家の帽子を、貴方は無駄にした。だがどうぞ心配は貴方の心の隅に留めておきなさい。

15　なつめ椰子の送付

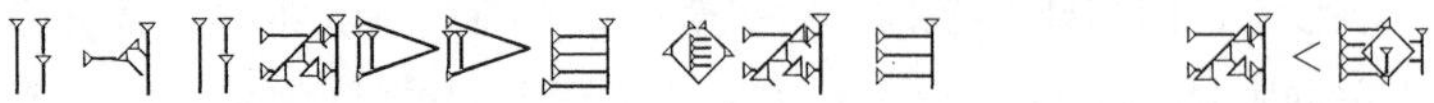

a -na a -bil -i$_3$ -li$_2$ -šu qi$_2$-bi$_2$ ma

に　アビル・イリシュ　伝えよ（強調)。

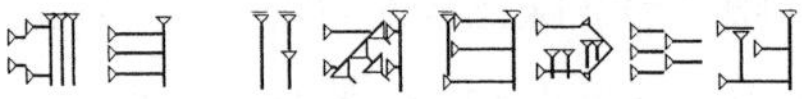

um -ma a -bil -ku -bi -i ma

（かく言う）アビル・クビイは。

^{ilu} sin u$_3$ ^{ilu} šamaš li ba -al -li -ţu ka

神シン　と　太陽神がように 健康にする　貴方を！さて

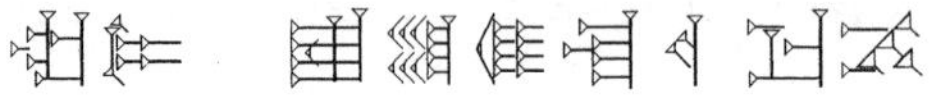

suluppam iš -tu şil$_2$ -la u$_4$ -ma am　　u$_4$ -ma 今、今日

なつめ椰子を 以後の シラ　今日も、

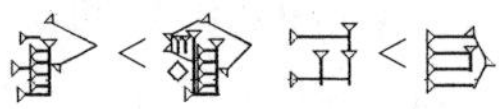

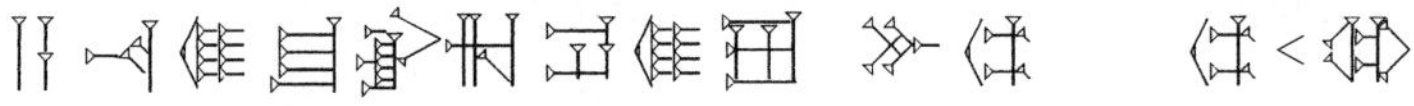

a -na mi -šu -ug$_2$ -ri -e -mi lu bu -ul bu-ul 嘆願、一単 < beālum

へ　ミシュクレミ　たい 私は処理し（送り)。　処理する

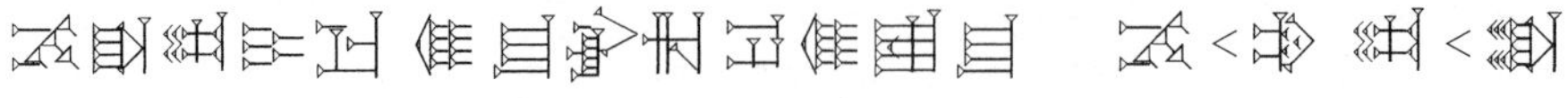

am -ša -li -i ma mi -šu -ug$_2$ -ri -e -mi iš -šu

昨日も、　ミシュクレミは　持った（受け取ったはずだ)。

ab -bu -na　ma　iš　-ta -na　-pa　-ra　　iš-šu 過三単男 < išum 持つ
その上に　　彼は繰返し書いてきた（私に）。

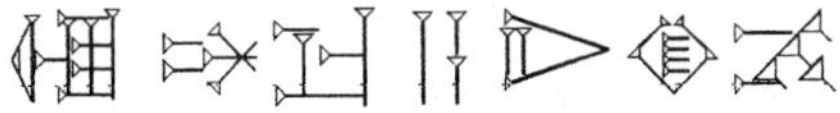

iš-tana-pa-ra <šapārum 書く u_3

šum -ma　　a（n）-ni -ki　-am　　-tana- 反復形
そして もし　　この地で

lu　-ur -mi　i　-li　-qu　-u_2　　i-li-qu-u_2 過三複男
駝鳥を　　彼らが手に入れたのであれば　　< leqūm 取る

ul -li　-ki　-a -am　suluppam　li　il　-qu　-u_2　　il-qu-u_2 嘆願
あちらで　　なつめ椰子を ほしい 手に入れて！

u_2　-hē　-nu　ešer　GUR　ma
なつめ椰子の房　10　グルを

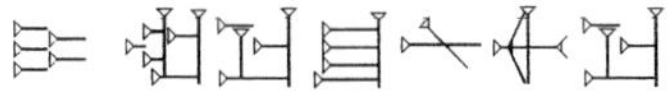

i　-ka -ma　šu　-nu -ti　ma　　i-ka-ma 現三単男
彼が確保しているだろう（それらを）。　　< kāmum 縛る

ki　-i　ţē　-mi　　ta -qa$_2$ -bu　-u_2　　taqabbū 現二単男
同じく私のニュースを 貴方も話す。　　< qabūm 話す

ミシュクレミが誰は分からないが、身内の一人なのであろう。

彼がなつめ椰子を再々要求してくるので、送っているのだが、あちらで工面してほしいという手紙。駝鳥では意味が分からないが、nurmu と読み石榴（ざくろ）だと言う意見がある。
最後の行は、貴方も私の意見に賛成して、言ってくれたのだろうが、の意味。

u_4 -ma 今、今日。am-ša-li 昨日。bu-ul 嘆願、一単 < beālum 処理する。iš-šu 過三単男 < išum 持つ。iš-tana-pa-ra < šapārum 書く、-tana- 反復形。i-li-qu-u_2 過三複男、il-qu-u_2 嘆願 < leqūm 取る。i-ka-ma 現三単男 < kāmum 縛る。taqabbū 現二単男 < qabūm 話す。

アビル・イリシュに伝えよ。アビル・クビイはかく言う。神シンと太陽神が貴方を健康にするように！さてシラ以後のなつめ椰子を今日も、ミシュクレミへ私は送りたい。昨日も、ミシュクレミは受け取った筈だが、それなのに彼は繰返し（私に）書いてきた。もしこの地で、彼が駝鳥を手に入れられたのであれば、あちらでなつめ椰子を手に入れてほしい！なつめ椰子の房 10グルをすでに確保しているだろう。同じように私の気持ちを貴方も話している筈だが。

16　運河改造の勧め

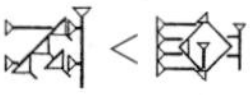

a　-na　i_3　-li_2　ma　-i_3　-li_2　　qi_2 -bi_2 ma
に　　イリマイリ　　　　伝えよ（強調）。

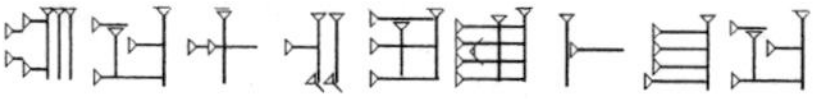

um -ma　ilu　sin　-iš　-me -šu　ma
（かく言う）　シン・イシュメシュは。

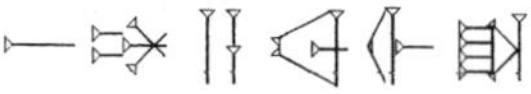

aš -šum　a　-ba -lim　ša　　　　nāru < A-ENGUR 川、運河

については　連結　　の　　　　a-ba-lim < abālum 運ぶ

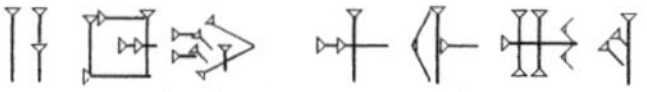　　 šarrum <  LUGAL

nāru šarrum [d] lim -mu-ut　　　　元来は王、ここでは固有名詞
運河「シャルム・リムート」の、　　　　[d] lim リム神[?]

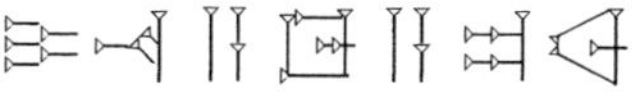

tāmtum < A-AB-BA 海

i -na nāru tāmtim
へ　運河「海の」、

nāri　ša　mu　-hu -ur　ma　　　　mu-hu-ur 命令形
運河を　その　繋ぎなさい。そして　　　　<mahārum 受ける

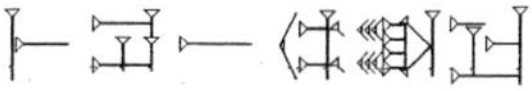

me -e i-na ul -li ma　　　　ul-li　D 話態、過三単男
水が　時は　立ち上がった　　　　< elūm 上がる

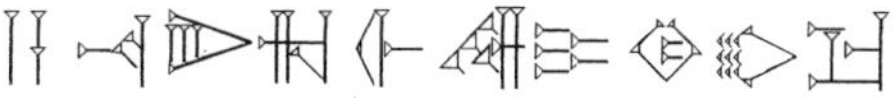　　 < 

a -na er -re -ši -im i -di -in ma　　　　er-re-šum 農夫
にも　農夫　　貴方は与えなさい。　　　　i-di-in 命令 < nadānum

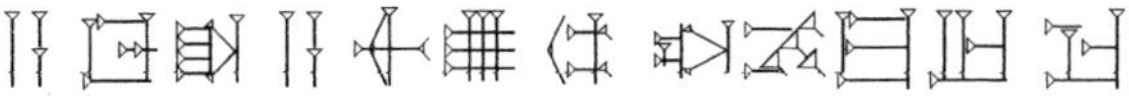　 は nāru, nāram,

nāram ša -a -ti u₂ -ul ta -am -ku -ur ma　　　　nāri と格に応じて読む
運河に　その　　なかった　貴方は漬かったことは。

　　　　ta-am-ku-ur 過二単男

u₂ -ul a -wa -ti　　　　<makārum 注ぐ
これは ない 言葉（命令）では。

aš -šum še -e -em ša qa_2 -ti ka　　　qa_2-ti < qatu 手
について は 大麦　所の 手に (ある) 貴方の

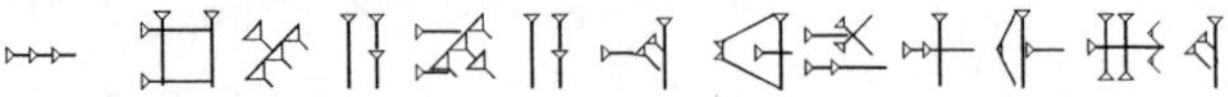

šalašu GUR še -a -am a -na ba -az -^{d} lim -mu -ut
3 グルの 大麦は　に　バズ・リムート、

i -di -in　a -na -ku -u_2
貴方は与えなさい。 私こそが

aţ-ru-ud 過一単

a -na na -ri -im aţ -ru -ud ka　　　< ţarādum 送る
に　運河、　遣わした 貴方を。

at -ta şu -ha -ar a -wi -li -e　　　şu-ha-ar < şehērum 小さい
貴方は (まだ) 若衆だ　領主達の。　　　a-wi-lum 元来は人間

ta-ša-al 過三単男

la -am ta -ša -a -al šu　　　< šālum 尋ねる
前なのに 貴方が尋ねる それを、　　　la-am < lāma 前に

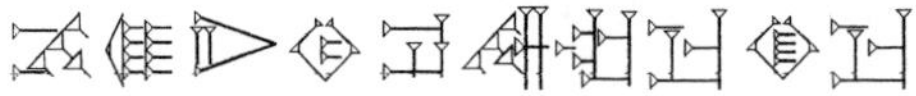

am -mī -ni ţe -e -em ka ma ki ma　　　ţe-e-em < ţēmu 情報
なぜ　口利きは　貴方の　のようで (あったのか?)

pi -i a -wi -lim　　pī (pl.) < pū 口

言葉　領主の、即ち

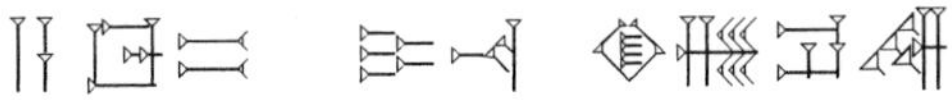

nāram BI　i -na　ki -zi -e -em　　ki-zi-e-em　爵位官職？

「運河ビーを、　により　キジエーム

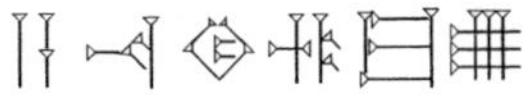

a-na-di ku-u_2　現一単

a -na -di ik -ku -u_2　　< a-nad-din kum

私は与える 貴方に」とは。　　< nadānum 与える

mu-hu-ur 受け取りなさい、と言う命令文だが、動詞は文末に来ている。

i-di-in 与えなさい、は重要な na- 動詞の一例である。

貴方は水に漬かったことはなかった、とは今後も漬かるな、の意味。父親の子への心配である。既に領主になったような口を利くな、という父の叱言。

nāru < A-ENGUR 川、運河。a-ba-lim 連結 < abālum 運ぶ。šarrum < LUGAL 元来は王、ここでは運河の名、固有名詞。^{d}lim リム神$^{?}$。tāmtum < A-AB-BA 海。

mu-hu-ur 命令形 < mahārum 受ける。ul-li D 話態、過三単男 < elūm 上がる。

i-di-in 命令 < nadānum 与える。a-na-di ku-u_2現一単 < a-nad-din kum < nadānum 与える。 ta-am-ku-ur 過二単男 < makārum 注ぐ。qa$_2$-ti < qatu 手。aţ-ru-ud 過一単 < ţarādum 送る。şu-ha-ar 若者 < şehērum 小さい。a-wi-lum 領主、元来は人間。

ta-ša-al 過三単男 < šālum 尋ねる。ţe-e-em < ţēmu 情報、話題。pī (pl.) <pū 口。

ki-zi-e-em 爵位官職？。

イリマイリに伝えよ。シン・イシュメシュはかく言う。
運河「シャルム・リムート」の、運河「海の」への連結については、その運河を繋いでよろしい。そして水が立ち上がった時は、貴方は農夫にも（水を）与えなさい。その運河に貴方が漬かった（水遊びした）ことはなかった。
以下は言葉（命令）ではない。貴方の手に（ある）所の大麦については、3グルの大麦はバズ・リムートに与えなさい。
私こそが運河に、貴方を遣わしたのだ。貴方は（まだ）領主達から見れば若僧だ。
貴方はまだそれを求める前なのに、なぜ貴方の口利きは領主の言葉のようだったのか？即ち「運河ビーを、キジエームにより私は貴方に与える」と言ったとは。

17　奴隷の価値

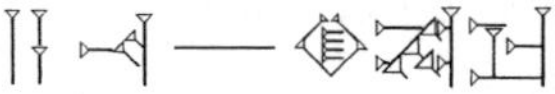

a -na　qi_2 $-bi_2$　ma　　　qibi 命令 < qibum 言う
に　── 伝えよ（強調）。　　　sin　< EN-ZU

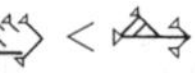

um -ma ^{ilu} sin　a -pil　uri^{ki}　ma　　　uri^{ki} < $ŠEŠ\text{-}AB^{ki}$ ウル町
（かく言う）　シン・ アプル・ウリは。　　この名はウリムの子シン、の意

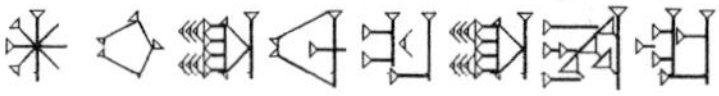

^{ilu}šamaš　li　ba　-al　-li　-iţ　ka
太陽神が ように 健康にする　貴方を！

aš -šum　ke -e -em wardim　　　wardum < $SAG\text{-}IR_3$
について の代わり　奴隷、　　　ke-e-em < kīam

 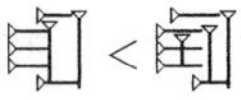

ša ta -aš -pu -ra am um -ma at -ta ma　ta-aš-pu-ra 過二単男
所では 貴方が書いた 私に （かく言う）「貴方は　< šapārum 書く

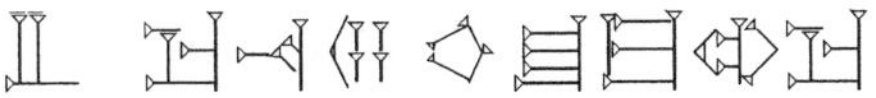

šuššan ma -na kaspim šu -qu$_{2}$ -ur ma　kaspum <KU$_{3}$-BABBAR
1/3　マナの　銀を 支払え、そうすれば　šu-qu$_{2}$-ur 命令 < šaqārum

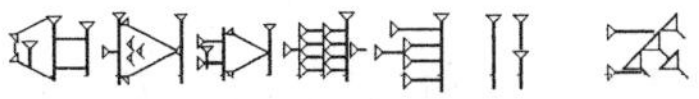 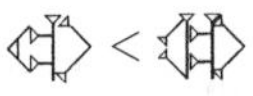

wardam ta -ak -la -a am　ta-ak-la-a 過二複男
奴隷を 貴方方は保留する。」と。そこで　< kālum 保持する

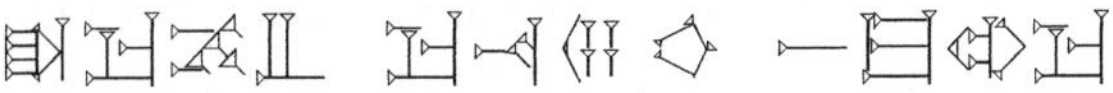　ša-ma-am < šamu

ša -ma -am šuššan ma -na kaspim aš -qu$_{2}$-ur ma　aš-qu$_{2}$-ur 過一単 < šaqārum
価格で　1/3　マナの　銀の 私は支払おうとした。（しかし不満で）

　ni-in-ni < nīni（独人代）

u$_{2}$ -la im -hu -rū ni -in -ni　im-hu-rū 過三複男
なかった 彼らは受け取ら（彼らは）　<mahārum

 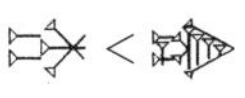

šum -ma ta -qa$_{2}$ -ab -bi　ta-qa$_{2}$-ab-bi 現二単男
もし　貴方が述べるのであれば　< qābum

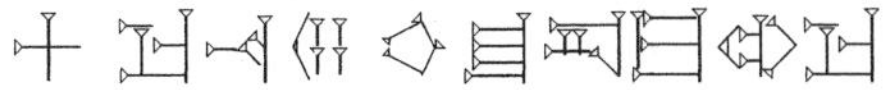

mišlu ma -na kaspim šu -uš -qu$_{2}$ -ul ma　šu-uš-qu$_{2}$-ul š 話態、使役、
1/2マナの　銀の　支払いをさせよ、と　命令 < šaqālum

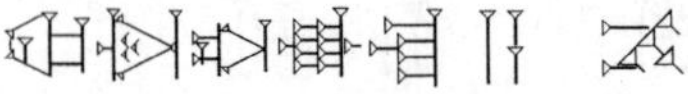

wardam　ta -ak -la　-a　am
奴隷を 貴方方が保留した 私に、

lu　ša -ma　ak -ku
たいものだ 私は買い 貴方から。

ša-ma 嘆願、一単
< šāmum　買う
正しくは lu uš-mi

ウルの町は uri^{ki} < ŠEŠ-AB^{ki} と書かれるが、正しくは ŠEŠ-UNUG^{ki} である。つまり、UNUG（ウルク）の町と兄弟であった。これは奴隷費の値上げへの苦情。

wardum < SAG-IR$_3$但しサグはなくても良い。ke-e-em < kīam ～の代わり。ta-aš-pu-ra 過二単男 < šapārum 書く。kaspum < KU$_3$-BABBAR 銀。šu-qu$_2$-ur 命令形、aš-qu$_2$-ur 過一単、šu-uš-qu$_2$-ul š 話態、使役、命令 < šaqārum 支払う。ta-ak-la-a 過二複男 < kālum 保持する。ša-ma-am 価格。uš-mi$^?$ < ša-ma 嘆願、一単 < šāmum 買う。ni-in-ni < nīni（独立人代）彼等は。im-hu-rū 過三複男 < mahārum 受け取る。ta-qa$_2$-ab-bi 現二単男 < qābum 言う。

―に伝えよ。シン・アプル・ウリはかく言う。太陽神が貴方を健康にするように！さて、奴隷の代わりについて、貴方が私に書いた所では（貴方はかく言う）「1/3マナの銀を支払え、そうすれば奴隷を保留する。」と。
そこで1/3マナの銀の価格で私は支払おうとした。（しかし実際は不満で）彼らは受け取らなかった。（値上げして）1/2マナの銀の支払いをせよ、ともし貴方が述べたとしても、それでも私に保留した奴隷を、私は貴方から買いたいものだ。

18　嘆きの母親

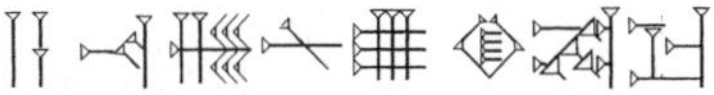

a -na zi -nu -u$_2$ qi$_2$ -bi$_2$ ma
に　ジヌウ　伝えよ（強調）。

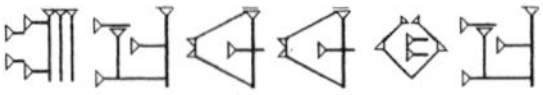

um -ma ba -ba -di ma
（かく言う）ババディは。

mi はいらない

^{ilu}nun u$_3$ ^{ilu}šamaš aš -šummi -ia
神ヌン　と　太陽神が　のために　私

nun-gal ならエンキ神だが、
nun では不明、エア神か？

a -na da -ri -a -tim
に　永遠

li ba -al -li -ţu -u$_2$ ki
ように 健康にする　貴女を！さて

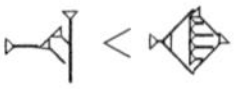

i -na a -li -im ša aš
では　町　所の

aš はいらない

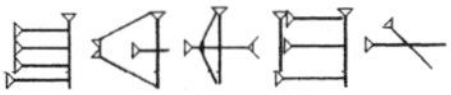

leqūm < ŠU-BA-TI

ilqe ku -nu
得た　貴女方を

手に入れる

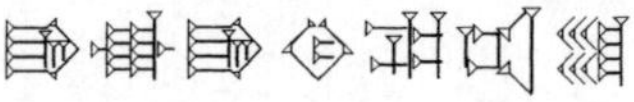　　qa$_2$-aq-qa$_2$-da < qaqqadum 頭

qa$_2$ -aq -qa$_2$ -di ka -ab -tu　　kabtu 重い
（私は）頭（幹部）重要な（である）。

aš -šum a -na ar -bu -ti ša
際しては に 逃亡 彼女

　　 <  元来は、高い

ša il -ta -ni a -ha -ti ki　　 <  元来は、魚
即ち イルタニ 姉妹 貴女の、

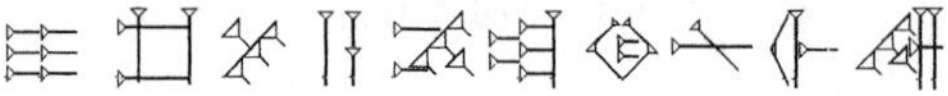　　 <  元来は、風見旗

šiššu GUR še -a -am ad -di -nu ši -im　　ad-din 過一単 < nadānum
6 グルの 大麦を 私は与えた 彼女に。(所が)

i -na a -li -im ša wa -aš -ba -a -ku　　（wa-）aš-ba-a-ku 継続、一単
では 町 所の 私が居る（座る）、　　< wašābum

ta -am -qu$_2$ -ta am ma　　ta-am-qu$_2$-ti 過二女
貴女が干渉した 私に。そこで　　<maqātum 倒す

　　pagrum 身体

pa -ag -ri na -di　　nadi 継続、一単
私の体を 投げ出して（疲れて、最早）　　< nādum 投げる

a -la -ka am u_2 -ul e -li -i
歩くことが 私には ない　出来。

a-la-ka <allak <alākum 行く
e-li-i 過三単男 <leum 出来る

u_2 -še -er -re -e -bu ki -i
彼らは入らせた　　貴女を。

u_2-še-rē-bu š 話態、過三複男
< erēbum 入る

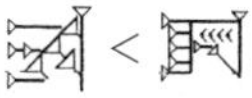

um -ma　i -na ki -it -ti -im
（かく言う）　に　　真実

ki-it-ti-im < kittum 真理

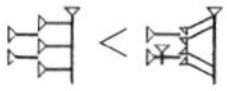

ma -ar -ti at -ti
我が娘だ　　貴女は。

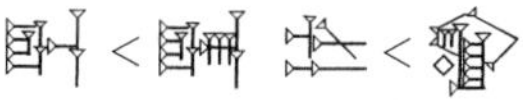

me -hi -ir un -ne -du -uk -ki
コピーで　　手紙の

unnedukku 手紙

im はいらない

šu -bi -li im ma
送付の、　（その中で）

šu-bi-li < šublum 送る

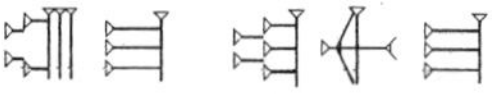

um -ma at -ti ma
（かく言う）貴女は。

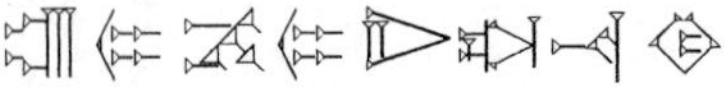

um-mi < ummu-i 我が母

um -mi　am -mi -ni　ta　-na　-di

「我が母は 何故　　無頓着だったか」と。

ta-na-di 過二単女

< nadum 置く

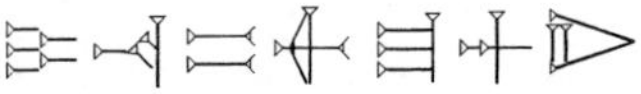

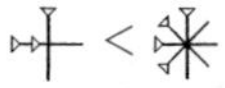

i -na　　bi -ti　ma -an -ni

で　　　家　　どこの、

manni <mannu どの

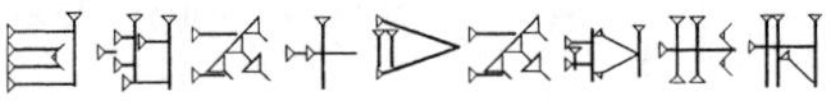

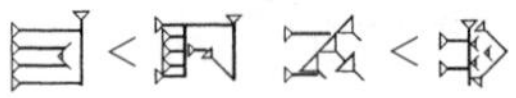

da　-ka -am　an -ni　　am　tā -mu -ri

服従を　　　　こんな　　貴女は見たか。(反語)

dakāmu 服従する

tā-mu-ri 過二女

< amārum　見る

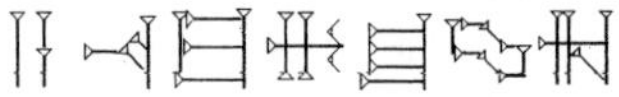

a -na　ku　-mu -šu $-ur_2$ -ri

で　　　クムシュリ

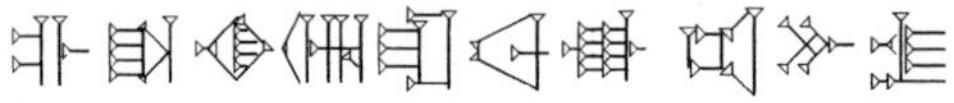

ar-ra-ba-ak 現一単

mar -ša　-na　ar　-ra -ba　-ak　　ap　-pu -tum

病気を？　　　私は回復しよう　　緊急に。

< rabākum 直す

mar-ša-na は marşatum

病気の一種？

ババディは母親で、ジヌウは「親の心、子知らず」の娘。彼らが入らせた、のは何であるか分からないが監獄か。「無頓着だった母親が悪い」と言う娘に、「こんな家族がどこにあるか」と、母は嘆く。クムシュリがどこかは分からない。

nun-gal ならエンキ神だが、nun だけでは不明、エア神か？ ilqe 過三単 < leqūm < ŠU-BA-TI 手に入れる、わざわざシュメール語で書いている。qa_2-aq-qa_2-da < qaqqadum 頭。ad-din 過一単 < nadānum 与える。(wa-)aš-ba-a-ku 継続、一単 < wašābum 座る。ta-am-qu_2-ti 過二女 <maqātum

倒す。nadi 継続、一単 < nādum　投げる。a-la-ka 現一単 < allak < alākum 行く。 u$_2$-še-rē-bu Š 話態、過三複男 < erēbum 入る、獄舎に入れたのだろうが、分からない。ta-na-di 過二単女 < nadum 置く、放っておく。tā-mu-ri 過二女 < amārum 見る。mar-ša-na は marṣatum
病気の一種？ ar-ra-ba-ak 現一単 < rabākum 直す。

ジヌウに伝えよ。ババディはかく言う。
神ヌンと太陽神が私のために、永遠に貴女を健康にするように！さて貴女方を得た所の町では、私は重要な頭（幹部）であった。
貴女の姉妹イルタニの逃亡に際しては、私は6グルの大麦を彼女に与えたものだ。（所が）私が居る（座る）所の町では、貴女が私に干渉した。そこで私の体は倒れ（疲れはて、最早）私には歩くことが出来ない。——
彼らは——に貴女を入れた。私は真実に言うが、貴女は我が娘だ。
手紙のコピーが届いているが、その中で「我が母は何故無頓着だったか」と貴女は述べた。どこの家で、こんな親不孝を見たか。（反語）
クムシュリで私は病気？を緊急に回復しようと思います。

19　土地の貸借

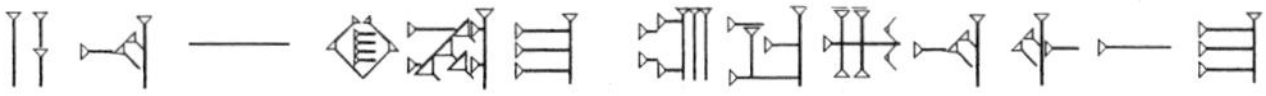

a　-na　　　qi$_2$ -bi$_2$ ma　um -ma　mu -na -wi -lum　ma
に　——　伝えよ（強調）。（かく言う）ムナウイルムは。

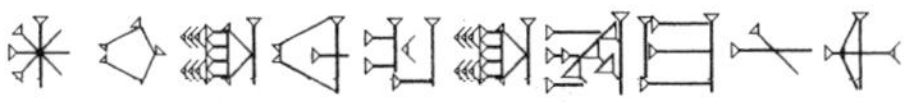

ilu šamaš　li　ba -al　-li　-iṭ　ku -nu -ti
太陽神が ように 健康にする　　貴男方を！さて

aš -šum　a -wa -a -at　i$_3$ -li$_2$　-ma　　　awātum > amātum 言葉
については　話　　　イリマの

ša　u$_2$　-lam-mi -da an　-ni　ma　　　ulammida D 話態、過三単男
所の　（彼が）伝えた　私に、　　　< lamādum

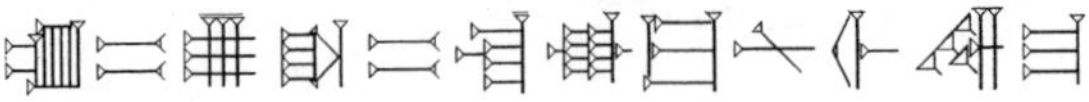
ţuppu < DUB　-ak 不用

ţup -pi　u$_2$　-ša　-bi　-la -ak　ku　-nū -ši　-im　ma　　u$_2$-ša-bi-la 過一単 < šublu
私の手紙を 私は送らせた　貴男方に。（そこで）　š 話態 <（w）abālum 送る

ki　-a　-am　ta　-aš -pur -ra　a　-nim　　　anim（中期以降 -anni, -am）
下のように　貴方は書いてきた 私に。　　　ta-aš-pur 過二単 < šapārum

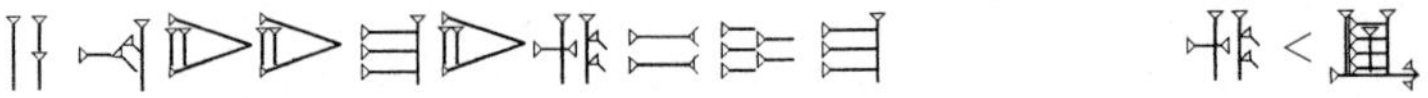

a　-na　i$_3$　-li$_2$　-ma　ni -iq　-bi　-i　ma　　　ni-iq-bi-i 過一複
「に　　イリマ　　我々は語った。　　　< qabūm 言う

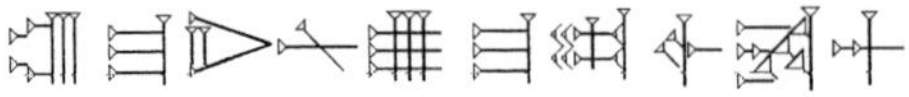

um -ma　nī -nu　-u$_2$　ma li　-pi　-it　-ilu　　　ilu < AN
（かく）　我々は　　リピト・イルを（貴方の代わりに）

im

送りがな

a　-na　eqlim^{im}　it　-ti　ni　li　ri　-id　ma　　　eqlu < A-ŠA$_3$
に　畑　と一緒に 我々 たかった　伴い。ri-id 嘆願法 < redūm 導く

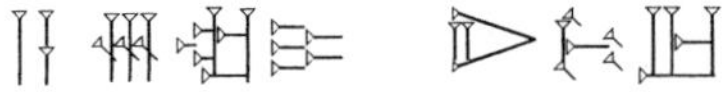
正しくは li　irid

eqila　-ka　i　ni　-gu　-ur　　　ni-gu-ur 過一複 < agārum
畑を 貴方の 正に 我々は借りるのだから。（だが）　　i 強調詞

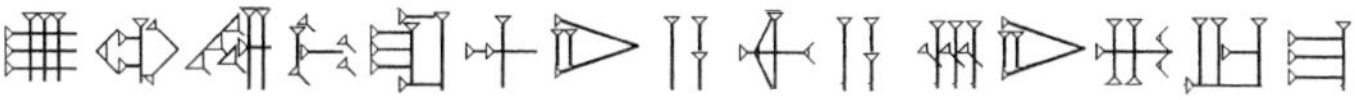　an 不用

u_2 -ul im -gu -ra an ni -a -ti eqlam ni -mu -ur ma
なかった 彼は認め 我々を。(そこで)畑を 我々は調べた。 im-gu-ra 過三単男

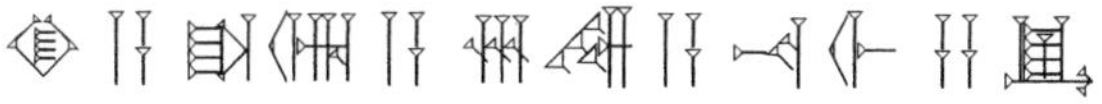　<magārum 認める

ki a -ša -ar eqlim a -na igi arbau gal_2　ni-mu-ur 過一複
時に 場所（広さ）が 畑の で（ある） 1/4　< amārum

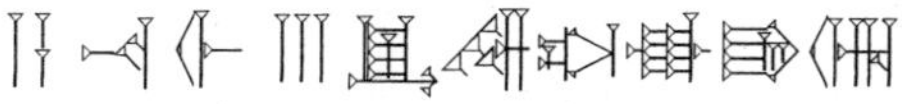

a -na igi šalašu gal_2 im -ta -ag -ga -ar　im-ta-gar 完三単
又は 1/3、 彼は（貸す事に）同意した」と。　<magārum 認める

——

ša ta -aš -pur -ra a -nim u_2 -ul ti -di -a
事だが 貴方が書いてきた 私に。ない 貴方は知ら

　ti-di-a 現二単

ki -ma i -na ṣi -im -da -at be $-li_2$ ia　< idūm 知る

何も について 布告や 主の 我が、　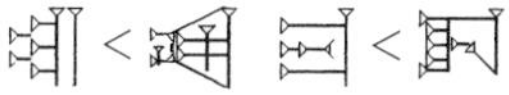

　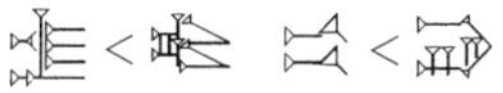

a -wa -tum a -na pi_2 -i ka -an -ki šu　pi_2-i pl. < pum 口
言葉 の 口頭 署名文書の 彼の。　ka-an-ki 正しくは kanīku

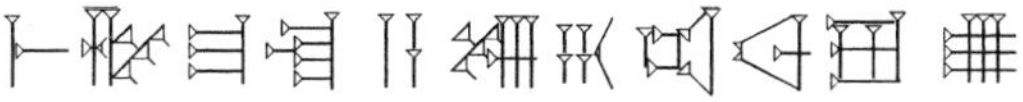　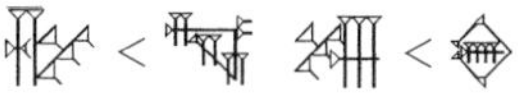

me-nam-ma la -a ih -ha -ab -ba -lu $-u_2$　ih-ha-ab-ba-lu-u_2 N 話態、
なぜ ないのか それらは借りられ。　現三複男 < habālum

di -nam　di -na　i　-na　eqlim ^{im}　ta -mu -ra　dina < dānum 判断する
判断を　決めなさい のため　畑　貴方が見た（所の)。　ta -mu -ra 過二単男 < amārum

土地の貸借は城主の布告があり、難しかったらしい。1/3か1/4なら宜しい、と言う手紙のようである。分数の表現に注意。awātum > amātum 言葉、中期以降になると、w → m 又 anim → anni, am ulammida D 話態、過三単男 < lamādum 伝える。ţuppu < DUB u$_2$-ša-bi-la Š 話態過一単 < šublu < （w）abālum 送る。ta-aš-pur 過二単 < šapārum 書く。ni-iq-bi-i 過一複 < qabūm 言う。eqlu < A-ŠA$_3$ 畑、^{im} 送りがな。ri-id$^{?}$ < irid 嘆願法 < redūm 導く。ni-gu-ur 過一複 < agārum 借りる。i 強調詞。im-gu-ra 過三単男、im-ta-gar 完三単 <magārum 認める。ni-mu-ur 過一複、ta-mu-ra 過二単男 <amārum 見る。ti-di-a 現二単 < idūm 知る。pi$_2$-i pl. < pum 口。dina 命令形 < dānum 判断する。ih-ha-ab-ba-lu-u$_2$ N 話態、現三複男 < in-habbalu < habālum 借りる。

――に伝えよ。ムナウイルムはかく言う。太陽神が貴男方を健康にするように！さて（彼が）私に伝えてきた所の、イリマの（土地）話については、私が手紙を貴男方に送った（通りだがそれに対して）下のように貴方は私に書いてきた。貴男方はこう言った。「我々はイリマと語り合いました。我々はリピト・イルを（貴方の代わりに）我々と一緒に畑に伴いたかった。彼の畑を正に我々が借りるのだから。（だが）彼はそれを認めなかった。（そこで）我々だけが畑を見た（調べた。その上で）畑の場所（広さ）が1/4又は1/3で（ある）場合に、彼は（貸す事に）同意した」と。
――貴方が私に書いてきた事だが、我が主の布告や、署名文書での口頭の言葉について貴方は何も知らないようだ。なぜそれらは（全部）借りられないのか、貴方が見た（所の）畑で判断を決めなさい。

20　義父への無心

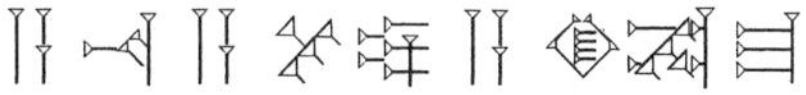

a　-na　a　-še　-ia　　-a　qi$_{2}$- bi$_{2}$ ma
　に　　アシェヤ　　伝えよ（強調）。

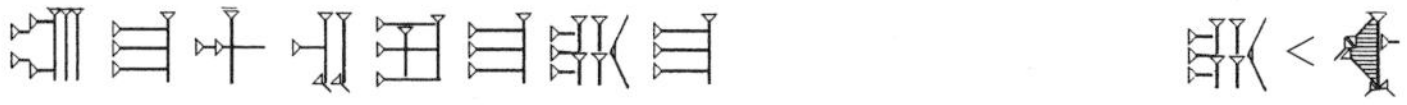

um -ma　　^{ilu} sin　-ma -gir ma
（こう言う）　シン・マギルは。

^{ilu} šamaš u$_{3}$　^{d} NIN -GIR$_{2}$ -SU aš　-šu -mi　ia　　^{d} NIN-GIR$_{2}$-SU 元来はギル
太陽神　と 神ニンギルスが　　のために　私　　　　　　　　スの女王

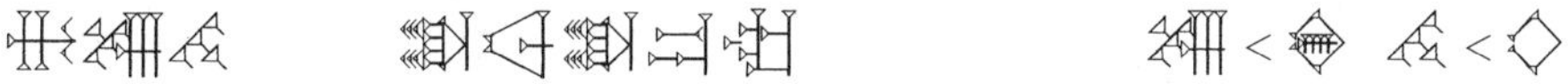

mu -uh -hi　　　　　li　ba　-li　-ţu$_{3}$ ka　　　永遠に、は da-ri-a-tim と同じ
これから（永遠に）ように 健康にする 貴方を！

a　-na　na -i　-id　ţa　-ar　-da　-a　-ku　　　　　ţa-ar-da-ku 継続、一単
　に　　ナイド　　私が送っていた（所の）　　　　　< ţarādum 送る

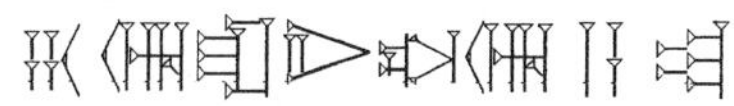

ha　-ar -ra　-ni　ta　-ar　-a　-at　　　　　　ta-ar-at 継続、三単女
私の隊商が　　　戻りつつある。（さて）　　　　　　< tārum 戻る

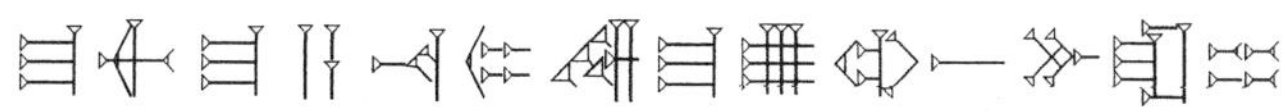　aš-pu-ra 過一単

ma　-tī　-ma　a　-na　mi -im　-ma u$_{2}$ -ul　aš　-pu -ra kum　< šapārum 書く
何時でも、あれ それが何ごとで、なかった 私は書か 貴方には。

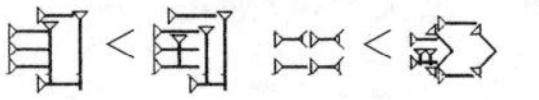

išten MA -NA　kaspim ka -an（-na）-ka　am -ma kaspum <KU$_3$-BABBAR
（だが今回は）一マナの銀を 密封して、　（ta）kannak 現二単 <kanākum

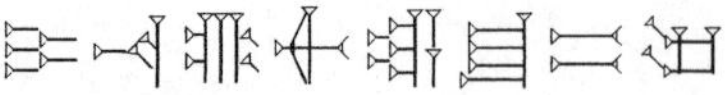
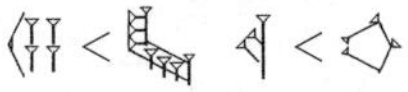

i　-na　ga -ti　ia　šu -bi -lam　šu-bil 命令 < šublum š 話態
に　手元　私の 送ってくれ（私に）。　<（w）abālum 運ぶ

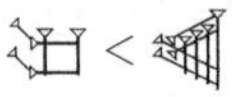

arhu šina kam　ša
月前 二ケ（だった）のは

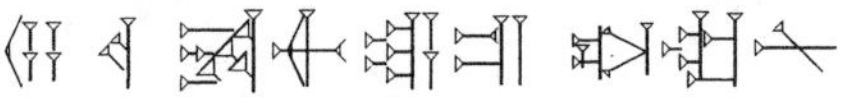
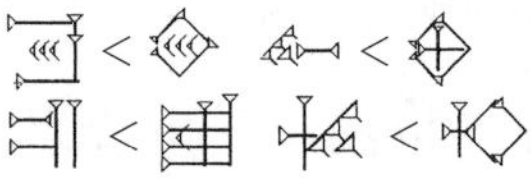

kaspam　it　-ti　ia　iš　-ta　-ka -nu
銀を　の所に 私　彼らが置いた（貸した）。　MAŠ$_2$

iš-ta-ka-nu 完三複男
a　-na　kaspim　u$_3$　şibuti šu　< šakānum
については　銀 と　利子 その、　kunukku 回転印章

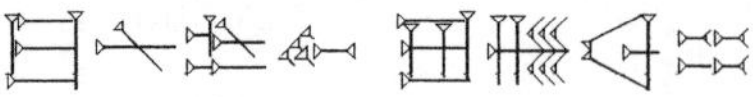
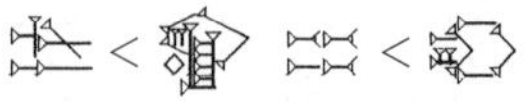

ku　-nu -uk -kam　lu　şi$_2$　-ba　kum　lu　şi-ba 嘆願
証文を　たい　渡し　貴方に。　< waşābum 付け足す

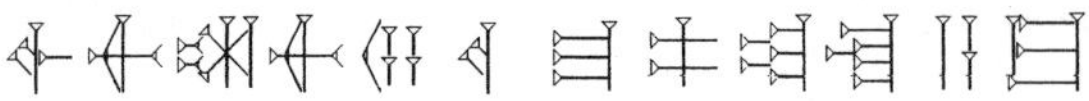

pi　-ti　-il　-ti kaspim　ma　pa　-at -la　-a　-ku　pi-ti-il-tu　<patālum 巻付ける
流通（金融）に　銀貨を　私は回している。

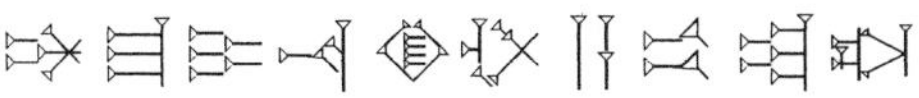　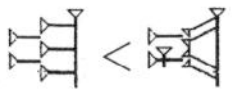

šum -ma i -na ki -tim a -bi at -ta　　pa-at-la-a-ku 継続、一単
もし　に　実際　私の父　貴方が（だったなら）、　　< patālum

　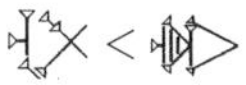

la ta -ka -al -la am　　takalla 現二単男
しない 貴方は拒絶は 私を（だろう）。　　< kalūm 取押える

ma -ru ka a -na -ku
息子だ 貴方の　私は（と考えて）、

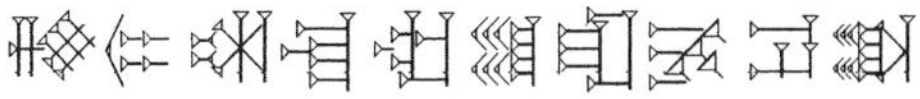　e-li < el-i

gi -mi -il -la ka tu -ra am e -li　　tu-ra 命令 < tārum 戻す
親切心を　貴方の 回せ 私の方に！（そして）

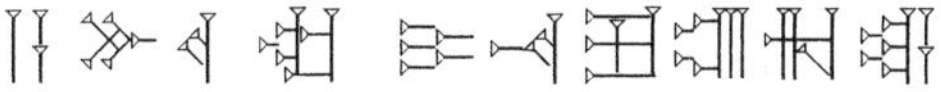

a -bu -ut ka i -na zu -um -ri ia　　zu-um-rum 身体
父の資格を 貴方の　に　個人　私　　šu-ku-un 命令形

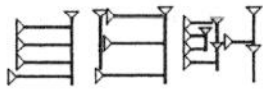　　< šakānum 置く

šu -ku -un
確立しなさい！

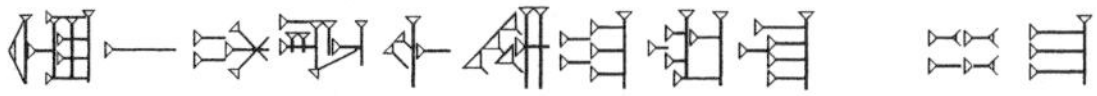

u$_3$ aš -šum al -pi -im at -ka -la kumma　at-ak-ka-la 現一単
なお については　牛、私は任せている 貴方に。　　< takālum 任す

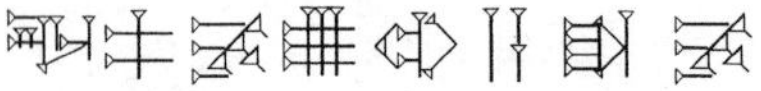

al -pa -am u$_2$ -ul a -ša -am　　　a-ša-am 現一単

（だから）牛を いない 私は買って　　　< šāmum 買う

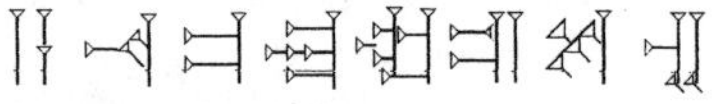　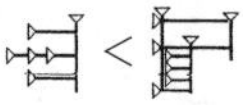 ┌木製の鋤き

a -na ^{işu}epennu ka iš -te -en　　　^{işu}epennu < ^{GIŠ}APIN

の為には 耕作 貴方の 一回の。

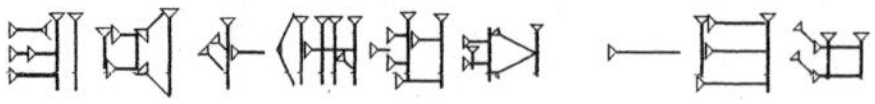　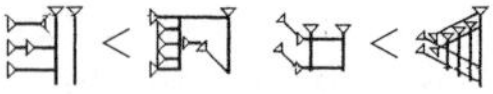

ţa -ab wa -ar -ka -ta aš -qu$_2$ -lam　　　aš-qu-la 過一単

巧く （事の）後半は 私に支払った。　　　< šaqālum 支払う

シン・マギルはアシェヤの子としているが、実際の親子ではないようだ。

シン・マギルは隊商が戻るまでは金策に困って、アシェヤに無心をしている。

銀の回転、の意味は不明だが、流通の事か。muhhi は da-ri-a-tim 永遠に、と同じ意味と考えたい。MU-UH-HI を muhh-i と理解すると「私の頭蓋骨に、私の方に」の意味になるが、MU-HI-A の間違いと考えると、シュメール語では「多年に」の意味になる。（私の頭蓋骨に～、で私の上に～、とか私の方に～、を意味するのはシュメール語の習慣である）。

šublum <（w）abālum 運ぶ → 送る、変化の大きい動詞であり、注意すること。

kam は前が数字である事を示すシュメール語の習慣。回転印章とはここでは証文の意。事件の後半は良かったと自画自賛しているが、何のことか分からない。

^{d}NIN-GIR$_2$-SU ニンギルス神、元来はギルスの女神であった。ţa-ar-da-ku 継続、一単 < ţarādum 送る。ta-ar-at 継続、三単女 < tārum 戻る。aš-pu-ra 過一単 < šapārum 書く。kaspum < KU$_3$-BABBAR 銀。（ta）kannak

現二単 < kanākum 密封する。šu-bil 命令 < šublum š 話態 <（w）abālum 運ぶ。iš-ta-ka-nu 完三複男 < šakānum 置く。kunukku 回転印章、ここでは証文。ṣi-ba 嘆願 < waṣābum 付け足す。

pi-ti-il-tu 流通、pa-at-la-a-ku 継続、一単 < patālum 巻付ける。takalla 現二単男 < kalūm 取押える。tu-ra 命令 < tārum 戻す。šu-ku-un 命令 < šakānum 置く。

at-ak-ka-la 現一単 < takālum 任す。a-ša-am 現一単 < šāmum 買う。

^{išu} epennu < ^{GIŠ} APIN 木製の鋤き、耕作。aš-qu-lam 過一単 < šaqālum 支払う。

アシェヤに伝えよ。シン・マギルはかく言う。太陽神と神ニンギルスが、私のためにこれから（永遠に）、貴方を健康にするように！ さてナイドに私が送っていた（所の）私の隊商が戻りつつある。何時であれ、それが何ごとであれ、私は貴方に（手紙を）書かなかった。（だが今回だけは）密封した一マナの銀を、私の手元に送ってくれ。彼らが私の所に銀を置いた（貸した）のは２ケ月前（だった）。（借りた）銀と利子については、その証文を貴方に渡したい。銀貨を流通（金融）に私は回している。もし実際に貴方が私の父（だったなら）、貴方は私を拒絶はしないだろう。

私が貴方の息子だ（と考えて）、貴方の親切心を私の方に回しなさい！（そして）貴方の父としての資格を私個人に確立しなさい！

なお牛については、私は貴方に任せている。（だから）貴方の一回の耕作の為には私は牛を買っていない。私のため（事の）後半は良かったと考えています。

22　土地所有者の照会

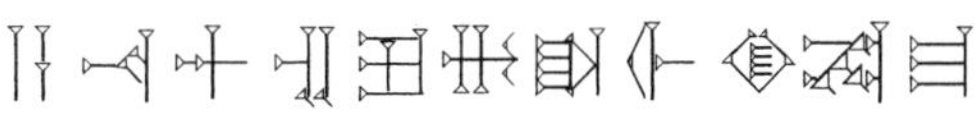

a　-na　^{ilu} sin　-mu -ša　-lim qi_2　$-bi_2$ ma

に　シン・ムシャリム　伝えよ。

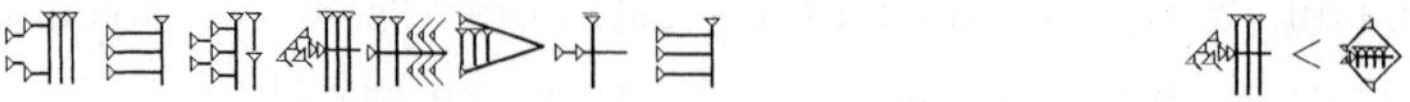

um -ma ia -ah -zi -ir -ilu ma
（こう言う） ヤフジル・イルは。

ilu < DINGIR ここでは
an かもしれない

^{ilu}sin u$_3$ ^{d}NIN -URTA aš -šum -ia
神シン と 神ニヌルタが のために 私

^{d}nin-urta < ^{d}nin-uraš
元来は「本源性」という女神

da -ri -iš u$_4$ -mi li ba -al -li -ţu$_3$ ka
永遠の 日まで ように 健康にする 貴方を！ さて、

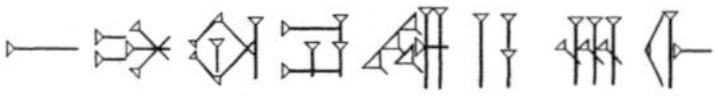

eqlim < A-ŠA$_3$

aš -šum ţe$_4$ -e -im eqlim ^{lim}
に関して 情報 畑の

lim 送りがな

ša $^{I\,ilu}$šamaš -mu -uš -te -še -ir
の シャマシュ・ムシュテシル、

^{I} 男性の限定詞

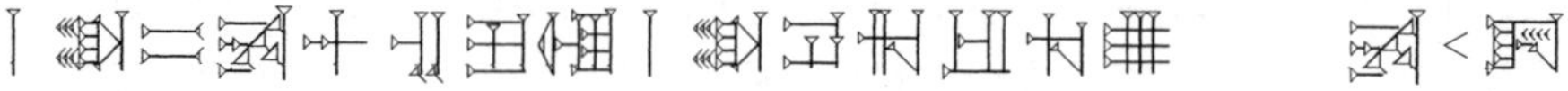

^{I} li -bi -it -^{ilu}sin u$_3$ ^{I} li -e -ri -ib -hu -u$_2$
リビト・シン と リエリブフーとは

māre ^{I}ku -ut -ra šul -mu -u$_2$ -a
息子達（である） クトラ・シュルムアの

māre < DUMU^{meš}
māre は māru の複数

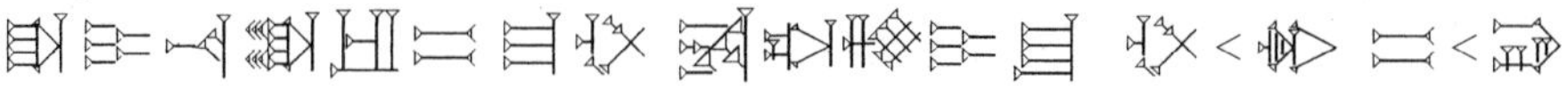

ša　i -na　li　-ib -bi　mā -tim　it　-ta　-gi　-i　-šu　it-ta-gi-i-šu < intagāšu
所の　で　中　国の、さ迷っていた。　完三複男 < nagāšum

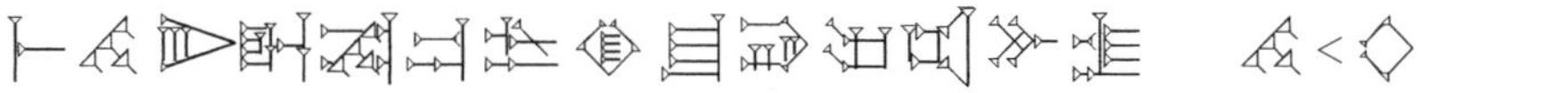

me -hi　-ir　un　-ne -du -uk　-ki　šu -bi　-lam ap-pu -tum
返事を　私の手紙の　私に送れ。どうか。　šu-bi-la š 話態、命令
< wabālum 運ぶ

神シンを ^{ilu} sin と書くが、本当は dingir EN-ZU であろう。男性の限定詞を表すのに、m を用いる例があるが、ゲルマン語 man の m を用いるよりは単にIの方がよい。
神ニヌルタは nin-urta で、nin-uraš ともいう。名のように元来は「本源性」という女神であったが、いつの間にか男神となったもの。シン・ムシャリムの手紙がないので、この手紙の意味はよく分からない。me-hi-ir をコピーと訳す人もいるが、自分の手紙のコピーを送り返せ、では意味が分からない。ここでは返事の意味と解した。ilu < DINGIR ここでは an かもしれない。 eqlim < A-ŠA$_3$ ここで ^{lim} は送りがな。DUMU=māru 従って māre < DUMU^{meš} it-ta-gi-i-šu < intagāšu 完三複男 < nagāšum さまよう。šu-bi-la š 話態、命令 < wabālum 運ぶ。

シン・ムシャリムに伝えよ。ヤフジル・イルはかく言う。神シンと神ニヌルタが私のために永遠の日まで貴方を健康にするように！ さて、シャマシュ・ムシュテシルの畑の情報に関してだが、リビト・シンとリエリブフーとは、国中でさ迷っていた所のクトラ・シュルムアの息子達（です）。手紙の返事をどうか私に送ってください。

23　シン・ハジルの派遣

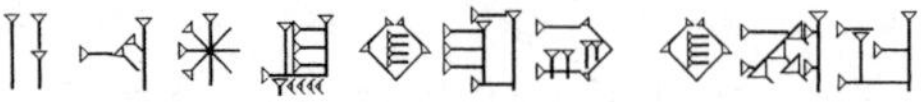 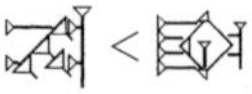

a -na ^{ilu}ea -ra -bi qi$_2$ -bi$_2$ ma　　ea <EN-KI < EN-AN-KI
　に　エア・ラビ　伝えよ。　　天地の主、水神、知恵神

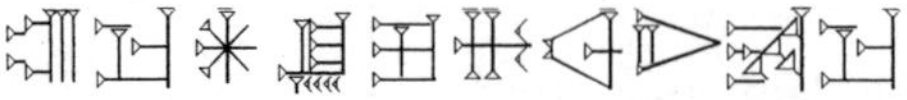

um -ma ^{ilu} sin -mu -ba -li$_2$ -iţ ma
（こう言う）　シン・ムバリトは

^{ilu}šamaš li ba -al -li -iţ ka
太陽神が ように 健康にする　貴男を！さて

iš -tu awel gab-du -ni ^{ki}　　awel < awelum < LU$_2$
からの　人　ガブドニ町の　　zun < HA$_2$ 複数、など

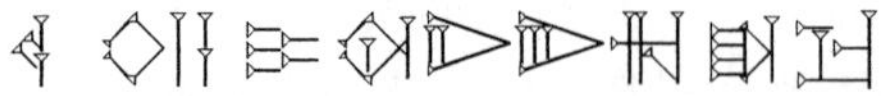　　şābu < ERIN$_2$

şābe ^{zun} i -te -ni -ir -ri -ša ma　　i-te-ni-ir-ri-ša < i-ten-er-rēš
兵隊達を　私は再々要求した。　　反復、過一単 < erēšum
——　　sin < EN-ZU

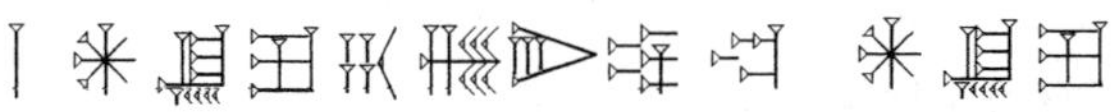 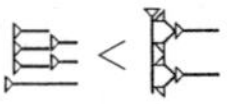

^{I} ^{ilu}sin -ha -zi -ir māru warad -^{ilu} sin　　māru < DUMU
　シン・ハジルを　息子ワラド・シンの

　　warad < IR$_3$　奴隷

aţ -ţar -da kum i -na şābe ^{zun}　　aţ-ar-ra-da 現一単
私は送る 貴方の所に と共に　兵達　　< ţarādum 送る

I U$_2$ -ba -aya -tum u$_3$ I Na -ap -li -is -ilu
ウバヤトムの　及び　ナプリス・イル。

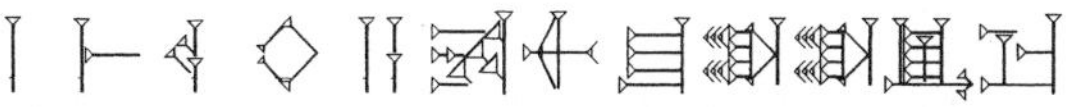

meat şābe zun it -ti -šu li li -ik ma
100人の　兵達を と共に 彼　たい 行かしめ。

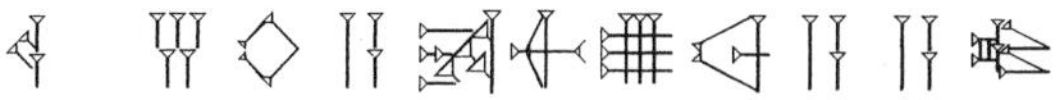 aya< a-a

şābe hamšu zun it -ti u$_2$ -ba -aya -tum li-ik 嘆願法 < alākum 行く
兵達は　5 人の　と一緒の　ウバヤトム

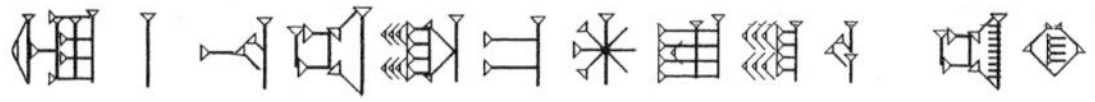

u$_3$ I na -ap -li -is -ilu iš -tu şābe unug ki
及び　ナプリス・イル、　から　軍 ウルク町の

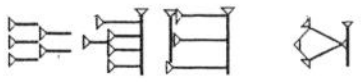

i -la -ku nim
来ている者だ 私の所に。

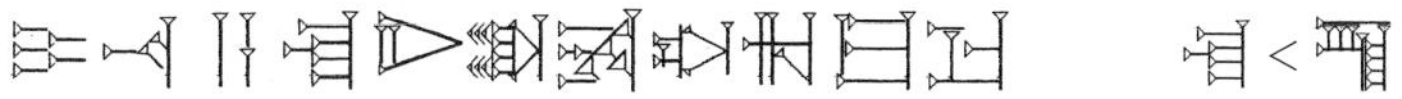

i -na a -la -ni li it -ta -ri -ku ma　il-la-ku 現、三複男
に　町　欲しかった　彼らは長くいて。　< alākum 行く

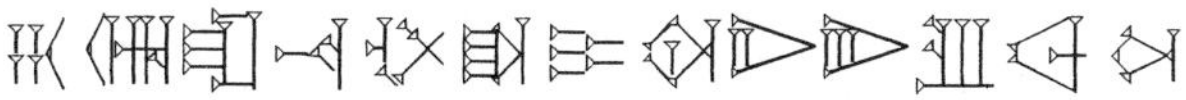 it-ta-ri-kum 完了、三複男

ha -ar -ra -na -tim ša i -te -ni -ir -ru -ba nim < arākum 長い
街道で　所の 彼らが再々入った 私の方へ、 i-ten-ir-ru-bu 反復、過三
複男 < erēbum 入る

シン・ムバリットとはハンムラビ大王の父と思われる。エア・ラビへの救援に軍隊を派遣する、と　言う内容のもの。最後の街道の意味は分からない。

ea <EN-KI < EN-AN-KI 天地の主、水神、知恵神。awel 構文体 < awelum <LU$_2$人

i-te-ni-ir-ri-ša 反復、過一単 < e-ten-er-rēš < erēšum 要求する。aţ-ar-ra-da 現一単　< ţarādum 送る。li-ik 嘆願法、il-la-ku 現三複男 < alākum 行く。it-ta-ri-kum 完三複男 < arākum 長くある。i-ten-ir-ru-bu 反復、過三複男 < erēbum 入れる。

エア・ラビに伝えよ。シン・ムバリトは言う。太陽神が貴男を健康にするように！さてガブドニ町の人からの兵隊達を私は再々要求した。——
ワラド・シンの息子シン・ハジルを、ウバヤトム及びナプリス・イルの兵達と共に、私は貴方の所に送る。100人の兵達を彼と共に行かしめたい。
ウバヤトム及びナプリス・イルと一緒の、５人の兵達はウルク町の軍から私の所に来ている者だ。彼らには町に長くいて欲しかった。彼らが私の方へ、再々入った所の街道で——

24　年間大麦支給の要求

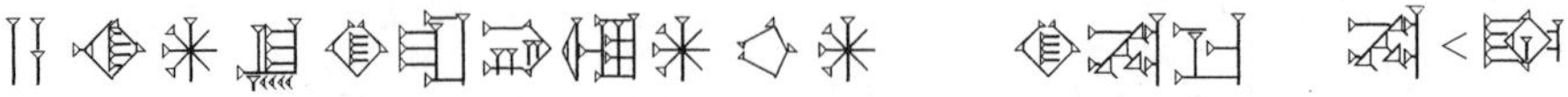

a -na ^{ilu} ea -ra -bi u$_3$ ^{ilu} šamaš -ilu qi$_2$-bi$_2$ ma
に　エア・ラビ　及びシャマシュ・イル　伝えよ。

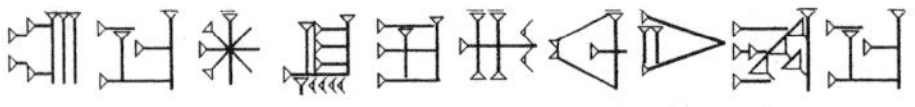

ea < EN-KI< EN-AN-KI

um -ma ^{ilu} sin -mu -ba -li$_2$ -iţ ma
（こう言う）　シン・ムバリトは。

天地の主、水神、知恵神
sin < EN-ZU 月神、安産神

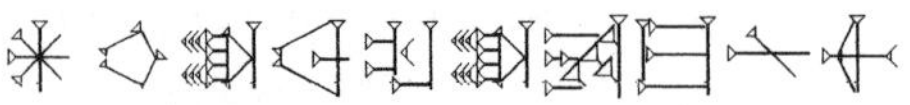

^{ilu} šamaš li ba -al -li -iţ ku -nu -ti

太陽神が ように 健康にする　貴男方を！さて、

zun< HA$_2$ は無用

aš -šum ṭe$_4$ -e -im　ipri　ṣābe^{zun}

iprum < ŠE-BA 大麦支給

に関しては 情報　大麦支給の　兵達への

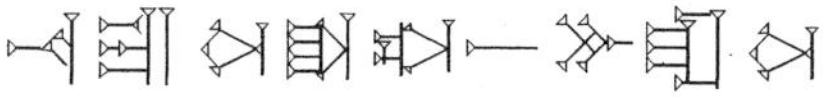

na -dā -nim ša ta -aš -pu -ra nim

与えるべき、所の 貴方が書いてきた 私に、

ta-aš-pu-ra 過二単男
< šapārum 書く

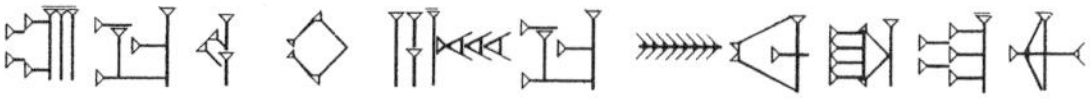

um -ma　ṣābe^{zun}　ma　ipri　ša at -ti

（こう言った） 兵達が。「大麦支給を 年間の

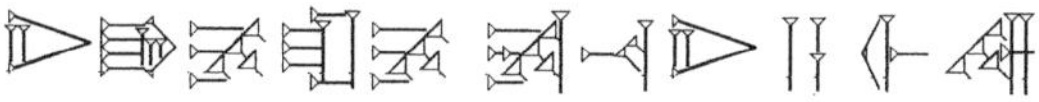

ni　ga -am -ra am　id　-na　ni -a -ši -im

我々の 完全な　与えよ　我々に。

id-na 命令、複数
< nadānum 与える

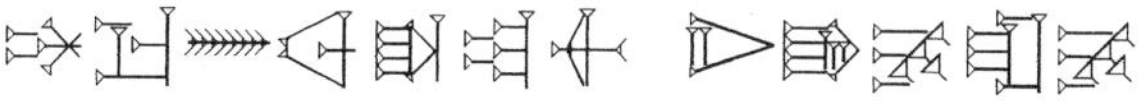

šum -ma ipri　ša at -ti　ni　ga -am -ra am

もし 大麦支給が　年間の　我々の 完全な

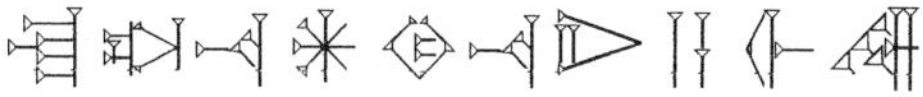

la　ta -na -an -di -na　ni　-a　-ši　-im

ないなら　与えられ　我々に、（命令を）

ta-na-ad-di-na 現二単男
< nadānum

u$_2$ -ul ni　-li -iq -qe$_2$　a　-na

ない　我々は受け入れ」と。（そこで） に対し

ni-il-qe$_2$ 過一複
< lequm 取る

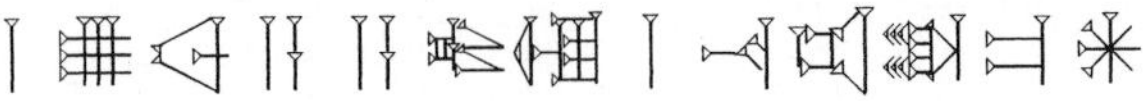

^{I}U$_{2}$ -ba -aya -tum u$_{3}$ ^{I} Na -ap -li -is -ilu
ウバヤトムの　及び　ナプリス・イル、

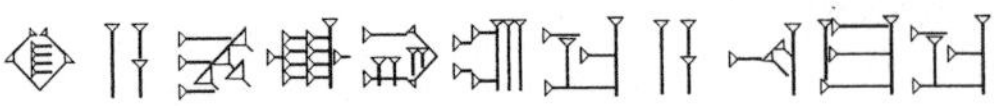

ki -a -am aq -bi um -ma a -na -ku ma　　aq-bi 過一単
ように（私は）言った（以下の）私は。　　< qabūm 言う

a -na ṣābe ^{zun} kaspam ki -a -am　　kaspum <KU$_{3}$-BABBAR
「に対し　兵達、銀貨を　と同等の　　銀

ipri ša at -ti šu -nu ga -am -ra -am
大麦支給　年間の　彼らの　完全な

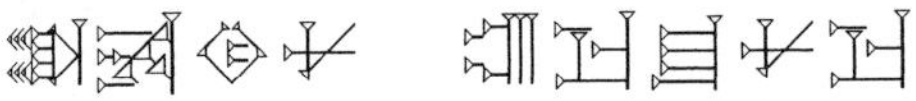

li id -di -nu um -ma šu -nu ma　　彼らとは、ウバヤトムら
たい 私は与え。」（所が、言った）彼らは。

ipri ša at -ti šu -nu ga -am -ra am
「大麦支給は 年間の 彼らの　完全な

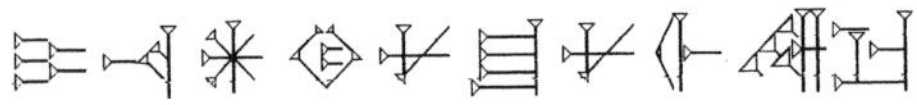

i -na -an -di -nu šu -nu -ši -im ma　　i-na-ad-di-nu 現三複男
（それは）与えています　彼らに。しかし　　< nadānum

ṣābe ^{zun} i -na bi -tim uş -şi ma　uş-şi 現三複男
兵達は　の　王室　国外にいる、つまり　< aşūm 出かける

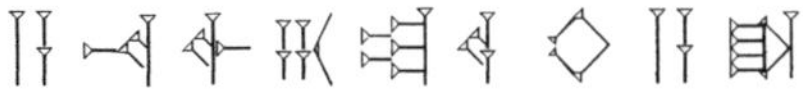

a -na pi -ha -at ṣābe ^{zun} ša　pi-ha-at 地方、領域、長官
の外で　管轄、　兵達は　所の

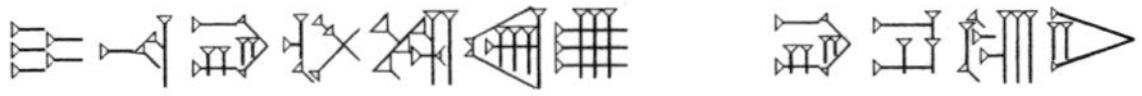

i -na bi -tim uş -şu$_2$ -u$_2$ be$_2$ -e -el ni　uş-şu$_2$-u$_2$過三複男
にいた　王室、出国していた。（従って）主に 我らの　< aşūm

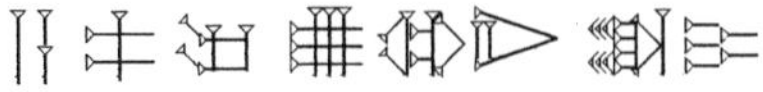

be$_2$-e-el < bēlum

a -pa -lam u$_2$ -ul ni -li -i　ni-li-i 過一複
返事を　いない 我々は出来て。　< leūm

i ni -il -li -ik ma ul -li ki -a -am　ni-il-li-ik 過一複
そこで　我々は行きました　かしこに　< alākum

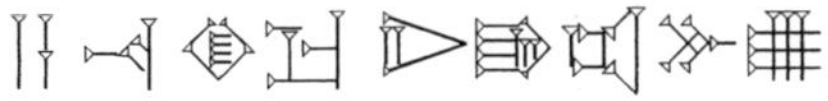

a -na ki -ma ni -qa$_2$ -ab -bu -u$_2$　ni-qa$_2$-ab-bi 現一複
ために　同じ事を　我々が言う。　< qabūm

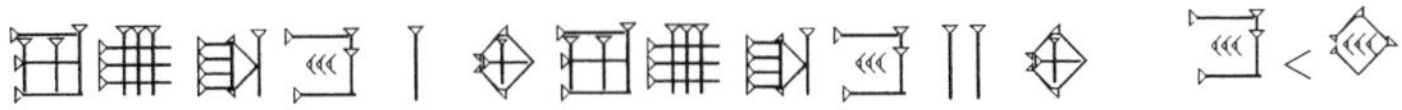

lu -u$_2$ ša warhi 1 ^{kam} lu -u$_2$ ša warhi 2 ^{kam}　warhu < ITI 月
あるいは一ヶ月　か　二ヶ月で　kam　前に数字を示す

li　id　-di　-nu　šu　-nu　-ši　-im　　　　　　id-din 嘆願法 < nadānum
たい　与え　　　　彼らにも。」と。（そこで）、

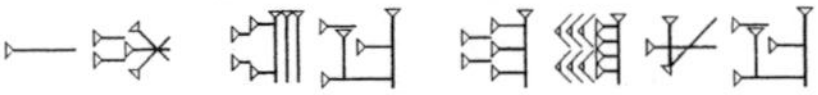

aš -šum　um -ma　at　-tu -nu　ma　　　　　貴方がたとはエア・ラビら
に関しては（書いて来た事）貴方がたが

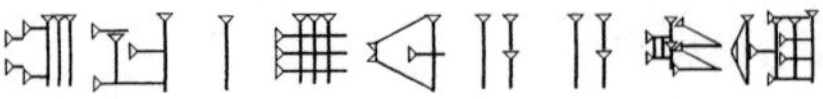

um -ma　　$^{I}U_{2}$　-ba　-aya -tum u_{3}
（言った）と↑$_{2}$　　　ウバヤトム　及び

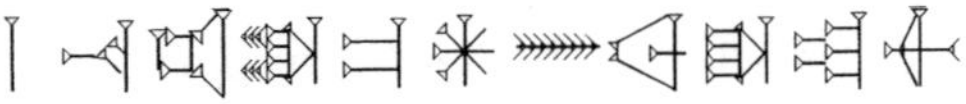

^{I}　Na -ap　-li　-is　-ilu　ipri　ša　at　-ti
ナプリス・イルが、「大麦支給を　年間の

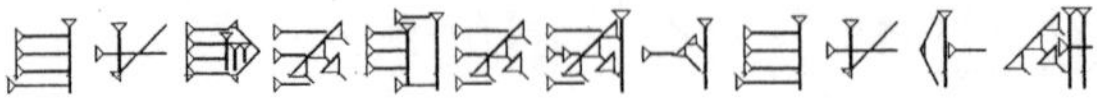

šu　-nu ga -am　-ra　-am id　-na　šu　-nu -ši　-im
彼らの　　完全な　　　与えよ　彼らに」と（貴方がたに）↑^{1}

ţe$_{4}$ -e　-ma -am　an -ni　-a　am　　$^{I}U_{2}$ -ba　-aya　-tum
情報は　　　　　この　　　　　　　　　　ウバヤトム

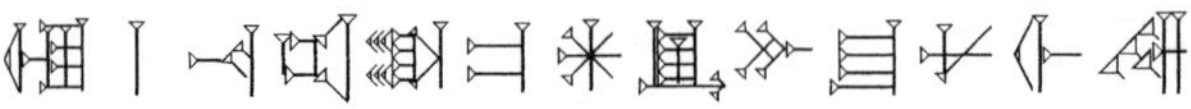

iq-bū 過三複男

u_{3}　^{I} Na　-ap　-li　-is　-ilu　iq　-bū　šu -nu -ši -im　　　　< qabūm 言う
及び　ナプリス・イルが、伝えた　彼らに（事である）。

ru -bu -u' ma -tim iq -bu ku -nu -ši -im
大公は　国の　言っている　貴方がたに、

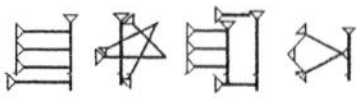

大公とは、ウバヤトムら

šu -up -ra nim
「手紙を送れ 私に」と。

šu-up-ra 命令、

aš -šum kaspim ša ta -aš -pu -ra nim
については 銀貨 所の 貴方が書いてきた 私に

ta-aš-pu-ra 過二単男
< šapārum 書く

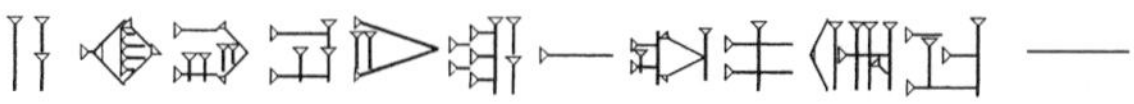

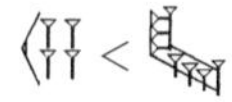

a -na be_2 -e $-li_2$ ia aš -ta -pa -ar ma
「に対して 主　我が、私が書いたのだが、

aš-ta-pa-ar 完一単
< šapārum 書く

ub -ba -lū nim
（それを）彼らが運ばせます 私の元に。」と、

ub-ba-lū D 話態、現三複男
< abālum 運ぶ

I d Nin -urta mu -ba $-li_2$ -iţ
ニヌルタ・ムバリトが

nin-urta は元来女神ウラシュだが、後世、男の農耕神

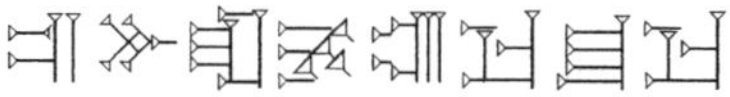

iš -pu -ra am um -ma šu ma
書いてきた 私に（こう） 彼は

iš-pu-ra 過三単男
< šapārum

wa-ar-ka-aṣ-ṣu$_2$ < warkat šu

wa -ar -ka -aṣ -ṣu$_2$ pu -ur -sa$_3$ -a ma　　pu-ur-us 命令形
「後で　　その、判決せよ」と。　　< parāsum 切る

a -na ki -ma ga -ru -ti šu
に　のよう　訴訟　彼の

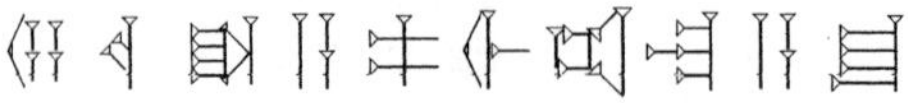

kaspum ša a -pā -lim ap -la -a šu　　apālum 支払う
「銀貨は 所の　支払うべき　支払え　彼に。」と。

年間の大麦支給を完全に行え、と言って兵がサボタージュしたらしい。そこで、王シン・ムバリトは同等の銀貨で払いたい、と申し出た。ウバヤトム大公らは、兵にはそれを与えていたのだが、一部国外の親衛隊は未だだったので、そこへ行って趣旨を話した。そして1～2ヶ月の内に実行します、と返事した。エア・ラビらは、ウバヤトム大公が年間の大麦支給を完全に行え、と命令してきたので自分の仕事かと疑ったが、疑問なら、大公に手紙を出すように、勧告されている。ムバリト王、ウバヤトム大公、エア・ラビ、その下の兵の間のゴタゴタである。

最後の銀貨の件は前後を良く理解出来ないが、ニヌルタ・ムバリトの判決のように、支払うべき訴訟金は支払え、と言っている。

ea < EN-KI< EN-AN-KI 天地の主、水神、知恵神。sin < EN-ZU 月神、安産神。

nin-urta は元来女神ウラシュだが、後世、男の農耕神。zun < HA$_2$多くの、複数。iprum < ŠE-BA 大麦支給制度。ta-aš-pu-ra 過二単男、šu-up-ra 命令、aš-ta-pa-ar 完一単、iš-pu-ra 過三単男 < šapārum 書く。id-na 命令、複数、ta-na-ad-di-na 現二単男、i-na-ad-di-nu 現三複男、id-din 嘆願法 < nadānum 与える。ni-il-qe$_2$過一複 < lequm 取る。aq-bi 過一単、ni-qa$_2$-ab-bi 現一複、

iq-bū 過三複男 < qabūm 言う。kaspum < KU$_3$-BABBAR 銀。uş-şi 現三複男、uş-şu$_2$-u$_2$ 過三複男 < aşūm 出かける。pi-ha-at 地方、領域、長官。ni-li-i 過一複 < leūm 出来る。ni-il-li-ik 過一複 < alākum 行く。warhu < ITI 月。kam 前に数字を示す。ub-ba-lū D 話態、現三複男 < abālum 運ぶ。wa-ar-ka-aş-şu$_2$ < warkat šu pu-ur-us 命令 < parāsum 切る。

エア・ラビ及びシャマシュ・イルに伝えよ。シン・ムバリトはかく言う。
太陽神が貴男方を健康にするように！さて、
貴方が私に書いてきた所の、兵達へ与えるべき大麦支給の情報に関してだが、兵達が（こう言ったという)。「我々の完全な年間の大麦支給を我々に与えよ。もし我々の完全な年間大麦支給が我々に与えられないなら、(命令を）我々は受け入れない」と。(そこで）ウバヤトム及びナプリス・イルに対し、私は（以下の）ように言った。「兵達に対し、彼らの完全な年間大麦支給と同等の銀貨を私は与えたい」と。(所が、彼らは言った)「完全な年間大麦支給は彼らに与えています。しかし国外にいた王室の兵達は管轄外で、つまり王室の兵達は脱落していた。(従って）我らの主に我々は 返事を出来ていない。そこで我々が同じ事を言うために我々はかしこに行きました。一ヶ月かあるいは二ヶ月で彼らにも与えたい。」と。
(そこで)、ウバヤトム及びナプリス・イルが、「彼らの完全な年間大麦支給を彼らに与えよ」と（貴方がたに言った）と貴方がたが（書いて来た事）に関して言うなら、この情報はウバヤトム及びナプリス・イルが伝えた（話である。疑問があるなら）国のウバヤトム大公は「私に手紙を送れ」と言っている。(次に)「我が主に対して、私が書いたのだが、――　(それを）彼らが私の元に運ばせます。」と、貴方が私に書いてきた所の銀貨については、ニヌルタ・ムバリトが私に（こう）書いてきた。「その後で、決定せよ」と。彼の訴訟のように「支払うべき所の銀貨は彼に支払え」。

25　貯蔵大麦の分配

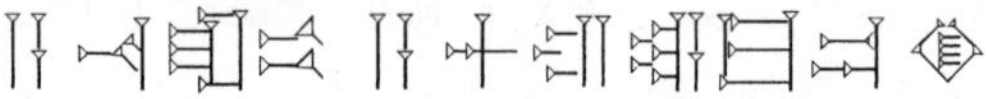

a -na ra -bi -a -an ^{alu} ia -ku -du ^{ki}　　町名は ^{alu} と ^{ki} で挟む
に　長官　ヤクドゥ町の

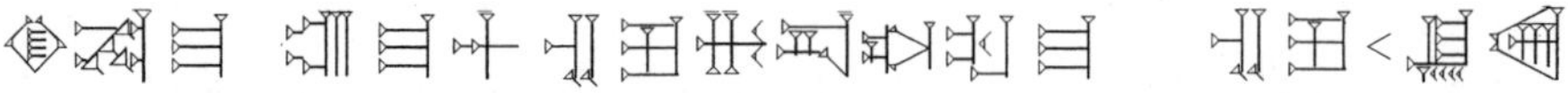

qi$_2$ -bi$_2$ ma um -ma ^{ilu} sin -mu -uš -ta -al ma　　sin < EN-ZU
伝えよ。（こう言う）　シン・ムシュタルは。

^{ilu}šamaš li ba -al -li -iţ ka　　^{ilu}šamaš < ^{d} UD
太陽神が ように 健康にする　貴男を！さて

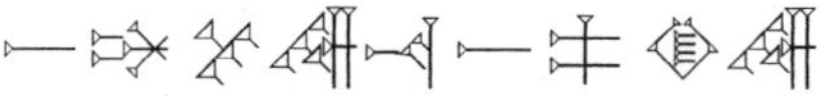

aš -šum še -im na -aš -pa -ki -im　　na-aš-pa-kum　タンク
関しては　大麦　貯蔵中の　　māre pl.<māru <DUMU

ša DUMU^{meš} ^{ilu} sin -erēš tam -qāru　　erēš< APIN 耕耘
によって 息子達　シン・エレシュ 商人の、　　tam-qāru < DAM-GAR

ša qa$_2$ -ti ia　　qa$_2$-tu　手
所の 管理する 私の（ものであるが)、

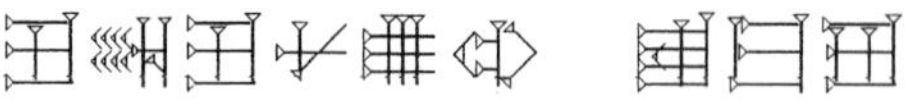　　zu-uz　zu-nu < zuāz šu-nu

zu -uz zu -nu u$_2$ -ul iš -qu -lū　　iš-qu-lū 過三複男
分配を それらの なかった　彼らは実施して。　　< šaqālum 支払う

^{I} ^{ilu} sin -mu -ša -lim pā-nam hamšu šu -nu　　pānum ～の前に
シン・ムシャリムが　前に　5人の 彼ら

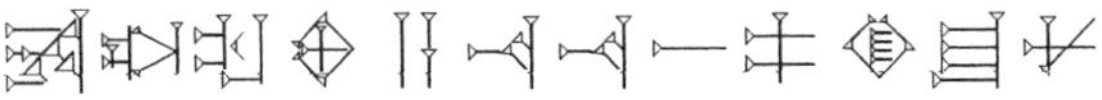

it-ta-la-ka 完三単

it -ta -al -kam a -na na -aš -pa -ki šu -nu　　< alākum 歩く
やって来た　のために　貯蔵（検査） 彼らの。　-（k）am そこに

la u_2 -a -ab -ba -tu　　u_2-ab-ba-tūD 話態、現三
（だが）いないし 彼らは（何も）害して、　複男 < abātum 破壊する

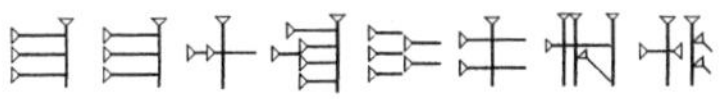

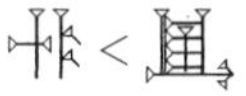

ma -ma -an la i -pa -ri -ik　　i-pa-ar-ri-ik 現三単男
誰も　ない（法に）違反し。（当然ながら）、　< parākum 傾ける

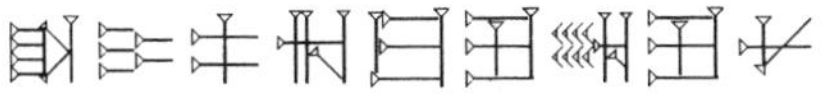

ša i -pa -ri -ku zu -uz zu -nu　　zu-uz zu-nu < zuāz šu-nu
者には 違反する、分配を それらの

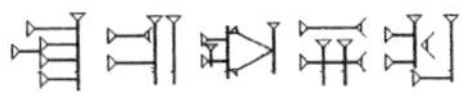

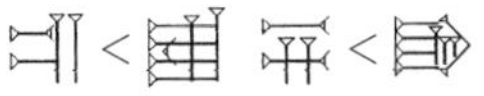

la iš -ta -qa -al　　iš-ta-qa-al 完三単
いない 実施して。　< šaqālum 支払う

alu は町、ki は土地、の限定詞である。町名は ^{alu} と ^{ki} で挟む。
シン・ムシャリムが自分の管理する大麦の検査に来たことへの弁明である。誰も法律に違反したわけではない、と言っている。sin < EN-ZU ^{ilu} šamaš < ^{d} UD māre pl. < māru < DUMU erēš < APIN 耕耘。tamqāru < DAM-GAR 商人。

qa$_2$-tu 手。zu-uz zu-nu < zuāz šu-nu それらの分配。iš-qu-lū 過三複男 < šaqālum 支払う。pānum ～の前に。 it-ta-la-ka 完三単 < alākum 歩く。-(k) am そこに。u$_2$-ab-ba-tūD 話態、現三複男 < abātum 破壊する。i-pa-ar-ri-ik 現三単男
< parākum 斜めにする、傾ける。iš-ta-qa-al 完三単 < šaqālum 支払う。

ヤクドゥ町の長官に伝えよ。シン・ムシュタルはかく言う。太陽神が貴男を健康にするように！
さて商人シン・エレシュの息子達によって貯蔵中の大麦関しては、私の管理する所の（ものであるが)、それらの分配を彼らは実施してなかった。(そこで）シン・ムシャリムが彼ら５人の前にそれらの貯蔵（検査）のためにやって来た。(だが）彼らは（何も）損害かけた訳でないし、誰も（法に）違反していない。(当然ながら)、違反する者には、それらの分配を実施しない。

26　なつめ椰子郵送を断る手紙

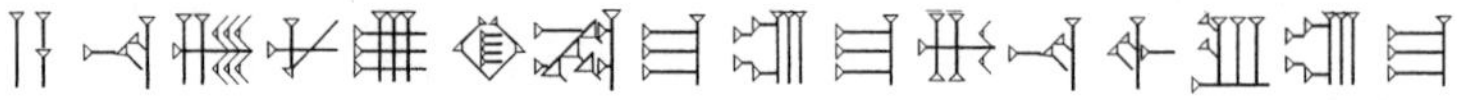

a -na zi -nu -u$_2$ qi$_2$ -bi$_2$ ma um -ma mu -na -wi -ru -um ma
に　ジヌウ　伝えよ。(こう言う）ムナウィルムが。

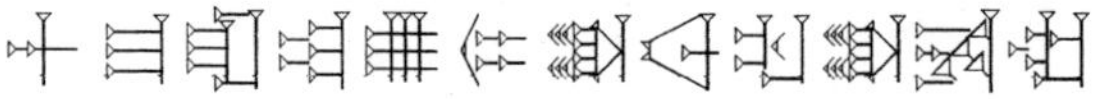

ilu ma -ra -at -u$_2$ -mi li ba -al -li -iţ ki
神マラト･ウミが ように 健康にする　貴女を！　神マラト・ウミ、詳細不明

aš -šum　ta -aq -bi am　　ta-aq-bi 過二単女
関してだが 貴女が言ったことに、　< qabūm 言う

 atti < anti

um -ma at -ti -i ma a -ţa$_2$ -ra -da kum ma

（こう言った）貴女は（商品を）私が送り届けよと（貴女に）。（ところが丁度）

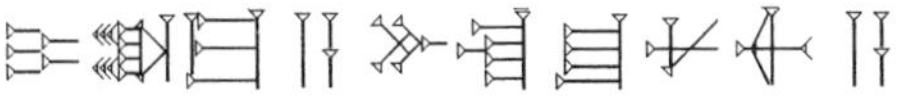

a-ṭar-ra-da 現一単

ī -li -kū ā -pu -la šu -nu -ti -a　　< ṭarādum　送る

彼らが来たので　私は答えた 彼らに。　　ī-li-kū 過三複男

< walākum 歩く

i -na ṣu -ut -ta -ab [ki] a -na na -aš -pa$_2$ -ki -im　　ā-pu-la 過一単

に　ツタブ町　のために　貯蔵　　< apālum 答える

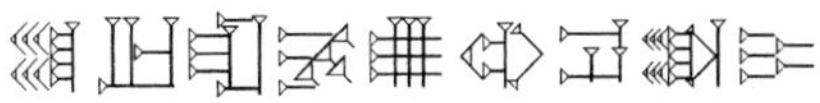

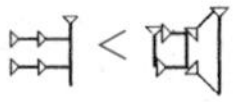

tu -ur -ra am u$_2$ -ul e -li -i　　tu-ur-rum < tārum　返る

帰る事は　ない　私は出来。（なぜなら）

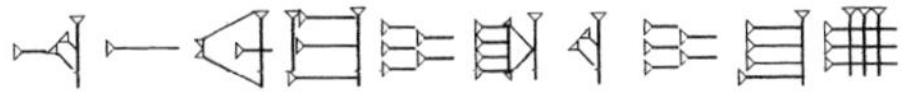

išātum　病気

na -aš -pa$_2$ -ku i -šā -tam i -šu -u$_2$

貯蔵品が　黴を　持ったし、

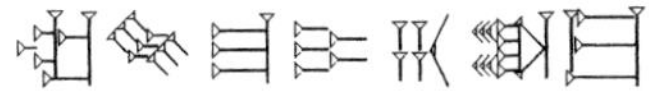

i-hal-li-qū$_2$ 現三複男

suluppu i -ha -li -qū$_2$　　< halāqum 壊す

なつめ椰子も　腐るからだ。　　i-šu-u$_2$ 過三複男 <išūm 持つ

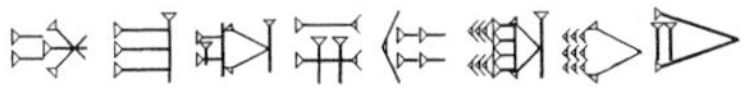

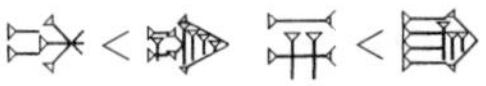

šum -ma ta -ga -mi -li in -ni　　suluppu < ZU$_2$-LUM-MA

もし　貴女が信用したら　私を、　　tag-mu-li 過二単女

< gamālum 報いる

ṭu -ur -di im -ma　　im　は不要

手紙を送ってくれ　　ṭu-ur-di 命令、二女

li it -ba -lu　šu -nu -ti
ように 彼らが出す それらを。

< ţarādum 送る
it-bi-lu 嘆願、三複男
< tabālum 運び出す

「彼ら」とは誰か不明である。販売人か。何かの貯蔵品（干物か）やなつめ椰子を、ジヌウが届けてくれ、と言って来たのだが、黴が生えたり、腐ったりしたので、届けるわけには行かない、という手紙である。ta-aq-bi 過二単女 < qabūm 言う。a-ţar-ra-da 現一単、ţu-ur-di 命令、二女 < ţarādum 送る。ī-li-kū 過三複男 < walākum 歩く。ā-pu-la 過一単 < apālum 答える。tu-ur-rum 帰還 < tārum 返る。išātum 病気、ここでは黴、腐敗。suluppu < ZU$_2$-LUM-MA i-hal-la-qū$_2$ 現三複男 < halāqum 壊す。i-šu-u$_2$ 過三複男 < išūm 持つ。tag-mu-li 過二単女 < gamālum 報いる。it-bi-lu 嘆願、三複男 < tabālum 運び出す。

主神 エル　ウガリト出土　前 1400年頃
ダマスコ国立博物館

ジヌウに伝えよ。ムナウィルムがかく言う。神マラト・ウミが貴女を健康にするように！貴女が言ってきたことに関してだが、
貴女は私が（商品を貴女に）送り届けるように、と（言う）。（ところが丁度）、彼らが来たので私は彼らには伝えた。私がツタブ町に貯蔵のために帰る事は出来ない。（ここの）

貯蔵品が黴を持ったし、なつめ椰子も腐るからだ、と。もし貴女が了解したら私に手紙を送ってください。彼らがそれらを提供してほしいものだ。

27　牛死の裁判

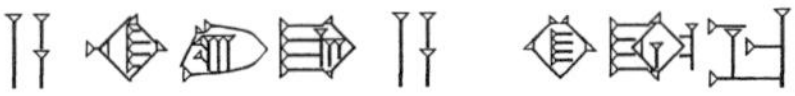

qi$_2$-bi$_2$ < qabūm 言う

a-na　lu$_2$ -ga　-a　qi$_2$ -bi$_2$ ma　　元来、飛脚への命令
へ　ルガア　伝えよ。

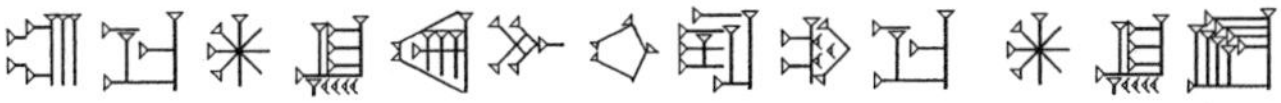

^{ilu}sin < ^{d}EN-ZU

um-ma　^{ilu} sin -pu　-ut -ra　-amma　^{d} EN -LIL$_2$
かく　シン・プートランは（言う）。神エンリル　ba-li-ţu 嘆願法 < balāţum

u$_3$ ^{d} NIN -URAŠ　li　ba -li -ţu　ka
とニン・ウラシュが ように 健康にする 汝を。

dimtu^{ki} < AN-ZA-GAR$_3$^{ki} 塔町

^{I} lu$_2$ -ga -tum　alpi$^{ha\,2}$　šu$_2$　a-na　dimtim ^{ki}　e-pe-ši-im <epēšum 作る
ルガトゥムは 牛達を 彼の に ディムトゥ町　eqil < A-ŠA$_3$

šamaššammu

a-na　eqil　šamaššammin　e -pe -ši -im　is -su$_2$ -ha-[am]ma　< ŠE -^{giš}I$_3$
ため　畑の　胡麻の　耕作の　追い立てた。（そこで）

is-su$_2$-ha-am 過三単

^{I} u-bar-lu-lu　wa -ar -k[i　šu$_2$]　i -la -ak　< sahāmum 攻めたてる
ウバールルは　後を　彼の　行く。（所が）　i-la-ak 現三単 < alākum

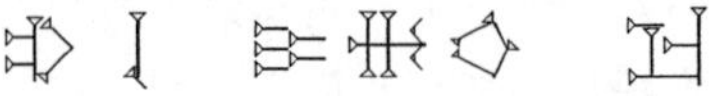

il-li-ku 過三複男 < alākum....

alap šu$_2$ i -mu -ut ma　　a-li-ik 過一単 < alākum
牛が 彼の 死んだ。（そこで）　　i-mu-ut 過三単 < mātum

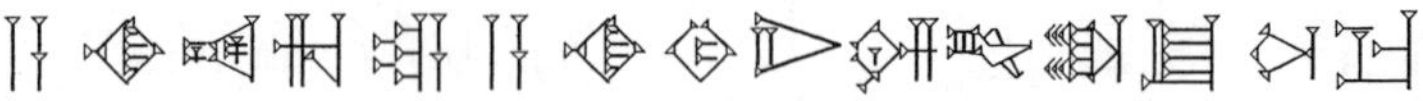

a-na şi -ri ia a-na di-ni-im il -li -k[u n]imma
に の所 私 のため 裁判 彼らは来た（私に）。

a-ša$_2$-al 過一単 < šālum

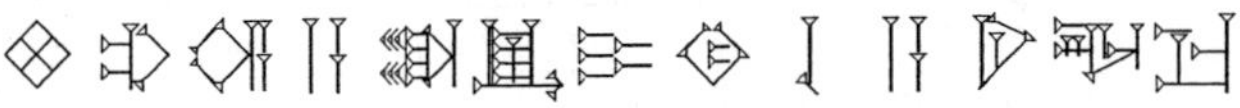

ŠA$_3$-GUD^{ha2} a -li -ik i -di šu$_2$ a -ša$_2$ -al ma　　GUD> alpu
牛飼いに 私は行き 脇に 彼の 私は尋ねた。　　ŠA$_3$-GUD > kullizu

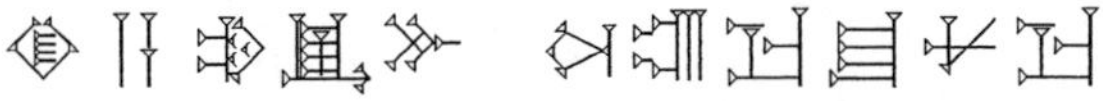

ki-a-am iq-bu nim um-ma šu-nu ma　　iq-bu 過三複男 < qabūm
の如く（彼らは）言った 私に かく 彼らは。　　言う「分ける

ip-ţu-ur 過三単 < paţārum

alpum ip -ţu -urma ša$_2$ -am -mi i -ka -al　　i-ka-al$^{?}$ < īkul 過三単
「牛は 分かれて 草を 食べたが、　　< akālum 食べる

im-qu$_2$-ut 過三単 < maqātum

[im-q] u$_2$ -ut ma im -tu -ut　　im-tu-ut 完三単 <mātum
倒れて 死んでしまった。」と。（そこで）

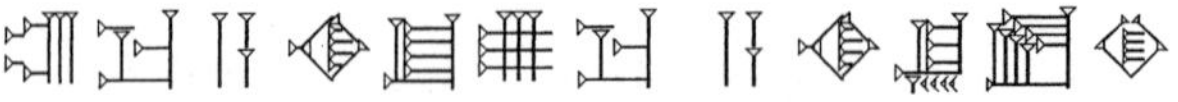

um-ma a -na -ku -u$_2$ ma [a-na n] ippurim^{ki}
かく 私は（言った）。「に ニップル、　　nippur < EN-LIL$_2$-（LA）

a-na　a-al　[daiāni^{meš}]　a -al -ka -a　ma　　daiāni^{meš} < DI-KU$_5$^{meš}
に　町　判事の　行きなさい。　　a-al-ka-a$^{?}$ < aluk 命令形

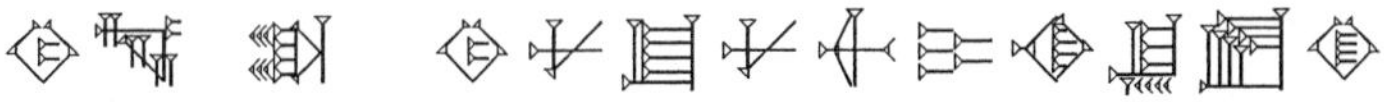

< alākum

di-nam　li　di-nu　ku-nu-ti　i-na　nippurim^{ki}　　di-nu 嘆願法 < dānum
裁判が だろう 判決する　汝らに」と。では ニップル

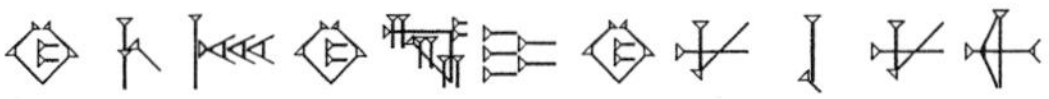

daiānu^{meš}　di-nam　i-di-nu　šu$_2$-nu-ti　　i-di-nu 過三複男 < dānum
判事が　裁判を　判決した かれらに。

ni-iš　ilim < nīšum ilim

a-na　BA-AB　KIRU　a-na　ni-iš　ilim　神に挙手する、無罪を誓う
に　門　公園の のため　誓約　神の（送るべく）　KIRU > ^{giš} šar

^{I}u　-bar -lu　-lu　i　-di -nu
ウバールルを　彼らは定めた。（しかし）

le-qi$_2$ 継続三単 < leqūm 取る

^{I}lu$_2$ -ga　-tum　di-nam　šu$_2$ -a -ti　u$_2$ -ul　l[e -q]i$_2$　　pu-ru-us$_2$ 命令形
ルガトゥムは　裁判を　その　ていない 承認し。（そこで） < parāsum 切る

ih-ha-ab-ba-al < ihab-bal 現

wa -ar -ka zu　p[u -ru -us$_2$ ma]　la　ih -ha -ab -ba -al　三単 < habālum 奪う
結末を　この、決しなさい　ないよう傷つけ。　wa-ar-ka zu < warkatu šu

qi$_2$-bi$_2$ 命令形 < qabū 言う。iq-bu 過三複男。ba-li-ţu 嘆願形 < balāţu 健康

にする。
^{ilu}sin$_2$=^{dingir}EN-ZU　dingir は en の前では変形している。is-su$_2$-ha-am$^?$ < ishum 過去、三単 < sahāmu　攻め立てる。i-la-ak 現三単 < alāku 行く。i-mu-ut 現三単 < mātu 死ぬ。im-tu-ut 完三単。a-li-ik 過一単 < alāku　行く。a-al-ka-a$^?$ < aluk 命令 < alāku 行く。
a-ša$_2$-al 現一単 < šālu 尋ねる。ip-du-ur 過三単 < paṭāru 分ける。i-ka-al$^?$ < ikūl 過三単 < akālu 食べる。im-qu$_2$-ut 過三単 < maqātu 倒れる。di-nu 嘆願法 < dānu 判決する。i-di-nu 過三複男。 le-qi$_2$　継続、三単男 < leqū 取る。pu-ru-us$_2$命令形 < parāsu 切る。ih-ha-ab-ba-al$^?$ < ihabbal 現三単 < habālu 傷つける。

ルガアへ伝えよ。かくシン・プートランは（言う）。神エンリルとニン・ウラシュが汝を健康にするように。ルガトゥムは胡麻の畑の耕作のため彼の牛達をディムトゥに追い立てた。（そこで）ウバールルも彼の後を行くのだが、彼の牛が死んだ。（そのため）私の所に相談に彼らは来た。彼の側に行き私は牛飼いに尋ねたところ、彼らは私にこう言った。「その牛は分かれて草を食べていたが、倒れて（やがて）死んでしまったのだ。」と。（そこで）私はこう言った。「裁判の町、ニップルに行きなさい。裁判が汝らを判決するだろうから」と。ニップルでは判事が彼らに裁判を（行い）彼らに判決を下した。（すなわち）ウバールルを神への誓約のため公園の門？に（送るべく）彼らは定めた。（しかし）ルガトゥムはその裁判を承認したわけでない。（これに対して誰も）傷つけないように、結末を付けなさい。

28　人質免除

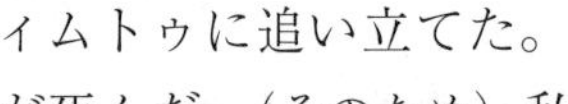

封筒　a　-na　lu -uš -ta -mar
　　　へ　　　ルシュタマール

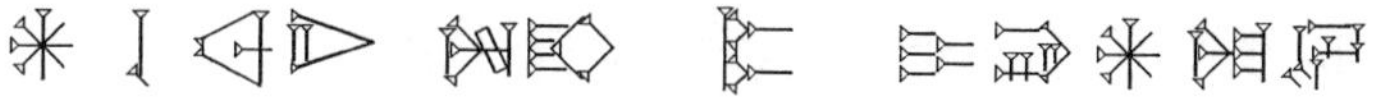

署名 an -šu$_2$ -ba -ni DAM-GAR$_3$ DUMU i -bi- ^{d}NIN-ŠUBUR
アンシュバニ 商人、 息子 イビ・ニンシュブルの、

DAM-GAR$_3$ > tamkāru

warad ^{d}NIN-ŠUBUR——
DUMU > māru
奴隷 ニン・シュブルの（である）——
IR$_3$ > (w) aradu

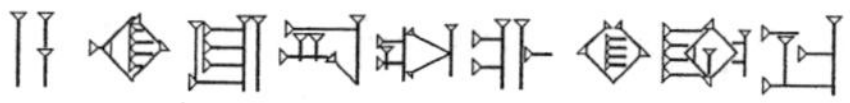

本文 a-na lu-uš -ta -mar qi$_2$ -bi$_2$ ma
へ ルシュタマール 伝えよ。

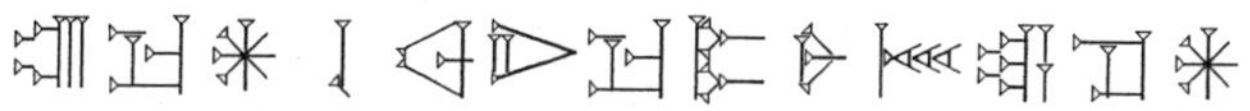

um-ma an -šu$_2$ -ba -ni ma mārāt^{meš} ia -si -ili$_3$ iš-pur-rā 過去、三複女
かくアンシュバニは（言う）。娘達が ヤシリの < šapārum 書く

ki -a -am iš -pur -rā nim um-ma ši -na ma
所では 書いてきた 私に、 かく 彼女達は（言った）。

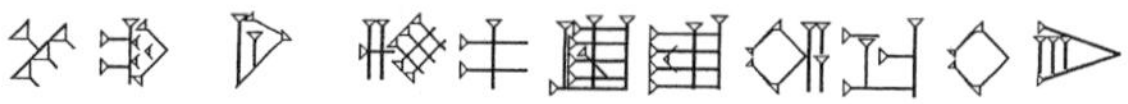

ma-hi-ir 継続三単男

še am ša$_2$ GI -PA -SIG$_2$ -IŠ $^{ha\,2}$ ma -hi -ir <mahārum 受ける
「大麦を の ギパシギシュー 彼は受け取った。（そこで） še < še'u

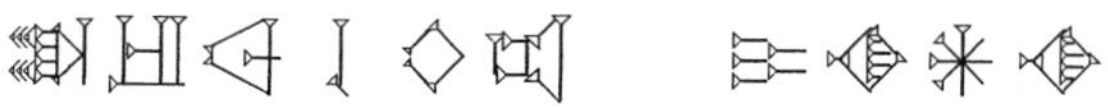

GI-PA-SIG$_2$-IŠ 不詳

li -ib -ba šu$_2$ ţa$_3$ -ab i -na -an -na ţa$_3$ -ab < ţābum 良い
心は 彼の 満足した（ので）、今や 「彼」とはルシュタマール

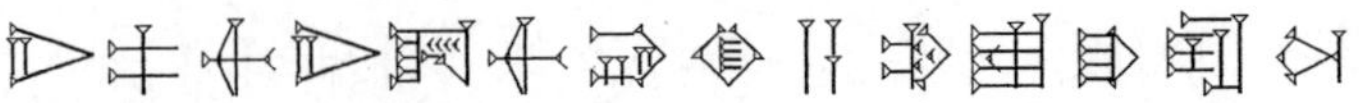

it-ti-bi [?] < it -bi
過三単

ni -pa -ti　ni　it -ti -bi　ki -a -am　iš -pur -ra　nim < tebūm 立てる、
人質を 我々の　免除する」と　ように　書いてきた 私に、　解く

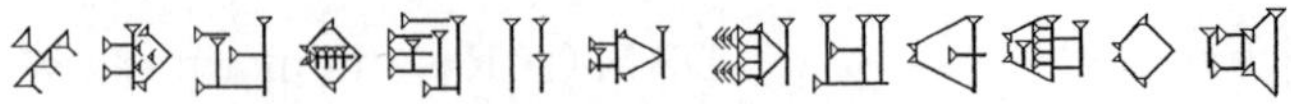

ma-ah-ra-a-ta
継続、二単

še　am　ma -ah　-ra -a -ta　li -ib -ba　ka　ţa$_3$　-ab　<mahārum 受ける
大麦を 汝は受け取って、 心は　汝の 満足した。（では）　am こちらに

a-li-a（o.akkad）
< alū

a　-li -a　am　ma　mārāt^{meš}　ia-si -ili$_3$　a -pu -ul　< elūm 上がる
来て　こちらに　娘達に　ヤシリの 答えなさい。a-pu-ul 命令形 < apālum

DAM-GAR$_3$ > tamkāru　DUMU > māru　IR$_3$ >（w）aradu　iš-pur-rā 過去、三複女 < šapārum 書く。ma-hi-ir 継続三単男 < mahārum 受ける。še < še'u

GI-PA-SIG$_2$-IŠ 不詳。ţa$_3$ -ab < ţābum 良い。it-ti-bi [?] < it -bi 過三単 < tebūm 立てる、解く。ma-ah-ra-a-ta 継続二単 < mahāru 受ける。a-pu-ul 命令形 < apālum 答える。

am こちらに。a-li-a（o.akkad）< alū < elūm 上がる

封筒　ルシュタマール へ

署名　神ニン・シュブルの奴隷、イビ・ニンシュブルの息子である商人アンシュバニ（の署名）

本文　ルシュタマールに伝えよ。かく アンシュバニは（言う）。

ヤシリの娘達が私に書いた所では、こう彼女達は（言っている）。

「——の大麦を彼（ルシュタマール）は受け取っている。（そこで）彼の心は満足したので、今や我々の人質を彼は免除するだろう。」と。

そこに書いてあるように、大麦を貴殿は受け取っている。（且つ）貴殿の心は満足した。こちらに来てヤシリの娘達（の期待）に答えてやりなさい。

29　旅先からの依頼

a -na ka -ka -a u$_3$ mi -ir -si -ia qi$_2$ -bi ma
に　カカ　と　ミルシア　伝えよ。

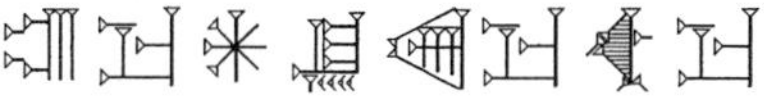

um-ma ^{ilu}sin -ma -gir ma　　^{ilu}sin < ^{d}EN-ZU
かく　シン・マギルは（言う）。　　^{ilu} šamaš < ^{d}UD

ba（-al）-li-iţ 嘆願法

^{ilu} šamaš li ba -al -li -iţ ki -na -ti　　< balāţum 生きる
太陽神が ように 健康を与える 貴女方に。

warham < ITI

an -nu -um ša$_2$ warham I^{kam} ——
事について という↓ 一ヶ月間

ŠU$_2$ KASKAL

ma -ma a -na ŠU$_2$ KASKAL [še-e] libbim　　> kidennu harranim
何も のため 助けや 旅の 訪問や 心の　　libbu < ŠA$_3$

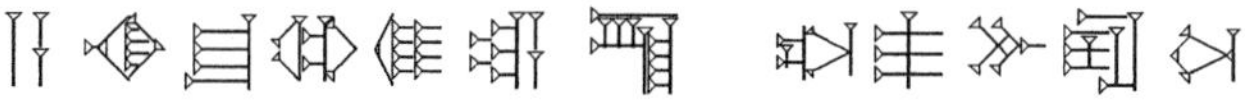

ta-aš$_2$-pu-ra 現二単

a-na šu -ul -mi ia la ta -aš$_2$ -pu -ra nim　　< šapārum 書く
について 健康 私の なかった 汝は尋ね （私に）↑。

a-nu-um ma $^{I\ ilu}$ šamaš -e -pi$_2$ -ri
ここに シャマシュ・エピリを

aţ-ţar$_2$-da$_4$$^?$ < aţarrad 現一単

a-na　şi -ri　ki -na　aţ -ţar$_2$ -da$_4$　　< ţarādum 送る

て　対し 貴女方に　送る。(そこで)

šu$_2$-bi-la 命令
< šubulum

30 (sila$_3$) še-bar　10 (sila$_3$)　gu　šu$_2$ -bi -la　nim　sila$_3$ 約0.85リットル

30（シラ）の大麦、10（シラ）の野菜を 持たせよ 私宛て

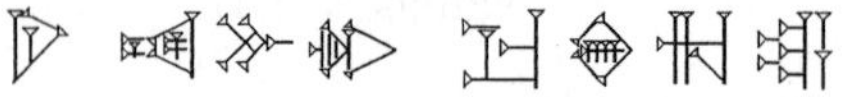

ša$_2$　　şi -bū -tim　ma -ah -ri　ia

所の 必要品である のため　私。(そして)

i-ba-aš$_2$-ši 現三複女

i -ba -aš$_2$ -ši　^{reš}amtum a -na　şi -ri　ia　　< bāšum ある

いるなら　女奴隷が に　宛て 私、

li li-kam = li ilik am

li　li -kam　ma　lu ša$_2$ -bi -la　ki -im　ma　　< alākum 行く

ように（私の所に）来る。たい 持たせ　貴女方へ（金を)、

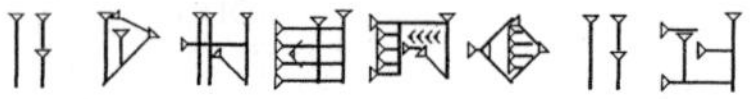

ki-im < kināsim

a -ša$_2$ -ri -iš　id -na -a　ma

直ちに　与え。　　id-na-a 嘆願 <nadānum 与える

ša　tu -ša$_2$ -bi -la　nim　i -na iš　-ri　ša$_2$-bi-la š 話態、嘆願

物は 貴女方が送ってくれる 私に、　に　税　　< abālum 動く

ki -na -ama　　hu -ur -ṣa ma　ši -ta -tum　hu-ur-ṣa 命令 < harāṣum 填める
貴女方の　　　充てて下さい　　残りは。　a-ša$_2$-pa-ra 過一単 < šapārum

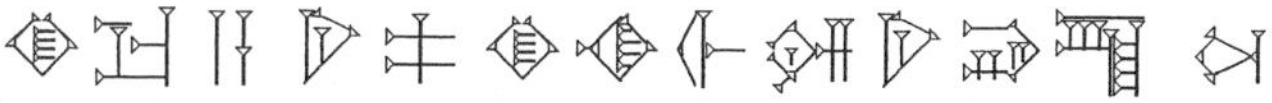

ki-ma　a -ša$_2$ -pa- (ra) ki -na -ši -im　šu$_2$　-bi -la　nim
ように 書いた　　　　　　貴女方に　　送りなさい 私に。

ba-al-li-iṭ 嘆願形 < balāṭu 健康にする。ta-aš$_2$-pu-ra 過二複 < šapāru 書き送る。

aṭ-ṭar$_2$-da$_4$? < aṭarrad 現一単 < ṭarādu 派遣する。i-ba-aš$_2$-ši < ibāšši 現三複女 < bāšu ある。li-kam < ilik am 嘆願 < alāku am こちらへ来る。id-na-a 命令 < nadānu 与える。hu-ur-ṣa 命令 < harāṣu 填める。a-ša$_2$-pa-ra < ašappar 現一単 < šapāru 書き送る。šu$_2$-bi-la š 話態、命令 < šubulu < abālum 動く。

楔形文書　石　26×22cm　BC 1273〜1244年
アッシュールにてシャルマネセル一世がある門の再建をした記録で、中に「私は建物の崩れた残骸を取り除き、脆い部分を修復し、倒壊した部分をすっかり再建した。——」と書かれている。　大英博物館

カカとミルシアに伝えよ。かくシン・マギルは（言

う)。
太陽神が貴女方に健康を与えるように。さて、
一ヶ月間、誰も旅の助けや心の訪問や私の健康について(私に)尋ねなかったという事については(気にしていない。)——
ここにシャマシュ・エピリを貴女方に対して送る。(そこで)私のため必要品である所の1/10(グル)の大麦、1/30(グル)の野菜を私に宛て持たせて下さい。(そして)私宛ての女奴隷がいるなら、私の所に来るように。貴女方へ直ちに(金を)持たせ、与えたい。貴女が私に送ってくれる物については、私が貴女方に書いた(品だけを)私に送りなさい。残りは、貴女方の税に充てて下さい。

30　取税の記録

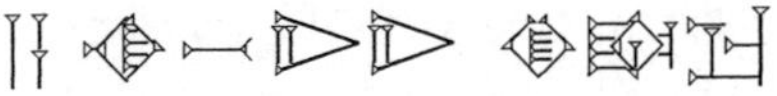

qi$_2$-bi$_2$ 命令 < qabūm 言う

a　-na　be -l [i$_2$　ni] qi$_2$ -bi$_2$ [ma]
に　　主　我らの　伝えよ。

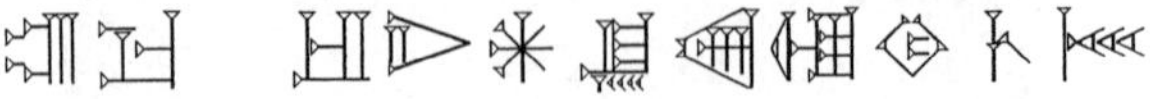

um -ma　　　ib -ni - ^{ilu} sin　u$_3$　daiānu [^{meš}　　daiānu^{meš} < DI-KU$_5$^{meš}
以下(答える)イブニ・シン と判事らは

ib-ni- ^{ilu} sin　高職名?

si] ppar ^{ki}　　am -na -nu -u [m　ma]　aš$_2$ -šum　ša$_2$
シッパル　　-アンナヌムの。　　　関して 所に　sippar^{ki} < UD-KIB-NUN^{ki}

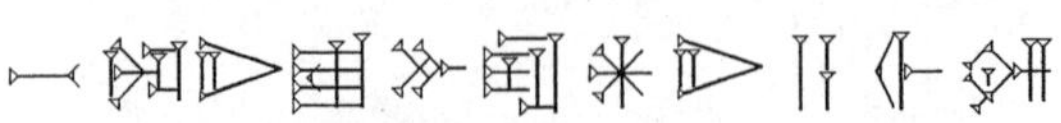

iš-pu-ra 過三単 < šapārum

be -el　ni　　iš -pu -ra　an -ni -a -š [i -i] m
主が 我らの 書いてきた 我々に、

um-ma be -el ni ma ki -ma
かく（述べた）主が 我らの 即ち、

ta-ap-ri-ka 過二複 < parākum

a -na mi -ik -si ma -kā -si ta -ap -ri -ka ma
「を 税金の 取り立て 汝らが妨害するので、

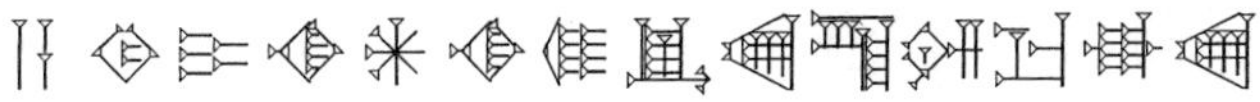

a -di i -na -an -na mi -ik -su la [i] m -ma -ak -su im-mak-ka-su N 話態、現三複男 <makāsum 税金を取立てる
まで 現在 税金が いない 払われて」と

mākis KA$_{2}$-DINGIR-RA^{ki} ——
収税人が バビロンの（報告している）。

mākis=ZA$_{3}$-HA
KA$_{2}$-DINGIR-RA^{ki} 直訳すれば、神々の門

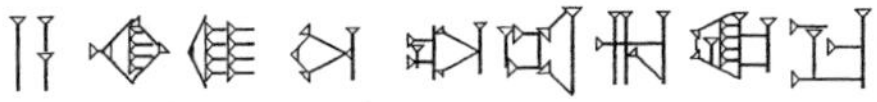

a-na mi -nim ta- [ap -ri -ka m] a
のため 何、汝らが妨害をするだろうか、（又どうして）

im-ma-ki-is N 話態、過三単 <makāsum 税金を取立てる

mi -ik -su a- di i -na -an -na
税金が まで 現在

[la im -ma -ki -is] [m]ākis KA$_{2}$-DINGIR-RA^{ki}——
なかったのか 払われ、と。取税人は バビロンの ——

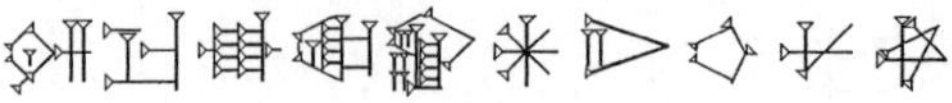

im -ma -a [k -ka -as] an -ni -tam nu ub ── E$_2$ SAG -IL$_2$ エサギラ寺院
払われるだろう。この事は 我々が 持った ──^{ilu}marduk < ^{d} AMAR-UD

ma -la i -na E$_2$ SAG -IL$_2$ ma -har ^{ilu}marduk
何であれ に（届いた物は）エサギラ 前の 神マルドゥクの、

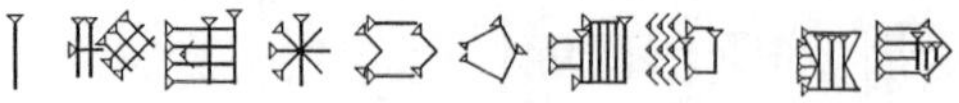 DUB-ŠAR ZAG-GA

^{I} gi-mil - ^{ilu} marduk DUB -ŠAR ZAG -GA =zazakku
ギミル・マルドゥクが 書記長の

 iš-ša$_2$-ak-nu N 話態、現三単

ša$_2$ a-na ib [-ni -^{ilu}sin iš -ša$_2$] -ak -nu < šakānum 置く
所の に イブニ・シン 指名されるだろう ib-ni- ^{ilu} sin 高官名

 u$_2$-te-ir D 話態、過三単

a-na DUB -ŠAR -ru-tim u$_2$ -te -ir ma < tārum 返す
に 書き物 転載して、

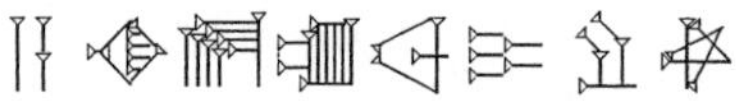 E$_2$ DUB BA > bīt ţuppi

a-na E$_2$ DUB BA i [-ru -u] b i-ru-ub 過三単 < erēbum
に 記録保管所 入れてあった（のが証拠だ。）

ki-ma be -el ni iš -pu -ra an- [ni -a -ši -im] iš-pu-ra 過三単
< šapārum 書く
所によれば 主が 我らの 書いた 我らに

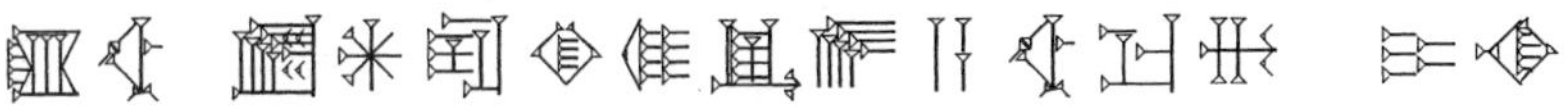

mākis　KA$_2$-DINGIR-RA ^{ki} mi -ik -sa a -h [a -mā -mu —— i-na ——]
収税人は バビロンの　　　　税を　集めていた　　で　——。「< kānu

uk-ti-in-nuD 話態、完三単男

uk -ti -in -nu—　　　^{warah}ţebātu　　u[m —]　^{warah}ţebātu=^{iti}AB-E$_3$ 12～1月
彼らはそれを証明した。テベーツの月、　　　　　　　MU= šatte 年
（以下はシュメール語）

MU AM-MI-ZA-DUG -G [A　LUGAL　E]
年 アンミサドゥッガ　　　　王の　が

^{urudu}　KI -LUGAL　G[UB BA——　]
銅製王碑を　　建てた所の。

daiāni^{meš} < DI-KU$_5$^{meš}　ib-ni- ^{ilu} sin　高職名？　sippar^{ki} < UD-KIB-NUN^{ki} iš-pu-ra 過三複男 < šapārum 書き送る。ta-ap-ri-kā 過二複 < parāku 反対する、妨害する。

im-ma-ak-su$^?$ < immakisu N 話態、過三複男 < makāsu 税金を取り立てる。mākis=ZA$_3$-HA 取税人。im-ma-ki-is < immakis N 話態、過三単。im-ma-ak-ka-as < immakkas N 話態、現三単。E$_2$ SAG -IL$_2$ エサギラ寺院。DUB-ŠAR ZAG GA シュメール語で直訳すれば、脇役の秘書。ここでは高官公務員 = zazakku。iš$_2$-šak-nu$^?$ < iššakkanu N 話態、現三複男 < šakānu 置く。u$_2$-te-ir < utir D 話態、過三単 < tāru 返す、書き換える。E$_2$ DUB　BA=bīt ţuppi シュメール語で直訳すれば粘土板の家。ī-ru-ub 過三単 < erēbu 入る。uk-ti-in D 話態、完三単男 < kānu 立証する。^{warah}ţebātu=^{iti} AB-E$_3$ 12～1月

MU= šatte 年。^{URUDU} 銅製の。

我らの主に伝えよ。シッパル—アンナヌムのイブニ・シンと判事らは以下の如く（言う）。我らの主が我々に書いてきた件に関してであるが、我らの主は以下のように（述べている）。即ち、
「税金の取り立てを汝らが妨害して、現在まで税金が払われていない」とバビロンの収税人が（私に報告した）。何のため、汝らが妨害をするのか、（又どうして）税金を現在まで払わないのか」と。
—— バビロンの取税人は　—— 払われる。我々が持ったこの事は　——
神マルドゥクの前で、エサギラ神殿に（届いた物は）何であれ、（いずれ）イブニ・シンに指名されるだろう所の書記長、ギミル・マルドゥクが書き物に転載して、記録保管所に納入している。（これがよい証拠である。）
我らの主が我らに書いている所によれば、バビロンの取税人は税を——で集めていた。彼らはそれを証明した。
テベーツの月、王のアンミサドゥッガが銅製王碑を建てた所の年。

31　判決の不服

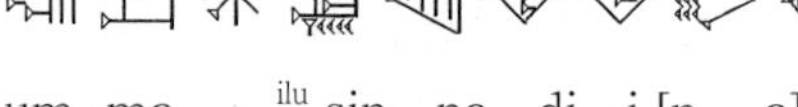

a -na　a -we　-lim　qi$_2$　-bi$_2$ ma
へ　局長　伝えよ。

qi$_2$-bi$_2$ 命令 < qabūm 言う
a-we-lim 元来は「人間」

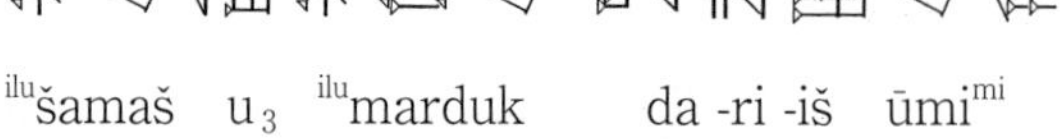

um -ma　^{ilu}sin　-na -di　-i [n　-a] h -hi　ma
かく　シン・アディン・アヘは（言う）。

^{ilu} sin < ^{d} EN-ZU

^{ilu}šamaš　u$_3$　^{ilu}marduk　da -ri -iš　ūmi^{mi}
太陽神と マルドゥクが 永遠の日まで

ūmi^{mi} < UD^{mi}
^{ilu}šamaš < ^{d} UD
^{ilu}marduk < ^{d}AMAR-UD

 ba-al-li-ţu$_2$嘆願 < balāţum

li　ba -al -li -ţu$_2$　ka　lu　ša$_2$ -al -ma -ta　ba-al-ţa-ta 継続二単
ように 健康を与える 汝に。あれ 平和で、　ša$_2$-al-ma-ta 継続二単 < šalāmu

lu　ba -al -ţa -ta　ilum　na -şi -ir　ka　ri -eš ka na-şi-ir 命令形 < naşāru
あれ 健康で。神が　守り 汝を、頭を 汝の　ilum < DINGIR

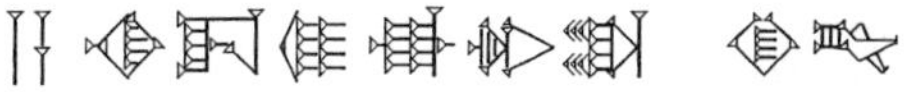

a　-na　da　-mi　-iq -tim　li　qi$_2$ -il　qi$_2$-il < qālum 注意する
のため　幸福　ように 注意する。

 aš$_2$-pu-ra 過一単 < šapārum

a　-na　šu　-ul　-mi　ka　aš$_2$ -pu -ra　am
に関し　安否　汝の（尋ねたく）書いた。

šu -lum　ka　ma -har　^{ilu}šamaš　^{ilu}marduk
幸福が 汝の の前で　太陽神、マルドゥク

u$_3$　be -li$_2$　ia　AM -MI -ZA -DUG -GA　lu　da　-ri
と　主　我が アンミサドゥッガ　あれ 永遠で。

aš$_2$ -šum　di -ib -ba -at　$^{I\ ilu}$sin　-ri　-me　-ni
関しては　裁判に　シン・リメニ

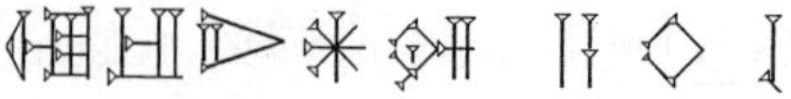

u$_3$ ib -ni - ^{ilu}adad a -hi šu$_2$ 　　^{ilu}adad < ^{d}IŠKUR
対 イブニ・アダドの 兄弟 彼の、

ša$_2$ i -na sippar^{ki} -ia -ah -ru -rum
所の で シッパル・ヤールルム 　　sippar^{ki} < UD-KIB-NUN^{ki}

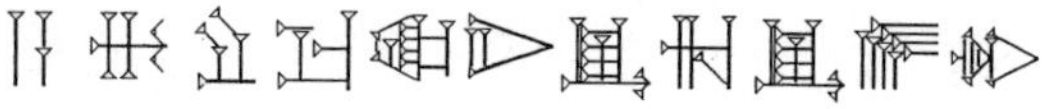

ā -mu -ru ma ka -ni -ik ri -ik -sa -tim 　āmur 過一単 < amārum 見出す
私が調査した、 署名文書を 契約の

u$_2$-še-şi$_2$-bu Š 話 態、過三複男

u$_2$ -še -şi$_2$ -bu šu -nu -ti ku-nu-uk šange ^{ilu}šamaš 　< waşābum 付加する
付加せしめ 彼らをして、 署名 司祭 太陽神の、 　šange < SANGA

šange ^{ilu}a-a u$_3$ ku -nu -uk ka -ti ku -nu
司祭の アヤ女神の と 署名で 証明の 貴殿らの

ta-ak-nu-ka 過二単男

ta -ak -nu -ka ka -ni -ik ri -ik -sa -ti ši -na -ti 　< kanākum 署名する
貴殿がシールした。署名文書は 契約の その

kātu < katāum 保証する

$^{I\ ilu}$sin -ri -me -ni šu$_2$ -u$_2$ na-ši
シン・リメニが その 受け取っている。(しかし)

na-ši 継続三単男 < našūm 運ぶ

ki-ma ^{ilu}sin -ri -me -ni šu$_2$ -u$_2$
ので シン・リメニが その

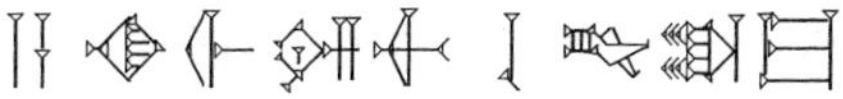

a -na ši -im -ti šu$_2$ il -li -ku
に 運命 彼の 従った、

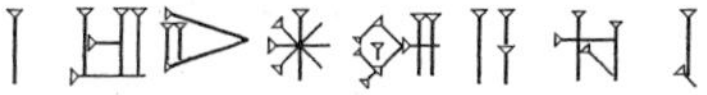

il-li-ku 過三単 < alākum 行く

^{I}ib-ni - ^{ilu}adad a -hu šu$_2$
イブニ・アダドが 兄弟 彼の

bīt < E$_2$

ur-ta-ag-gi D 話態、完了三単 < ruggum 偽りで不服を申し立てる

a -na bīt ^{ilu}sin -ri -me -ni ur -ta -ag -gi
につき 家 シン・リメニの 不服申し立てをした。(さて)

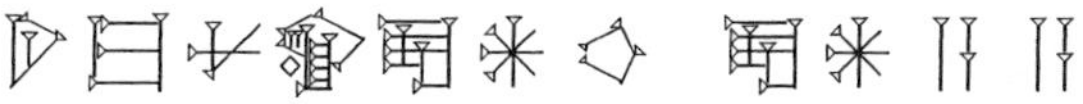

ša$_2$ ku-nu-uk šange ^{ilu}šamaš šange ^{ilu}a-a
もし 署名 司祭 太陽神の、司祭の アヤ神の

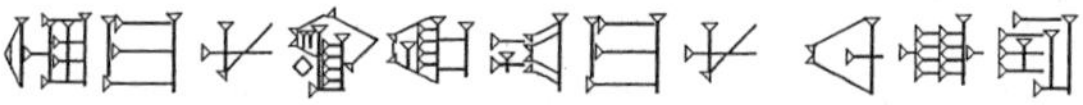

ba-aq-ru 継続三単男 < baqārum 議論する

u$_3$ ku -nu -uk -ka -at ku-nu ba -aq -ra
や 署名を 貴殿方の 疑っているなら

im-ma-ah-ha-ar N 話態現三単 < mahārum 受ける

ku -nu -uk ma -an -ni -im ma im -ma -ah -ha -ar
署名が 誰の 受け入れられるのか。

ni-ik-kum < nim kum

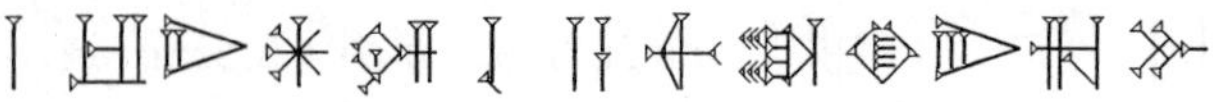

貴方の方へ

^{I} ib -ni -^{ilu} adad　šu$_2$ -a -ti　li　ki -ir -ri -bu　　muh 元来、頭蓋骨
イブニ・アダドを　その、 ように　中に（引き出し）

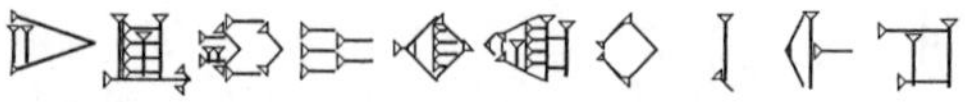

ši-si 嘆願法 < šasūm 叫ぶ

ni -ik -kum i -na muh -hi šu$_2$　ši -si　　iš-ša$_2$-kin N 話態、過三単
貴殿方の　に　対して　彼　命令する。（そうすれば）　< šakānu 置く

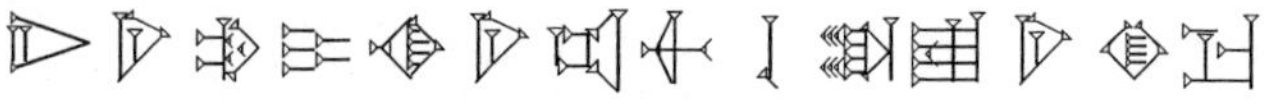

u$_2$-ra-ag-ga
D 話態、現三単

nī -ša$_2$ am i -na ša$_2$ -ap -ti šu$_2$ li iš -ša$_2$ -ki ma　< ruggum 不服を
誓いを　に　唇　彼の だろう 置かれた　言う

a-na bīt ^{ilu} sin -ri -me -ni a -hi šu$_2$ la u$_2$ -ra -ag -ga
につき 家 シン・リメニの、兄弟 彼の ないと（今後）申し立てし。

a-we-lum 元来は「人間」の意、しかし「人間」には amilum を当てるようになった。

ba-al-li-ţu$_2$ < ibliţ 嘆願法 < balāţu 健康である。嘆願では ibliţ の筈だが、なぜか D 話態、過三複男の形を取っている。あとは ba-al-ţa-ta 継続二単。ša$_2$-al-ma-ta 継続二単 < šalāmu 平安である。na-şi-ir 命令形 < naşāru 守る。ilum < DINGIR 神。qi$_2$-il 嘆願 < qālum 注意する。aš$_2$-pu-ra 過一単 < šapārum 書く。āmur 過一単 < amārum 見出す。

u$_2$-še-şi$_2$-bu Š 話態、過三複男 < waşābum 付加する。ta-ak-nu-ka 過二単男 < kanākum 署名する。kātu < katāum 保証する。na-ši 継続三単男 < našūm 運ぶ。il-li-ku 過三単 < alākum 行く、運命に従う、とは死んだこと。ur-ta-ag-gi D 話態、完了三単 < ruggum 不服を申し立てる。u$_2$-ra-ag-ga D 話態、現三単 < ruggum 不服を言う。ba-aq-ru 継続三単男 < baqārum 議論する。im-ma-ah-ha-ar N 話態、現三単 < mahārum 受ける。

ni-ik-kum < nim kum 貴方の方へ。ši-si 嘆願法 < šasūm 叫ぶ。iš-ša$_2$-kin N 話態、 過三単 < šakānu 置く

局長へ伝えよ。かくシン・アディン・アへは（言う）。
太陽神とマルドゥク神が永遠の日まで汝に健康を与えるように。平和であれ、健康であれ。汝を守る神が、汝の頭を幸福に向け注意させるように。
汝の安否に関し（尋ね）書いています。
太陽神、マルドゥク神と我が主アンミサドゥッガの前で汝の幸福が永遠であれ。
私がシッパル・ヤールルムで調査した所の、シン・リメニと彼の兄弟イブニ・アダドとの裁判に関してだが、
彼らをして契約の署名文書を追加（作成）せしめ、太陽神の司祭、アヤ女神の司祭の署名と貴殿らの証明する署名をもって貴殿がシールした。（そして）その契約の署名文書はそのシン・リメニが受け取っていた。
（所が）そのシン・リメニが彼の運命に従った（死んだ）ので、彼の兄弟イブニ・アダドはシン・リメニの家（に関する裁判）につき不服の申し立てをした。
（一体）もし太陽神の司祭、アヤ神の司祭の署名や貴殿方の署名を疑うなら、誰の署名なら受け入れるというのだろうか。
その男イブニ・アダドを貴殿方の中で（引き出し）彼に対して命令しなさい。
（そうすれば）彼の兄弟シン・リメニの家につき（今後）申し立てしないと彼の唇に誓いをたてることだろう。

32　女奴隷の所属

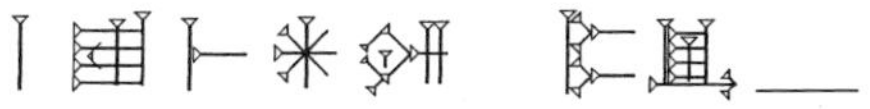

^{I}iš -me- ^{ilu}adad　mār ig——　　^{ilu}adad < ^{d}IŠKUR=^{d}IM

イシュメ・アダドが 息子の イグ——の

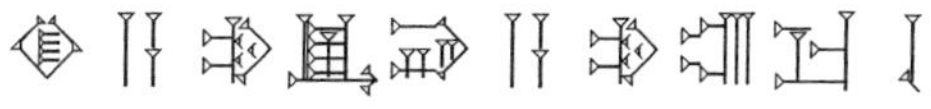

iq-bi 過三単男 < qabūm 言う

ki -a -am　iq　-bi　a -am　um -ma　šu$_2$ [ma]

こう　言った 私に。以下のように 彼は（言った）。　libbu < ŠA$_3$

　rāš 奴隷の限定詞

I　^{rāš}amtam　libbi　ša$_2$ bīt　a -bi -ia
「一人の女奴隷を 中の の 家　我が父の

　kaspu < KU$_3$-BABBAR

a -na -ku　u$_3$　ah -hu　ia　a-na　kaspim
私　と　兄弟が 我が　で　銀

　ni-id-di-in 過一複 < nadānum

a-na tamqarim　ni -id -di -in　ma　tamqaru < DAM-GAR$_3$
に　商人　売った。

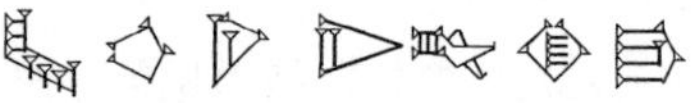　ni-il-ki-e 過一複 < leqūm

[kas] ap　ša$_2$　ni -il　-ki　-e
銀を　その　我々は受け取った。（しかし）

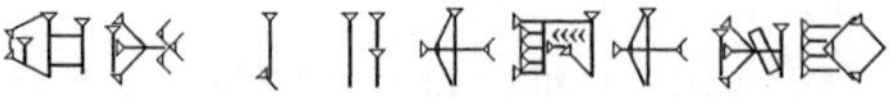

^{rāš}amtam　šu$_2$ -a -ti　it -ti　tamqarim
女奴隷を　その　から　商人

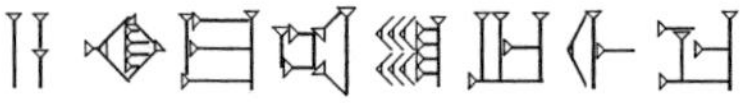　ap-ţu$_2$-ur 過一単 < paţārum

a -na -ku　ap -ţu$_2$-u [r　š] i ma
私が　釈放して、

　na-ši-a-ku 継続一単

ka　-ni　-ik　sa$_2$　na　-ši [a-ku]　< našūm 運ぶ。
署名文書を 彼女の 持っている。（その後）

 šattu < MU

iš -tu šattim 10 [k[am]] [rāš] amtum ši -i ma -ah -ri ia wa-aš$_2$-ba-at 継続三単女
以上も 年 10 女奴隷は その 所に 私の < wašābum 住む

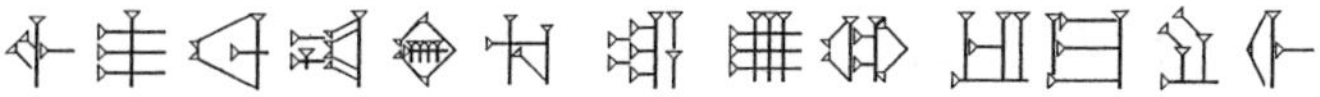 ib-qu$_2$-ru 過三複男

[wa -aš$_2$ -ba -at] ah -hu ia u$_2$ -ul ib -qu$_2$ -r [u ši] < baqārum
住んでいて、 兄弟も 我が ない（異議を）唱えて。（しかるに）

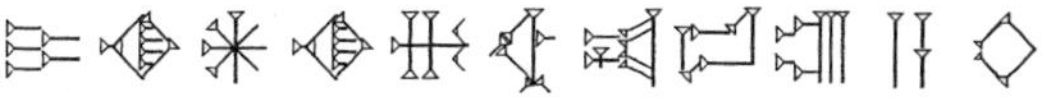

i -na -an -na mu -ha -ad -du -um [a-hi]
この度 ムハッドゥムが 我が兄弟の

 il-te-qi 完三単男 < leqū

[rāš]amtam šu$_2$ -a -ti a- šar [ša -ni -im ma] il -te - [qi]
女奴隷を その 場所で 他の 奪った。」と。

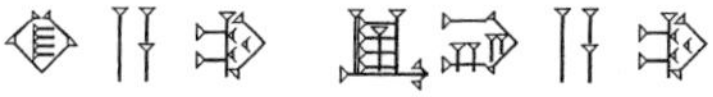

ki -a -am iq -bi [a -am]
このように 彼は言った 私に。

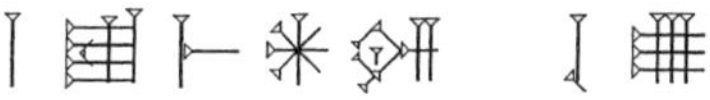

[I] iš -me - [ilu] adad [šu$_2$ -u$_2$]
「イシュメ・アダドが その

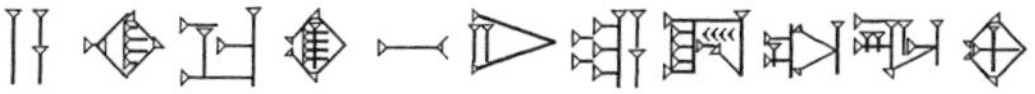 it-ta-al-ka 完三単男 < alākum

a -na ma -har be -li$_2$ - ia it -t [a -al -kam] am こちらへ
に の前 我が主 来ている。

iš-me 嘆願 < šemūm 聞く

be -li$_2$ ša$_2$ ap -ti šu$_2$ l [i iš -me]
主よ それを 口から 彼の 給え 聞き。

mu-ur 嘆願法 < amārum 見る

ka -ni -ka -ti šu$_2$ li m[u -ur]
署名文書を 彼の 下さい ご覧。

i -na muh -hi mu -ha -ad -d [u -um]
て に対し ムハッドゥム、

li is -s [i ma] ^{rāš}amtam li te -er -ru n [i iš -šum]
下さい 命令して 女奴隷を ように 返す 我々に 彼に。

我々とは主、彼とは
イシュメアダドのこと

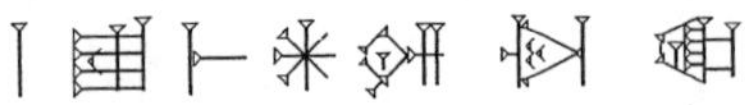

is-su, iš-su < šasum 叫ぶ

^{I} iš -me- ^{ilu}adad (w)ara [d ka]
イシュメ・アダドは 陛下の奴隷です。

te-er-ru 嘆願 <tārum 返す
ik-ru-ub 嘆願 < karābum 祈る

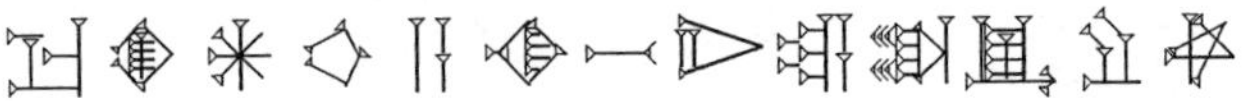

ma -har ^{ilu} šamaš a -na be -li$_2$ - [i] a li ik -ru -ub
の前で 太陽神 のため 我が主 たい 祈り。

be -li$_2$ at -ta i -na šu$_2$ -ul -mi u$_3$ ba -la -ţi
主よ、 陛下は の内に 幸運 と 健康

ir-ba 過三単男

< rabūm 大きくなる

a -na KA$_2$ -DINGIR-RA ^{ki}ir -ba am ma
で バビロン 成長し、

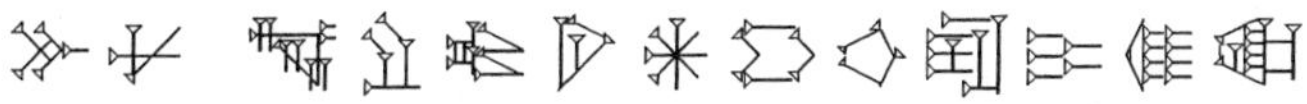

nam-ru-tum
< namārum 輝く

bu -nu nam -ru -tum ša$_2$ ^{ilu}marduk rā -i -mi ka
姿（天啓）が 光輝な の 神マルドゥク 愛人 汝の

rā-i-mi < rāmu

ba-ni < banūm

u$_3$ ^{ilu}adad ba -ni ka li im -hu -ru ka
と 神アダド 生んだ者 汝を、 ように 受け入れる 汝を

im-hu-ru 嘆願
< mahārum

^{ilu}adad < ^{d}IŠKUR=^{d}IM libbu < ŠA$_3$ rāš 奴隷の限定詞。iq-bi 過三単男 < qabūm 言う。kaspu < KU$_3$-BABBAR 銀。ni-id-di-in 過一複 < nadānum 与える。

ni-il-ki-e 過一複 < leqūm 取る。tamqaru < DAM-GAR$_3$ 商人。ap-ţu$_2$-ur 過一単 < paţāru 解放する。na-ši-a-ku 継続一単 < našūm 運ぶ。šattu < MU 年。

wa-aš$_2$-ba-at 継続三単女 < wašābum 住む。ib-qu$_2$-ru 過三複男 < baqārum 議論する、異議を唱える。il-te-qi 完三単男 < leqūm 取る。it-ta-al-ka 完三単男 < alākum 行く。am こちらへ。iš-me 嘆願 < šemūm 聞く。mu-ur 嘆願 < amārum 見る。is-su, iš-su 嘆願 < šasum 叫ぶ。te-er-ru 嘆願 < tārum 返す。ik-ru-ub 嘆願 < karābum 祈る。ir-ba 過三単男 < rabūm 大きくなる。nam-ru-tum < namārum 輝く。im-hu-ru 嘆願 < mahārum 受ける。rā-i-mi < rāmu 愛する。ba-ni < banūm 建てる。

イグ——の息子のイシュメ・アダドが私にこう言った。以下のように。
「我が父の家にいた一人の女奴隷を、私と私の兄弟が銀で商人に売った。（そして）その銀を我々は受け取った。（しかしその後）商人からその女奴隷を私が釈放したので、彼女の署名文書を私が持っている。(現在は) 10年以上もその女奴隷は私の所に住んでいて、我が兄弟もそれに（異議を）唱えていない。(しかるに) この度、我が兄弟のムハッドゥムがその女奴隷を他の場所で奪った」と。このように彼は私に言ってきた。
そのイシュメ・アダドが我が主の前に来ている。
主よ、事件を彼の口から聞き給え。彼の署名文書をご覧下さい。そしてムハッドゥムに対して、女奴隷を我々に返すように、彼に命令して下さい。
イシュメ・アダドは 陛下の奴隷です。太陽神の前で我が主のため祈ります。
主よ、陛下は幸運と健康の内にバビロンで繁栄し、汝の愛人、神マルドゥクと汝を生んだ者、神アダドの光輝な姿（天啓）が汝を受け入れますように。

33　ハンムラビ賛歌

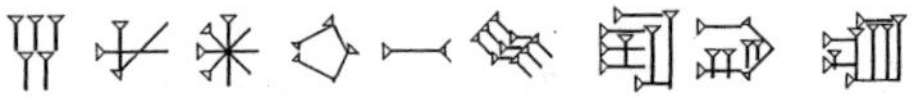

^{ilu}šamaš= ^{dingir}UD

i$_2$ -nu ^{ilu}šamaš be -lum ra -bi -um
時↓ 太陽神が、主人 偉大なる

šarru=LUGAL

ša$_2$ ša$_2$ -ma -i u$_3$ ir -ṣi -tim šarrum ša$_2$ ilāni ilāni= DINGIR-DINGIR
の 天 と 地、 王 の 神々

ha -am -mu -ra -bi ru -ba -am mi -gir šu$_2$
ハンムラビを 王子 お気に入り 彼の、

ia -ti in pa (-ni) šu$_2$ nam -ru -tim
私、で 顔 彼の 輝く

ip-pa-al-sa N 話態、過三単

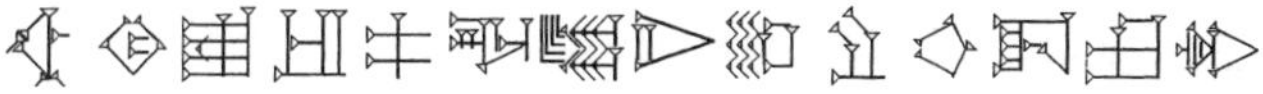 < palāsum 見入る

ha -di -iš　ip -pa -al -sa$_6$　ni　šar -ru -tam da -ri$_2$-tam$_3$
喜んで　見上げ、　王国と 永遠の、iš-ru-ka 過三単男

 < šarākum 与える

pala　umi^{mi}　ar -ku -tim　iš -ru -kam　　umi^{mi} < UD^{mi}
治世期を　長い　私に提供し、　　palu < BAL,　išdu < DU

 be-li-im < bēlum

išda　matim　ša$_2$　a-na　be -li　-im　　matu < KALAM
基礎を 土地の 所の ため　支配の　　i-di$_3$-na < iddin 過三単男

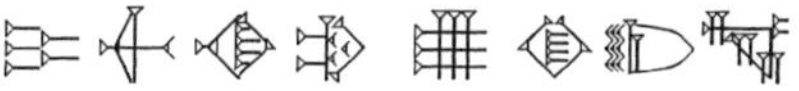 < nadānum 与える

i　-di$_3$　-na　am　u$_2$ -ki -in　nam　　ukīn D 話態、過三単
与えた　私に 彼が確立した↑、　　< kānum 証明する

 sippar^{ki}=UD-KIB-NUN^{ki}

ni -ši$_3$　sippar^{ki}　u$_3$　bab -ili$_2$^{ki}　　babil^{ki}=KA$_2$-DINGIR-RA^{ki}
国民が　シッパル　や　バビロンの　　とも

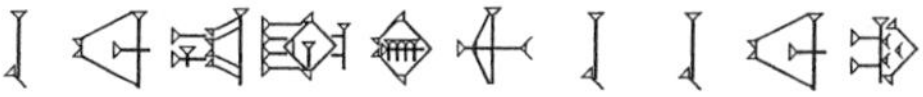

šu$_2$ -ba -at ne -ih -ti　šu$_2$　-šu$_2$　-ba　am　　šu$_2$-šu$_2$-ba Š 話態、不定法
生活を　平穏な　暮らすように　　< wašābum 住む

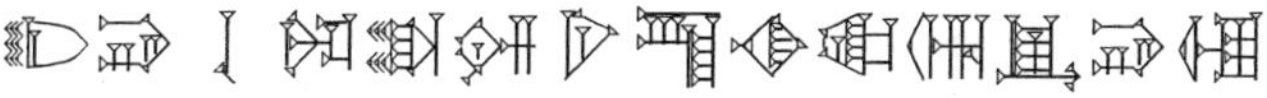 na-ka-ar 取り替える

in　bi　šu$_2$　el -li -im　ša$_2$　la　na -ka -ar　iq-bi　u$_3$　　< nakārum
で 口 彼の 純粋な 所の ない 変えられ 命令した。　iq-bi 過三単 < qabūm 言う

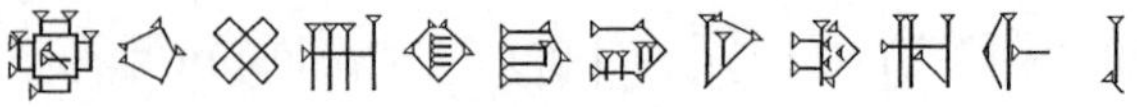

dur sippar^{ki}　e -pe$_2$ -ša$_2$ am ri -ši šu$_2$　epēša 継続、三単男
壁を シッパルの 作り、　頭を その　< epēšum なす

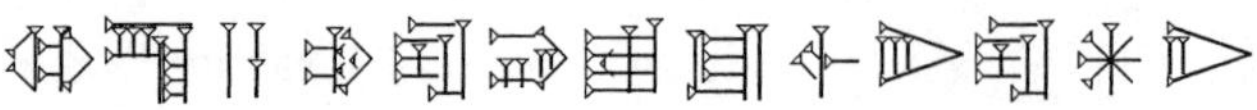
ul-la-a D 話態、現三単

ul -la -a　am ra -bi -iš　lu wa　-ir -ra　an -ni　< elūm 上げる
高くするべく 大いに　給え 導き　私を。　wa-ir-ra 嘆願

< warū 導く

ha -am -mu -ra -bi　šarrum　da -num$_2$
ハンムラビは　王　偉大な、

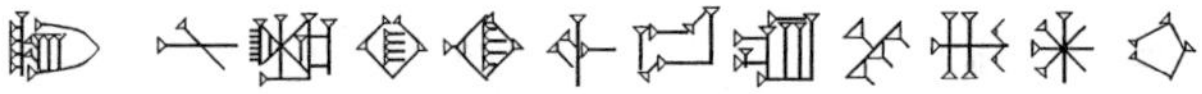

šar$_3$　bab -ili$_2$^{ki}　na -wi -du -um　še -mu　^{ilu}šamaš　še-mū 聞く者
王　バビロンの、崇拝者　従う　太陽神に、

na-wi-du-um

na -ra -am　^{ilu} a -a　mu -ţi -ib　li -bi ――　< nāidum 高い
愛人 アア女神の、喜ばす者　心を　――の。

na-ra-am < narāmum
いとしい

ša$_2$　iš-tu　UD^{um}　şi -a -tum　šarru^{ru}　in šarri^{ri2}　mu-ţi-ib 動名詞 < ţiābum 喜ぶ..
事を 以来　日　昔の　王が　王の中の　şi-a-tum < şatu 遠い

i-pu-šu$_2$ 過 三 単 <
epēšum なす

ma -na -ma　la　i　-pu -šu$_2$　a-na　^{ilu}šamaš be - li$_2$　ia　e-pu-uš 嘆願 < epēšum なす
誰も　なかった　為さ　に　太陽神　我が主

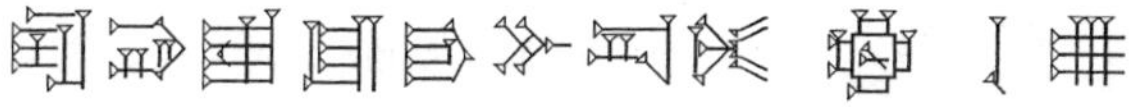 zum < šum

ra -bi -iš　lu　e -pu -uš　zum　durum　šu$_2$ -u$_2$ durum < BAD$_3$
大いに　たい　私はなし　彼に。壁は　その

in　qi$_2$ -bi -it　^{ilu} šamaš ha -am -mu -ra -bi
「で　命令　太陽神の　ハンムラビに

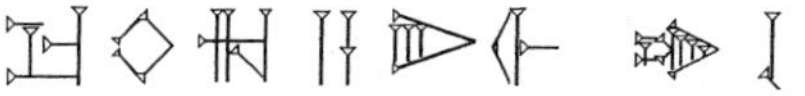 ir-ši 過三単 < rašū 持つ

ma -hi -ri　a　ir -ši　šum　šu$_2$　a < a-a 否定詞
対立者が 勿れ ある」 名を その（という）。

 ib-bi < inbi 過三単

in　pale　ia　dam -ki -im　ša$_2$ ^{ilu} šamaš ib -bu　u$_3$　< nabū 呼ぶ
で　治世　我が 素晴らしい　所の　太陽神が 宣言した、

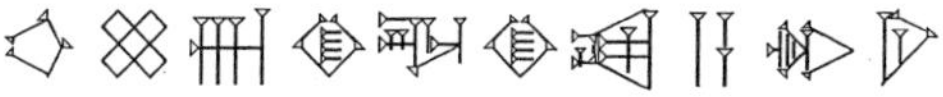

sippar^{ki}　al^{ki}　[ş] i -a -tim š[a$_2$ ——]
シッパルは　都　永遠の

ummānu　šu$_2$　in —　a-na　^{ilu} šamaš lu — ummānu <UM-MI-A 知識人
国民は　その　に　太陽神

 ahri 過一単
< harūm 掘る

nār　šu$_2$ lu　ah- [ri]　a -na　ir -şi [-ti　šu$_2$]　nār=ID$_2$=A-ENGUR
運河を その たい 私は掘り。には　土地　その

 aš$_2$-ku-un 嘆願 < šakānu 置く

me -e d [a -ru -tim] lu aš$_2$ -ku [-un]
水を 永遠の たい 調達し。

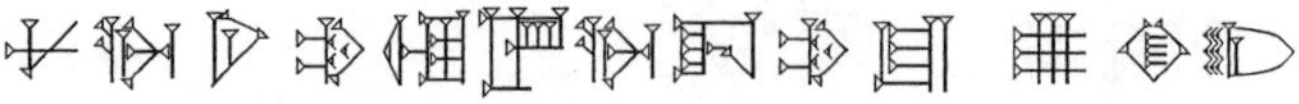

nu -uh$_2$ -š [a$_2$ am u$_3$ ţu -uh$_2$ -da am] lu u$_2$ [-ki -in]
富 と 財産を しよう 確保。

a -na ni -š [i$_2$ si] ppar^{ki} r [i -i] š -tam lu aš$_2$ -ku -u [n]——
には 国民 シッパルの よりよい物を たい 調達し。

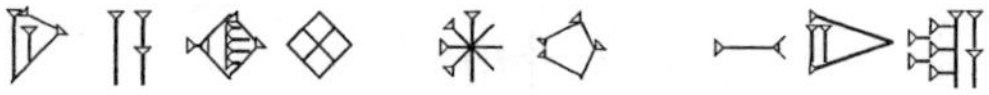

[ša$_2$] a -na libbi ^{ilu}šamaš b [e -li$_2$ i] a libbu < ŠA$_3$ 中心
事を↓ で 心中 太陽神の 主 我が ţa-a-bu < ţābum 喜ぶ

u$_3$ ^{ilu} a -a be -el -ti ia ţa -a -bu lu e -pu -uš
又 アア神の 女主人 我が 喜ぶ↑ たい 私はなし。

 šu$_2$-mi < šumu ia

šu$_2$ -mi dam -qa$_2$ -am UD^{mi} -ša$_2$ am ——
我が名は 素晴らしい 毎日——

^{ilu}šamaš=^{dingir}UD šarru=LUGAL ilāni=DINGIR-DINGIR

ip-pa-al-sa N 話態、過三単 < inpalis < palāsum 見入る。išruk 過三単男 < šarākum 与える。

umi^{mi} < UD^{mi} palu < BAL išdu < DU be-li-im < bēlum matu < KALAM sippar^{ki}=UD-KIB-NUN^{ki} babil^{ki}=KA$_2$-DINGIR-RA^{ki} とも書く。

i-di 3 -na < iddin 過三単男 < nadānum 与える。ukīn D 話態、過三単 < kānum 証明する。
$šu_2$-$šu_2$-ba Š 話態、不定法 < wašābum 住む。iq-bi 過三単 < qabūm 言う。na-ka-ar < nakārum 取り替える。epēša 継続、三単男 < epēšum なす。ul-la-aD 話態、現三単 < elūm 上げる。wa-ir-ra 嘆願 < warūm 導く。
i-pu-$šu_2$ 過三単男 < epēšum なす。na-wi-du-um < nāidum 高い。na-ra-am < narāmum いとしい。mu-ţi-ib 動名詞 < ţiābum 喜ぶ。şi-a-tum < şatu　遠い。e-pu-uš 嘆願 < epēšum なす。ir-ši 過三単 < rašūm 持つ。zum < šum durum < BAD_3 a < a-a 否定詞。ib-bu-u_3過三単 < nabūm 呼ぶ。ahri 過一単 < harū 掘る。$aš_2$-ku-un 過一単 < šakānu 置く。

天と地の偉大なる主人、神々の王、太陽神がその王子であり、彼のお気に入りである私、ハンムラビを、輝く彼の顔で喜んで見上げ、永遠の王国と長い治世を私に提供し、支配するため私に与えた所の土地の基礎を彼が確立した時、変わることない純粋な彼の口でシッパルやバビロンの国民が平穏な生活を暮らすようにと命令した。
シッパルの城壁を作り、その壁頭を高くするべく私を大いに導き給え。
ハンムラビは偉大な王、バビロンの王、太陽神に従う崇拝者、アア女神の愛人、マルドゥクの心を喜ばす者である。昔日以来王達の中の王が誰も我が主、太陽神に為さなかった事を、大いに私は彼になしたい。その壁はその名を「太陽神の命令で、ハンムラビに対立者がある勿れ」（という）。太陽神が宣言した所の素晴らしい我が治世で、永遠の都、シッパルは —— その国民は —— 太陽神に ——　その運河を私は掘りたい。その土地には、永遠の水を調達したい。富と財産を確保しよう。シッパルの国民にはよりよい物を調達したい。我が主、太陽神の、又我が女主人アア神の心中で喜ぶ事を私はなしたい。
素晴らしい我が名は毎日——

34　ハンムラビ碑文（シュメール文）

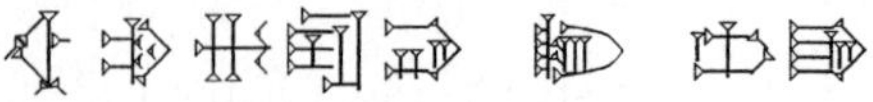

kalag-ga < kalag ak 力の

ha -am -mu -ra -bi　lugal　kalag -ga
ハンムラビ　王　強い、

天　地域　周辺　四つの
an -ub -da -limmu$_2$ の意

lugal　ka$_2$ -dingir-ra^{ki}　lugal　an -ub -da -limmu$_2$
王　バビロンの、　王　四つの方位の

門　神　の
ka$_2$ -dingir -ra^{ki}
の意

dim$_2$-dim$_2$ 繰り返し作った

kalam　dim$_2$ -dim$_2$ me lugal　nig$_2$ ak　-ak　bi
国土を　作った　所の、王は　行いで　その

nig$_2$ ak-ak 繰り返し行う事
ra は ka < ak の間違い？

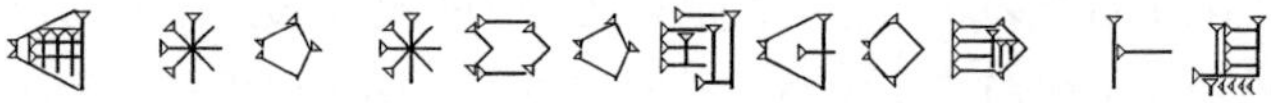

su　^{d}utu　^{d}marduk　ra　ba dug$_3$ -ga　me -en
体を　太陽神や マルドゥクの　喜ばす所の 私である。

zimbir^{ki}=UD-KIB-NUN^{ki}

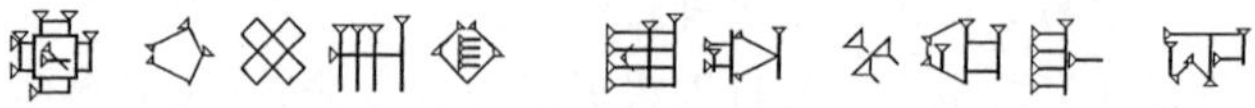

dug$_3$-ga < dug$_3$ a(k)

bad$_3$　zimbir^{ki}　sahar　ta　hur -sag gal　gin$_7$
城壁では シッパルの 土砂 により 山 大きな の如くに

he$_2$ 願望 < ha

sag　bi　he$_2$　mi　il$_2$
頂きをその たい そこへ積み上げ、

buranun= UD-KIB-NUN

ambar ra hu mu　ni　nigin$_2$　id$_2$　buranun
沼沢をば たい そこに 巡らせ。河 ユーフラテスを

zimbir[ki] še$_3$ hu mu ba -al　　zimbir[ki]=UD-KIB-NUN[ki]

シッパル町　まで たい　掘り（続け）。

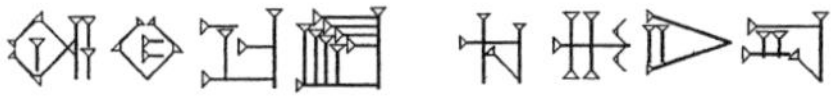

ke$_4$　能格を示す、～にこそ

kar silimma ke$_4$　hu mu　ni　us$_2$　　ma < -ak ～の

港 シリムの　に　　たい そこで 繋げ。　　ni　そこで

me < -ma < -ak 所の

ha -am -mu -ra -bi kalam　dim$_2$ -dim$_2$ me　dim$_2$ -dim$_2$ 繰り返しは、現

ハンムラビ　　　国土を　作る　所の、　在形を示す

lugal　nig$_2$ ak -ak　bi　su　^{d}utu　　^{d}marduk ra　ra は ka < ak の間違い？

王は　行いで　その 体を 太陽神や マルドゥクの

dug$_3$ -ga < dug$_3$ ak

ba　dug$_3$ -ga　me -en　　ba 動詞句の接頭辞（受け身）

喜ばす 所の 私である。　　bi　そして、位置に注意

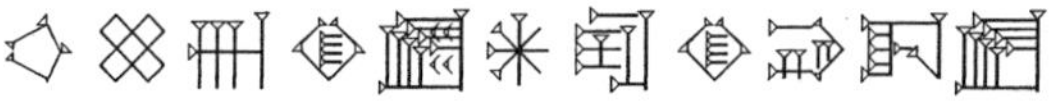

mi < bi 向こうからこちらへ、の意味がある

zimbir[ki]　ka$_2$ -dingir -ra[ki] bi　da　ke$_4$

シッパル　と　バビロン　　　　にこそ　　im < i$_3$　動詞句の接頭辞

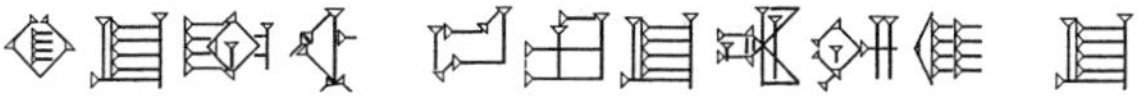

ku, še$_3$, tuš は 

ki -tuš ne -ha　du -ri$_2$ še$_3$　he$_2$　immi　tuš　　še$_3$　～に、後置詞

住居である 静安な 永遠　に　たい そこに住み。

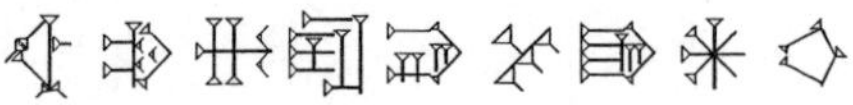

še-ga < šeg　ak
従う　所の

ha -am -mu　-ra -bi　še -ga　^{d}utu
ハンムラビ　　　同意し　太陽神が

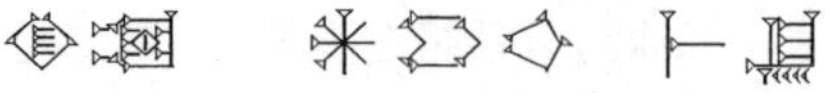

ki　-ag$_{2}$ [ga]　^{d}marduk　　me　-en
愛する所の マルドゥクが 私が〜である。

lugal ene　だけでも複数

u$_{4}$　ul　-li$_{2}$　-a　ta　　lugal lugal e -ne
時代　　遠い から、王達は

ga$_{2}$ < gu$_{10}$ a　我が〜に

ba -ra　　　an　dim$_{2}$ ma　^{d}utu　lugal ga$_{2}$　ba-ra an < bara　i$_{3}$　na
なかったが それを　　作ら、　太陽神　王　我が に　an < i$_{3}$　na　それを

gal　-bi　hu　　mu　na　du$_{3}$ (en)
大いに　だろう　　　なす（私は）。

kalag-ga < kalag ak 力の。 an -ub -da -limmu$_{2}$（天 地域 周辺 四つの）の意、四方位の王、は敬称慣用語。

dim$_{2}$-dim$_{2}$ 繰り返し作った。nig$_{2}$ ak-ak 繰り返し行う事、動詞の重ね言葉は、現在形を示す場合と、過去の動作の繰り返しを示す場合とある。ra は ka < ak の間違い？ marduk ra では、マルドゥクに対して、となる。

ka$_{2}$-dingir-ra^{ki}（門 神 の）の意、バビロンは神々の門、と呼ばれた。

zimbir^{ki}=UD-KIB-NUN^{ki} ウド・キブ・ヌンと書いて、シュメールではジンビル町と読み、アッカド社会ではシッパール町、と読んだ。ユーフラテス河はウド・キブ・ヌン川と書いたが、シュメールではブラヌン川と読み、アッカド社会ではプラット川と読んでいる。
ke$_4$ 能格を示す、～にこそ。me < -ma < -ak 所の、前語が m で終わるときはリエーゾンして -ak は -mak となり、更に k が落ちて -ma, -me となることがある。
dug$_3$ -ga < dug$_3$ -ak 。 he$_2$ 願望、～であれかし　< ha。ba 動詞句の接頭辞（受け身）。bi そして、位置に注意。日本語の等、と同じように最後につく。mi < bi 向こうからこちらへ、の意味がある。im < i$_3$ 動詞句には必ずつく接頭辞（通常）。は ku, še$_3$, tuš 等読み方が多いので注意。
še$_3$～に、日本語同様、後置詞。še-ga < šeg ak 従う所の。
he$_2$ mi il$_2$ < ha mu il$_2$ he$_2$ im mi tuš < ha i$_3$ bi tuš
buranun は　zimbir と文字表現は同じ（ud-kib-nun）。^{d} utu はハンムラビ王の個人神、^{d}marduk はバビロン国の主神。lugal ene だけでも複数、王達。シュメール語では普通、繰り返しで複数を示す。神々、家々、同様。
ga$_2$ < gu$_{10}$ a 我が～に。ba-ra an < bara i$_3$　na、an は i$_3$ na（それを～）の約まったもの。（en 私は）、主語を示す語尾の　-en が落ちている。

ハンムラビ、強い王、バビロンの王、国土を作った所の四方位の王、その行いで太陽神やマルドゥクの体を喜ばす所の王は、私である。
シッパルの城壁では、土砂でその頂きを大きな山の如くに積み上げ、沼沢をばめぐらせたい。ユーフラテス河をシッパルまで掘りそしてシリム港を繋げたい。
国土を作る所のハンムラビ、その行いで太陽神やマルドゥクの体を喜ばす所の王は、私である。静安な住居であるシッパルとバビロンにこそ永遠に住みたい。
太陽神が同意しマルドゥクが愛するハンムラビは私である。
遠い時代から王達は作らなかったが、我が王太陽神のため大いになすだろう。

2　新バビロニアの古文書

ここに掲載された書類はほとんど、エアンナ神殿、および様々な神殿の管理上の記録である。それらは約86年（紀元前625-539年）の間のものである。「古バビロニアの古文書」時代から1000年以上も後のものであるが、内容からは余りその差を感じさせない。

南バビロニアの古都ウルク（現在のワルカ）はバビロニアで最大の都市国家で、英雄ギルガメシュの国として有名であるが、ここウルクでは、始めは、偉大な天空の神、アンと女神イナンナに捧げられた堂々としたエアンナ神殿がそびえていた。エアンナとは「アンの神殿」という意味のシュメール語である。

はじめはイナンナは月神シンの娘であったが、しかし神話では、彼女は古い天空神アンのお気に入りとなって、アンのパンテオンでは、「アンの配偶者」つまりアントゥ、またはニンザリの名で呼ばれる地位を得て、エアンナでの尊崇を受け取ったのである。

歴史的にはウルクの最古の君主は、メス・キ・アガ・シェルであって、バビロニア人の偉大な英雄の１人だと考えられる。そして彼の息子、エン・メル・カールはウルクの都市の最初の建設者とみなされている。（紀元前3200年以前）。その頃のウルクで古拙文字の粘土板5000枚が発見されて、ベルリン自由大学で研究され、発表されている。

エアンナのイナンナに対する信心はバビロニアの間で絶大なるものがあった。

ハンムラビ王（紀元前1750年頃）は、エアンナの塔を作り上げて、彼自身を、命をウルクに与えた君主、とさえ呼ばせた。

外様（とざま）大名のカッシート人でさえもこの聖域を無視しえなかった。たとえばカッシート王、クリガルズはウルクのイシュタル神殿に約22キロメートル平方の広い公有地払い下げを行ったという。

アッシリアのエサル・ハッドン王（紀元前680-669年）はエアンナを再建し、エアンナ内のイシュタル神殿に特別の好意を見せたが、アシュル・バニパル（紀元前668-626年）も、エラム人から女神ナナを取り返した。それは彼が生まれる前1600 年も前に持ち出されたものであって、エアンナでそれを元どおりに神殿に置いて、エシャール・グバンナと呼んだ。

新バビロニア時代では、ネブカドレザール王は特に、ウルクおよびその古代の神殿の再建活動に強い関心を持った。彼も神殿を建てたり新しくしたようである。最後のバビロニアの王ナボニドスも、エアンナに彼の信心深い心を広げた。すなわち、コンスタンチノーブルにあるナボニドスの石柱碑の中で、彼は語っている。「イナンナは七匹のライオンを従え、黄金の住居に住む地位が高い王女であった」と。

イナンナへの信心は、後期になるとアン神への崇拝が大きくなり、ウルクではイナンナへの崇拝を弱めたようであるにもかかわらず、ペルシャ時代、およびセレウキア時代を通してずっと後世まで続いたのである。

このエナンナの祭祀での供物、奉献の儀礼は同時に貧者に財を分与することの社会的意義もあったことを理解しなければならない。

男女座像　BC2600年頃

1. 依頼などの私信

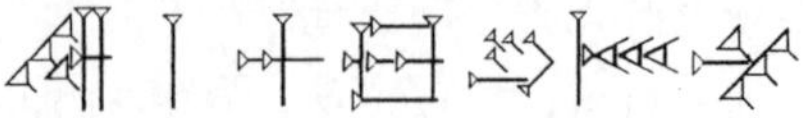

ṭuppi ilu nabu -ahe -iddin
手紙 ナブ・アヘ・イディンの

a -na ilu inanna -zīru ušabši
宛てた イナンナ・ゼル・ウシャブシに

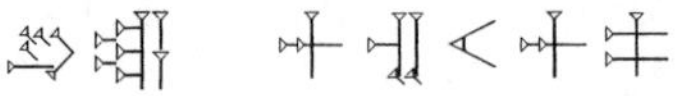

ahe ia ilu bel u ilu nabu
兄弟 我が。神バアル と 神ナブが

šu -lum $ša_2$ ahe ia
健康を に 兄弟 我が（与え給え）。

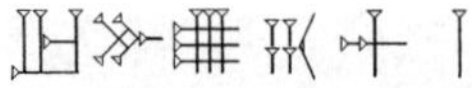

liq -bu $-u_2$ ha -an -diš
言ってほしいものだ 早く

u_4 -mu ši -pir -ta ia tā -mu -ru
時 情報を 私の 貴方が見た、（喜びで）

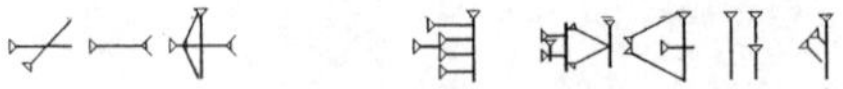

nu -bat -ti la ta -ba -a $-tu_2$
夕刻の休憩を ないだろうと 無駄にし。

は人の限定詞

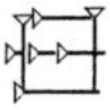 na_3 = nabu の略

ṭuppu < DUB
ahe < ŠEŠ-MEŠ 兄弟たち

をイナンナと読ますので

-na 追加 ┌ < MU 与える
iddin 過三単 < nadānu

ušabši Š 話態、現三単男
< bašū ある
zīru < NUMUN 種子

bel<EN 主なる神、バアル

 u_3 を < u に代える
ここでは nabu と読む

ha-an-diš = hamtiš

liq-bu-u_2 < li qubu 嘆願法
< qabu 言う

tāmuru 過二複男 < amāru
見る

ta-ba-a-tu_2現二単男
< bātu 過ごす

　šu-bi-la 命令形 < šublu

u qa -ap -pa -a -tu$_2$ i -šam -ma šu -bi -lam　Š 話態 < abālu 運ぶ
さて 椰子かごを 彼が買った 送れ 私に。　išam 過三単 < šāmu 買う

a -na eli -hi kaspa ^{I}amel- ^{ilu} na -na -a　kaspu < KU$_3$-BABBAR
に 貴方 銀貨は アメル・ナナアが（送る）。　amelu< awilum < LU$_2$ 人

　iš-tap-rak-ka$^{?}$ < uštaparak

iš -tap -rak -ka me$_2$ -nam ma　Š 話態、完三単 < parāku 拒む
拒まれたか なぜ

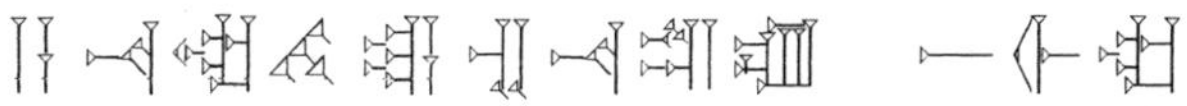　..il-lak 現三単
< alāku 行く

a -na eli -hi ia en -na il -lak ina pāni ka
に の方 私 今 彼が来るのを、で 前 貴方の。　pānu < IGI 目、顔

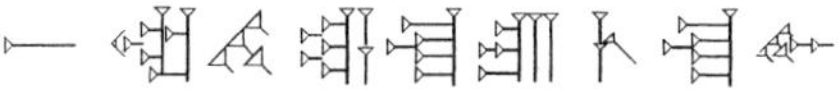　ta-sil-la-a'$^{?}$ 正しくは

ina eli -hi ia la ta -sil -la -a'　ta-sal-li-a 現二単男 ..
を の方 私、な 貴方は軽んずる。　< salāu 軽んずる

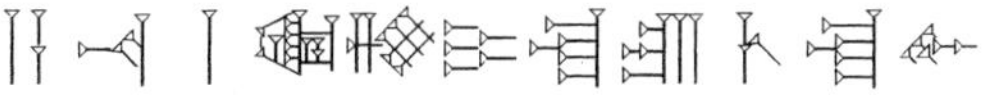

a -na ^{I}nag -gi -i la ta -sil -la -a'
に対し ナギイ、 な 貴方は軽んずる。

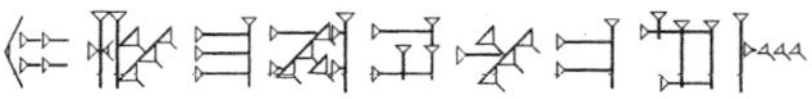

me$_2$ -nam ma ṭe$_3$ -e -mu eleppeti　eleppeti = eleppu pl.
なぜ ニュースを 船の　< ^{giš}MA$_2$^{meš}

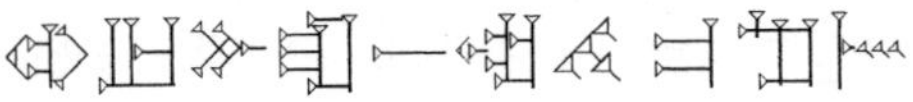

ul　taš -pu -ra　ina　muh -hi　eleppeti　　　　taš-pu-ra 過二単
なかったか 送ら に　 の方　　船。　　　　　　< šapāru　送る

彼とは誰か、彼が買った籠の意味、ナギイとの関係はわからない。
は人の限定詞。 na_3 = nabu の略。ṭuppu < DUB　ahe < ŠEṢ-MEŠ 兄弟たち。イナンナと読ますので -na 追加送りがな。iddin 過三単男 < nadānu < MU 与える。ušabši Š 話態、現三単男 < bašū ある、この名は「イナンナが種子を作らせる」の意味。zīru < NUMUN 種子。bel < EN 主なる神、バアル。
 u_3を新バビロニアでは< u に代える。ここでは nabu と読む。ha-an-diš = hamtiš　liq-bu-u_2 < li qubu 嘆願法 < qabu 言う。tāmuru 過二複男 < amāru 見る。šu-bi-la 命令形 < šublu Š 話態 < abālu 運ぶ。išam 過三単 < šāmu 買う。
kaspu < KU_3-BABBAR amelu < awilum < LU_2　人。 iš-tap-rak-ka? < uštaparak
Š 話態、完三単 < parāku 拒む、傾ける。.il-lak 現三単 < alāku 行く。pān < IGI 目、顔。ta-sil-la-a' [?] 正しくは ta-sal-li-a 現二単男 < salāu 軽んずる。eleppeti = eleppu pl. < $^{giš}MA_2{}^{meš}$ 船。taš-pu-ra 過二単 < šapāru 送る。

我が兄弟イナンナ・ゼル・ウシャブシに宛てたナブ・アヘ・イディンの手紙。
神バアルと神ナブが我が兄弟に健康を（与え給え）。
私の情報を貴方が見た時、（喜びで）夕刻の休憩が無駄にならない（ほど嬉しい）と、早く言ってほしいものだ。
さて、彼が買った椰子かごを私に送りなさい。銀貨はアメル・ナナアが貴方に（送る)。彼が貴方の方から私の方に来るのを、なぜ拒まれたのか。私の方を、貴方は軽んずるでない。又ナギイに対しても、貴方は軽んずるな。
なぜ船のニュースを船の方に送らなかったのか。

2　大麦畑破壊への心配

I zīru ilu bel šu -lum ša₂ I mar -duk ahi šu₂ i -ša₂ -al
ジル・バアルが 健康を に マルドゥク 兄弟 彼の 尋ねる。

i-ša₂-al 現三単 < šālu 尋ねる ....

ṭuppu ša₂ ilti ša₂ ina ali belti　iltu<DINGIR ここでは女性形
手紙が↓の 女神、である所の の 町 女王、　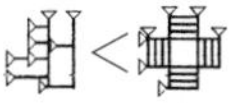

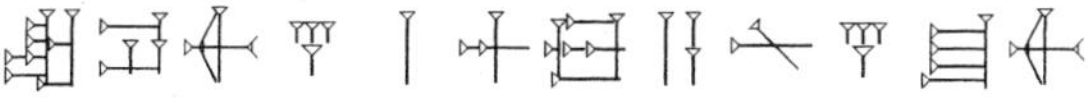
ṭuppu<DUB ここは im 粘土

hir -e -ti ša₂ ilu nabu-aplu-uṣur ša₂-qat-ti　beltu は bel の女性で -tu 添加
連れ合いで の ナボポラッサル王 高められた、　aplu 跡取り息子  で表す

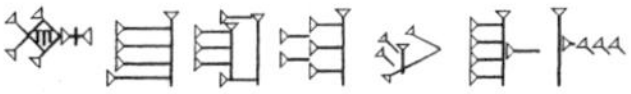
uṣur 命令形 < naṣāru 守る

muš -šu -ra -at amēlu rabūti meš　ša-qat-ti 女性 < šaqu 高くある
纏め役　貴族達の　muš-šu-ra-at < wašāru 纏める

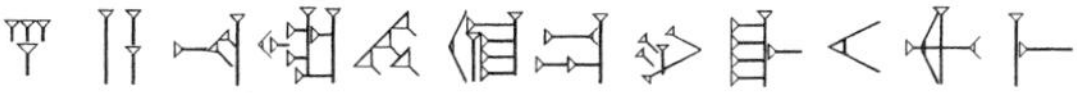
amēlu rabū <LU₂-GAL シュメール語では王（大きい人）

ša₂ a -na eli -hi elu amēlu rabu -u -ti meš
所の で 彼自身 持ち上げる 貴族達を　elu < E₁₁ = DUL-DU

in-tab-šu-u, N 話態、完了

i -tab -šu -u, šu₂ -nu -tu　三複男 < bāšu 存在する ↑
（ここに）ある（それらは）。（それによると——）

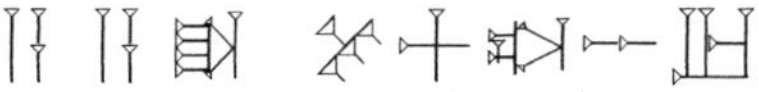
uṭṭatu < ŠE-BAR

a -a ša uṭṭatu ta -hal -liq　ta-hal-liq 過三単女
何と、に関し 大麦、それは壊された（とのこと）。　< halāqu 壊す

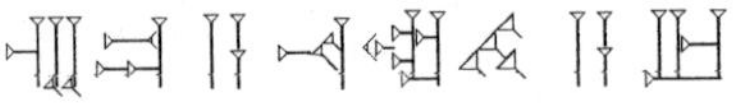

kab -tu$_3$ a -na eli -hi a -lik

急いで に その所 行け。

a-lik 命令 < alāku 歩く

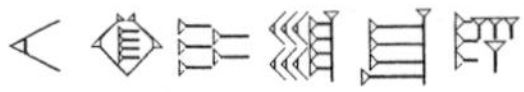

u ki -i -du$_2$ šu -pur

そして 残りを 送れ。

ki-i-du$_2$ 外側

šu-pur 命令 < šapāru 送る

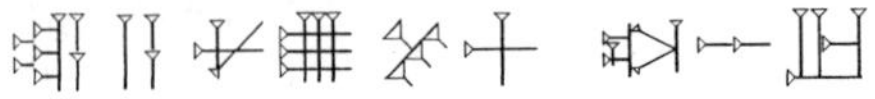

ia -a -nu -u$_2$ uṭṭatu ta -hal -liq

どこに（消えたか）大麦は 壊された。

iā-nu どこに

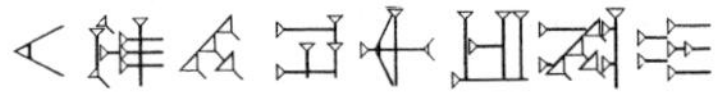

u ṣu -he -e -ti ib -bil -kam$_2$

又 笑いを 貴方にもたらした（だろうが）、

ṣu-he-e-tu$^?$ < ṣīhtu 笑い

ib-bil-kam$_2$ < ūbil-kum

過三単 <（w）abālu 運ぶ

a -ki -i na -kut -ti ana lib$_3$ -bi ia

同時に 心配を に 心 私の（もたらした）。

 lib$_3$-bi < 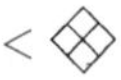 ŠA$_3$

-bi は送り仮名

nakuttu 心配

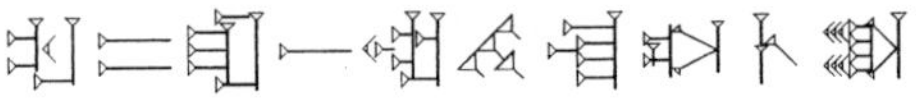

al -tap -ra ina eli -hi la ta -sil -li

私は書いた を 私の方 なと 軽んずる。

al-tap-ra < aštapra

完一単 < šapāru 書く

ta-sil-la-a'< salāu 軽んずる

正しくは ta-sa-li-a

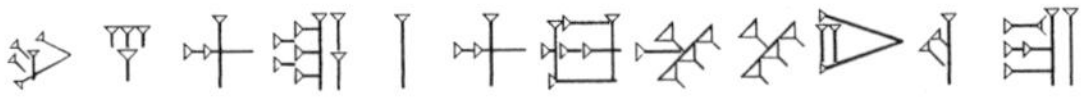

amelu ša$_2$ ili ia ^{I} ^{ilu}nabu mu-še-tiq$_2$ -urra

人 の 神 私の、ナブ・ムシェティク・ウラが

mu-še-tiq$_2$ < etēqu 先立つ

urra< HAD$_2$-DA 夕焼け

iq -bi　ka　a -na　biti　　i-din

語った　貴方に　に　家（大麦を）与えたと。

iqbi 過三単男 < qābu　言う

iddin 過三単男 <nadānu

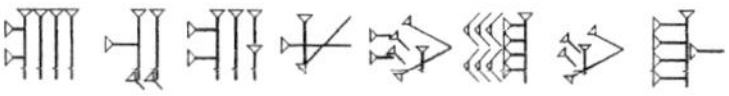

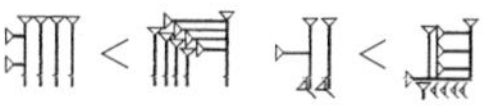

bit　bel　dan -nu šarra-tu ^{amel} rabu

家、主 権威ある、王妃、貴族の、（の安否）

^{amel} rabu < LU_2-GAL 貴族

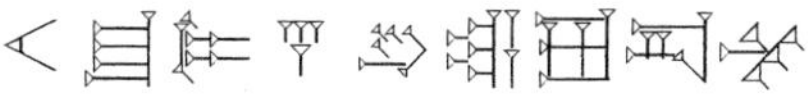

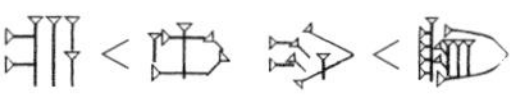

u　šu -lum　$ša_2$　ahi ia　lu　uš　-mu

と 健康を の 兄弟 私の たい 尋ね。

lu　uš-mu 嘆願 < šemun 聞く

i-$ša_2$-al 現三単 < šālu 尋ねる。iltu < DINGIR ここでは女神。beltu は bel の女性で -tu 添加。ṭuppu < DUB 但しここでは < IM 粘土。aplu 跡取り息子をで表す。uṣur 命令形< naṣāru 守る、この名は「ナブ神は息子を守れ」。ša-qat-ti 女性形 <šaqu 高い。muš-šu-ra-at 纏める人 < wašāru 纏める。^{amēlu} rabū 貴族 < LU_2-GAL シュメール語では王（大きい人の意）。elu < E_{11} = DUL-DU 立ち上げる。in-tab-šu-u N 話態、完三複男 < bāšu 存在する。uṭṭatu < ŠE-BAR 大麦。ta-hal-liq 過三単女 < halāqu 壊す。a-lik 命令 < alāku 歩く。ki-i-du_2外側。šu-pur 命令 < šapāru 送る。iā-nu　どこに。ṣu-he-e-tu$^?$ < ṣīhtu 笑い、喜び。ib-bil$^?$ < ūbil 過三単 <（w）abālu 運ぶ。lib_3-bi < $ŠA_3$ -bi は送り仮名。al-tap-ra < aštapra 完一単 < šapāru 書く。ta-sil-la-a' 正しくは ta-sa-li-a < salāu 軽んずる。mu-še-tiq_2 < etēqu 先立つ。urra < HAD_2-DA 夕焼け、この名は「夕焼けに先立つ者、ナブ神」。iqbi 過三単男 < qābu　言う。iddin 過三単男 < nadānu 与える。uš-mu 嘆願 < šemun　聞く。

ジル・バアルが彼の兄弟マルドゥクに健康を尋ねる。

貴族達の纏め役で、彼自身で貴族達を持ち上げる所の崇高なナボポラッサル王の連れ合いで、町の女王である所の女神からの手紙が、（ここに）ある。（それによると ---)、何と、大麦に関してだが、それが壊された（とのこと)。急いでその場所に行け。そして残りは送れ。壊された大麦はどこに（消えたのか)。貴方には笑いをもたらした（のだろうが)、同時に私の心には心配を（もたらした)。私は、私の方を軽んずるなと書いた（筈だ)。
私の神事の人、ナブ・ムシェティク・ウラが、貴方に家を与えたと語った。家族、権威ある主、貴族の王妃（の安否）と私の兄弟の健康を尋ねたい。

3　なつめ椰子の受領

10 kur　suluppi　　a -na ši-kar ――　　　suluppu <ZU$_2$-LUM-MA
1500L のなつめ椰子を　のため ビール ――（受領した）kur < GUR 新王朝では

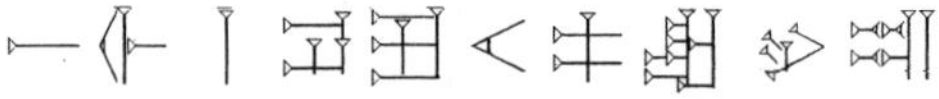

約150 L .5は hamš と読む

ina pāni ^{I}e -zu -u -pa -hir ^{amel}sirāsu　　　sirāsu < ^{lu2}ŠIM 
で の前　エズーパヒル　　人 醸造の、　　kam は数字限定詞

arhu < warhu < ITI

arhu šabaṭu um 5 ^{kam}　　「1～2月
月 サバトの 日 5　　šabaṭu* <ZIZ$_2$　<ZIZ$_2$-A-AN

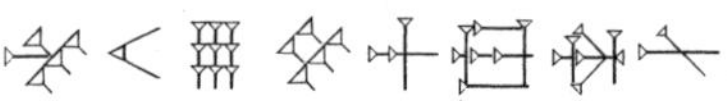

uṣur 命令形 < naṣāru 守る

šattu 19 ^{kam} ^{ilu}nabu-kudduri-uṣur　　šattu<MU 年、kudduru 子孫
年 19 ネブカドレザールの　　nabu-aplu-uṣur ナボポラッ

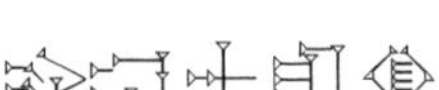

サルと間違えぬこと

šar babili ^{ki}　　bab-ilu^{ki} <KA$_2$ -DINGIR-RA^{ki}
王 バビロンの。　　「神の門」

19 tiššēru と読む

suluppu < ZU$_2$-LUM-MA なつめ椰子。kur < GUR 新王朝では約150 L.
5 は hamš と読む。sirāsu < ^{lu2} ŠIM 酒作り。kam は数字限定詞で、前に数字があることを示す。arhu < warhu < ITI 月（month）。šabaṭu ＊ < ZIZ$_2$ < ZIZ$_2$-A-AN 1～2月のこと。*月名はシュメール語の省略形で表すが、実際の発音は分かっていないので、ユダヤ月名を借用する。šattu < MU 年。uṣur 命令形 < naṣāru 守る。kudduru 子孫。ネブカドレザールを nabu-aplu-uṣur ナボポラッサルと間違えぬこと。
babilon < bab-ilu ^{ki} < KA$_2$ -DINGIR-RA ^{ki} 直訳すれば、「神の門」。19は tiššēru と読む。

1500L のなつめ椰子をビールのため ――（受領した）。醸造人のエズーパヒルの前で。バビロン王ネブカドレザールの19年、サバト月の5日。

4　エンマ小麦の受領

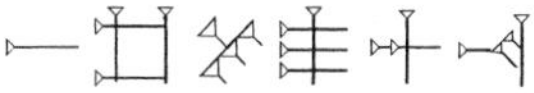

1 kur šeu kunāši　　　kunāšu<ZIZ$_2$-AN-NA エンマ種
300L の　エンマ小麦を　　　1 kur　グル ＝約300 L

 a は普通、水だが、apilu 息子の意味でも使用する

^{I} šu -la -a apil ^{I} apla-a
シュラアは 子の アプラアの（受けた）。それは

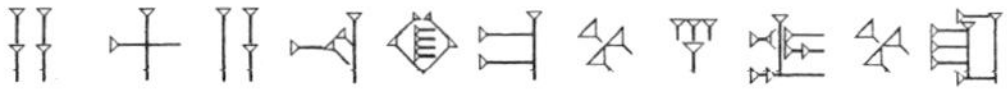

1 pi 約60L, 1 ban$_2$ 約10L

4 pi 1 ban$_2$ a -na ki -is -sat ša$_2$ si -si　　　si-si < ANŠE-KUR-RA
250L　のために　かいば　の 馬（に当てる）。原義はシュメールで「山の驢馬」

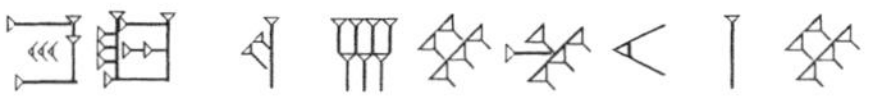

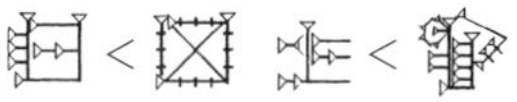

arhu nisānu umu 7 ^{kam} šattu 11 ^{kam}　　　nisānu 3～4月 < BAR$_2$
月 ニサンの、日 7、　年　11　　　< BAR$_2$-ZAG-GAR

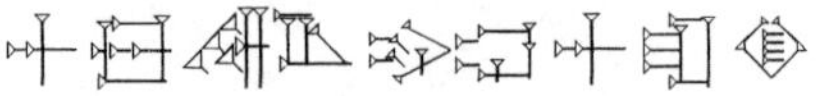　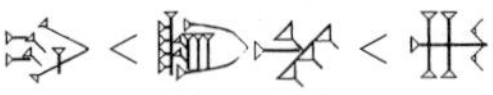

^{ilu}nabu- naid　šarr　babili^{ki}　　naid 継続形 < nadu
ナボニドス　王　バビロンの。　　< NI_2-TUK 崇める

kunāšu < ZIZ_2-AN-NA エンマ種。1kur < GUR グル ＝約300 L。[cuneiform] は普通、水だが、apilu 息子の意味でも使用する。1pi 約60L、1ban_2約10L。si-si < ANŠE-KUR-RA 馬、原義はシュメール語で「山の驢馬」。nisānu ニサンの月、3～4月 < BAR_2 < BAR_2-ZAG-GAR。naid 継続形 < nadu < NI_2-TUK 崇める。

300L のエンマ小麦を、アプラアの子のシュラアは（受領した）。それは250L は馬の飼い葉のため（に当てる）。バビロンのナボニドス王の11年、ニサン月の7日。

5　植物油と菓子の供与

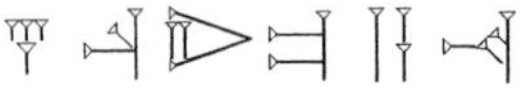　　qu < $SILA_3$ シラ約0.85 L

4　qu　šamni　a -na　　šamni < I_3-GIŠ
3.5L の 植物油が のために↓　　ahu < ŠEŠ 兄弟

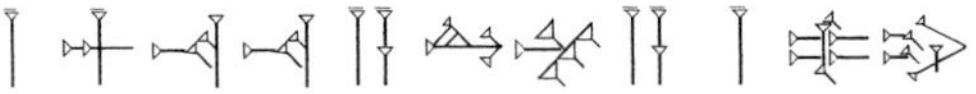　　iddin 過三男単 < nadānu

^{I} ^{ilu} na -na -a -ahu -iddin apil ^{I} ar_2 -rab　ナナー女神は兄弟を与えた、意
ナナー・フ・イディン、息子　アラブの

u_3 ^{amel}ṣabe^{me} $ša_2$ ri -ha -a -ti a -na šarri　　rihātu < rehu 注ぎ出す
と　兵達↑　所の　贈り物を　への　王

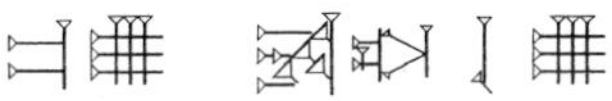

iš$_6$-u$_2$　it -ta -šu$_2$-u$_2$　it-ta-šu-u$_2$ N話態、完三複男
持つだろう又は持たされた、(与えられた)。　< išū 持つ

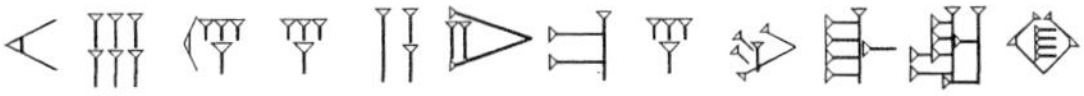
kusapu < PAD-NINDA-A

19　kusape　šamni　ša$_2$ ^{amel} rābu　šir -ki　šir-ku 供物、贈り物
19個の　菓子が　油の　の持つ　高僧 供物の .. iqbi 過三単男 < qābu 言う

balaṭu< TIN 人生 ㄴ< E

ina pāni ^{ilu} šamaš -šum$_3$ -iddin　šum$_3$ < MU 名
のために シャマシュ・シュム・イディン、

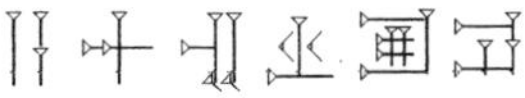
attaru 支払い < SI

apilu ^{ilu} bel -balaṭ -su -iqbi　... dūzu < 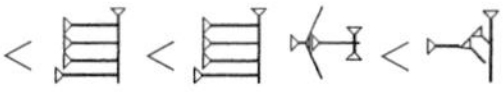
子 ベル・バラトス・イクビの (与えられた)。　ŠU-NUMUN-NA は穀物の種の月 (今の6～7月)、このように月名はシュメール語の省略で書き表す習慣

attaru arhu dūzu　umu　15 ^{kam}　šattu　26 ^{kam}
支払い 月 タンムズの 日 15、　年 26、

^{ilu} nabu-kudduri-uṣur šar　babili ^{ki}
ネブカドレザールの 王　バビロンの。

qu < SILA$_3$ シラ 約0.85L。šamni < I$_3$-GIŠ 植物油、^{GIŠ} I$_3$ とも。ahu < ŠEŠ 兄弟。iddin 過三男単 < nadānu 与える、この名はナナー女神は兄弟を与えた、の意。

rihātu 贈り物 < rehu 注ぎ出す。it-ta-šu-u$_2$ N話態、完三複男 < išū 持つ。kusapu < PAD-NINDA-A 菓子の一種。šir-ku 供物、贈り物。iqbi 過三単

男 < qābu < E 言う。balaṭu< TIN 人生。　šum$_3$ < MU 名。 は šum$_3$ 名、とともに adānu 与える（命令形では iddin となる）、と読むので注意。
attaru 支払い < SI
dūzu < šu-numun-na は、穀物の種の月（今の 6 ～ 7 月）、このように月名はシュメール　語の省略で書き表す習慣。

王への贈り物を持つ、又は持たされた所の、アラブの息子ナナー・フ・イディンと兵達のために、3.5L の植物油が（与えられた）。
供物高僧の持つ19個の油の菓子がベル・バラトス・イクビの子、シャマシュ・シュム・イディンのために、（与えられた）。
支払いは、バビロンの王ネブカドレザールの26年、タンムズの月、15日。

バビロンのイシュタル門
（想像図）

6　野原の地代支払い

kaspu < KU$_3$-BABBAR

2 MA -NA 10 šiqlu kaspu

130シケル（約1.1kg）の銀を（支払った）

šiqlu < GIN$_2$

1 MANA =60šiqlu =500g

^{I} amel -^{ilu} na -na -a apilu šu$_2$ ša$_2$ ^{I} apla -a

アメル・ナナアは、息子（その）の アプラア、

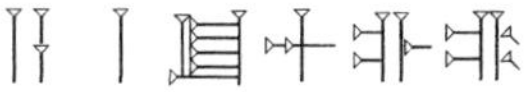

 takālu 信頼する

apil ^{I} tukulti -^{ilu} marduk

息子 トクルティ・マルドゥクの、

tukultu 助け

ina ma -hu -a ša$_2$ eqilu šu$_2$ ša$_2$

について 芝生 の↓ 野$_1$（その）所の

eqilu < A-ŠA$_3$

ma-hu-a は mahīru 価格の間違い ？

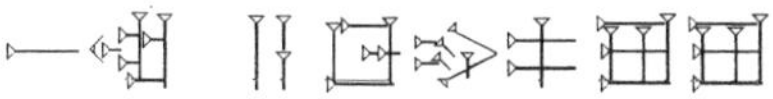

ina eli naru šarri šap$_2$ lu

に（ある）傍ら 水路の 王の 低い、および

naru < A-ENGUR

ṭa-hū 近づく

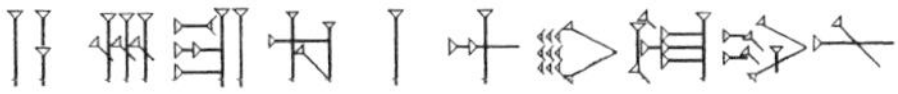

šap$_2$ < PA-UDU 低い

eqilu ṭa -hu ^{I} ^{ilu} in -nin -šar -uṣur

野$_2$ に隣接する インニン・シャル・ウツル、イナンナは王を助けよ、の意

uṣur < naṣāru 助ける < PAP

apilu šu$_2$ ša$_2$ ^{I} ^{ilu} mar -duk

子（その）の マルドゥク、および

ušallim D 話態、過三男

 < šalāmu<GI 健康にする

eqilu ṭa -hu $^{I\ ilu}$ nabu -ahu-ušallim ナブ神は兄弟を健康にした、意
野$_3$↑に隣接する ナブ・アフ・ウシャリム、

apil šu$_2$ ša$_2$ ^{I} gi -mil -lu apil ^{amel}atu
子（その）の ギミル、 子 管理人の↓

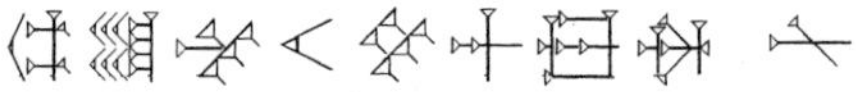 atu < NI-DU$_8$ 門番

ul -tu šattu 10 $^{kam\ d}$ nabu-kudduri-uṣur ul-tu < ištu
以来 年 10 ネブカドレザールの

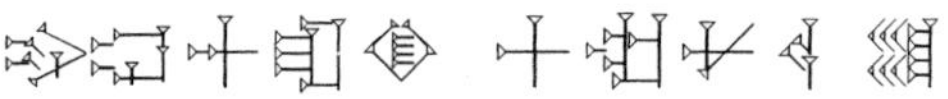 maš-ka-nu 場所、倉庫

šar babili ^{ki} maš -ka -nu ṣab -tu ṣab-tu 継続、三複男
王 バビロンの、 倉庫を 管理する（所の）↑。 < ṣabātu つかむ

kaspu -am$_3$ 2 ma -na 10 šiqlu
（又）銀貨 130 シケル（約1.1kg）を

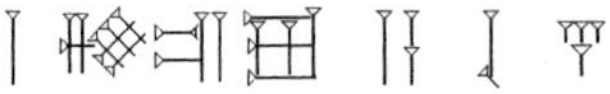

^{I} gi -mil -lu apil šu$_2$ ša$_2$
ギミルが、子（その）の

 bā-ni 建設者 < bānu 建てる

^{I} bā -ni ^{ilu} inanna a -na E$_2$ -an -na ma -hi -ir < KAK
バニ・イナンナ、で エアンナ神殿 受け取った。 ma-hi-ir 継続、三単

< mahāru 収穫する

1 MA -NA 2 šiqlu kaspu
62 シケル（約520 g）の銀

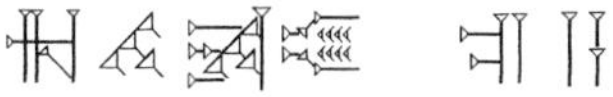

malū < SI-A 満たす

ri -hi -it šīmu malu
捧げ物の 価として 満たすべき、

šīmu < šam$_2$ 価。

u eqlu ša$_2$ ^{I} ^{ilu}bel -ahu -iddin
および 野の の ベル・アヘ・イディン

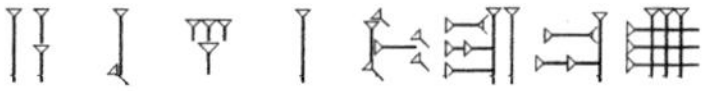

apil šu$_2$ ša$_2$ ^{I} gu -da -du -u$_2$
子（その）の グダドゥの

イナンナは王を助けよ、の意

ša$_2$ ^{I} ^{ilu} In -nin -šar -uṣur
所の↓ インニン・シャル・ウツルが、

uṣur 命令 < naṣāru 助ける
< PAP

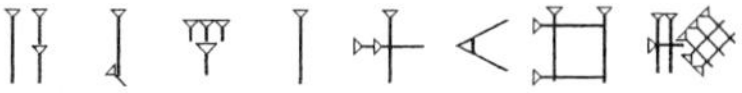

nergal < U-GUR

apil šu$_2$ ša$_2$ ^{I} ^{ilu} nergal -ušallim
子（その）の ネルガル・ウシャリム、

ušallim D 話態、過三 <šalāmu
< GI 健康にする

dul-lu 仕事

ul -tu E$_2$ -an -na dul -lam i -pu -šu$_2$
（建設）以来 エアンナ神殿の 仕事を なした↑

ul-tu < ištu ～から、以来
i-pu-šu$_2$ 過三複 < epēšu なす

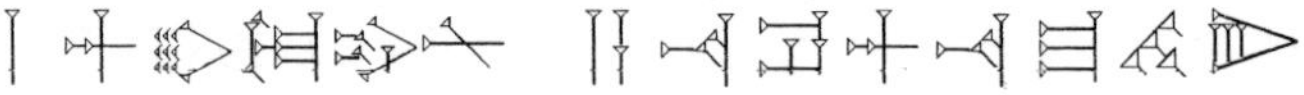

^{I} ^{ilu} in -nin -šar -uṣur　a -na　E$_2$ -an -na　ma -hi -ir
そのインニン・シャル・ウツルが で エアンナ神殿 受け取った。

arhu　abu　umu　22 ^{kam}　šattu　12 ^{kam}　　abu < NE < NE-NE-GAR
月　アブの　日　22、　　年　12、　　7～8月、物が加熱される月

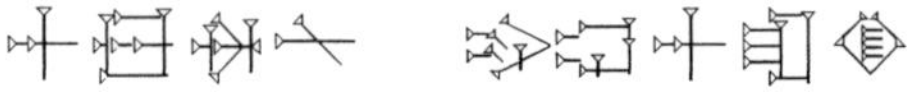

^{ilu} nabu-kudduri-uṣur šar　　babili ^{ki}
ネブカドレザールの 王　バビロンの。

kaspu < KU$_3$-BABBAR 銀。šiqlu < GIN$_2$ シケル。1 MANA =60šiqlu =500g
tukultu 助け < takālu 信頼する。eqilu < A-ŠA$_3$ 原野。ma-hu-a は mahīru 価格の間違い？　naru < A-ENGUR 水路、運河。ṭa-hū 近づく。šap$_2$ < PA-UDU 低い。
uṣur < naṣāru < PAP 助ける、この名はイナンナは王を助けよ、の意。
ušallim D 話態、過三男 < šalāmu < GI 健康にする、この名はナブ神は兄弟を健康にした、の意。atu < NI-DU$_8$ 門番。ul-tu < ištu ～から。maš-ka-nu 場所、倉庫。
ṣab-tu 継続、三複男 < ṣabātu つかむ。bā-ni 建設者 < bānu < KAK 建てる。ma-hi-ir 継続、三単 < mahāru 収穫する。malū < SI-A 満たす。šīmu < šam$_2$ 価。
uṣur 命令 < naṣāru < PAP 助ける、この名はイナンナは王を助けよ、の意。
nergal < U-GUR ネルガル神。ušallim D 話態、過三 < šalāmu < GI 健康にする。i-pu-šu$_2$ 過三複 < epēšu なす、正しくは ip-uš 過三単。abu < NE < NE-NE-GAR
7～8月、物が加熱される月。

低い王の水路の傍らに（ある）所の野、およびマルドゥクの子インニン・シャル・ウツルに隣接する所の野、およびバビロン王ネブカドレザールの10年以来、倉庫を管理する（所の）管理人の子ギミル、の（その又）子のナブ・アフ・ウシャリムに隣接する所の野、の芝生については、トクルティ・マルドゥクの息子、アプラアの（その又）息子、アメル・ナナアは、130シケル（約1.1kg）の銀を（支払った）。そしてバニ・イナンナの子ギミルが、銀貨130シケル（約1.1kg）をエアンナ神殿で受け取った。
ネルガル・ウシャリムの子で、（建設）以来、エアンナ神殿の仕事をなした所のインニン・シャル・ウツルが、捧げ物、及びグダドゥの子のベル・アへ・イディンの野、の対価として十分な、62シケル（約520g）の銀を（そのインニン・シャル・ウツルが）エアンナ神殿で受け取った。
バビロンのネブカドレザール王12年、アブの月、22日。

7　大麦の運搬

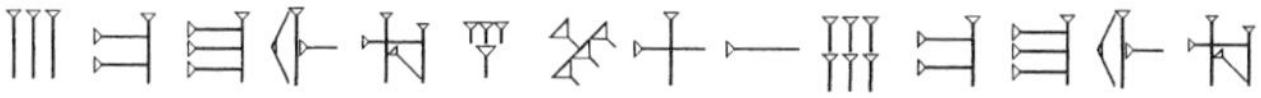

3 ${}^{\text{iṣu}}$ ma -ši -hu ša$_2$ uṭṭatu ina 9 ${}^{\text{iṣu}}$ ma -ši -hu
3 枡 の 大麦を 内の 9 枡分の、　uṭṭatu < ŠE-BAR

ri -hi -it kurummati ${}^{\text{zun}}$ ana bit libitti　kurummatu 栄養 < PAT
（及び）奉献の 栄養菓子を、に 倉庫 煉瓦の　zun < HA$_2$ など

ša$_2$ libitti ${}^{\text{meš}}$ ša$_2$ ti -ib -nu　libittu < SIG$_4$
作った 煉瓦で の 藁（入り）

šur-ka$_3^{?}$ < širku 奉献

i -zab -bil -u$_2$ šu -nū ana šur-ka$_3$　i-zab-bil-u$_2$ 現三複男
管理していた 彼らが、として 奉献品、　< zabālu 分ける

ur-idim　神話上の野犬

^{I} ša$_2$ ^{d} na -na -a ur -idim　it -ta -ši　　ナナア女神の野犬、の意味
シャ・ナナア・ウル・イディムが 運んだ（納入した）。　it-ta-ši 完三単 < intaši

< našu 運ぶ

^{arhu} dūzu　umu 4 ^{kam} šattu 14 ^{kam}　　4 arbau
月 タンムーズの 日 4、　年　14、　　14 irbi-šēru　と読む

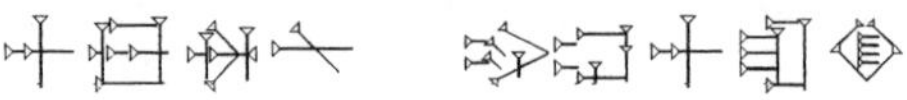

^{d} nabu-kudduri-uṣur šar　babili ^{ki}
ネブカドレザールの 王　バビロンの。

uṭṭatu < ŠE-BAR 大麦。 kurummatu < PAT 栄養。zun < HA$_2$など。li-bittu < SIG$_4$
煉瓦。šur-ka$_3$$^{?}$< širku 奉献。 i-zab-bil-u$_2$ 現三複男 < zabālu 分ける。
ur-idim　神話上の野犬、ナナア女神の野犬、の意味。it-ta-ši 完三単 < intaši< našu 運ぶ。
4 arbau, 14 irbi-šēru と読む。

9桝分の内の3桝の大麦（及び）奉献の栄養菓子を、彼らが管理していた、藁（入り）煉瓦で作った、煉瓦倉庫に、奉献品として、シャ・ナナア・ウル・イディムが 運んだ（納入した）。
バビロンのネブカドレザール王14年、タンムーズ月の4日。

8　式服、醸造具の納品

2 1/2 šiqlu　a -na išten ṣubāta šadi　　ṣubātu < TUG$_2$服
2.5シケルを のため 一着の 服 山の、　　šadi < KUR-RA 山の？

a -na ^{I}gi -mil -lu apil ^{I} ^{ilu}mar -duk -a　ekallu <E$_2$-GAL 宮殿、寺院
に（払った）ギミル　子の　マルドゥカの、　šap$_2$-ru < šapāru 送る

　尚 šap$_2$ < PA-UDU

ša$_2$ a -na dul -lu ša$_2$ ekalli šap$_2$ -ru na -din　inadin 現三単男
所の には 典礼 の 寺院 使いを 遣わしている。　< nadānu 与える

1 šiqlu a -na u$_2$ -di -e　u$_2$-di-e pl. < udū
1 シケルが のため 道具

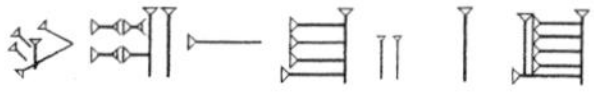　は ku, tuš, tuk$_2$, tukul, hun,

sirāsu ina qat ^{I}tukulti　gi$_7$, še$_3$, dab$_5$ などと読む
醸造業の、から 手 トゥクルティの　sirāsu < ^{lu2}ŠEM

　ma-hi-ir 継続、三単 < mahāru

apil ^{I}ardi -a ma -hi -ir　ardu < IR$_3$奴隷
子の アルディアの、受領している。

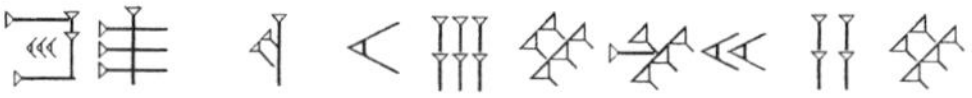　arhu < warhu < ITI

^{arhu}šabaṭu um 16 ^{kam} šattu 24 ^{kam}　šabaṭu< ZIZ$_2$ < ZIZ$_2$-A-AN
月 サバトの 日16 年 24、　1～2月

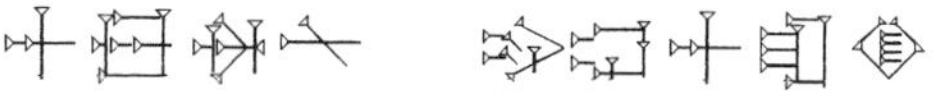

^{d}nabu-kudduri-uṣur šar babili^{ki}　babilu <KA$_2$-DINGIR-RA
ネブカドレザールの 王 バビロンの。

ṣubātu < TUG$_2$ 服。 šadi < KUR-RA 山の、登山用？ ekallu <E$_2$-GAL

宮殿、寺院。šap$_2$-ru 遣使 < šapāru 送る、尚 šap$_2$ < PA-UDU。na-din$^?$ < inadin 現三単男 < nadānu 与える。u$_2$-di-e pl. < udū 道具。は ku, tuš, tuk$_2$, tukul, hun, gi$_7$, še$_3$, dab$_5$ などと多くの読み方があるので注意。sirāsu < ^{lu2} ŠEM 醸造業。ma-hi-ir 継続、 三単 < mahāru 受ける。(w) ardu < IR$_3$ 奴隷。arhu < warhu < ITI
šabaṭu < ZIZ$_2$　< ZIZ$_2$-A-AN　1～2月。babilu <　KA$_2$-DINGIR-RA バビロン。

一着の山の服のため、2.5シケルを、寺院の典礼には（いつも）使いを遣わしている所の、マルドゥカの子のギミルに（支払った）。
醸造業の道具のため1シケルを、醸造業のアルディアの子の、トゥクルティの手から受領している。
バビロンのネブカドレザール王24年、サバト月の16日。

9　煉瓦工事報告

5180　a -gur -ru a -na　　5180= 5 ×1000+ 1 ×100+60
5180個の　煉瓦を　に（重ねた）　　+20

74　na -at -bak a -na kamāru　　kamāru < KAB 詰め込み
74　層　て　詰め

na -at -bak 70 a -gur -ru ina pūt ekalli　　pūtu < SAK-KI 顔、前
各層　70個の 煉瓦を に　前　寺院の、

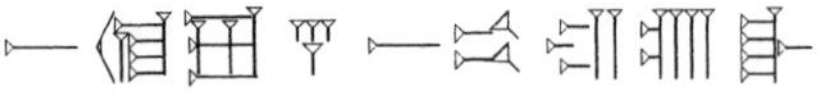

ina dul -lu ša$_2$ ina bi -iri$_4$ ekalli　　bi -iri$_4$ $^?$ < bīrtu 真ん中

のため 式典 所の（間にある）寺院の。

duru < BAD$_3$ 壁
ultu < ištu < TA ～から

u duri ultu umu 12 ^{kam} ša$_2$ ^{arhu} ululu
又 壁が から 日 12 の ウルル

ululu < KIN 7～8月
< KIN-^{d} INNIN-NA
イナンナの仕事月、の意

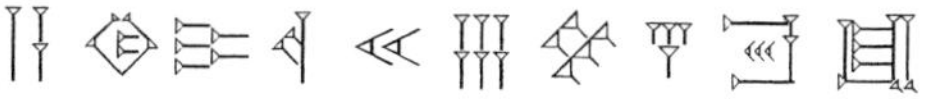

a -di -i umu 26 ^{kam} ša$_2$ ^{arhu} ululu
まで 日 26 の ウルル

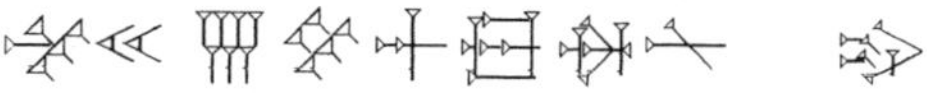

šatt 27 ^{kam} ^{d}nabu-kudduri-uṣur šar
年 27 ネブカドレザールの 王

babili ^{ki} sāh-pu
バビロンの、置かれた。

sāh-pu 継続三単男 < sahāpu
地に投げる、設置する

270 a -gur -ru a -na 6 na -at -bak
270 個の 煉瓦を に（積んだが） 6 層

ina ṭēhu ša$_2$ ekalli a -na sūqi
で 近く の 寺院、 中の 街、

ṭēhu <UŠ-SA-DU 近くの
sūqu < SIL-LA 街

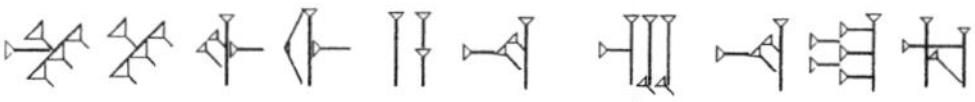

mu -še -pi -ši a -na kamāru na -at -bak
業務は 所の 詰めた 各層に

mu-še-pi-šu 労働指導

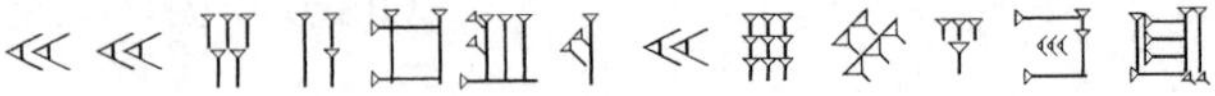

45　a -gur -ru umu 29 ^{kam} ša$_2$ ^{arhu} ululu
45個の　煉瓦を、日　29　の　ウルル月、

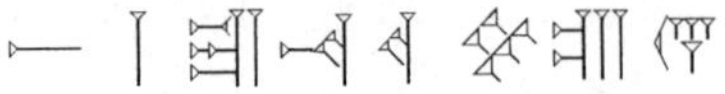

sāh-pat 継続、三単女

ina 1 bēri umu ^{kam} sāh-pat　　　< sahāpu 投げる
で　2時間　1日　なされた。　　　bēru < DA-NA 2時間

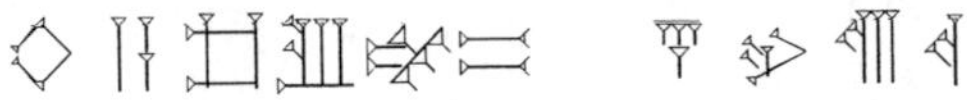

3600 ◇ ŠAR と読む

3600 a -gur -ru gab -bi ša$_2$ ^{amel} šatammu　　　gab-bu 全部
3600個の煉瓦が、全てである 所の 執事が　　　šatammu < ŠA$_3$-TAM

執事

a -na uruk ^{ki} -ga lab$_2$ -na -at　　　uruk < unu（g）< AB$_4$
に（与えた）ウルク人の 煉瓦工事　　　lab$_2$-na-at 継続、三単

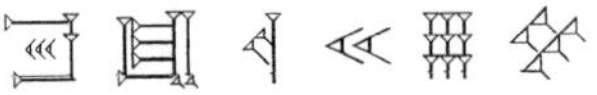

< labānu 投げ捨てる

^{arhu} ululu umu 29 ^{kam}
ウルル月、日　29。

5180= 5 ×1000+ 1 ×100+60+20計算方法に注意。kamāru ＜ KAB 詰め込む。pūtu ＜ SAK-KI 顔、前。 bi-iri$_4$$^{?}$ ＜ bīrtu 真ん中、間。 duru ＜ BAD$_3$ 壁。ultu ＜ ištu ＜ TA ～から。ululu ＜ KIN 7 ～ 8 月 ＜ KIN-^{d} INNIN-NA イナンナの仕事月、の意。

sāh-pu 継続三単男 ＜ sahāpu 地に投げる、設置する。ṭēhu <UŠ-SA-DU 近くの。

sūqu ＜ SIL-LA 街。mu-še-pi-šu 労働の指導 ＜ epešu なす。sāh-pat 継続、三単女 ＜ sahāpu 覆す、投げつける。bēru ＜ DA-NA 2 時間、2 単位。3600 ŠAR と読む。

gab-bu 全部。 šatammu < $ŠA_3$-TAM 執事。uruk < unu（g）< AB_4 ウルク。

unu（g）-ak（シュメール語）ウルの > unu -ga となった。 lab_2-na-at 継続、三単 < labānu 投げ捨てる。

寺院の間（にある所）の式典のため、寺院の前に、各層70個の 煉瓦を74層詰めて、（合計）5180個の煉瓦を（重ねた）。
（この）壁は、バビロンのネブカドレザール王の27年、ウルル月の12日からウルル月の26日まで置かれた。
街の中の、寺院近くで、270個の煉瓦を6層に、各層45個の煉瓦を詰める所の業務はウルル月の29日、1日2時間でなされた。
ウルル月の29日、執事がウルク人の煉瓦工事に（与えたのは）全てで3600個の煉瓦である。

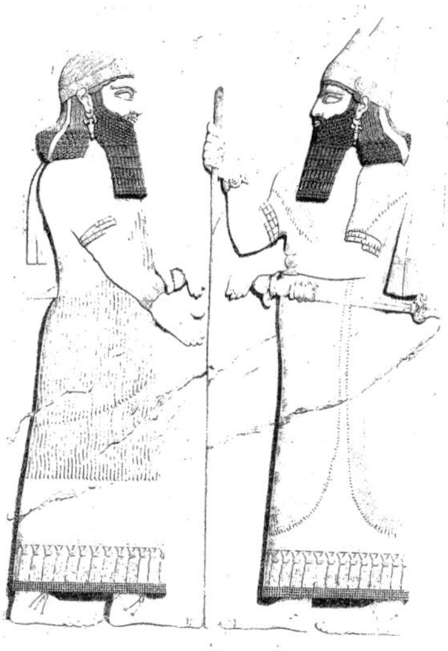

サルゴン二世　コルサバードの王宮の復元図

10　羊の供物

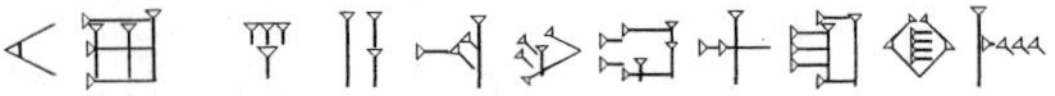

10 immeri ša$_2$ a -na ^{amelu} bābili $^{\text{ki meš}}$
10匹の羊を の から バビロン人たち

u ^{amelu} eridu $^{\text{ki meš}}$ ^{amelu} ki -na -aš$_2$ -tum
と エリドゥ人たち、 司祭会議役員

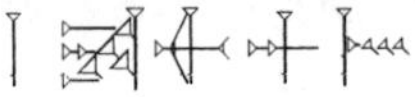

^{I} It -ti -ilani ^{meš}
イチ・イラニら（が奉納した）。

ultu bābili ^{ki} ka -li šu -nu
からの バビロン、 全ては その

ina ki -rib ^{I} tukulti- ^{d} marduk
だが 不在 トゥクルティ・マルドゥクは

^{I} ^{d} bel -iqši apil ^{I} ziru -kin$_7$
ベル・イクシが 子の ゼルウ・キンの

^{amelu} rēu šattukki mahir ^{ir}
羊飼い 供物担当の 受領。

immeru < UDU

bābilu < KA$_2$-DINGIR-RA
eridu ^{ki} < NUN-KI
= URU-DUG$_3$ ^{ki}

itti ～とともに

ilani < DINGIR ^{meš} 神々

ultu < ištu < TA

marduk < AMAR-UD
iqši 過三単
< qašu < BA 与える

mahir 継続、三単
< mahāru <IGI 受ける

ir は送りがな

rēu < SIPA < PA-UDU
šattukki < SA$_2$-DUG$_4$

arhu nisānu umu 22 ^{kam} šattu 23 ^{kam}
月 ニサンの、 日22、 年 23

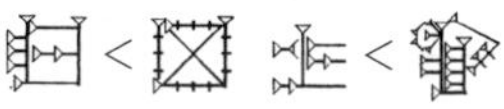

nisānu 3～4月 < BAR$_2$. < BAR$_2$-ZAG-GAR

uşur 命令 <naşāru<ŠEŠ 守る

^{ilu}nabu-kudurri-uşur šar babili ^{ki}
ネブカドレザールの 王 バビロンの。

^{ilu}nabu < ^{ilu}NA$_3$ ナブ神
kudurru < NI$_3$-DU 子孫
ナブ神は子孫を守れ、の意

immeru < UDU 羊。babilu < KA$_2$-DINGIR-RA バビロン。eridu ^{ki} < NUN-KI = URU-DUG$_3$^{ki} ウル・ドゥグ、がエリドゥになった。itti ～とともに。ilani < DINGIR ^{meš} 神々。ittilani で、信仰団体。ultu < ištu < TA ～から。marduk < AMAR-UD iqši 過三単 < qašu < BA 与える。mahir 継続、三単 < mahāru < IGI 受ける、ir は送りがな。rēu < SIPA = PA-UDU 羊飼い。šattukki < SA$_2$-DUG$_4$ 供物担当者。nisānu < BAR$_2$ < BAR$_2$-ZAG-GAR 3～4月。
uşur 命令 < naşāru < ŠEŠ 守る。^{ilu}nabu < ^{ilu}NA$_3$ ナブ神。kudurru < NI$_3$-DU 子孫、この名はナブ神は子孫を守れ、の意。

バビロン人たちとエリドゥ人たち、司祭会議役員とイチ・イラニらからの10匹の羊（が奉納された）。トゥクルティ・マルドゥクは不在だったが、供物担当の羊飼いゼルウ・キンの子、ベル・イクシが受領した。
バビロンのネブカドレザール王の23年、ニサン月の22日。

11　牛の供物

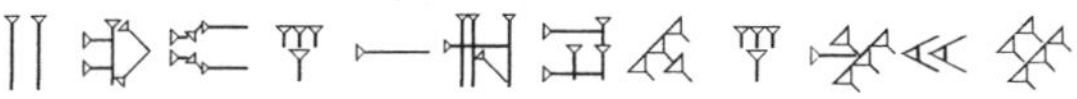

2 bīru ša$_2$ ina re -e -hi ša$_2$ šatti 20 ^{kam}
2匹の若牛を の 中 生き残りの 年 20、

bīru < GU$_4$-NINDA$_2$

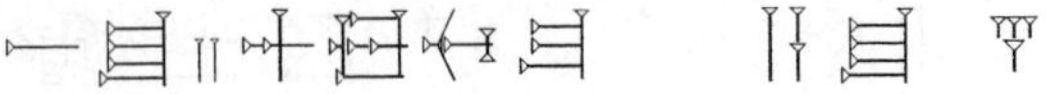　zīru < NUMUN 種子

ina qat ^{ilu}nabu -zīru -iqši　apil šu ša$_2$　　iqši 過三単 < qašu
から 手 ナブ・ジル・イクシの 子の（その）の　　< BA 与える

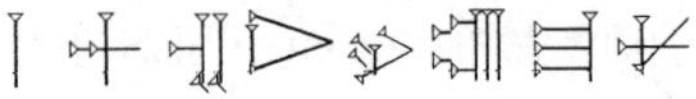　bel バアル神

^{I} ^{ilu} bel -bānu ^{amelu}um-ma-nu　　bānu < KAK 創造者
ベル・バヌ 工芸職人　　ahu 兄弟

^{I} ^{ilu} bel -ahu -ušabši　apil ^{I} ša$_2$ -pi$_4$ -^{ilu} bel　　ušabši Š 話態、現三単男
ベル・アフ・ウシャブシは 子の シャピ・ベルの、　　< bašū < IG ある

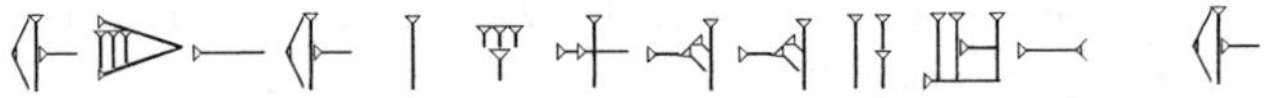 ši は送りがな

mahir ^{ir} ina pan ^{I} ša$_2$ ^{ilu} na -na -a -ištēniš　　ištēniš <TEŠ$_2$-BI$_4$ 一緒に ..
受け取る に ため シャ・ナナア・イシュテニシュの

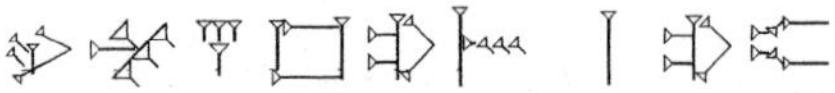

^{amelu}mu -ša$_2$ -kil alpe ^{meš} 1 bīru　　mu-ša-kil < akālu 食べる
飼育者 牛の。 1 匹の若牛も

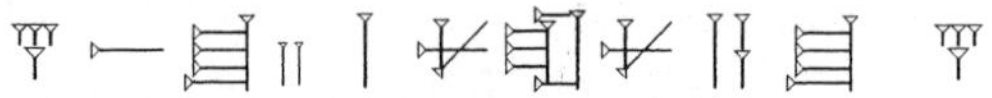

ša$_2$ ina qat ^{I} nu -ra -nu　apil šu ša$_2$
所の で 手 ヌラヌの 子の（その）の

　napharu < PAP

^{I} ha -ri -iṣ šir -ka napharu 3 bire ^{meš}　　širka 贈り物
ハリツ 贈り物（とされた）、合計した三頭の牛は　　< šarāku 与える

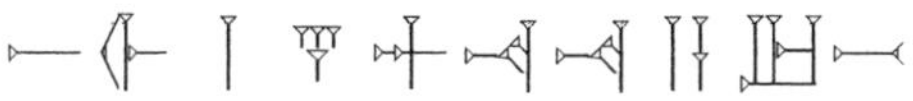

ina pan ^{I} ša$_{2}$ ^{ilu} na -na -a -ištēniš
に ため シャ・ナナア・イシュテニシュの（である）。

^{arhu} addaru umu 11 ^{kam} šattu 21 ^{kam} addaru< ŠE < ŠE-GUR$_{10}$-KU$_{5}$
アダル月、 日 11 年 21 2～3月 麦の収穫月、の意

^{ilu} nabu-kudduri-uṣur šar babili ^{ki} babilu < KA$_{2}$-DINGIR-RA
ネブカドレザールの 王 バビロンの。

bīru < GU$_{4}$-NINDA$_{2}$若牛。zīru < NUMUN 種子。iqši 過三単 < qašu < BA 与える、この名はナブ神が種を与える、の意。bel バアル神。 bānu < KAK 創造者。
ahu 兄弟。ušabši Š 話態、現三単男 < bašū < IG ある、IG を ušabši と読ませるために šiは送りがな。ištēniš < TEŠ$_{2}$-BI$_{4}$一緒に。mu-ša-kil 飼育者 < akālu 食べる。napharu < PAP 合計。širka 贈り物 < šarāku 与える。addaru< ŠE < ŠE-GUR$_{10}$-KU$_{5}$ 2～3月、麦の収穫月、の意。babilu < KA$_{2}$-DINGIR-RA

20年生き残り（飼育）の中の2匹の若牛を、工芸職人ベル・バヌの子のナブ・ジル・イクシの手から、シャピ・ベルの子のベル・アフ・ウシャブシは、牛の飼育者シャ・ナナア・イシュテニシュのために受け取る。
ハリツの子のヌラヌの手で贈り物（とされた所）の、1匹の若牛も合計した三頭の牛はシャ・ナナア・イシュテニシュのためのもの（である）。
バビロンのネブカドレザール王の21年、アダル月の11日。

12 なつめ椰子の供物

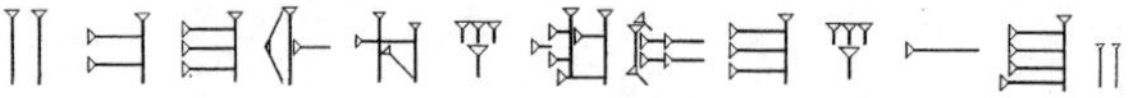

2 ^{iṣu} ma -ši -hu ša$_2$ suluppi ša$_2$ ina qat suluppi < ZU$_2$-LUM-MA
2 桝を の なつめ椰子 所の↓から 手

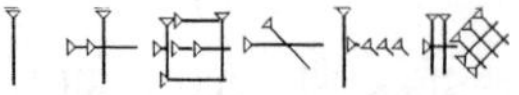

 ahu < pap 兄弟

^{I} ^{ilu} nabu -ahe -ušallim
ナブ・アヘ・ウシャリムの

ušallim D 話態、過三単
< šalāmu < GI 健康にする

apil ^{I} ^{ilu} bel -u$_2$ -še -zib ša -šu -nu
子の ベル・ウシェジブの それらを（受領した）↑、

u$_2$-še-zib 過三単
< ezēbu 救う

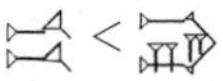

a -na šikāre ^{zun} ša$_2$ ^{amelu} rabu u rei ^{meš}
のため ワイン の 高僧 と 羊飼いの

šikāre < BI 酒
rei < SIPA = PA-UDU

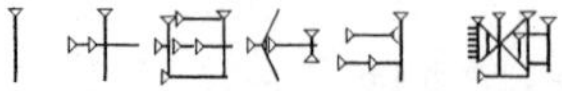

kānu < DU 立証する

$^{\text{I ilu}}$ nabu -zīru -kānu ittaši
ナブ・ジル・カヌが 運んだ。

it-ta-ši 完三単 < intaši
< našu 運ぶ < IL$_2$

arhu dūzu umu 1 ^{kam} šattu 17 ^{kam}
月 タンムズの 日 1、 年 17、

dūzu < 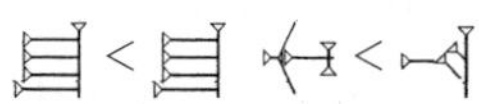

^{ilu} nabu-kudduri-uṣur šar babili ^{ki}
ネブカドレザールの 王 バビロンの。

šu-numun-na は、穀物の種
の月、今の 6 ～ 7 月

suluppi < ZU$_2$-LUM-MA なつめ椰子。ahu < pap 兄弟。ušallim D 話態、過三単 < šalāmu < GI 健康にする。u$_2$-še-zib　Š 話態過三単 < šuzbu < ezēbu 救う。
šikāre < BI 酒。rei < SIPA ＝ PA-UDU 羊飼い。kānu < DU 立証する。
it-ta-ši 完三単 < intaši < našu < IL$_2$ 運ぶ。dūzu < šu-numun-na は、穀物の種の月、タンムズ月、今の６～７月。

ベル・ウシェジブの子のナブ・アヘ・ウシャリムの手から、（受領した所）の２桝のなつめ椰子を、高僧と羊飼いのワインのため、ナブ・ジル・カヌが運んだ。
バビロンのネブカドレザール王の17年、タンムズ月の１日。

13　雌雄の羊の供物

11 immere^{meš}　1　immeru　sinništu　　immeru < UDU 羊
11匹の（雄）羊と １匹の羊を 雌の、　　sinništu < MI$_2$ 女、雌

šum < MU 名

$^{\text{I ilu}}$nabu-šum$_3$ -ibni apil　　ibni 過三単
ナブ・シュム・イブニが 子の　　< banu < KAK 作る

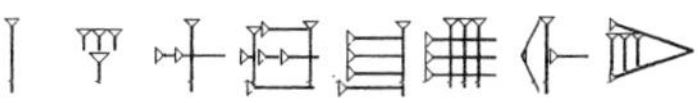

mahir 継続、三単男

^{I}ša$_2$ ^{ilu}nabu -šu -u$_2$ mahir^{ir}　　< mahāru <IGI 受ける
シャ・ナブ・シュウの 受領した。

zikaru < UŠ 雄

9 immere^{meš} sinništu zikaru ^{I}ša$_2$ ^{ilu}bel -ibni
9 匹の羊を 雌 と 雄の、シャ・ベル・イブニが　　niš < MAN 20

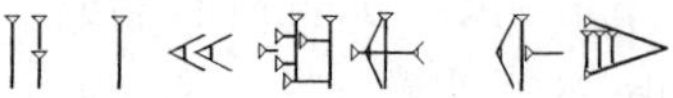

mahir 継続、三単男

apil ^{I} niš -ka -ti mahir ^{ir}

子の ニシュ・カチの 受領した。

< mahāru < IGI 受ける

^{ir} 送りがな

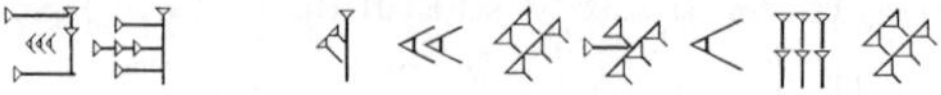

^{arhu} arahsamna umu 20 ^{kam} šattu 16 ^{kam}

月 アラフサンナの 日 20、年 16、

arahsamna < APIN

< APIN-DU$_8$-A

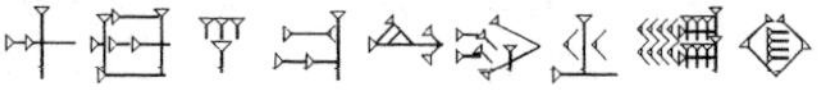

10～11月、耕地を開く月

^{ilu} nabu-kudduri-uṣur šar babili ^{ki}

ネブカドレザールの 王 バビロンの。

babilon < TIN-TIR

immeru < UDU 羊。sinništu < MI$_2$ 女、雌。šum < MU 名。ibni 過三単 < banu < KAK 作る。mahir 継続、三単男 < mahāru < IGI 受ける。zikaru < UŠ 雄。niš < MAN 20

11匹の（雄）羊と1匹の雌の羊を、シャ・ナブ・シュウの子のナブ・シュム・イブニが受領した。

9匹の雌と雄の羊を、ニシュ・カチの子のシャ・ベル・イブニが受領した。

バビロンのネブカドレザール王の16年、アラフサンナ月の20日。

14　死んだ羊と銀

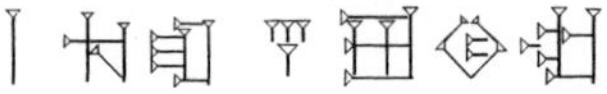

1 pag-ra ša$_2$ immer sattukki

1 死体を の 羊 定期的奉献の

pag-ra は pag-gar でも良い

sattukki < SA$_2$-DUG$_4$

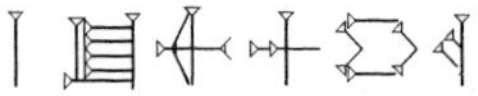

tukultu 助け

^{I} tukulti- ^{ilu} marduk

marduk < AMAR-UD

トゥクルティ・マルドゥクが

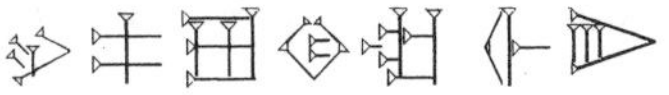

mahir 継続、三単男

^{amelu} reu　sattukki　mahir ^{ir}
羊飼い　奉献（担当）の、受領した。そして

< mahāru < IGI 受ける
^{ir} 送りがな

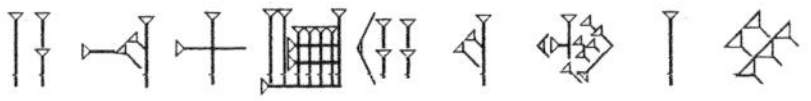

a -na　1/2 siqlu kaspu ṭabtu 1 ^{kam}
を　　半シケルの銀貨 級の 第一

ṭabtu < MUN 善いこと

a -na ^{I} na　-din apil　šu　ša$_2$
のために ナディン 子の（その）の

na-din $^{?}$ < inaddin 現三単
< nadānu 与える

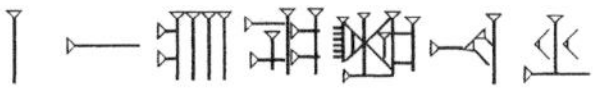

^{I} ina　E$_2$ -SAG -IL$_2$　na -din
イナ・エサギラ、彼は渡した。

E$_2$-SAG-IL$_2$（-A）バビロンにあるマルドゥクのための神殿

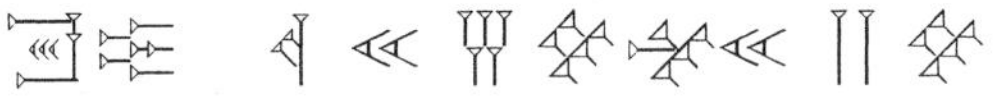

^{arhu} kislimu　umu　25 ^{kam}　šattu　22 ^{kam}
月 キスリムの 日　25　　年　22、

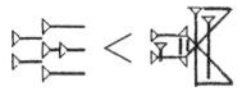

kislimu < GAN
< GAN-GAN-NA

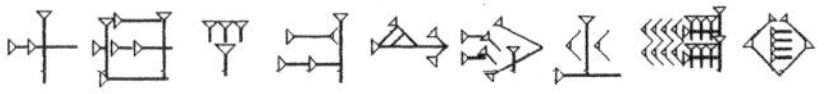

瓶の月、11～12月

^{ilu} nabu-kudduri-uṣur　šar babili ^{ki}
ネブカドレザールの 王　バビロンの。

babilon < TIN-TIR

pag-ra 死体、は pag-gar でも良い。sattukki < SA$_2$-DUG$_4$定期的奉献。tukultu 助け。marduk < AMAR-UD マルドゥク神。mahir 継続、三単男 < mahāru < IGI 受ける、^{ir} 送りがな。ṭabtu < MUN 善いこと、ここでは銀の品級。

na-din $^{?}$ < inaddin 現三単 < nadānu 与える。E$_2$-SAG-IL$_2$（-A）バビロンにあるマルドゥクのための神殿。kislimu < GAN < GAN-GAN-NA 瓶の月、11～12月。
babilon < TIN-TIR とも記す。

定期的奉献の羊の一死体を、奉献（担当）の羊飼い、トゥクルティ・マルドゥクが受領した。そして第一級の銀貨半シケルを、イナ・エサギラの子、ナディンのために彼は渡した。
バビロンのネブカドレザール王の22年、キスリム月の25日。

15 大麦の処分

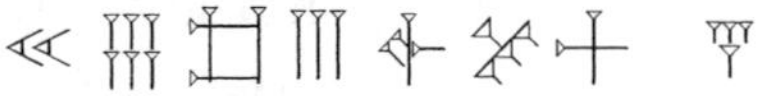

1 GUR = 5 pānu = 約300l.

26 GUR 3 pānu uṭṭatu ša$_2$
26 グル 3 パーヌの大麦を の

uṭṭatu < ŠE-BAR 大麦

zīru < NUMUN 種子

I ^{ilu} nabu -zīru -ibni apil šu ša$_2$ ^{I} balāṭ-su
ナブ･ジル･イブニ 子の（その）の バラト･ス、

ibni 過三単 <banū <DU$_3$作る
balāṭ-su<DIN-šu「彼の生命」

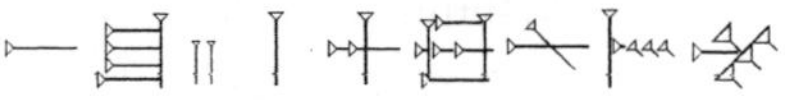

 ahu <PAP 兄弟

ina qat ^{I} ^{ilu} nabu -ahe -iddin
から 手 ナブ・アヘ・イディンの

iddin 命令 < nadānu 与える
nar < A-ENGUR └ <MU

ul-tu eli の所から < ištu

ul -tu eli ^{nar} pit -qa ša$_2$ ^{ilu} bel -eṭer
を経由して ピトカ川 の ベル・エデル町（受領した）。

eṭer <SUR 支払う └ MUH

lib-bi < ŠA$_3$-BI その中の

ina lib -bi 7 GUR ^{I} ri -mut ^{amelu} na -qid$_4$

1 グル = 5 パーヌ =30スート

から その中、7グルを、リムトが 牧人の、 ＝300クー＝ 約300リットル

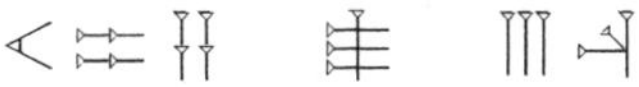 4グル3スート、

14GUR 4 pānu 3 sūtu 3 qu の書き方に注意
14グル 4パーヌ 3スート 3クーを、 qu <SILA$_3$ 約4473 l. となる

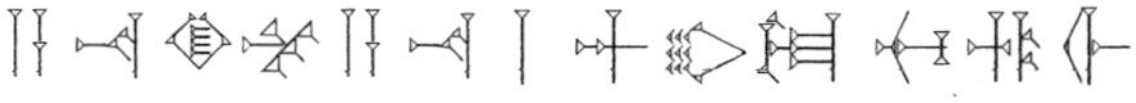 pānu < PI sūtu < BAN$_2$

a -na qe$_2$ -mu a -na [I] [ilu] in -nin -zīru -ušabši ziru < NUMUN 種子
にして 粉、 に インニン・ジル・ウシャブシ  ši は送りがな

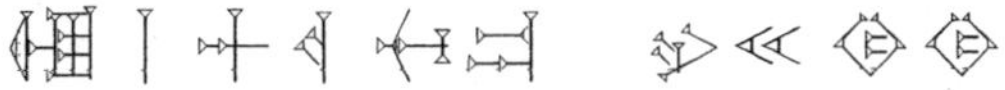 ušabši Š 話態、過三単

u$_3$ [I ilu] šamaš-zīru-ukīn [amelu] man -di -di < bašū < IG ある
と シャマシュ・ジル・ウキンが 仕出し屋の、 イナンナは種を有らしめた、の意

 ukīn D 話態、過三単

1 GUR [I ilu] nabu -ibni -ahi apil šu < kunnu < kanu < DU
1グルを、ナブ・イブニ・アヒが 子の（その） └ 立証する

 ibni 過三単 < banu

ša$_2$ [I] [ilu] nabu -mu -še -tiq$_2$ -urra mahir < KAK 作る
の ナブ・ムシェティク・ウルラ 領収する。 etīq 先立つ > mu-še-tiq

 tiq$_2$ < NI └ 先導者

1 pānu 1 sūtu 3 qu [I ilu] in -nin -zīru -ušabši urru < HAD$_2$-DA 朝焼け
1パーヌ 1スート 3クーを、インニン・ジル・ウシャブシに maharu < GAN$_2$-BA

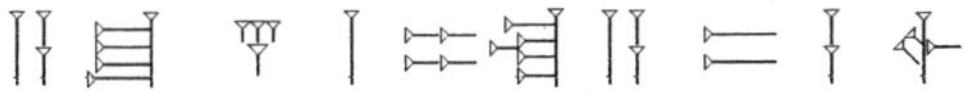 in-nin = inanna

apil šu ša$_2$ [I] ap -la -a 2 guru 2 pānu
子の（その）の アプラ、 2グル 2パーヌを、 imeru < ANŠE

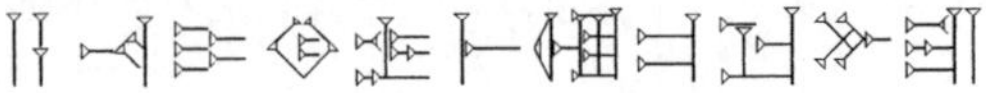

^{me} < MEŠ

a -na　i -di　imere ^{me} u$_3$ ^{işu} elippu　ariktu　　elippu < MA$_2$

に の賃貸料　ロバ　と　船　長い、　ariktu < arāku < GID$_2$-DA

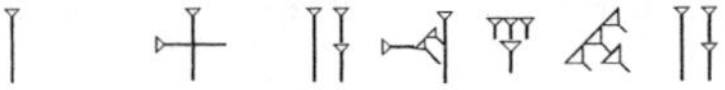

zun < HA$_2$ < HI-A

1 pānu　1 sūtu a -na　akale ^{zun}　　akalu <　NINDA パン

1パーヌ1バンヌを、に　パンなど

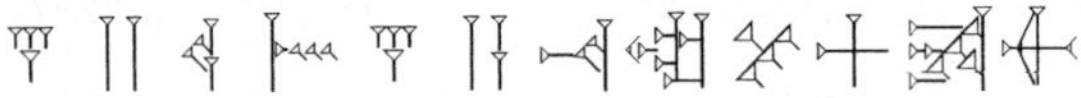

ša　2　ṣabe ^{meš} ša　a -na eli　uṭṭatu　it -ti

の 二人の兵士、所の ついて に 大麦 と共にいた、

it-taš-šu 完三複 < intaši

^{I} ^{ilu} nabu -mu -še -tiq$_2$ -urra　it　-taš　-šu　　< našu 運ぶ

ナブ・ムシェティク・ウラが 運んだ、(それぞれ与えた)。

šarrutu < NAM-LUGAL

^{arhu} šabaṭu um 28　^{kam}　šatt　rēš　šarruti　　šabaṭu< ZIZ$_2$ < ZIZ$_2$-A-AN

月 サバトの　日28　年　追加 王政の　1～2月エンマ小麦の月、の意

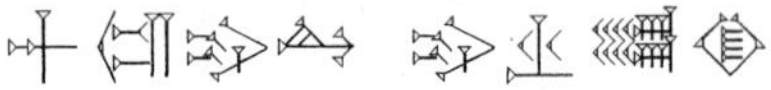

šatt rēš šarruti 王政年の次年

^{ilu} nergal -šar -uṣur šar babili ^{ki}　　Nergal < U-GUR

ネリグリッサール　王 バビロンの。　babilon < TIN-TIR

1グル＝5パーヌ＝30スート＝300クー＝ 約300リットル。uṭṭatu < ŠE-BAR 大麦、ここで bar に半分の意味はない。zīru < NUMUN 種子。ibni 過三単 < banū < DU$_3$ 作る、この名はナブ神が種子を作った、の意。balāṭ-su < DIN šu 彼の生命、の意味。

ahu < PAP 兄弟。iddin 命令形 < nadānu < MU 与える、この名はナブ神

が兄弟達を与えよ、の意。nar < A-ENGUR　川、運河。ul-tu eli < ištu MUH の所から。eṭer < SUR 支払う、この名はバール神が支払う、の意。lib-bi < ŠA$_3$-BI その中の。

pānu < PI, sūtu < BAN$_2$であるが、4パーヌ3スート、にわざわざ単位を書かない書き方に注意。qu < SILA$_3$ シラ。14グル4パーヌ3スート3クーとは約4473リットルとなる。ušabši Š 話態、過三単 < bašū < IG ある、ši は送りがな、この名はイナンナ女神は種子を有らしめた、の意。ukīn D 話態、過三単 < kunnu < kanu < DU 立証する、この名は太陽神が種子を実証する、の意。ibni 過三単 < banu < KAK 作る、この名はナブ神が兄弟を作った、の意。mu-še-tiq 先導者 < etīq 先立つ。tiq$_2$ < NI

urru < HAD$_2$-DA 朝焼け、この名はナブ神は朝焼けの先導者、の意。

maharu <GAN$_2$-BA

in-nin = inanna 神。imeru < ANŠE 驢馬。^{me} < MEŠ 複数。elippu < MA$_2$ 船。

ariktu 女性形 < arāku < GID$_2$-DA 長い。zun < HA$_2$ < HI-A など。akalu < NINDA パン。it-taš-šu 完三複 < intaši < našu 運ぶ。šarrutu < NAM-LUGAL 王政。

šabaṭu < ZIZ$_2$ < ZIZ$_2$-A-AN　1～2月、エンマ小麦の月、の意。šatt rēš šarruti 王政年の次年。Nergal < U-GUR ネルガル神、この名は ネルガルが王を守る、の意。

uṣur 命令 < naṣāru < ŠEŠ 守る。

バラト・スの子のナブ・ジル・イブニの26 グル3パーヌの大麦が、ベル・エデル町のピトカ川経由で、ナブ・アヘ・イディンの手から（奉納された）。その中から、牧人のリムトが7グルを、仕出し屋のインニン・ジル・ウシャブシとシャマシュ・ジル・ウキンが粉にして、14グル4パーヌ3スート3クーを、ナブ・ムシェティク・ウルラの子のナブ・イブニ・アヒが1グルを、（それぞれ）受け取った。又1パーヌ1スート3クーを、アプラの子の、インニン・ジル・ウシャブシに、2グル2パーヌを、ロバと長い船の賃貸料に、そして1パーヌ1バンヌを、大麦の側に共にいた所の二人の兵士のパンなどのために、ナブ・ムシェティク・ウラが運んで、（それぞれに配った）。
バビロンのネリグリッサール王の追加王政年、サバト月の28日。

16　奉献と残高の照合

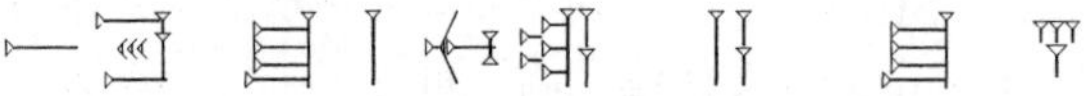 dūzu < 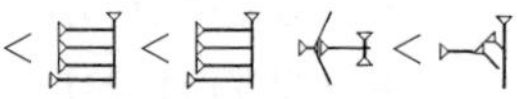

ina arhu dūzu [I] zīr -ia apil šu $ša_2$ šu-numun-na は、穀物の種....
に 月 タンムズの、ゼリアは 子の（その）の の月、今の6～7月

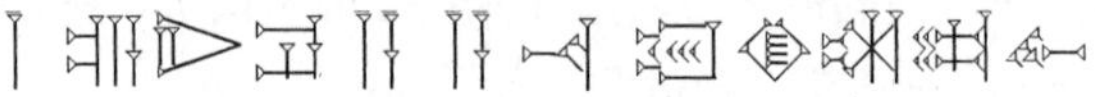 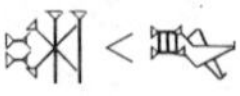

[I] dan -ni -e -a a -na unug [ki] il -li -kam　illik 過三単
ダニエア にいる ウルク町、やってきた。　< alāku 行く
——　pitnu 会計簿の容器

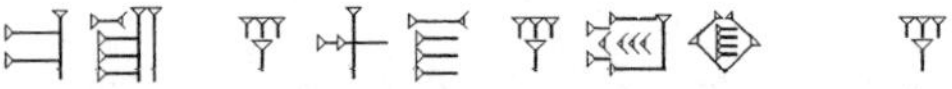　bēltu < GAŠAN 女主人

[iṣu] pitnu $ša_2$ [ilu]belit $ša_2$ unug [ki] $ša_2$　ここではイシュタル女神
会計櫃（のための 女神 の ウルク町 の持つ　šir-kū-tu < RIG_7-u_2-tu_2

　= PA-KAB-DU-u_2-tu_2

[amelu] širkū -u_2 -tu_2 u_3 re -hu -a -nu　< šarāku 与える
奉献担当者、） と 残り（残金）が↓　神殿の手足となる奉納者の意

　ṣenu < USDU-HA_2

$ša_2$ ṣenu [zun] lati [zun]　< US_5-UDU-HA_2
（の 家畜動物や 牛などや　lati< AB_2-GU_4-HA_2

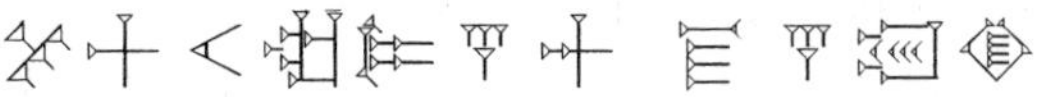

uṭṭatu u suluppi $ša_2$ [ilu] belit $ša_2$ unug [ki]
大麦や なつめ椰子、のための 女神 の ウルク町）

ša$_2$ ina eli ^{I}si -lim -^{ilu}bel
[所の に対し それら、シリム・ベルが

ul-tu < ištu ～から

apil šu ša$_2$ ^{I}ap -la -a ul -tu E$_2$ -AN -NA
子の（その）の アプラ からの エアンナ神殿、

inamšu 過三複男

i -nam -šu nim -ma a-na ^{I}zīr -ia　< namāšu 動かす
扱つていた、] に ゼリア　nim ～の方へ

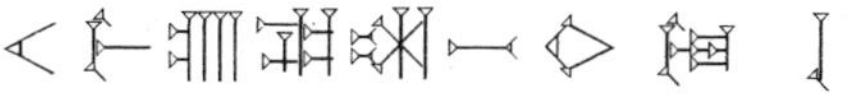

s < sinništu 女性の限定詞

u ^{s} E$_2$ -SAG -IL -be -lit aššati šu$_2$
と エサギル・ベリット 妻である 彼の

u$_2$ -kal -la -mu ki -i　ukallamu D 話態、現三複男
↑ 示された。 時↓　< kalāmu 示す

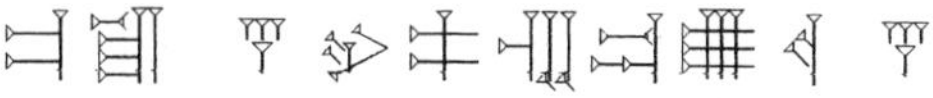

^{iṣu} pitnu ša$_2$ ^{amelu} šir -kū -u$_2$ -tu$_2$ ša$_2$
会計櫃（ひつ）の 奉献品 の

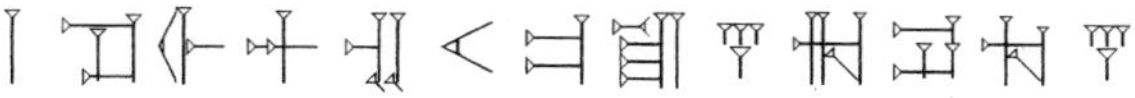

^{I}si -lim -^{ilu}bel u ^{iṣu}pitnu ša$_2$ re -e -hu ša
シリム・ベル と 会計櫃（ひつ）が の 残り の

 ^{zun} < HI-A

ṣi -e -nu lati ^{zun} uṭṭatu u suluppi
家畜動物や　牛などや　大麦 や なつめ椰子、

ša$_2$ ^{ilu}belit ša$_2$ unug ^{ki} ša$_2$ ina eli -šu$_2$
[のためで 女神 の ウルク町、所の に 彼（責任ある）]

a-na ^{I} zīr -ia u ^{s} E$_2$ -SAG -IL -be -lit
に　ゼリア　と　エサギル・ベリット

aššati šu$_2$ uk -tal -li -mu ṭuppu　　uk-tal-li-mu D 話態、完三複
妻である 彼の、示された↑、文書を　　< kalāmu 示す

　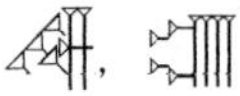どちらか一つで可

ša$_2$ a -sib qa$_2$-tu$_2$ īp -šu$_2$ ina qat ša$_2$　　a-sib 継続、三単男 < wašābu
(所の 置かれて 手が、作られ で 手 の　　置く、住む（ここでは書く）

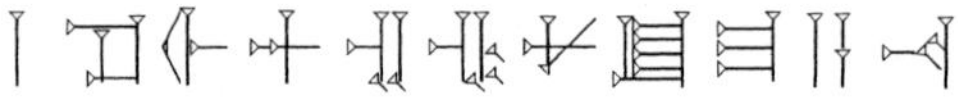　īp-šu$_2$ 過三単 < epēšu なす

^{I} si -lim - ^{ilu} bel ik -nu -ku ma a-na　　ik-nu-ku 過三複男 < kanāku
シリム・ベル、彼らが署名した)、に　　署名する

　id-di-nu 過三複男

^{s} E$_2$ -sag -il -be -lit aššati šu$_2$ id -di -nu　　< nadānu 与える
エサギル・ベリット 妻である 彼の、彼らは与えた。

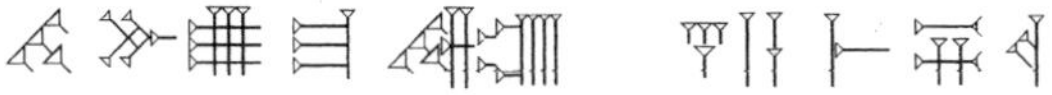

he -pu -u$_2$ ma ṭuppu　šа$_2$ a -sib qa$_2$ -tu$_2$　he-pu-u$_2$継続、三複男
彼らは壊した その文書を 所の↓ 置かれ 手が、　< hepu 壊す

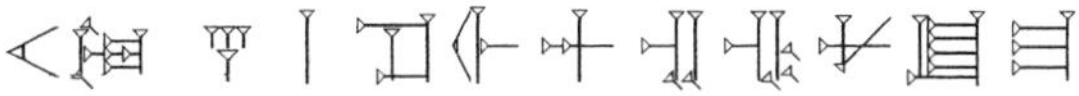

u　aššati ša$_2$ ^{I} si -lim - ^{ilu} bel ik -nu -ku ma
そして 妻が の　シリム・ベル　署名して

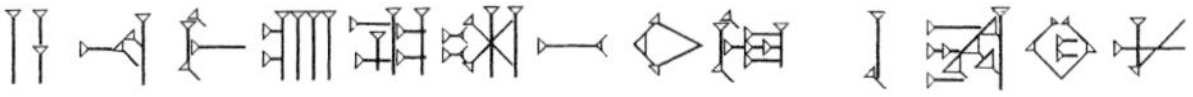

a-na ^{s} E$_2$ -sag -il -be -lit aššati šu$_2$ id -di -nu
に　エサギル・ベリット 妻である 彼の 与えた↑。

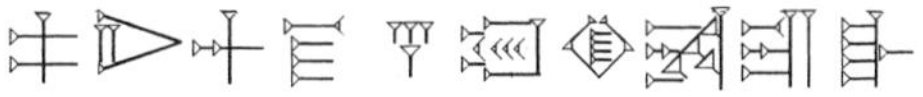

女神の顔を見る、とは誓約

pa -ni ^{d} belit ša$_2$ unug ^{ki} id -da -gal　iddagal 現三単
顔を 女神の の ウルク町 彼女は見る。　< dagālu 見る

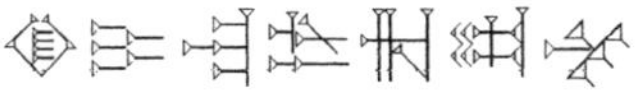

ki -i　la uk -tal -li -mu　uk-tal-li-mu D 話態、完三複
けれど なかった 彼らは示さ　< kalāmu 示す

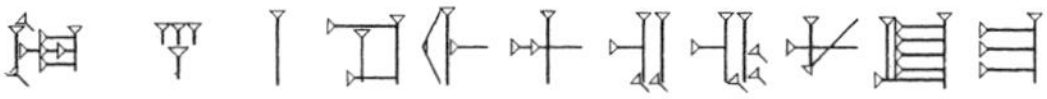

aššati ša$_2$　^{I} si -lim - ^{d} bel ik -nu -ku ma
妻が の　シリム・ベル　署名して

a-na ^{s} E$_2$ -sag -il -be -lit　id -di -nu　iddin 過三単男
に　エサギル・ベリット　与えたのを。　< nadānu 与える

pa -ni $ša_2$ id -da -gal
顔を　彼女の 彼女は見る。

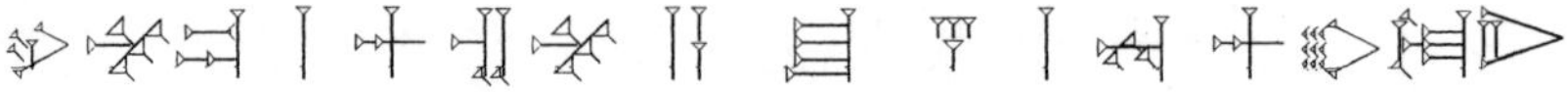

^{amelu}mu -kin_7 ^{I} ^{ilu}bel -iddin apil šu $ša_2$ ^{I}ardi - ^{ilu}in -nin -ni
証人：　ベル・イディン 子の（その）の アルディ・イナンナ

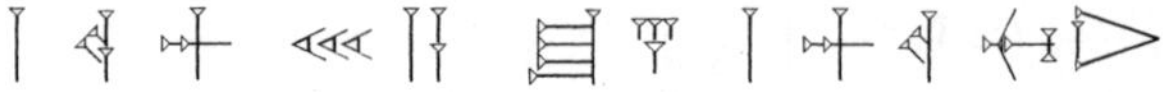

^{I} nūru - ^{ilu}sin apil šu $ša_2$ $^{I\ ilu}$šamaš -zīr -ibni
ヌル・シン　子の（その）の　シャマシュ・ジル・イブニ

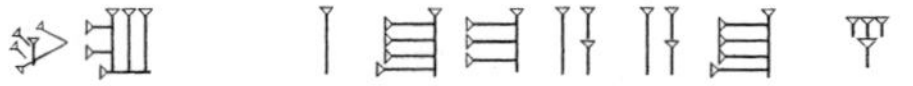 ——

^{amelu}šangu ^{I} šu -ma -a apil šu $ša_2$ ——
司祭：　シュマア　子の（その）の

ardu < WARAD 奴隷
nūru < $ZALAG_2$ 光輝
ibni 過三単
< banu< KAK 建てる

^{arhu}ayaru umu 10 ^{kam} šattu ^{2} ^{kam}
月 アヤール 日 10　年 ^{2}、

ayaru <GU_4 <GU_4-SI-SA_2
公正な牛の月

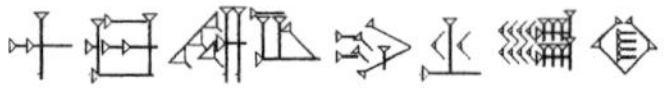

^{d}nabu- naid šarr babili ^{ki}
ナボニドス　王 バビロンの。

babilu < TIN-TIR
naid 継続形 < nadu
< NI_2-TUK 崇める

dūzu < šu-numun-na は、穀物の種の月、今の 6 ～ 7 月。illik 過三単 < alāku 行く。

pitnu 会計簿の容器。bēltu < GAŠAN 女主人、ここではイシュタル女神。šir-kū-tu 奉献 < RIG_7-u_2-tu_2 = PA-KAB-DU-u_2-tu_2 < šarāku 与える、神殿の手足とされる奉納担当者の意。şenu < USDU-HA_2 < US_5-UDU-HA_2

家畜動物。lati< AB$_2$-GU$_4$-HA$_2$牛。inamšu 過三複男 < namāšu 動かす。nim ～の方へ。s < sinništu 女性の限定詞。ukallamu D 話態、現三複男 < kalāmu 示す。^{zun} <HA$_2$ < HI-A など。

uk-tal-li-mu D 話態、完三複 < kalāmu 示す。a-sib 継続、三単男 < wašābu 置く、住む（ここでは書く）。īp-šu$_2$ 過三単 < epēšu なす。ik-nu-ku 過三複男 < kanāku 署名する。id-di-nu 過三複男 < nadānu 与える。he-pu-u$_2$継続、三複男 < hepu 壊す。

女神の顔を見る、とは誓約すること。iddagal 現三単 < dagālu 見る。uk-tal-li-mu D 話態、完三複 < kalāmu 示す。iddin 過三単男 < nadānu 与える。ardu < WARAD 奴隷。nūru < ZALAG$_2$ 光輝。ibni 過三単 < banu< KAK 建てる。ayaru < GU$_4$ < GU$_4$-SI-SA$_2$公正な牛の月、4～5月。babilu < TIN-TIR。naid 継続形 < nadu < NI$_2$-TUK 崇める。

タンムズの月に、ウルク町にいるダニエアの子、ゼリアがやってきた。——奉献担当者の持つ、ウルク町の女神のための、会計櫃（ひつ）と、ウルク町の女神のための、家畜、牛、大麦やなつめ椰子などの残り（記録）とを並べて、（それらに対しては、エアンナ神殿（時代）からアプラの子、シリム・ベルが扱っていたものだが、）ゼリアと彼の妻であるエサギル・ベリットに示された。シリム・ベルの持つ奉献品の品目と家畜や牛や大麦やなつめ椰子などの、残り数の品目とをゼリアと彼の妻であるエサギル・ベリットに示した時に、（それは彼に責任ある所の、ウルク町の女神のためであるが、）シリム・ベルの手が置かれ、その手で作られて、彼らが署名した所の文書を、彼の妻であるエサギル・ベリットに彼らは与えた。すなわちシリム・ベルの手が置かれ、そして妻が署名して、ゼリアの妻であるエサギル・ベリットに与えた所のその文書を彼らは壊した。そしてウルク町の女神の顔を彼女は見上げる。
しかしシリム・ベルの妻が署名してエサギル・ベリットに与えたのを彼らは見なかった。そして女神の顔を彼女は見上げる。

証人：　アルディ・イナンナの子のベル・イディン
　　　　シャマシュ・ジル・イブニの子のヌル・シン
司祭：　—— の子のシュマア

バビロンのナボニドス王２年、アヤール月の 10日。

ニムルドのモナリザ
前８世紀ニムルド象牙製16×13.3㎝
ニムルドの宮殿裏にある井戸の中から発見されたという

17　小作物と羊の奉献

iṣu ma -ši -hu 2 sūtu 1 1/2 qu ina sūtu　　sūtu < giš BAN_2
桝で 2 スート 1.5クーを の 小作物　　1 スート ＝ 10クー

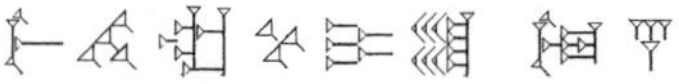

＝ 約10リットル

s hi -ka -lat -i -tu aššati $ša_2$
ヒカラート・イトが 妻 の

 un は送りがな

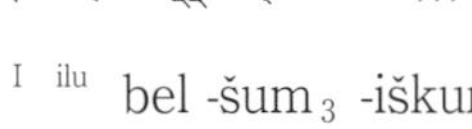

iškun 過三単 <šakānu<GAR

I ilu bel -$šum_3$ -iškun un　　バアル神は名を置く、の意
ベル・シュム・イシュクム（与えた)。　　クーのような最後の単位を残す

がパーヌ、スートは書かない

2 ^{iṣu} ma -šah 1 pānu 1 sūtu

二 桝で　1 パーヌ 1 スート　　1 パーヌ＝6 スート

＝60リットル

1 1/2 qu ina sūtu ^{I} ^{ilu} bel -ibni　　ibni 過三単 < banu

1.5 クーを の 小作物 ベル・イブニが　　< KAK 建てる

apil ^{I} bi -bi -e -a　4 ^{iṣu} ma -šah

子 ビベアの（与えた）。　四桝で

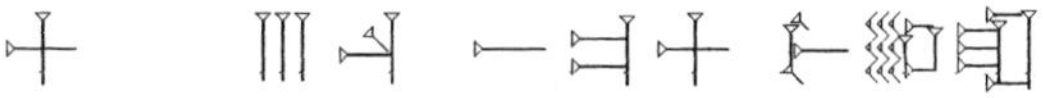

1 sūtu 3 qu ina sūtu ^{s} šar -ra ——

1 スート 3 クーを の 小作物 シャラが（与えた）。

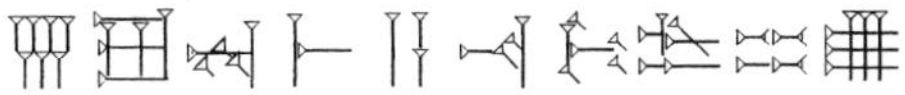

7 immeri ^{me} a -na gu -uq -qu -u$_2$　　guqqu < GUG 毎月の奉献

7 匹の雄羊を　のため　奉献、

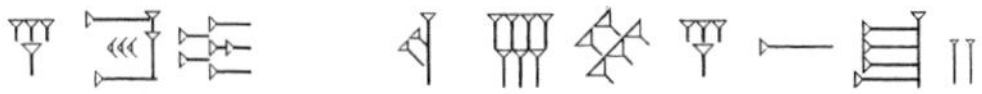

ša$_2$ ^{arhu} kislimu umu 7 ^{kam} ša$_2$ ina qat

に 月 キスリムの 日 7、　所の からである

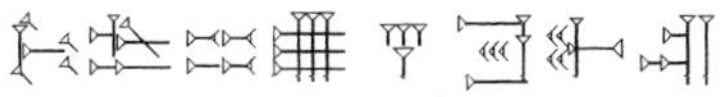

gu -uq -qu -u$_2$ ša$_2$ arhi uṣ -ṣu

奉献分　の 月 先の

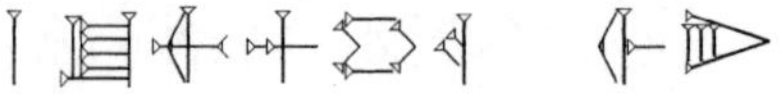

^{I} tukulti- ^{ilu} marduk　　mahir ^{ir}　　　　　　^{ir} は送りがな

トゥクルティ・マルドゥクが受領した。

　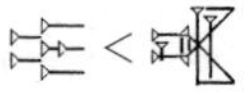

ša $_{2}$ ^{arhu} kislimu umu 7 ^{kam} šattu 21 ^{kam}　　　kislimu < GAN

に　月 キスリムの 日 7　　年　21、　　　　< GAN-GAN-NA

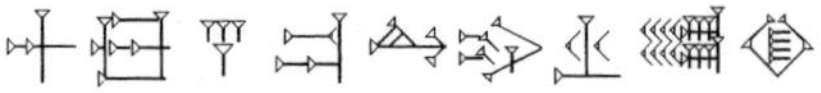　　　瓶の月、11～12月

^{ilu} nabu-kudduri-uṣur šar babili ^{ki}

ネブカドレザールの 王　バビロンの。

sūtu < ^{giš} BAN $_{2}$　1スート ＝ 10クー ＝約10リットル。1パーヌ＝6スート＝60リットル。

クーのような最後の単位を残すが、パーヌ、スートは書かない。iškun 過三単 < šakānu < GAR 置く, ^{un} は送りがな、この名はバアル神は名を置く、の意。ibni 過三単 < banu < KAK 建てる。guqqu < GUG 毎月の奉献。kislimu < GAN < GAN-GAN-NA

瓶の月、11～12月。^{ir} は 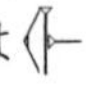 mahir 受領する、と読ますための送りがな。

桝で2スート1.5クーの小作物をベル・シュム・イシュクムの妻ヒカラート・イトが（奉納した）。二桝で1パーヌ1スート1.5クーの小作物をビベアの子ベル・イブニが（奉納した）。四桝で1スート3クーの小作物を――シャラが（奉納した）。先月の奉献分からである所の奉献用の7匹の雄羊を、キスリム月の7日に、トゥクルティ・マルドゥクが受領した。

18　ブロンズと運搬車の売買

5　MA -NA　siparru　a -na　hal -hal -la　-ti　　siparru < ZABAR
5　マナの　ブロンズ のための 太鼓　　< U_4-KA-BAR ブロンズ

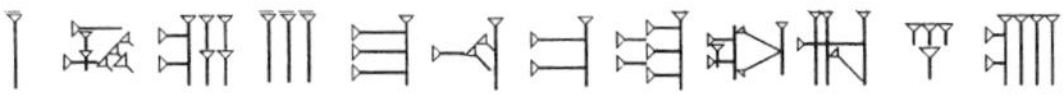

biltu<GU_2-UN = 60ma-na

1　biltu　3　MA -NA　[iṣu] at -ta -ri　$ša_2$ bit　　at-te-ru 運搬車 └約30 kg
と　63 マナの　運搬車を　の 家

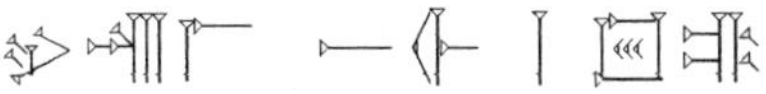

 <  LUD 小瓶

[amelu] naš -paṭri ina pan　[I] bul　-luṭ　　naš-paṭri < GIR_2-LA_2剣持ち
剣持ち役人の、で の前 ブルード、　　nādinānu < SI_3売り手

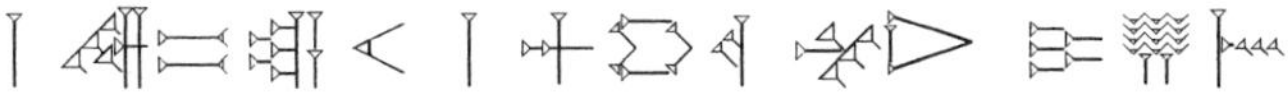

nat_2送りがな

[I] im -bi -ia　u　[I ilu] marduk -$šum_3$-ibni [nat 2] nādinānu [meš]
インビア　と マルドゥク・シュム・イブニが　商人の（買った）。

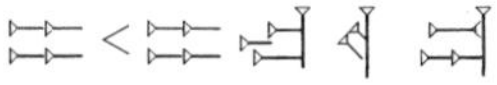

[arhu] ṭebetu　umu　6　[kam]　šattu　21　[kam]　　ab-ba-e_3 12～1 月
月 テベトゥの　日 6　年　21、　　穴から出る月、の意

[ilu]　nabu-kudduri-uṣur šar babili [ki]
ネブカドレザールの 王　バビロンの。

siparru < ZABAR < U_4-KA-BAR ブロンズ。biltu < GU_2-UN = 60ma-na = 約30kg
at-te-ru 運搬車。naš-paṭri < GIR_2-LA_2剣持ち。nādinānu < SI_3 売り手、nat_2 は SI_3 を nādinānu と読ますための送りがな。ṭebetu < AB < AB-

BA-E$_3$穴から出る月、の意、デベトゥ月、12～１月にあたる。

剣持ち役人の家の太鼓と63マナの運搬車を、ブルードの前で、商人のインビアとマルドゥク・シュム・イブニが（買った)。バビロンのネブカドレザール王の21年、デベトゥ月の６日。

19　大麦の領収

2 sūtu 2 qu uṭṭatu a -na ^{I} ^{ilu}bel
2スート 2 クーの大麦を のために ベル

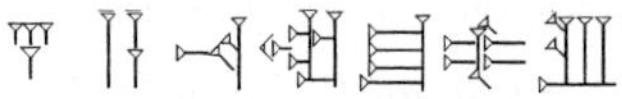

ša$_2$ a -na eli šu -up -ru　　šūpru$^?$ <šāpru 継続、三単男
所の そこに 送り届ける、又　　< šapāru 書き送る

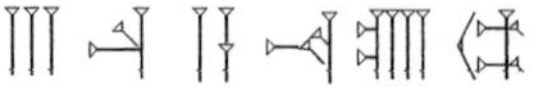

3 qu a -na E$_2$ -UL
3 クーを のために エウル神殿、又

1 pānu 3 sūtu 3 qu a -na　　1 pānu= 6 sūtu=60qu
1パーヌ 3スート 3クーを のために　　└約60 リットル

ERIN$_2$^{meš} ša$_2$ bit makkuri　　makkuru < NI$_3$-GA
兵たち の 家 財産持ちの、　　ṣabe < ERIN$_2$ ^{meš}

u a -na ERIN$_2$ ^{meš} ša$_2$ a -na pan

そして のため 兵たち 所の にいる（彼の）前に、

mah-ru < mahāru

^{amelu} qi -i -pi māh -ru mahir　　　mahir 継続、三単男 < mahāru
代理人が　受取り 領収する。　　　< GAN_2-BA

2 pānu 2 sūtu　a -na ^{amelu} bal -su ša$_2$ GUD^{meš}　　　bal-su < bal-šu
2 パーヌ 2 スートを のため 洗浄人（その）の 牛　　alpe < GUD^{meš} 牛たち

^{I} Ša$_2$ - ^{ilu} na -na -a -ištēniš mahir
シャ・ナナア・イシュテニシュが 領収する。　　ištēniš < $TEŠ_2$-BI_4 一緒に

^{arhu} atār- addaru umu 7 ^{kam} šattu 7 ^{kam}　　atār-addaru < DIRI-ŠE-
月 追加アダルの 日 7、　年 7、　　GUR_{10} - KU_5

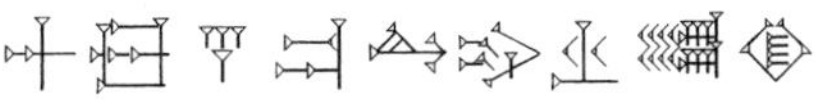

大麦の収穫の追加月、の意

^{ilu} nabu-kudduri-uṣur šar babili ^{ki}
ネブカドレザールの 王 バビロンの。

šūpru$^{?}$ < šāpru 継続、三単男 < šapāru 送る。1 pānu = 6 sūtu = 60qu 約60 リットル。makkuru < NI_3-GA 金持ち。ṣabe < $ERIN_2$ ^{meš} 兵隊。mah-ru 受領 < mahāru　mahir 継続、三単男 < mahāru < GAN_2-BA 受領する。bal-su < bal-šu　alpe < GUD^{meš} 牛たち。ištēniš < $TEŠ_2$-BI_4 一緒に。atār-addaru < DIRI-ŠE-GUR_{10}-KU_5 大麦の収穫の追加月、の意、2～3 月の追加月。

そこあてに送り届けるつもりのベルのために、2スート2クーの大麦を、エウル神殿のために3クー（の大麦）を、又資産家にいる兵たちのために、そして（彼の）前にいる所の兵たちのために、1パーヌ3スート3クー（の大麦）を、代理人が受け受領する。牛の洗浄人のために、2パーヌ2スート（の大麦）をシャ・ナナア・イシュテニシュが受領する。
バビロンのネブカドレザール王の7年、追加アダル月の7日。

20　油小鉢の贈与

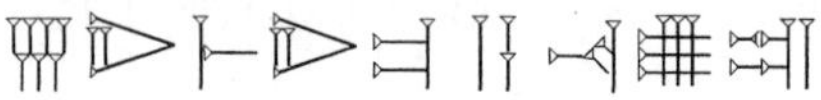

šamnu < I$_3$-GIŠ 植物油

7　ne$_2$ -sepu šamni a -na ^{u2} urqūtu
7枚の　小鉢を 油の、のため ハーブ草

ne$_2$-sepu <NI-SIP 小鉢、皿

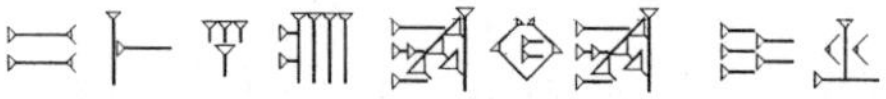

urqūtu < ŠEM 芳香物

šikare ^{me} ša$_2$ bītu id -da -ti$_8$　i-din
酒の　での 家「そこで」の 与えた。

iddin 過三単 < nadānu

^{arhu} arahsamna umu 25 ^{kam} šattu 4 ^{kam}
月 アラフサンナの 日 25、　年 4、

arahsamna < APIN
< APIN-DU$_8$-A 10～11月、

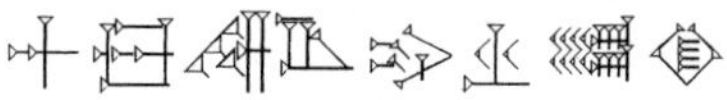

耕地を開く月の意

^{ilu} nabu- naid　šar　babili ^{ki}
ナボニドス　　王 バビロンの。

babilon < TIN-TIR
naid 継続形 < nadu
< NI$_2$-TUK 崇める

šamnu < I$_3$-GIŠ 植物油。ne$_2$-sepu < NI-SIP 小鉢、皿。urqūtu < ŠEM 芳香物。iddin 過三単 < nadānu 与える。arahsamna < APIN < APIN-DU$_8$-A 10～11月、耕地を開く月の意、アラフサンナ月。babilon < TIN-TIR naid 継続形 < nadu < NI$_2$-TUK 崇める。

「そこで（屋号)」家での酒のハーブ草のために７枚の油の小鉢を与えた。
バビロンのナボニドス王４年、アラフサンナ月の25日。

21　ブロンズの譲渡

12 ^{işu} ma -ši -hu　sipparu
12　桝の　ブロンズを

adi ^{arhu} simanu　u　^{arhu} dūzu
に限り 月シワヌの と 月 タンムズの、

a -na ^{I} ^{ilu} bel -ibni ^{amelu} banu u
あてに　ベル・イブニ 建築家　と

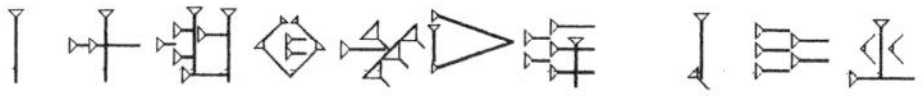

^{I} ^{ilu} ka -di šum$_3$ ibni aplu šu$_2$ i -din
カディ・シュム・イブニ 子の 彼の、与えた。

arhu dūzu　umu　11 ^{kam} šattu 4 ^{kam}
月 タンムズの、日 11、　年 4、

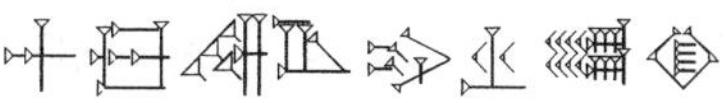

^{ilu} nabu-　naid šar　babili ^{ki}
ナボニドス　王 バビロンの。

adi < EN-（NA）～に限り

sipparu <ZABAR < U_4-KA
-BAR ブロンズ

 SIG_4 < SIG_4-GA 煉瓦月

 ŠU < ŠU -NUMUN-NA
穀種の月、６～７月

 banu 建築 < KIM

ibni 過三単 < banu
< KAK 建てる

バアルが建てた、の意

iddin 過三単 < nadānu
^{ilu} Ka-di 女神イシュタラン

イシュタランが名を作った、
の意

adi < EN-（NA）～に限り。sipparu < ZABAR < U_4-KA-BAR ブロンズ。

SIG$_4$ < SIG$_4$-GA 煉瓦月、シマヌ月、5～6月にあたる。ŠU < ŠU -NU-MUN-NA
穀種の月、タンムズ月、6～7月。banu 建築 < KIM　ibni 過三単 < banu < KAK 建てる、この名はバアルが建てた、の意。iddin 過三単 < nadānu 与える。^{ilu} Ka-di 女神　イシュタラン、この名はイシュタランが名を作った、の意。

12桝のブロンズを、シワヌの月とタンムズの月に限り、建築家ベル・イブニと彼の子のカディ・シュム・イブニあてに与えた。
バビロンのナボニドス王4年、タンムズ月の、11日。

22　銀貨の送金

 kurmatu <PAT 食料

2 MA-NA kaspu　a -na kurmati ^{zun}
2　マナの　銀貨を　のため　食料

širku < šarāku 与える < RIG$_7$ = PA-KAB-DU

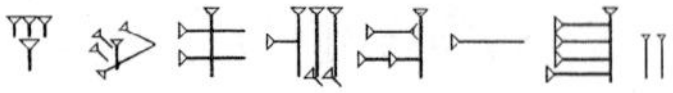

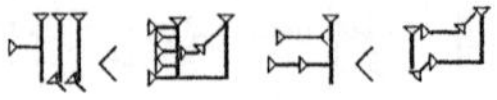

ša$_2$ ^{amelu} širke ^{me}　　ina　qat
の　奉献担当者　から 手

神殿の「手足」となる奴隷の意

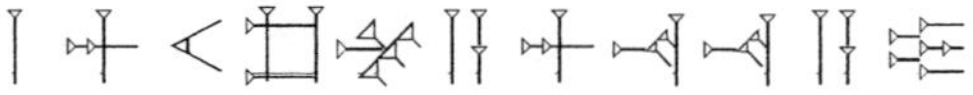

^{I} ^{ilu} nergal -iddin apil ^{dilu} na -na　-a　-īruš
ネルガル・イディンの 子の ナナア・イールシュの、

nergal < U-GUL
iddin 過三単 < nadānu

 īruš 過三単 < erēšu 望む

a -na $^{\mathrm{I\ ilu}}$ nabu -ahu- iddin apil　^{ilu} na -na　-a　-īruš
通して ナブ・アフ・イディンを 子の ナナア・イールシュの、

a -na unug^{ki} iš -bu -ul　　　　　iš-bu-ul Š 話態、過三単
へ　ウルク町　送らせた。　　　　　< šabālu< wabālu 運ぶ

addaru<ŠE <ŠE-GUR$_{10}$-KU$_5$

^{arhu}addaru umu 7 ^{kam} šattu 12 ^{kam}　　　2～3月、麦の収穫月、の意
アダル月、 日 7　　年 12、

^{ilu}nabu-kudduri-uṣur šar babili^{ki}　　　babilon < TIN-TIR
ネブカドレザールの 王　バビロンの。

kurmatu < PAT 食料。širku 奉献者 < RIG$_7$ = PA-KAB-DU 神殿で「手足」となる奴隷の意 < šarāku 与える。nergal < U-GUL iddin 過三単 < nadānu 与える。īruš 過三単 < erēšu 望む。ネルガル・イディンとナブ・アフ・イディンとは兄弟。
iš-bu-ul Š 話態、過三単 < šabālu < wabālu 運ぶ。addaru < ŠE < ŠE-GUR$_{10}$-KU$_5$
2～3月、アダル月、麦の収穫月、の意。 babilon < TIN-TIR

奉献担当者の食料のため2マナの銀貨を、ナナア・イールシュの子の、ネルガル・イディンの手から、ナナア・イールシュの子の、ナブ・アフ・イディンを通して、ウルク町へ送らせた。
バビロンのネブカドレザール王の12年、アダル月の、7日。

23　銀貨の寄付

2 MA-NA kaspu ina bāb balāṭi　　　balāṭu < TI-LA = TIL$_3$

2 マナの 銀貨が で「門　生命の」、　　　　　「生命の門」は城門の名

1 MA -NA kaspu a -na ṣīri nāri　　　　ṣīru < MAH 高い
1マナの 銀貨が 事に 高くする 川を　　nāru < A-ENGUR 川

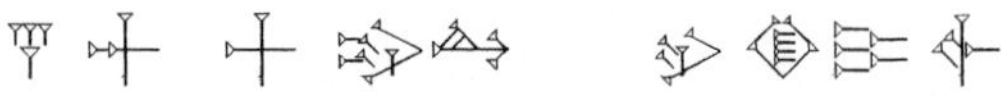

ša₂ ᵢˡᵘnin-urta -šar -uṣur ᵃᵐᵉˡqi -i -pi　uṣur 命令 < naṣāru 守る
により ニヌルタ・シャル・ウツル 代理人　ninurta < MAŠ

a -na uṭṭati　　　　　　　　　　　　　uṭṭatu < ŠE-BAR 大麦
のための 大麦（支払われた）。

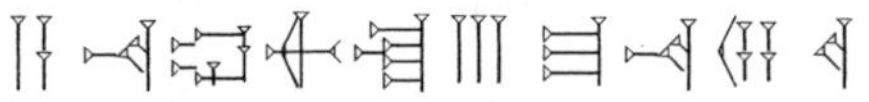

a -na bāb balāṭi 3 MA -NA kaspu
で 「門 生命の」、3 マナの 銀貨を

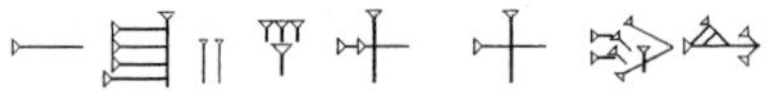

ina qat ša₂ ᵢˡᵘNIN-URTA -šar -uṣur　　šum < MU 名
から 手の ニヌルタ・シャル・ウツル、
　　　　　　　　　　　　　　　　　　　ibni 過三単
　　　　　　　　　　　　　　　　　　　　　< banu < KAK 作る

ša₂ -la -ši -i ina pan ᴵⁱˡᵘnabu -šum₃ -ibni
三度目は、 での前 ナブ・シュム・イブニ

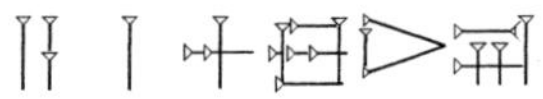

　　　　　　　　　　　　　　　　　　　ᵘšは送りがな
apilu ᴵⁱˡᵘnabu -īpuš ᵘš　　　　　　　　īpuš 過三単
子の ナブ・イープシュの（支払われた）。　　　　< epēšu < KAK なす

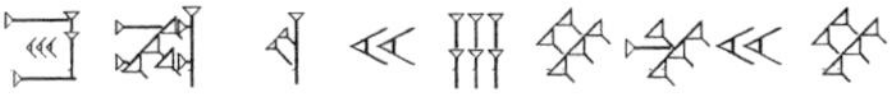

arhu abu umu 26 kam šattu 20 kam

月 アブの 日 26、 年 20、

abu < NE < NE-NE-GAR
7～8月、物が加熱される月
aplu < A 息子

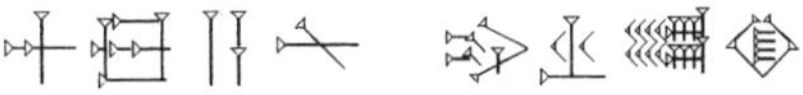

ilu nabu-aplu-uṣur šar babili ki

ナボポラッサルの 王 バビロンの。

uṣur 命令形
< naṣāru 助ける < PAP
ナブ神は子を守れ、の意

balāṭu < TI-LA = TIL_3 生きる。「生命の門」は城門の名。ṣīru < MAH 高い。nāru < A-ENGUR 川。uṣur 命令形 < naṣāru < PAP 助ける。nin-urta < MAŠ
この名は、ニヌルタ神は王を守れ、の意。uṭṭatu < ŠE-BAR 大麦。šum < MU 名。
ibni 過三単 < banu < KAK 作る。īpuš 過三単 < epēšu < KAK なす、uš は送りがな。abu < NE < NE-NE-GAR アブ月、7～8月、物が加熱される月。aplu < A 息子、この名はナブ神は子を守れ、の意。

2マナの銀貨が「生命の門」で、1マナの銀貨が川を高くするために、大麦のための代理人ニヌルタ・シャル・ウツルにより（支払われた）。
三度目、3マナの銀貨が、「生命の門」で、ニヌルタ・シャル・ウツルの手から、ナブ・イープシュの子のナブ・シュム・イブニの前で（支払われた）。
バビロンのナボポラッサル王の20年、アブ月の26日。

24　羊毛代金前払い

ina bilti šipāti zun $ša_2$ 6 arhe meš

の内 1ビルトの羊毛、の間6ヶ月（集めた）

šipātu < SIG_2 羊毛
biltu <GU_2-UN = 60MA-NA
約30kg

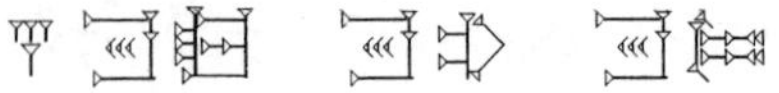

arhe < ITI ^{meš} ここでは三月から半年間の意、月名の読み方は不詳でユダヤ名に従う

ša$_{2}$ ^{arhu}nisannu ^{arhu}ayaru ^{arhu}simanu
の　ニサン、アヤール、シワヌ

^{arhu}dūzu ^{arhu}abu ^{arhu}ulululu
タンムズ、アブ、ウルル、

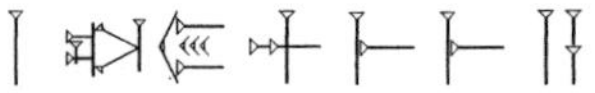

^{I}ta -qiš -^{ilu}gula　apil
タキシュ・グラに　子の

女神グラは略して ME-ME

^{I} ki -rib -ti ^{amel} gub$_{3}$ -li ^{ki}　2 šiqlu　ultu qate ^{meš}
キリブチの　グブル町の人、2 シェケルを から その中

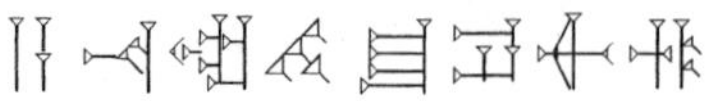

ultu < ištu < TA ～より

a -na muh -hi -šu　e -ti -iq
のため　彼自身　前払いした。

šiqlu < GIN$_{2}$ 1 シェケル＝8.3g
etiq < etēqu 通過する

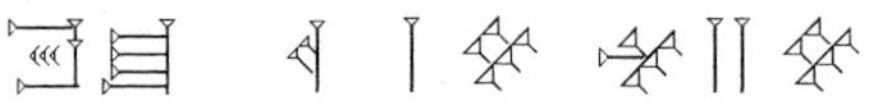

^{arhu}dūzu　umu 1 ^{kam} šattu 2 ^{kam}
タンムズの、日 1、　年　2、

^{ilu}nabu-kudduri-uṣur šar babili ^{ki}
ネブカドレザールの 王　バビロンの。

bābilu = babylone < E ^{ki}

šipātu < SIG$_{2}$ 羊毛。biltu < GU$_{2}$-UN = 60MA-NA　約30 kg　arhe < ITI

^{meš}　ここでは三月から半年間の意。月名の読み方は不詳でユダヤ名に従う。女神グラは略して ME-ME という。ultu < ištu < TA ～より。
šiqlu<GIN$_2$　1シェケル＝8.3g
etiq < etēqu 通過する。bābilu = babylone < E ^{ki} こういう表現もある。

ニサン、アヤール、シワヌ、タンムズ、アブ、ウルルの6ヶ月の間に（集めた）
1ビルトの羊毛の内、その中から2シェケルを、グブル町の人、キリブチの子のタキシュ・グラに、彼自身のために前払いした。
バビロンのネブカドレザール王の2年、タンムズ月の1日。

25　羊の供物

50 immere sattukki ša$_2$ ^{I} ^{ilu} bel -ah -iddin　　sattukk < SA$_2$-DUG$_4$奉献
50匹の羊を 供物の の ベル・アフ・イディン　　iddin 命令 <nadānu 与える

　　バアル神は兄弟を与えよの意

apil šu　ša$_2$　^{I} i -ni -ilu　　aplu < A 息子
子の（その）の　イニ・イル、

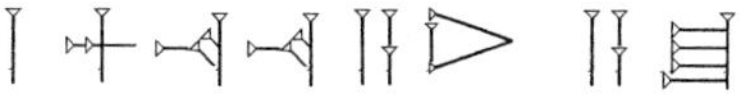　　ibni 過三単

^{I} ^{ilu} na -na -a -ibni apil šu　　< banu < KAK 作る
ナナア・イブニが 子の その　　ナナ神が子を作った、の意。

　を mahir と読ますため ^{ir} は送りがな

mahir ^{ir} ina pan ^{I} tu -kul -ti -šarri
受領する で の前 トゥクルティ・シャリと

apilu ^{I} kudurru ^{I} ki -rib -tu_2　　　kudurru < NI_3-DU 子孫
子の　クドルの、 キリブト

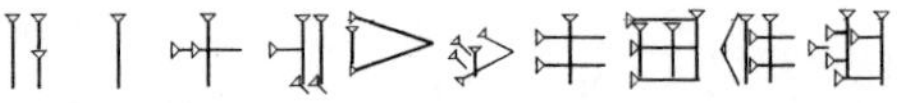

apilu ^{I} ^{ilu}bel -ibni ^{amelu} reu sattukki　　　reu < SIPA = PA-UDU
子の ベル・イブニの 羊飼い 供物担当の。　　　羊飼い

^{arhu}šabaṭu um 2 ^{kam} šatt 21 ^{kam}　　　šabaṭu< ZIZ_2 < ZIZ_2-A-AN
月 サバトの 日^{2} 年 21　　　1～2月エンマ小麦の月、の意

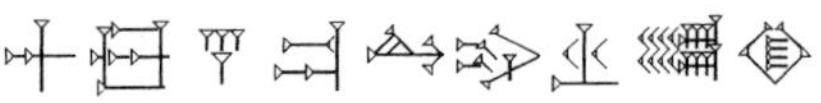

^{ilu}nabu-kudduri-uṣur šar babili ^{ki}　　　babilon < TIN-TIR
ネブカドレザールの 王 バビロンの。

sattukk < SA_2-DUG_4 奉献、供物。iddin 命令 < nadānu 与える、この名はバアル神は兄弟を与えよ、の意。aplu < A 息子。ibni 過三単 < banu < KAK 作る、ナナ神が子を作った、の意。𒄴を mahir と読ますため ^{ir} は送りがな。kudurru < NI_3-DU 子孫。reu < SIPA = PA-UDU 羊飼い。šabaṭu < ZIZ_2 < ZIZ_2-A-AN
サバト月、1～2月、エンマ小麦の月、の意。babilon < TIN-TIR

イニ・イルの子のベル・アフ・イディンの供物の50匹の羊を、供物担当の羊飼い、クドルの子のトゥクルティ・シャリと、ベル・イブニの子のキリブトの前で受領する。
バビロンのネブカドレザール王の21年、サバト月の2日。

26　亜麻布仕事への寄付

50 šiqlu kaspu ana epēšu ša$_2$ ki -it -tu
50シェケル 銀貨を で 仕事 の 亜麻布

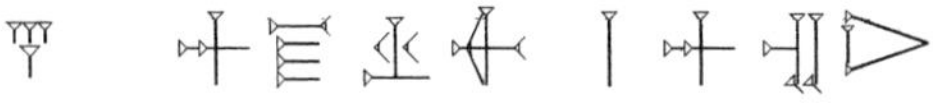

ša$_2$ ^{ilu} bēlet balaṭi^{ti} ^{I} ^{ilu} bel -ibni
のための「女王 癒しの」、ベル・イブニが

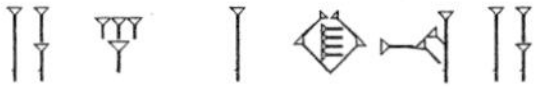

apil ša$_2$ ^{I} ki -na -a
子のの キナア（受け取った）。

^{arhu} šabaṭu um 24 ^{kam} šatt 5 ^{kam}
月 サバトの 日24 年 5

^{ilu} nabu-kudduri-uṣur šar babili ^{ki}
ネブカドレザールの 王 バビロンの。

kitu リンネル

epēšu < AG なすこと

 TIN を balaṭi と読ますため ^{ti} を送りがなとする

bēlet < GAŠAN 女将

kitu リンネル。epēšu < AG なすこと。TIN を balaṭi と読ますため ^{ti} を送りがなとする。bēlet < GAŠAN 女将。

「癒しの女王」のための、亜麻布の仕事で、50シェケル銀貨をキナアの子のベル・イブニが（受け取った）。
バビロンのネブカドレザール王の5年、サバト月の24日。

27　大麦用壺枡の奉献

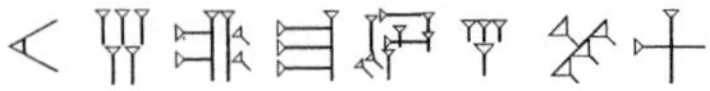

maša̅hu 測る、枡

15　karpate ma-ša̅h　ša$_2$ uṭṭatu
15 の　　壺の枡を　　の　大麦

karpatu < DUG 壺
uṭṭatu < ŠE-BAR

$^{\text{I ilu}}$ marduk -šum$_3$-ibni　　apil　šu
マルドゥク・シュム・イブニが 子の（その）

marduk < AMAR-UD

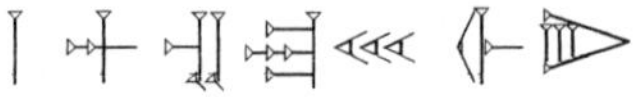

^{I} ^{d}bel -īruš^{eš}　mahir^{ir}
ベル・イールシュの、受領する。

eš　ir は送りがな
īruš 過三単
< erēšu <APIN 植える

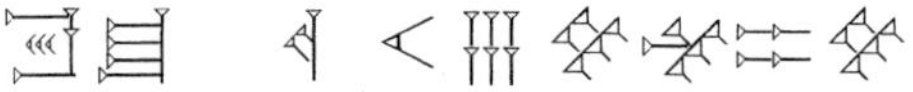

^{arhu}dūzu　　umu　16　^{kam} šattu　4　^{kam}
月 タンムズの、日 16、　　年　4、

^{ilu}nabu-kudduri-uṣur šar babili^{ki}
ネブカドレザールの 王　バビロンの。

bābilu = babylone < E^{ki}

maša̅hu 測る、枡。karpatu < DUG 壺。uṭṭatu < ŠE-BAR 大麦。
marduk < AMAR-UD　eš　ir はそれぞれ送りがな。īruš 過三単 < erēšu < APIN 植える。bābilu = babylone < E

15の大麦の枡壺を、ベル・イールシュの子の、マルドゥク・シュム・イブニが受領する。
バビロンのネブカドレザール王の４年、タンムズ月の16日。

28　食料用銀貨の契約

1 šiqlu　kurmatu^{tu_2} kaspu
1シェケルの 食料用 銀貨（である）

 kurmatu < PAT 食料
 tu_2 送りがな
1シェケルは約8gであり、
給料には少ないようである

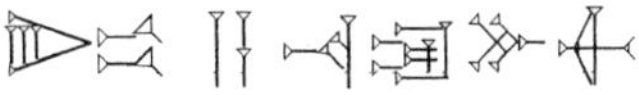

er -bi　a -na ṣi　-bū -ti
収入は　によって ↓約束

erbu 収入 < erēbu 入る

^{I}amel ^{d} na -na -a　apil　^{I} balāṭ-su
アメル・ナナア　子の バラト・スの

balāṭ-su< DIN-šu 彼の生命、の意。

u_3　4 ^{amelu}akle^{me}　$ša_2$　kurmatu^{zun} šarri
と 四人の 監督との↑ の　食料　王宮の。

aklu < UGULA 監督

1 1/2 šiqlu　kurmatu　su -nu　$ša_2$ ^{arhu}kislimu
1.5 シェケルを 食料用として 彼らの、に 月 キスリムの、

^{I}bi -bi　-e　-a u_3　apil šu　mahir^{ir}
ビビエア　と 子は その 受領した。

kislimu < GAN
< GAN-GAN-NA
11〜12月　瓶の月

^{arhu}addaru umu　23　^{kam} šattu　31　^{kam}
アダル月、日 23　年　31、

addaru<ŠE <ŠE-GUR$_{10}$-KU$_5$
2〜3月 麦の収穫月、の意

^{d}nabu-kudduri-uṣur šar babili^{ki}　　babilon < TIN-TIR
ネブカドレザールの　王　バビロンの。

kurmatu < PAT 食料、tu$_2$ は送りがな。１シェケルは約８ｇであり、給料には少ないようである。erbu 収入 < erēbu 入る。balāṭ-su < DIN-šu 彼の生命、の意。aklu < UGULA 監督。kislimu < GAN < GAN-GAN-NA キスリムの月、瓶の月11～12月、にあたる。addaru < ŠE < ŠE-GUR$_{10}$-KU$_5$ アダルの月、２～３月麦の収穫月、の意。babilon<TIN-TIR

バラト・スの子のアメル・ナナアと王宮食料の四人の監督との約束によって、収入は１シェケルの食料用の銀貨（である)。（しかし）キスリムの月に、彼らの食料用として、1.5シェケルをビビエアとその子は受領した。
バビロンのネブカドレザール王の31年、アダル月の23日。

29　ブロンズと留め金の譲渡

55　MA -NA　siparri　　siparru < ZABAR
55　マナの　ブロンズと　　= UD-KA-BAR ブロンズ

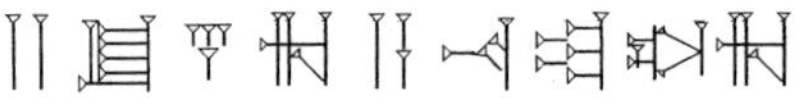

2 ku -ša$_2$ -ri a -na at -ta -ri　　at-ta-ru、at-te-ru 運搬車
二個の留め金を　のための　運搬車

ša$_2$ bit ^{amelu}naš -paṭri ina pan　　naš-paṭri <GIR$_2$-LA$_2$ 剣持ち
の 家　剣持ち役人の、↓前で　（受領した）

^{I}bul -luṭ　apil　^{I} ^{ilu}na -na -a -īruš　　īruš 過三単
ブルードと 子の　ナナア・イールシュの、　　< erēšu < KAM$_2$ 望む

unašbsi

^{I} ^{ilu}in -nin -zīru -ušabši apil ^{I} ^{ilu}bel -ibni　　< bašū < IG ある
インニン・ジル・ウシャブシと子のベル・イブニの、イナンナは種を有らしめた、の意

^{I}ba -bi -ia$_2$ apil ^{I} ^{ilu}marduk -īruš　　ibni 過、三単 <banu< KAK
バビヤと　子の マルドゥク・イールシュの、　　バアルが建てた、の意

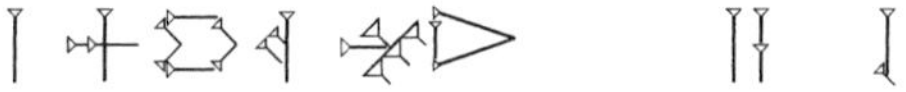

šum$_3$

^{I} ^{ilu}marduk -šum$_3$-ibni　apil　šu$_2$　　mušezib < šūzubu Š 話態
マルドゥク・シュム・イブニの↑ 子の（その）　　< ezēbu < KAR 救う

ša$_2$ ^{I}mušezib - ^{ilu}marduk
の　ムシェジブ・マルドゥク。　　救い主はマルドゥクの意

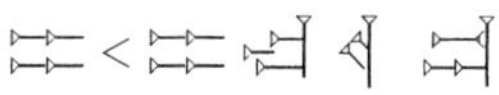

^{arhu}ṭebetu　umu 12 ^{kam}　šattu 21 ^{kam}　　ab-ba-e$_3$ 12～1 月
月 テベトゥの　日 1^2　　年　21、　　穴から出る月、の意

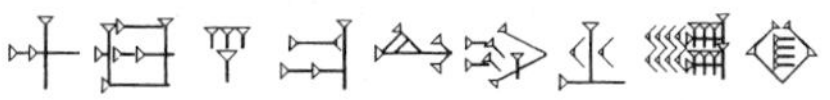

^{ilu}nabu-kudduri-uṣur šar　babili ^{ki}
ネブカドレザールの 王　バビロンの。

siparru < ZABAR = UD-KA-BAR ブロンズ。at-ta-ru, at-te-ru 運搬車。

naš-paṭri < GIR_2-LA_2 太刀持ち。īruš 過三単 < erēšu < KAM_2 望む。ušabši Š 話態、現三単　男 < bašū < IG ある、この名はイナンナ女神は種を有らしめた、の意。ibni 過、三単 < banu < KAK 建てる、この名はバアルが建てた、の意。$šum_3$ 名前。mušezib < šūzubu Š 話態 < ezēbu < KAR 救う、この名は救い主はマルドゥクの意。
ab < ab-ba-e_3 アブ月、12～1 月、穴から出る月、の意。

剣持ち役人の家の、55マナのブロンズと運搬車のための二個の留め金を、ナナア・イールシュの子のブルードと、ベル・イブニの子のインニン・ジル・ウシャブシと、マルドゥク・イールシュの子のバビヤと、ムシェジブ・マルドゥクの子のマルドゥク・シュム・イブニ（計四人）の前で（受領した）。バビロンのネブカドレザール王の21年、テベトゥ月の12日。

30　牛の死体受領

rabiti 女性 < rabu< GAL

1 pag -gar $ša_2$ litti rabiti ^{ti}
一死体を　の 雌牛 大きな

^{ti} は送りがな
littu < AB_2 雌の野牛

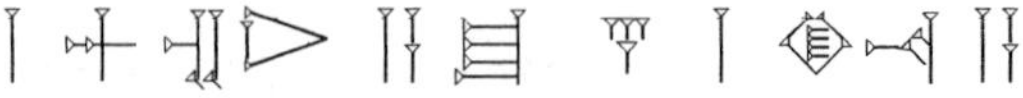

pag-gar < pagru 死体

^{I} ^{ilu}bel -ibni　apil šu　$ša_2$　^{I}　ki -na　-a
ベル･イブニが 子の(その)の　　キナア

ibni 過三単 < banu < KAK
バアルが建てた、の意

^{amel} nā -qid_4　mahir ^{ir}
牛飼いの、受け取った。又

mahir 継続、三単男 < mahāru
^{ir} は送りがな

liati pl. < littu

2 šīru $ša_2$ liati rabuti ^{ti} ^{me}　1　$ša_2$　bīri
二胴体と の 雌牛 大きな　一匹は の 若い雄牛

šīru < SU
bīru < GU_4-$NINDA_2$

ušallim D 話態、過三男

^{I} ^{ilu}bel -ušallim　　　< šalāmu< GI 健康にする

ベル・ウシャリムが（受け取った）　　　バアル神は健康にした、の意

uşur 命令形

apil šu　ša$_{2}$　$^{I\ ilu}$　nabu-šar-uşur　　　< naşāru < PAP 助ける

子の（その）の　ナブ・シャル・ウツル。　　　ナブ神は王を守れ、の意

^{arhu}šabaţu　um　20　^{kam}　šatt　17　^{kam}

月 サバトの、日20、　年　17、

^{ilu}　nabu-aplu-uşur　šar　babili^{ki}　　　bābilu = babylone < E^{ki}

ナボポラッサルの　王 バビロンの。

rabiti 女性 < rabu< GAL 大きい、^{ti} は送りがな。liati pl. < littu < AB$_{2}$ 雌の野牛。pag-gar < pagru 死体。ibni 過三単 < banu < KAK 建てる、この名はバアルが建てた、の意。mahir 継続、三単男 < mahāru 受ける、^{ir} は送りがな。šīru < SU 胴体。bīru < GU$_{4}$-NINDA$_{2}$ 若い雄牛。ušallim D 話態、過三男 < šalāmu < GI 健康にする、この名はバアル神は健康にした、の意。 uşur 命令形 < naşāru < PAP 助ける、この名はナブ神は王を守れ、の意。bābilu = babylone < E^{ki}

大きな雌牛の一死体を、牛飼いのキナアの子のベル・イブニが受け取った。大きな雌牛の二胴体と若い雄牛の一匹は、ナブ・シャル・ウツルの子のベル・ウシャリムが（受け取った）。
バビロンのナボポラッサル王の17年、サバト月の20日。

Ⅳ 常用楔字

1　常用楔字(せつじ)（アッシリア文字による目次）

目次　page

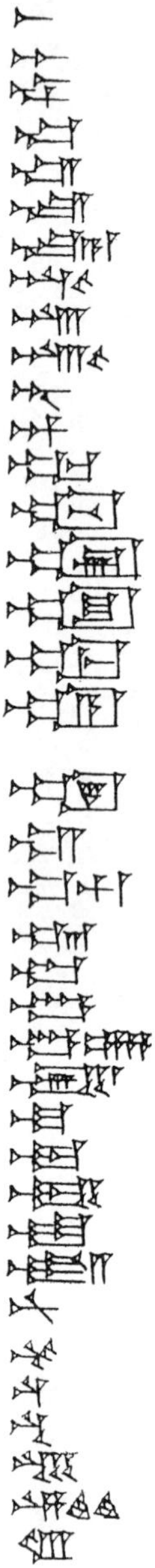

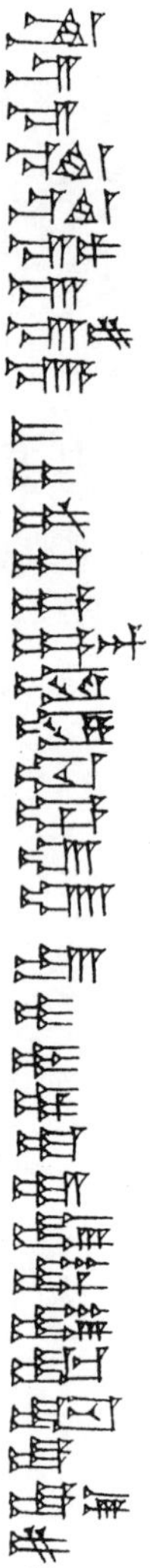

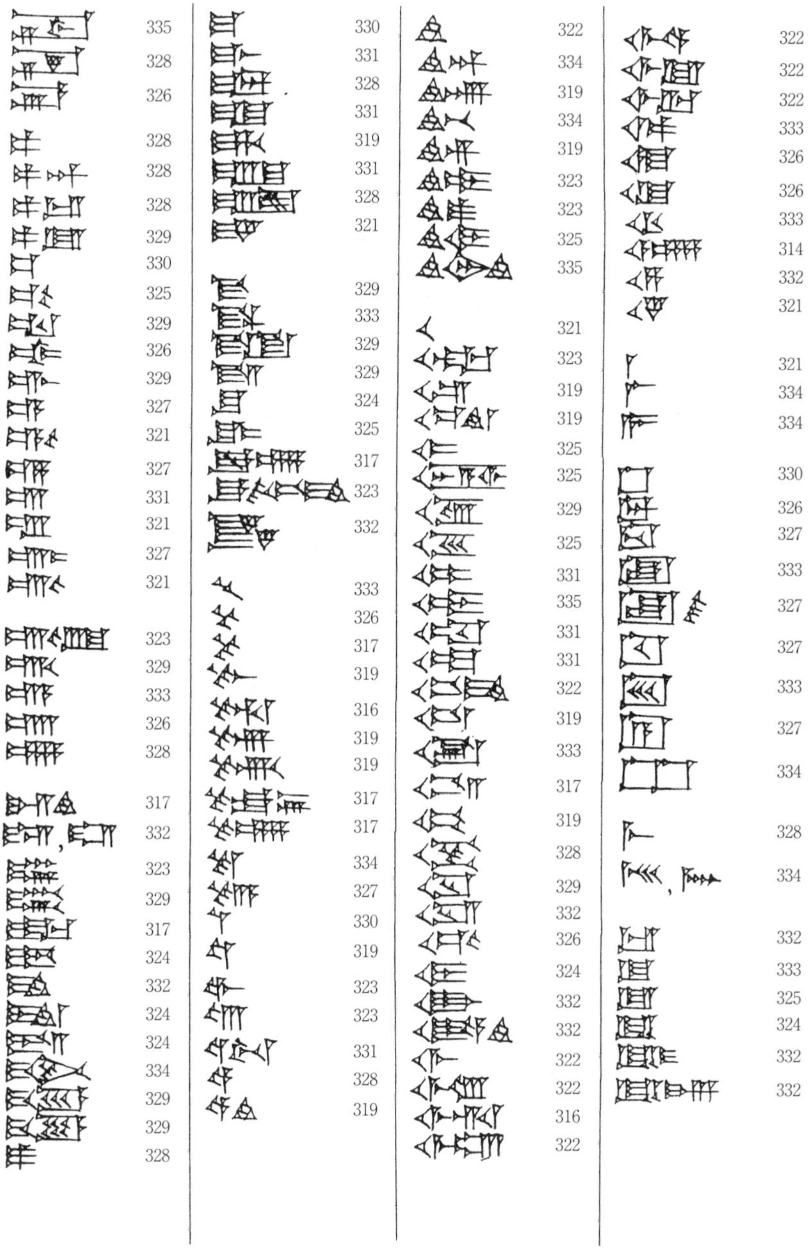
335
328
326
328
328
328
329
330
325
329
326
329
327
321
327
331
321
327
321
323
329
333
326
328
317
332
323
329
317
324
332
324
324
334
329
329
328
330
331
328
331
319
331
328
321
329
333
329
329
324
325
317
323
332
333
326
317
319
316
319
319
317
317
334
327
330
319
323
323
331
328
319
322
334
319
334
319
323
323
325
335
321
323
319
319
325
325
329
325
331
335
331
331
322
319
333
317
319
328
329
332
326
324
332
332
322
322
316
322
322
322
322
333
326
326
333
314
332
321
321
334
334
330
326
327
333
327
327
333
327
334
328
334
332
333
325
324
332
332

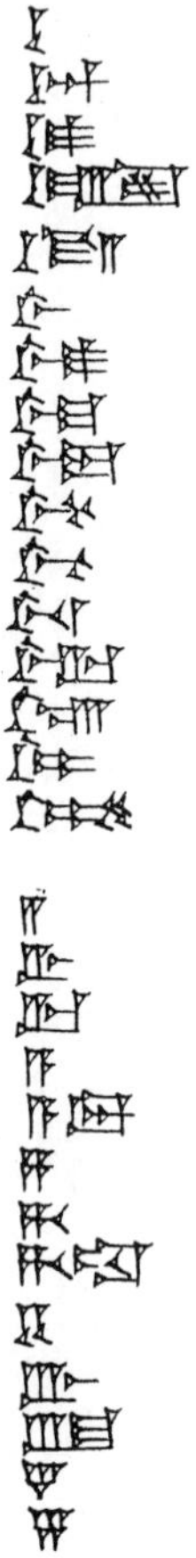

333
328
331
330
331
323
323
323
324
323
331
325
325
332
333
327

321
324
325
327
326
321
319
328
332
331
334
321
321

常用する楔形文字を約 300 選定、分類した。常用漢字ではないが
常用楔字と呼びたい。

表の意味欄に「行く (sg. maru) (sg. hamtu) (pl. maru) (pl.hamtu)」とあるのは、
それぞれ、シュメール語での「行く」du, gen, sub_2, re_7 の説明である。
同様、「もたらす (sg. maru) (sg. hamtu) (pl.)」とあるのは、シュメール語での
tum_2, di_6, lah_4 の説明である。 maru は未完了形、hamtu は完了形を示す。

2 楔形文字一覧

バビロニア・アッシリア

絵文字		古拙文字	古典楔形	後期楔形	音価 シュメール	音価 アッシリア	意味
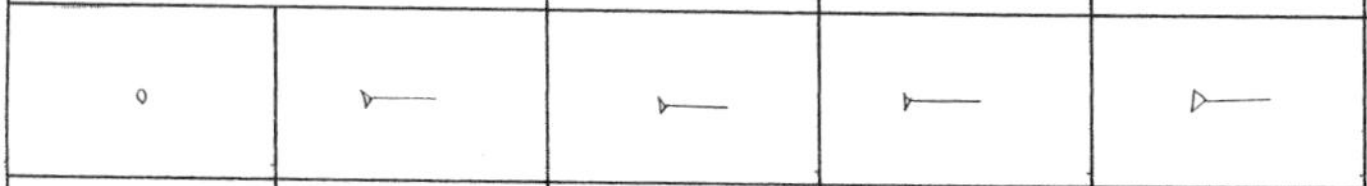					aš dil	išten ina nadānu	一 ～へ 与える
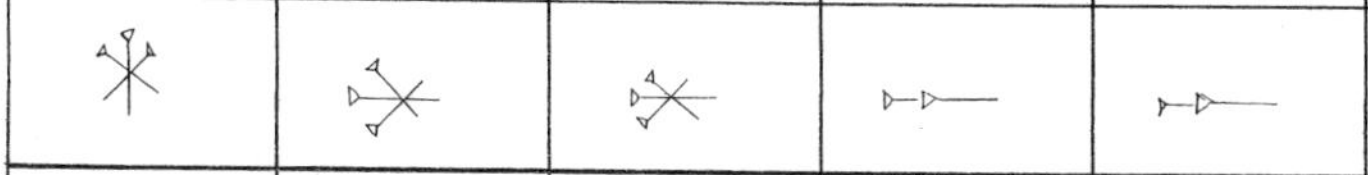					hal	hallu pirištu	秘密の
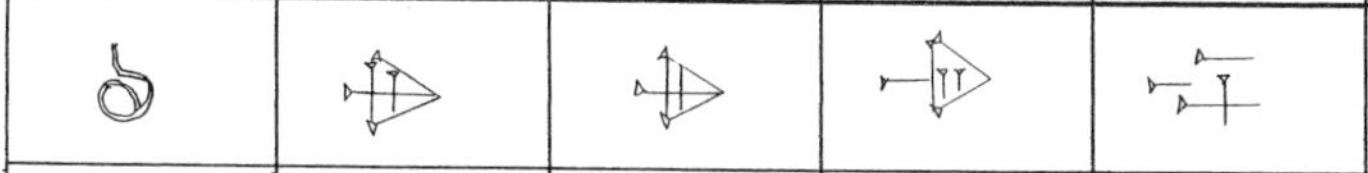					mug	qu muq	紐
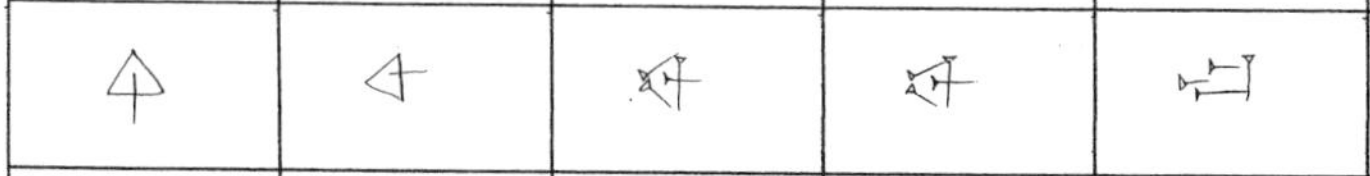					ba	qašu	与える
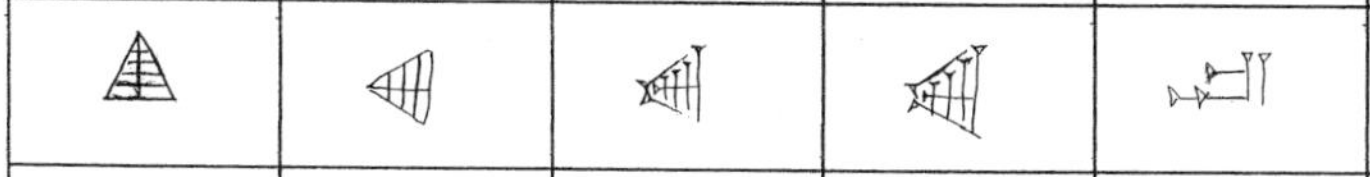					zu	zu idū	知る、知識
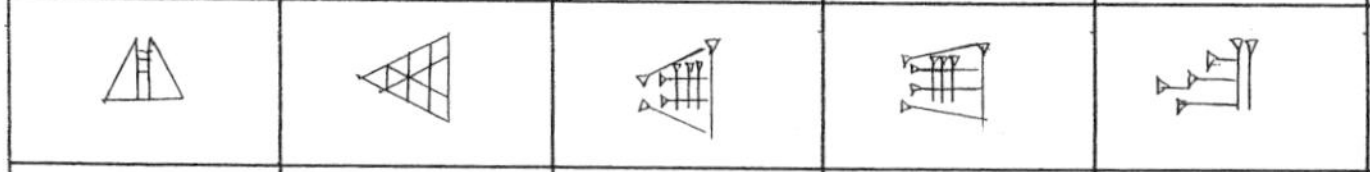					su kuš	mašku zumru	福祉 肉体
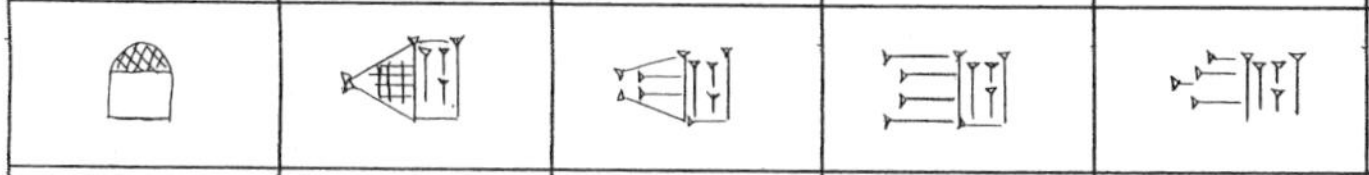					ruk šen	ruqqu ellu	銅の容器
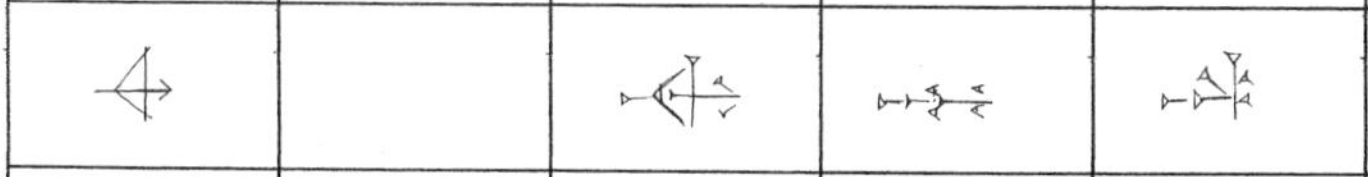					bal bul$_3$ bala	ebēru šupelu palu	越える 過ぎる 替える 治世
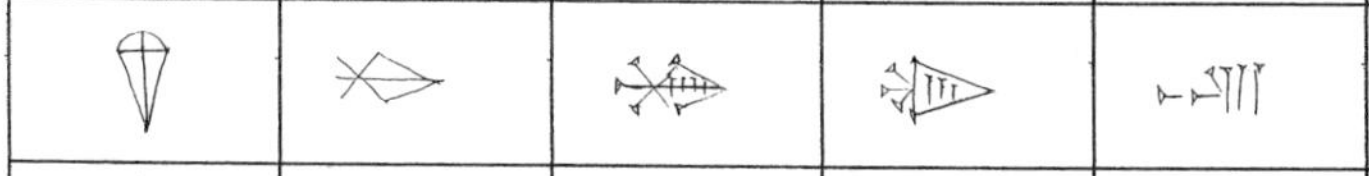					ad$_2$ tab$_2$ gir$_2$ ul$_4$	patru	短刀
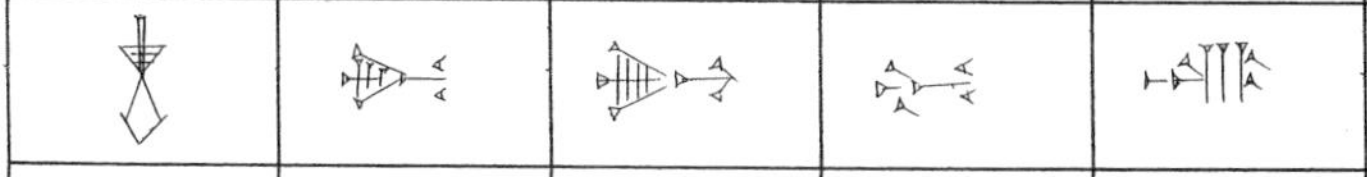					ušum bul$_2$ bur$_2$	bašum pišru pašāru	龍 開放する 打ち明ける
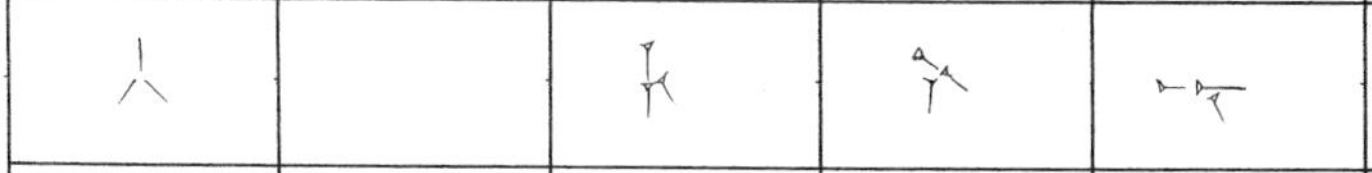					šil gug$_3$ tar kud(ku$_5$)	sūqu nakāsu parāsu	道 街 切る 割る
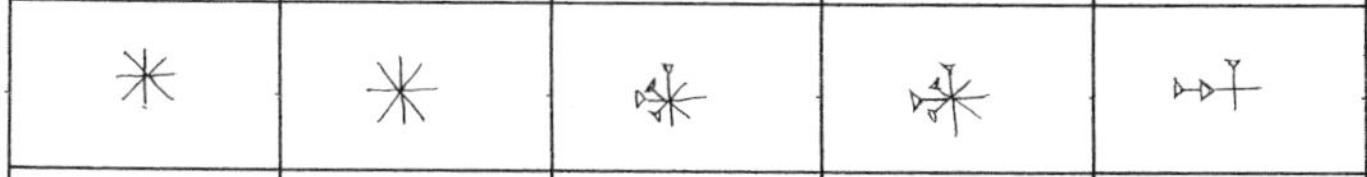					an dingir	an šamū ilu	天 神
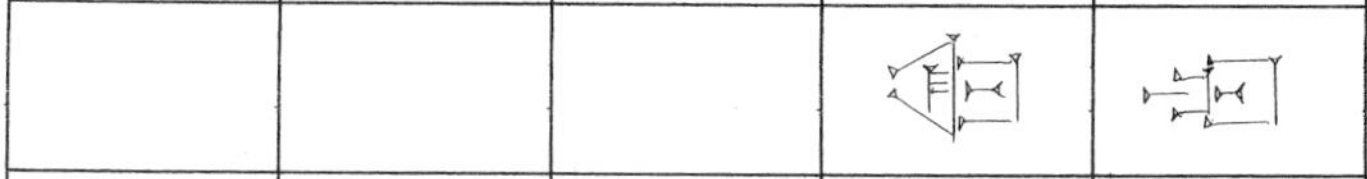					uš$_{12}$	imtu	よだれ 悪意
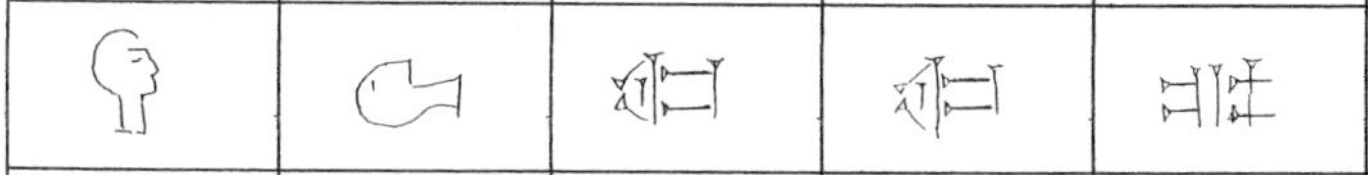					riš sag šak	rēšu šak	宦官 頭
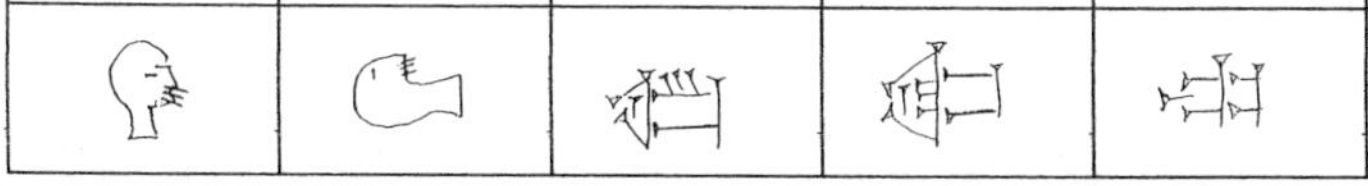					ka dug$_4$ pi$_4$ du$_{11}$ inim	dabābu pū sinnu amātu	言う (sg. hamtụ) 口 歯 言葉

バビロニア・アッシリア

絵文字	古拙文字	古典楔形	後期楔形	音価		意味
				シュメール	アッシリア	
				eme em$_4$	lišānu	舌
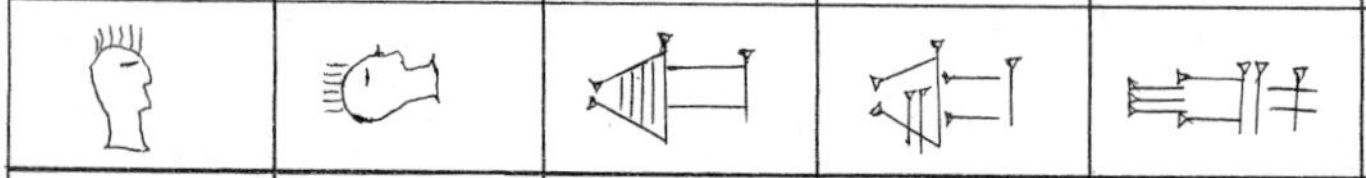				šur$_2$	ezzu	荒れ狂う
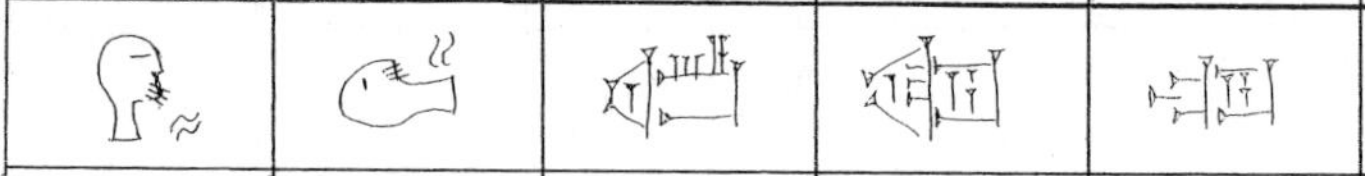				nag nak naq	šatu	飲む
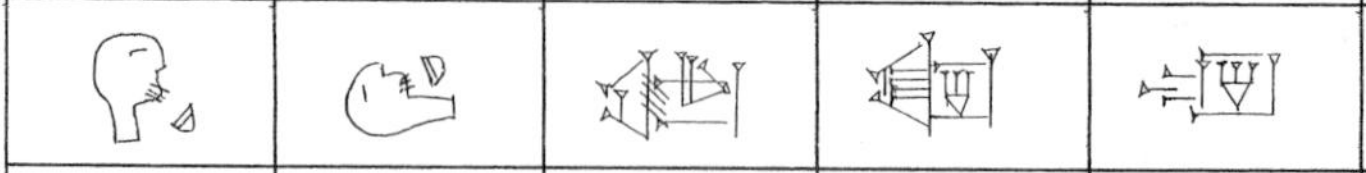				gu$_7$ ku$_2$	akālu	食べる
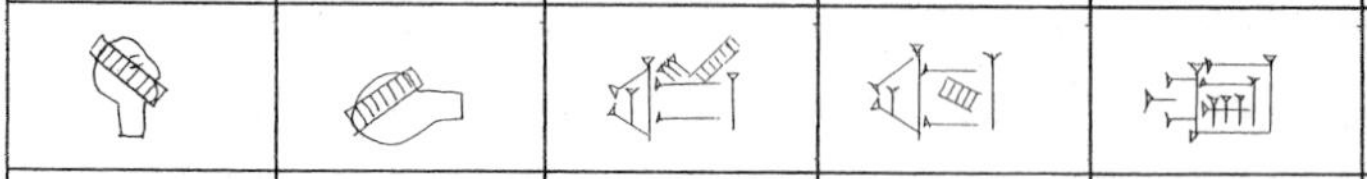				bu$_3$ puzur$_5$	puzru	秘密な
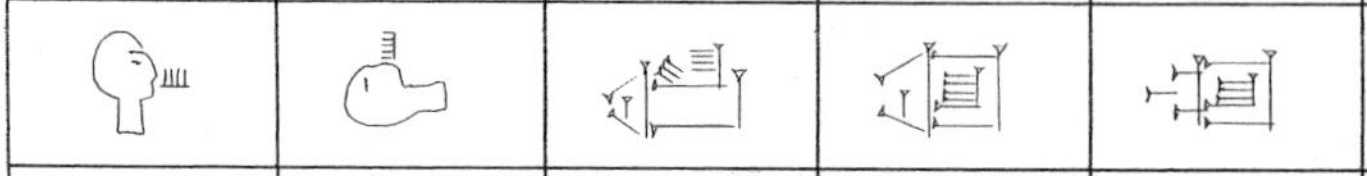				bum sud$_4$ šub$_2$	karābu	祈る 祝福する
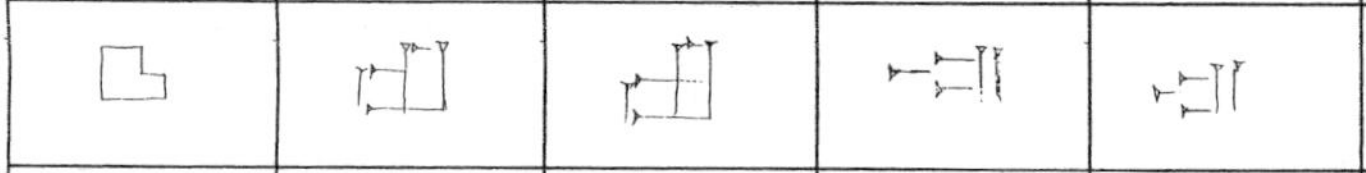				uru re$_2$ eri$_4$	ālu	町村
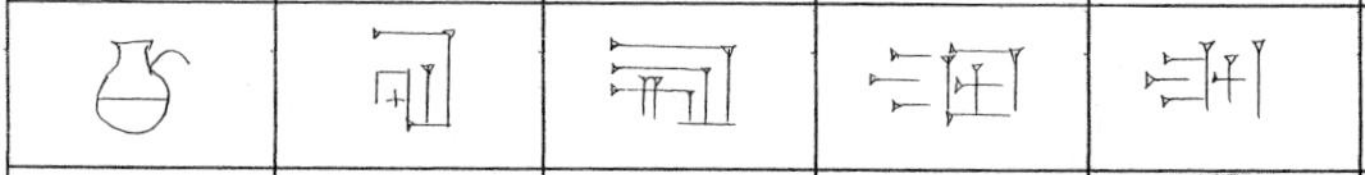				ukkin	puhru	集合
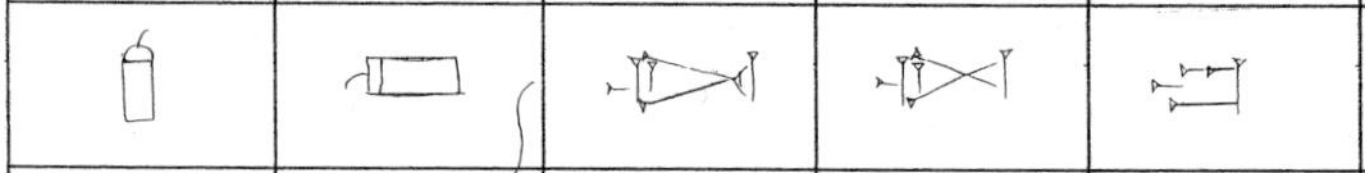				ir$_3$ nita$_2$	ardu zikaru	男、奴隷
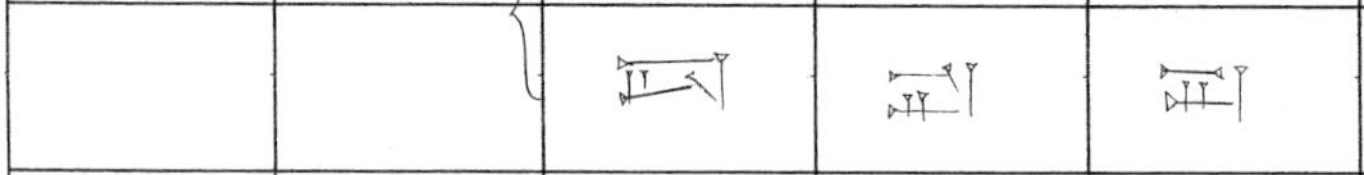				giš$_3$ nit(ah) uš	zikaru redu išaru	男 追跡する　次の ペニス
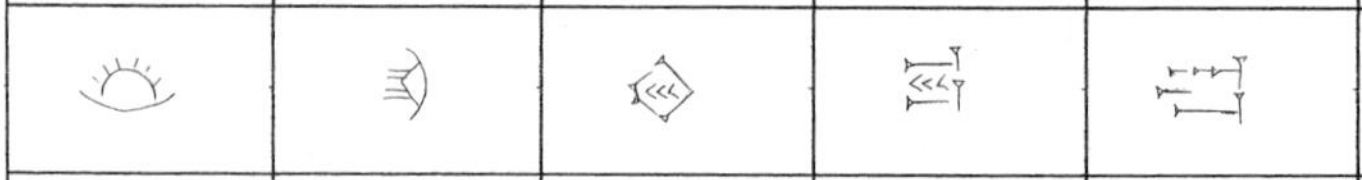				iti	arhu	月(month)
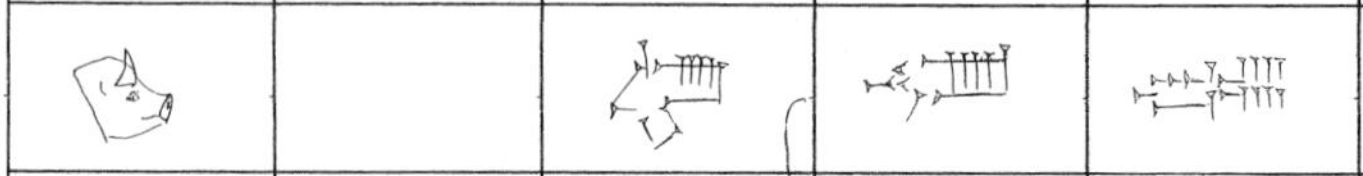				šah sah	šahu	猪、豚
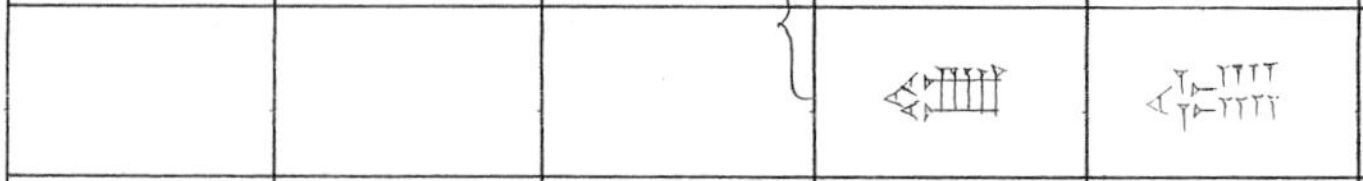				dun šul šah$_2$	kurkizannu eṭlu	子豚 英雄
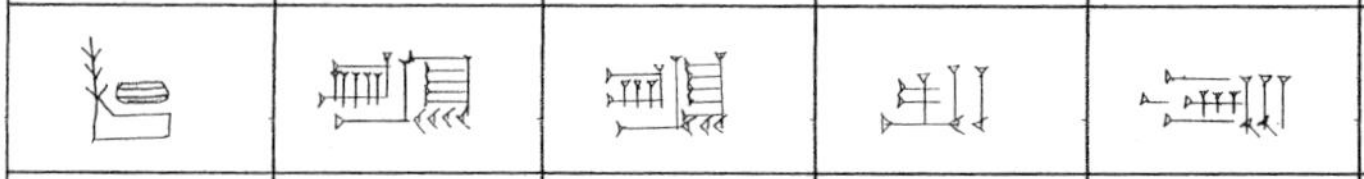				buru$_{15}$	ebūru	収穫
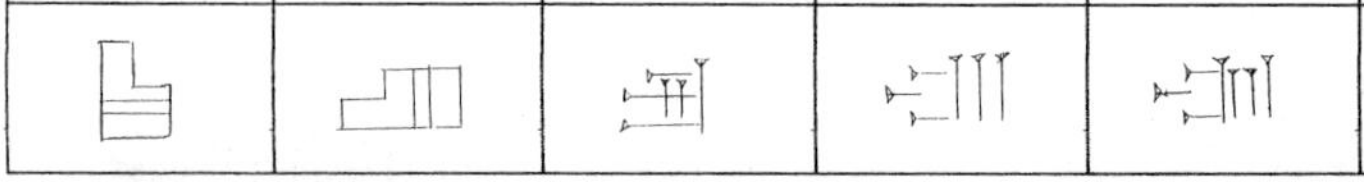				gal$_3$ suk$_3$ ulu$_3$	manzāzu šūtu	場所 南風

バビロニア・アッシリア

絵文字	古拙文字	古典楔形	後期楔形	音価		意味
				シュメール	アッシリア	
				la şika	lalu haşbu	豊満、魅力 かけら
				apin	epennu uššu	鋤 施設
				mah meh	şīru	高い
				tu gur₃ ku₄	alādu marāşu erēbu	生む tud > tu 病気の tur₅ > tu 入る
				li	burāšu	鼠さし（植物）
				bab kur₂ pa₄	ahu ahū nakru naşāru	兄弟 他人 敵 助ける
				pa₅	atappu	溝、堀
				mu šum₃	nadānu mu zakāru šumu	与える 年 話す 名前
				qa sila₃	qū	クォート 60 GIN₂ 842 cc
				kad₂ sid₂	karāşu kaşāru	挟む 結ぶ
				tag₄	ezūbu	残す
				gil gilim gib	egēru kakāpu rakāsu parāku	巻き付ける 屈む 縛る 塞ぐ
				be til bad uš₂ ug₇	sekēru matu qatu	閉める 死ぬ 終わる 殺す(sg.hamtu) 殺す（上記以外）
				ru šub	madu maqātu	投げる 落とす
				na	na amilu	石 人

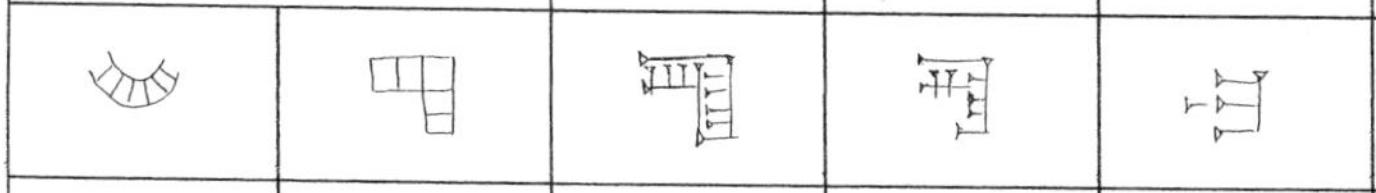

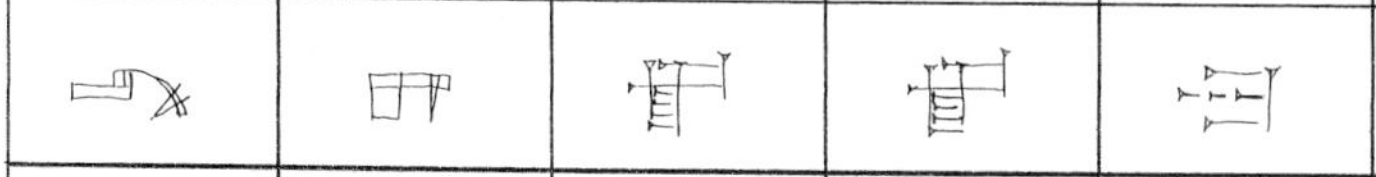

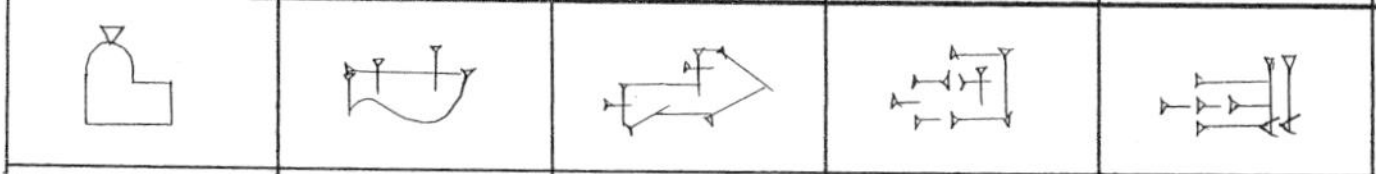

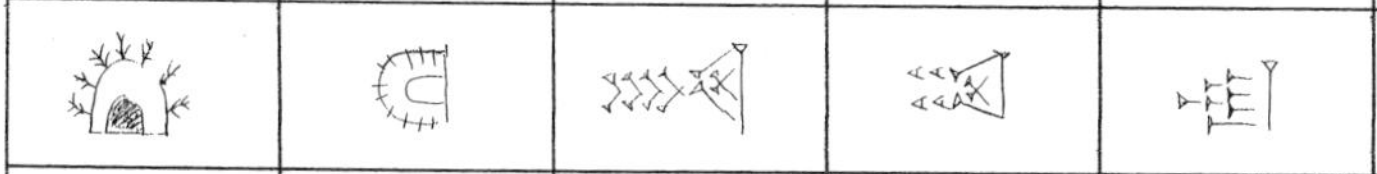

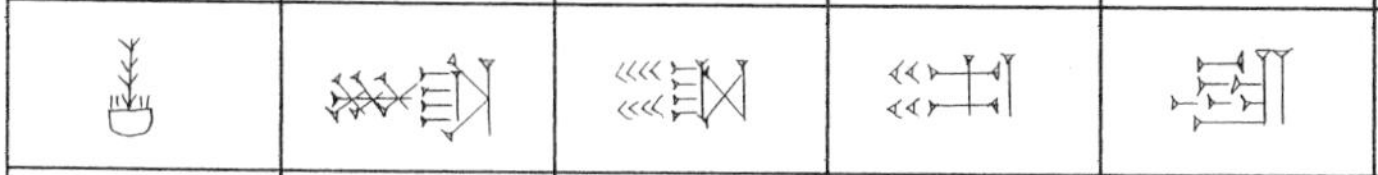

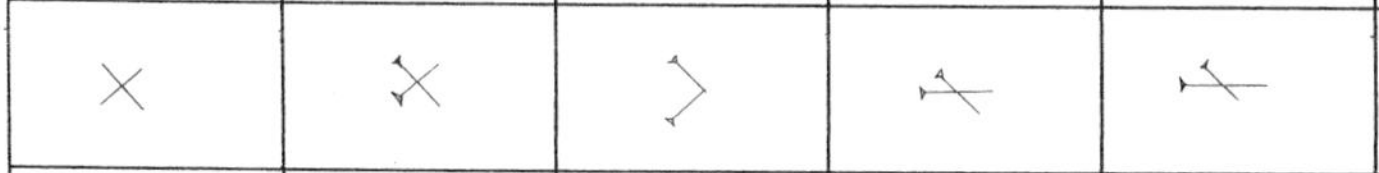

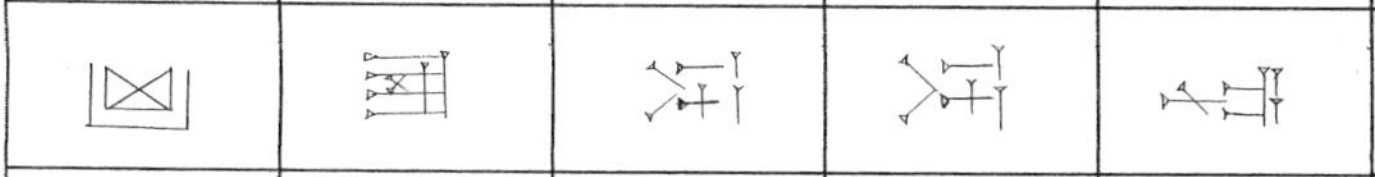

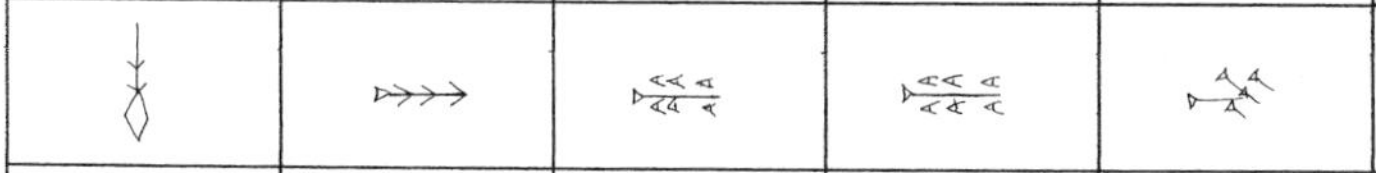

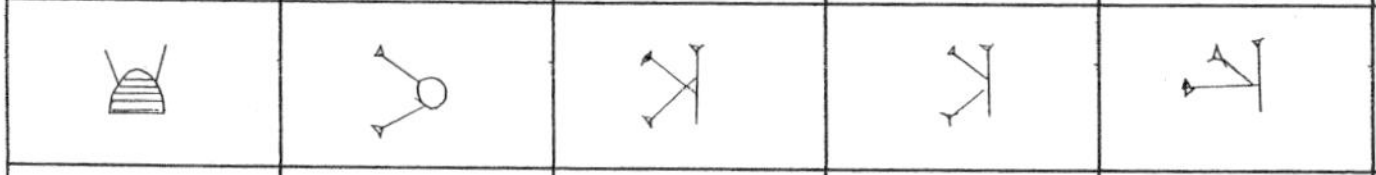

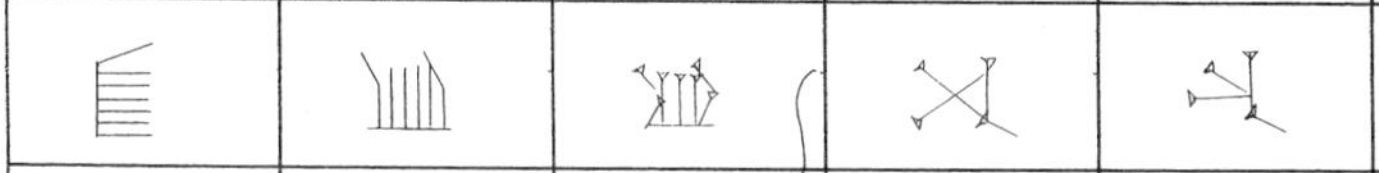

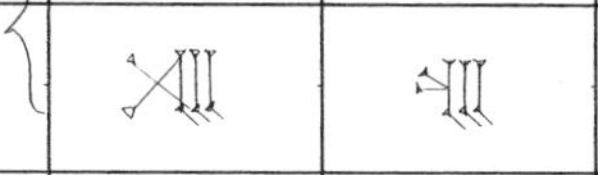

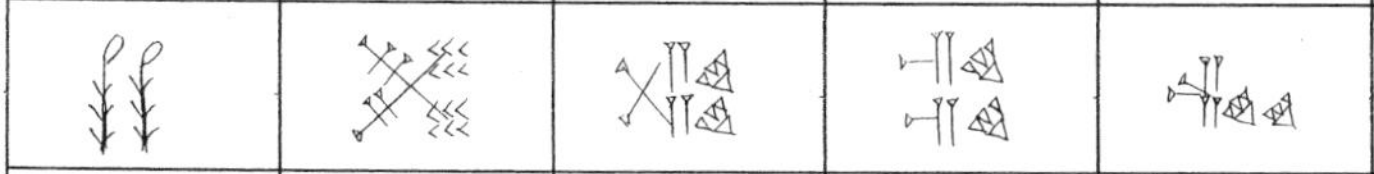

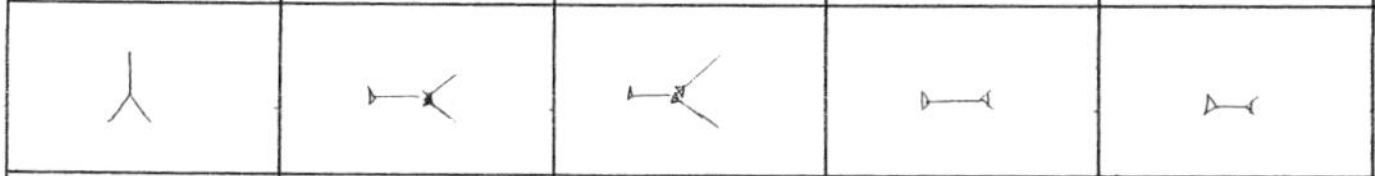

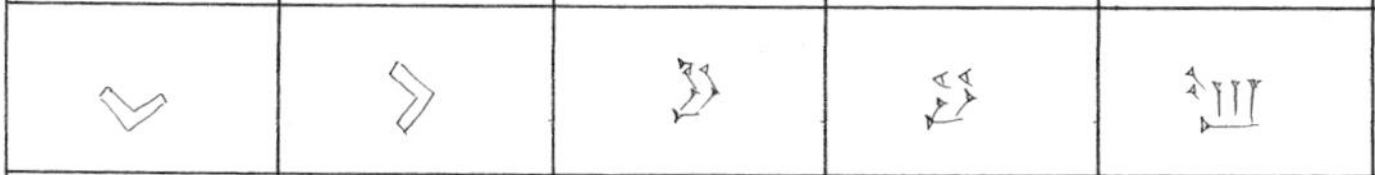

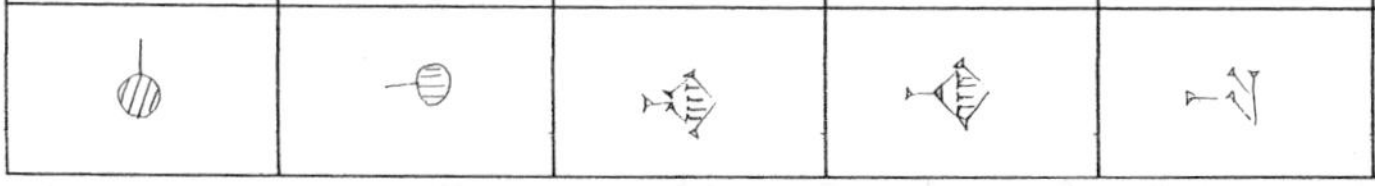

バビロニア・アッシリア

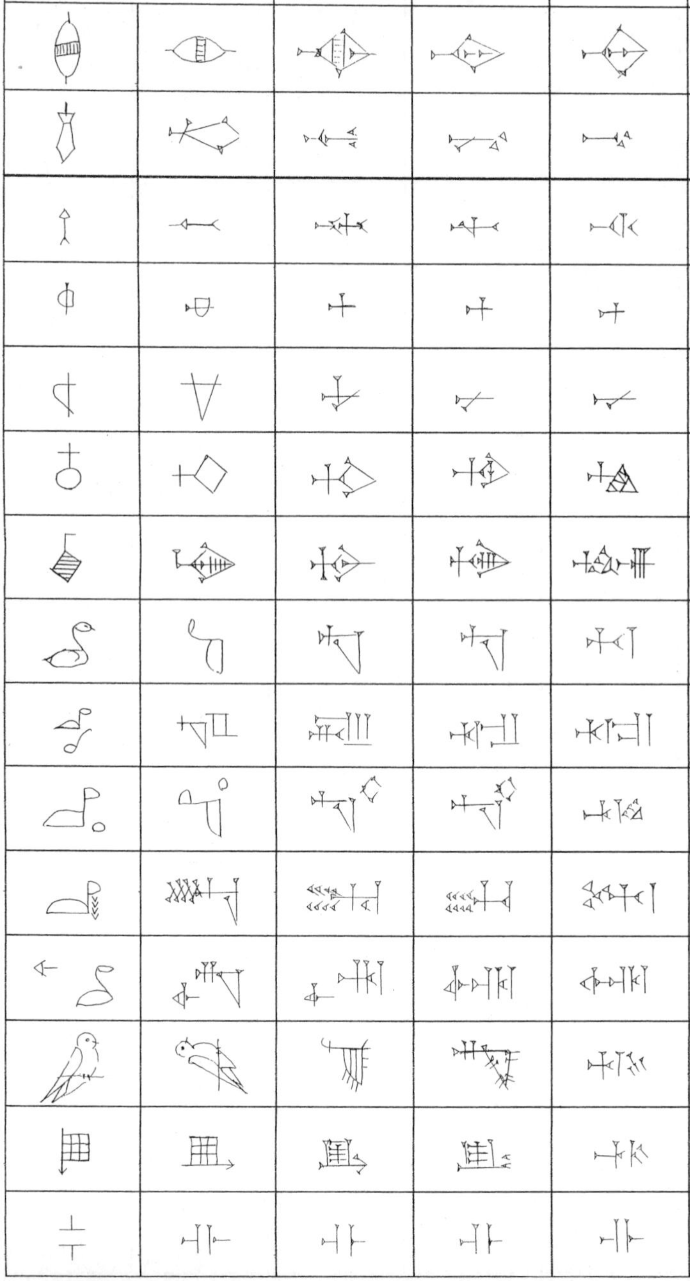

絵文字		古拙文字	古典楔形	後期楔形	音価 シュメール	音価 アッシリア	意味
					šir sir$_4$ nu$_{11}$	išku nūru	陰嚢 光
					kul numun	zīru	種、子孫
					ti til$_3$ di$_3$	ti lequ balāṭu	矢、命 取上げる 生きる
					ma$_7$ maš baš bar	šummu maš sūtu, bannu ahu	もし ニヌルタ神 約10 l 付近　脇
					nu	la ul	（打ち消し）
					maš$_2$ kun$_8$	urīṣu puhādu ṣibtu	子山羊 子羊 利息
					kun ku$_{14}$	zibbatu	尾
					hu mušen u$_{11}$ pag	iṣṣuru	鳥
					u$_5$	rakābu	乗る
					mud mat$_3$	palāhu uppu dāmu	恐れる 管、チューブ 血
					uz uzu$_3$	usu	鵞鳥
					ar	namāru	目立つ、 現れる
					šim$_2$ nam bir$_5$	nam napū	燕 事務、～性 篩う
					ik ig gal$_2$	daltu bašu	扉 存在する
					rad šita$_3$	rāṭu zaku	排水 砕く

バビロニア・アッシリア

絵文字		古拙文字	古典楔形	後期楔形	音価		意味
					シュメール	アッシリア	
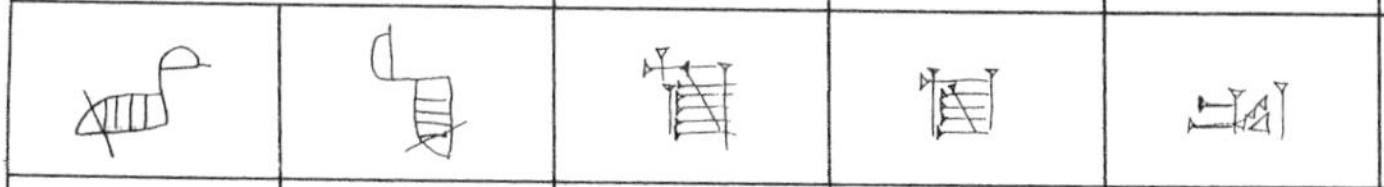					dar	letu peşu	区分する 砕く
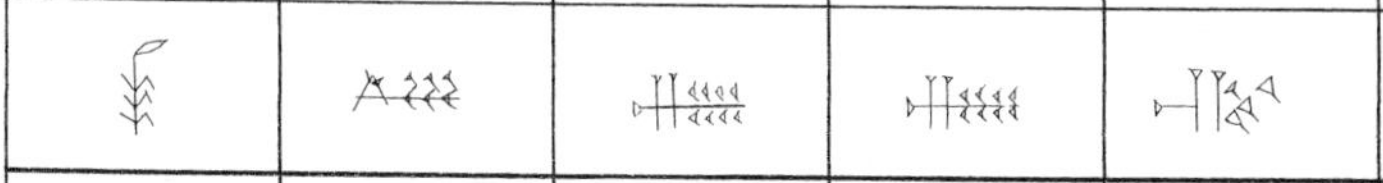					zi(zid) zi(zig_3)	nešu imnu tebu nasāhu	生きる 正しい 上げる 支出する
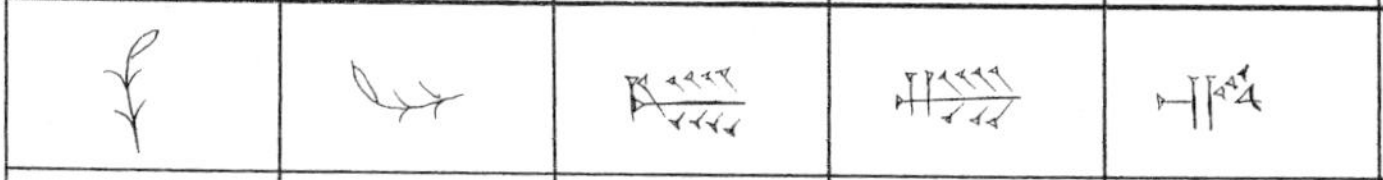					gi ge sig_{17}	qanu taqānu kanu	芦 任につく 正しい
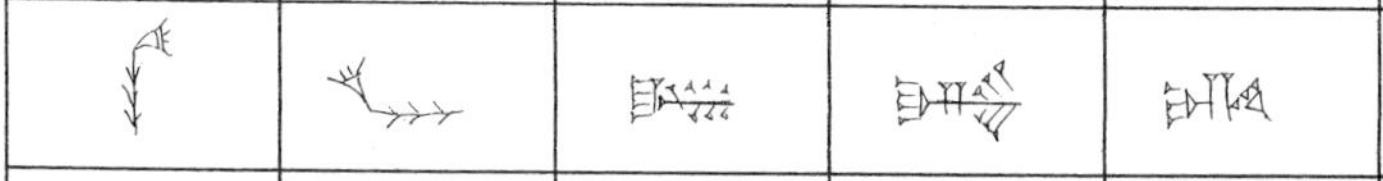					gi_4 ge_4	tāru apāru	回る 答える
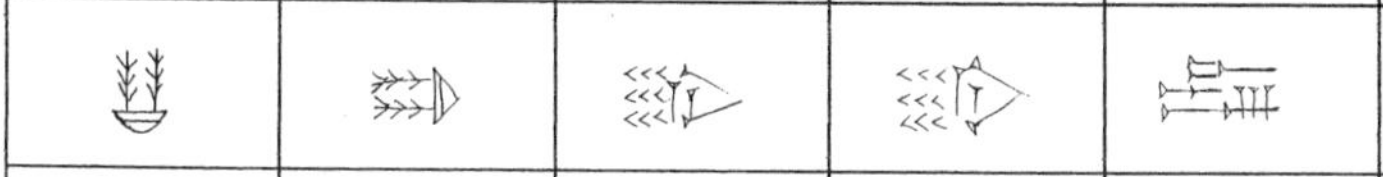					in	tibnu pištu	藁、麻 侮辱
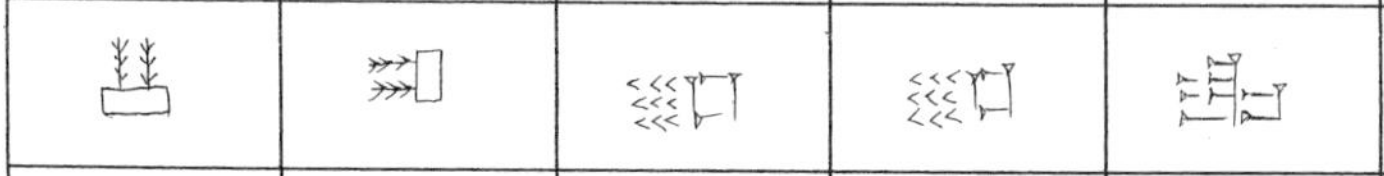					nissa šar mu_2	kiru šaṭāru napāhu	公園 書く 光る、点火する
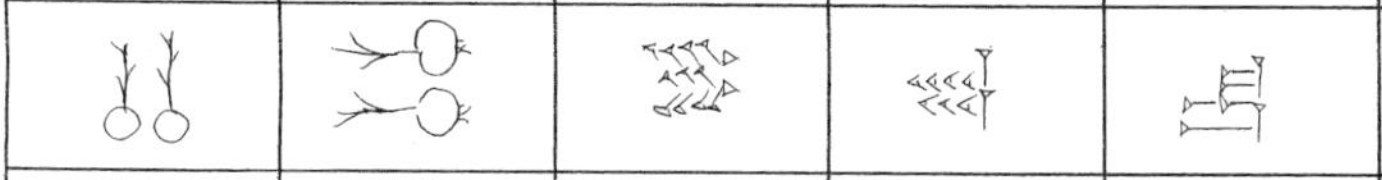					$šum_2$ sum(si_3) sim_2	šūmu sapānu nadu	玉葱 倒す 投げる
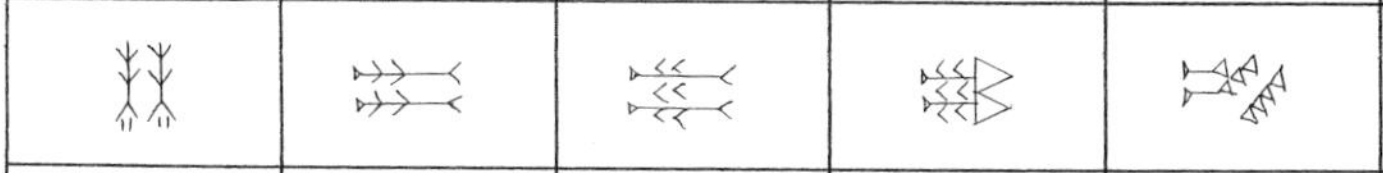					dah yah	aṣābu tahhu raṣu	増やす 代える 助ける
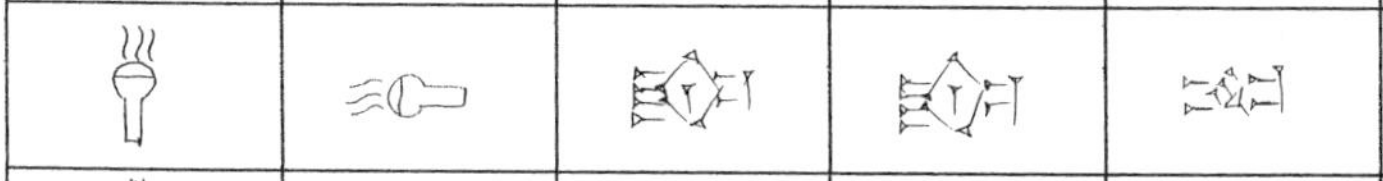					bil izi kum_2 ne	išātu bahru annu	火炎 熱い この
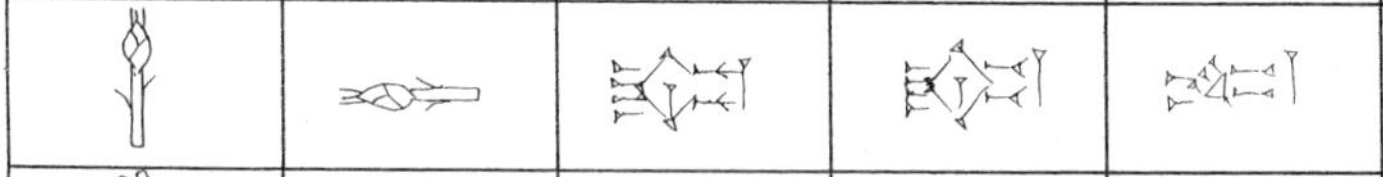					gibil bi_5 bil_2 pil_2	edēšu eššu qilutu	復活する 新しい 炭火
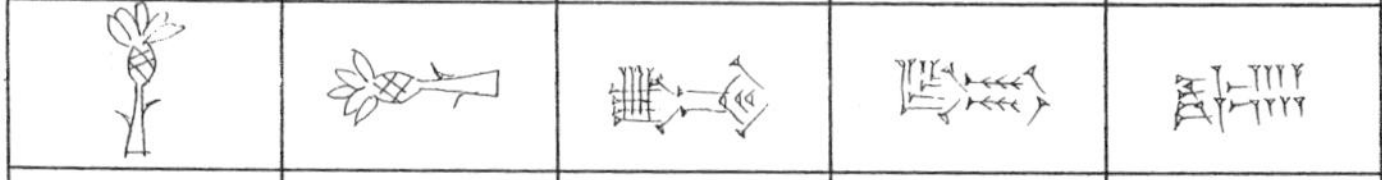					$ša_6$($šag_5$)	immar damāqu	なつめ椰子 素晴らしい
					še	šeu	穀物
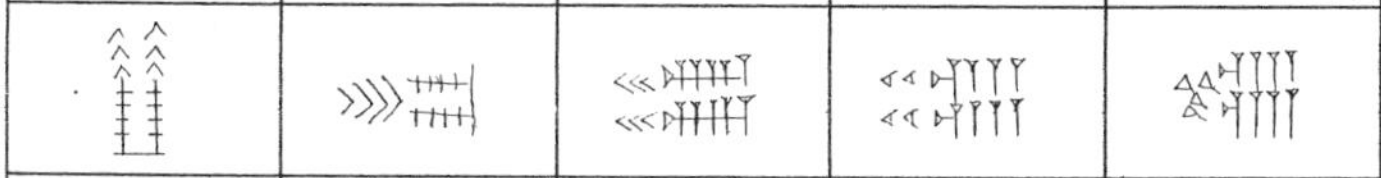					dir_4 tir	qištu	木立、森
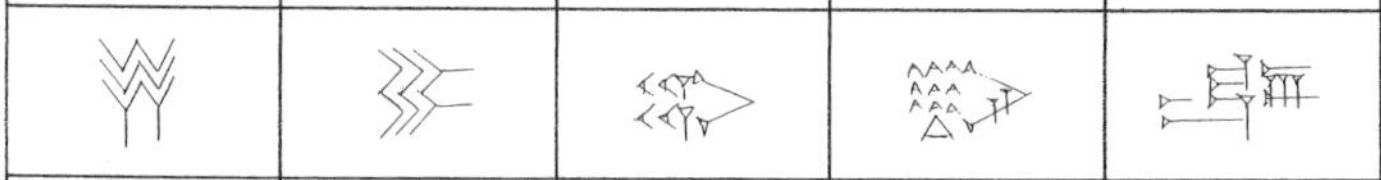					naga nak_2	ukūlu	あつけし草 アルカリ
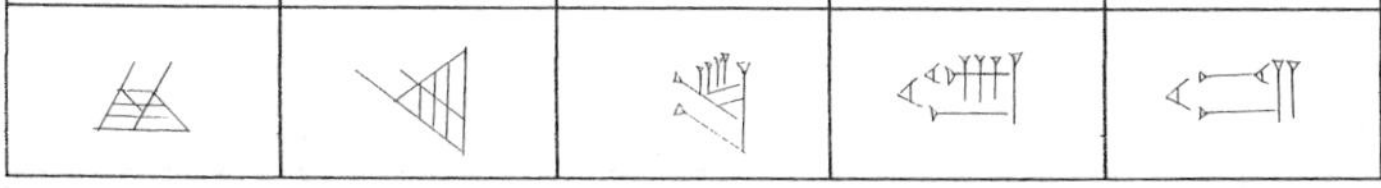					lam	allānu	乳香樹

絵文字 ／ 古拙文字 ／ 古典楔形 ／ 後期楔形（バビロニア・アッシリア）	音価 シュメール	音価 アッシリア	意味
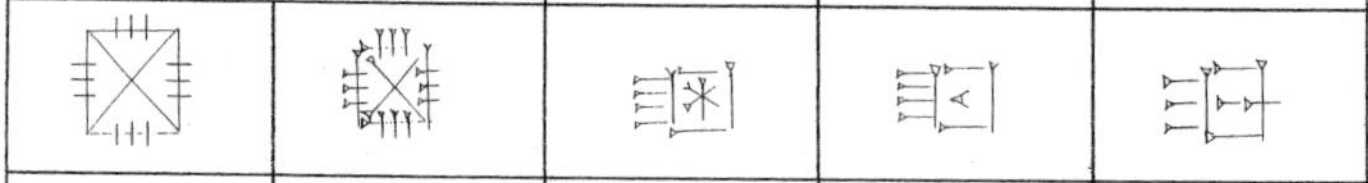	bar$_2$ bara(g)$_2$	parakku	至聖所
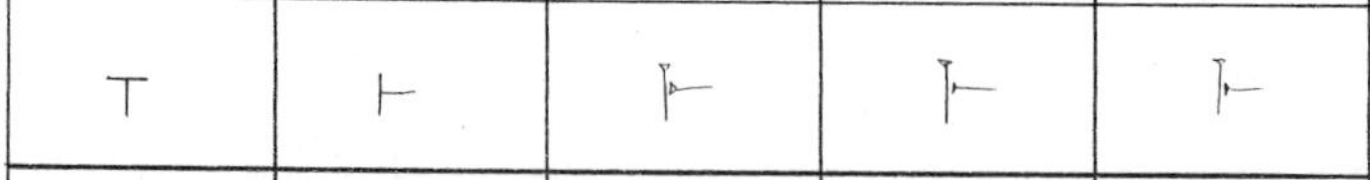	me išib mi$_3$	parṣu meatu ellu	法規、命令 百 純な
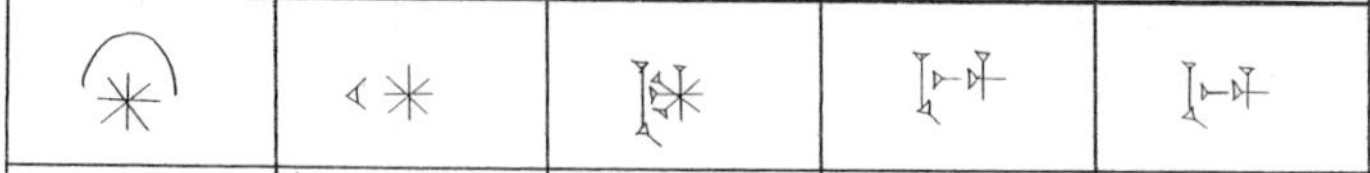	en$_2$	šiptu	呪文
	garsu	parṣu billuda	典礼 所有権
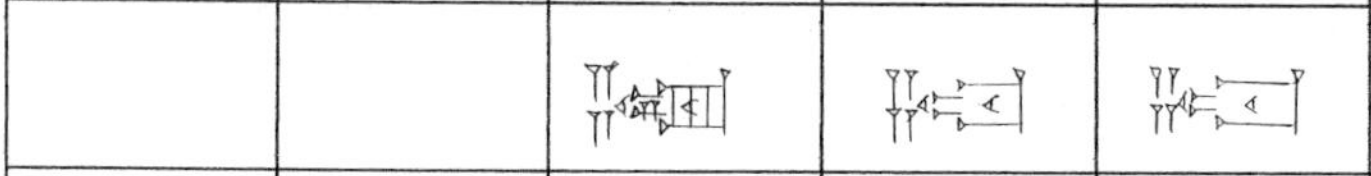	gug	pendu guqqu ellu	烙印 月々の奉献 純な
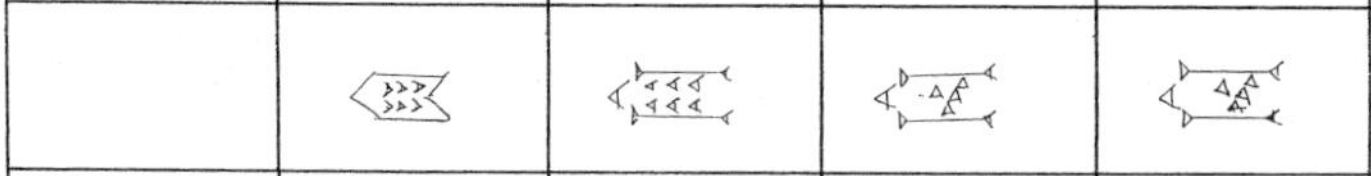	siskur$_2$	nīqu	捧げ物
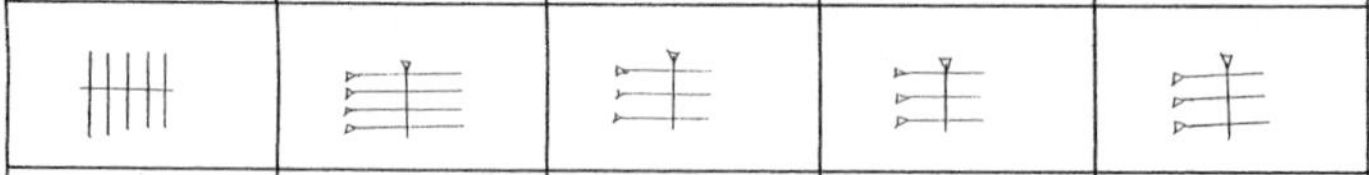	aš$_2$ ziz$_2$	arāru kunāšu	呪う エンマ小麦
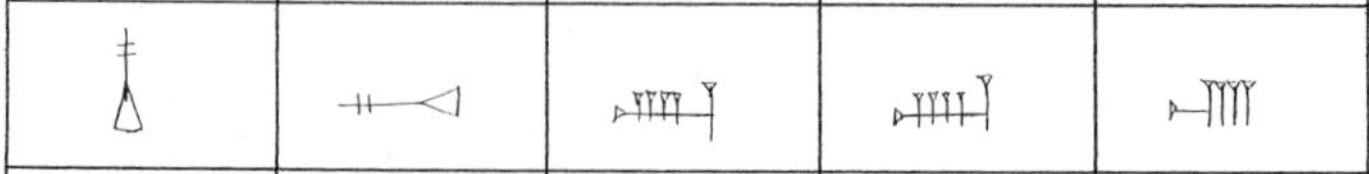	nun sil$_2$ zil	rubu	王子
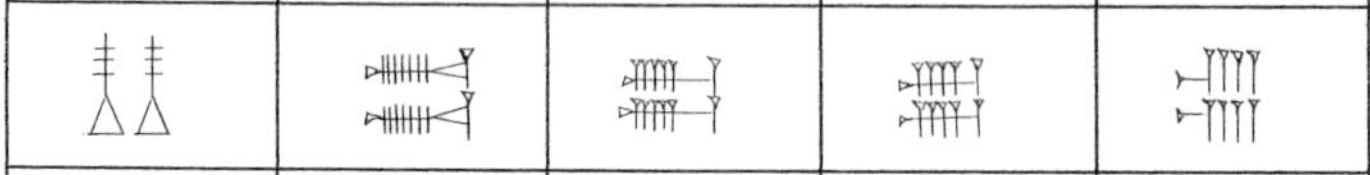	nir	etellu	権威者、英雄
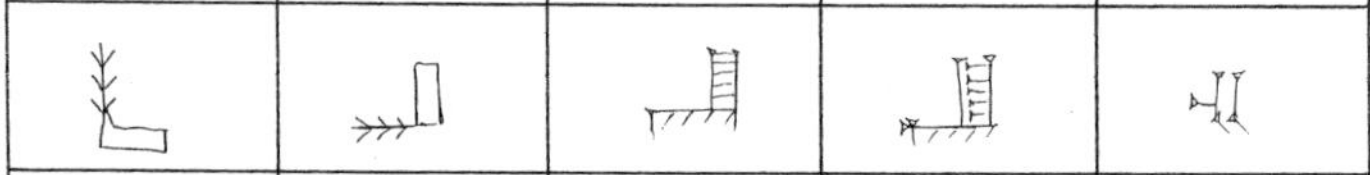	en	bēl bēlu	バアル神、マルドゥク神 主君
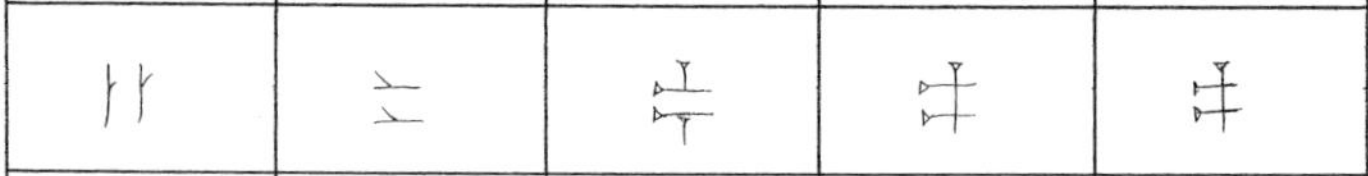	sig$_3$ pa had ugula	mahāṣu artu haṭṭu aklu	叩く 小枝、翼 王権 監督
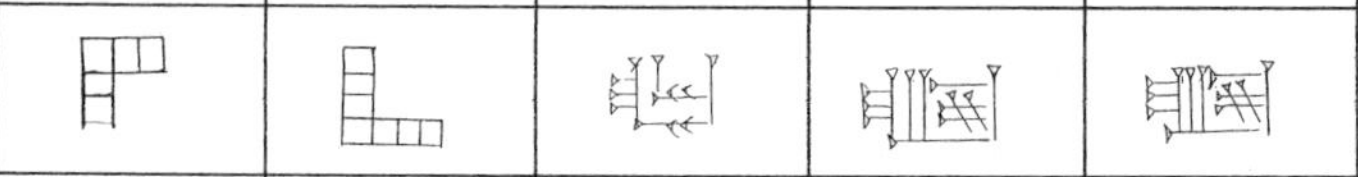	nigir$_2$ dun$_4$	nāgiru ṭēpu	執事 武器
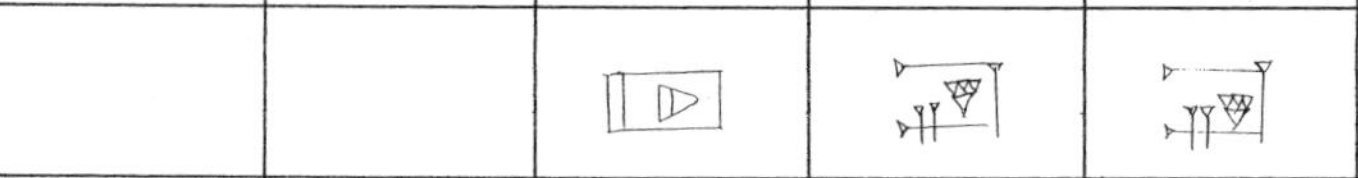	galga	malāku	助言者、審査官
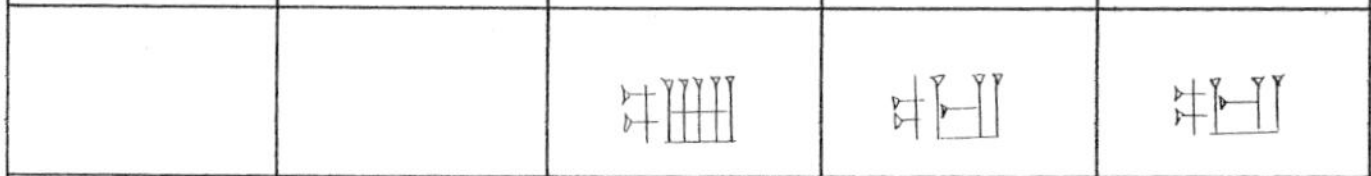	šab šap	nakāsu baqāmu	切る 刈る
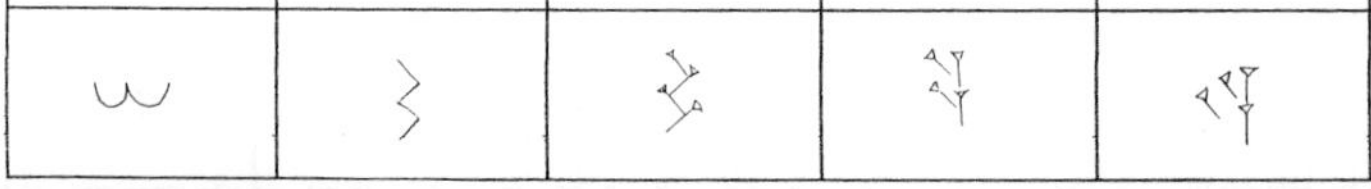	erin$_2$ pur$_2$ nuru zalag$_2$	šābu ummānu nūru namāru	傭兵 軍 光 輝く

バビロニア・アッシリア

絵文字		古拙文字	古典楔形	後期楔形	音価 シュメール	音価 アッシリア	意味
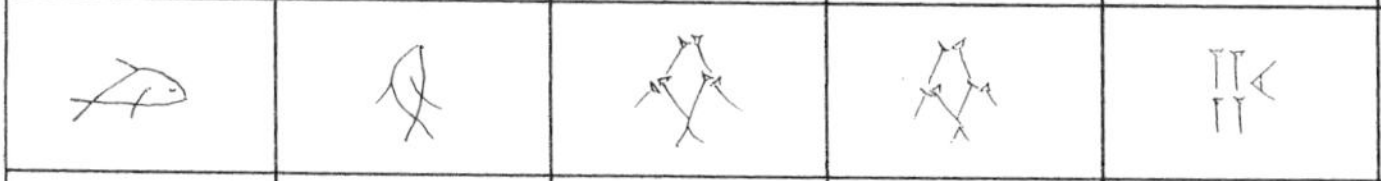					ha ku$_6$	ha nūnu	魚
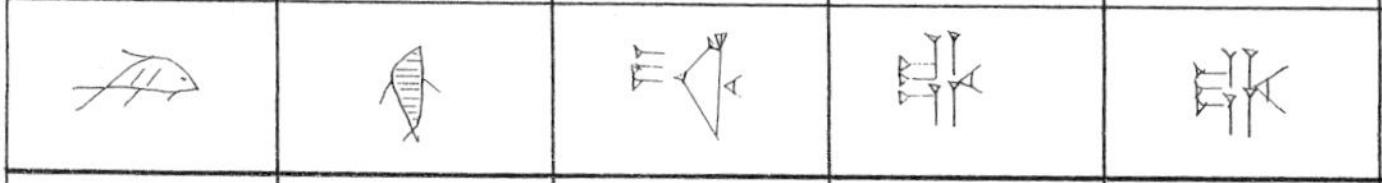					biš peš bis$_2$ gir	peš aplu	魚 息子
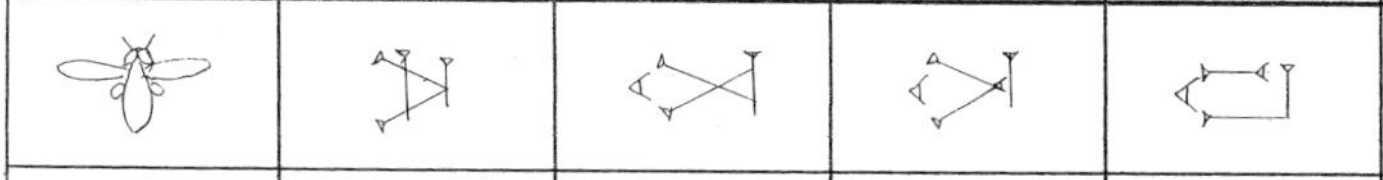					nim tum$_4$ nu$_3$ elam	zumbu elu elamtu	蠅 高級である エラム人
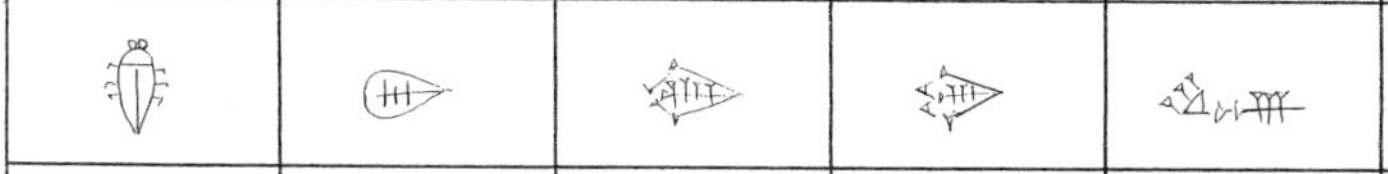					ah	kalmatu mūnu	昆虫 毛虫
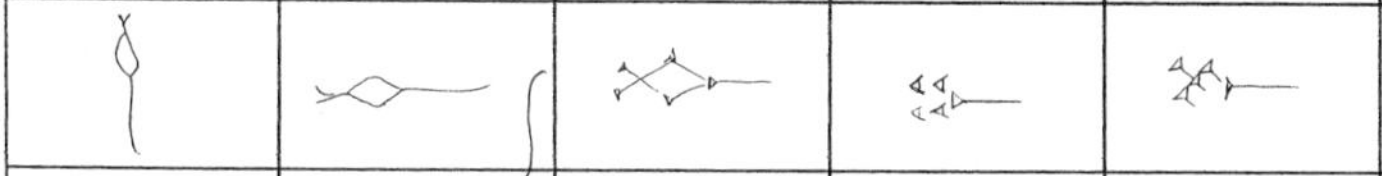					bu gid$_2$ sir$_2$	sarāku šadādu	長い 引く、測る
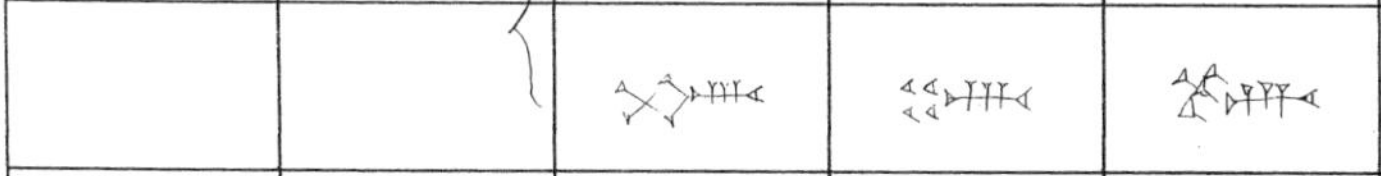					muš ṣir zir	muš ṣerru	蛇
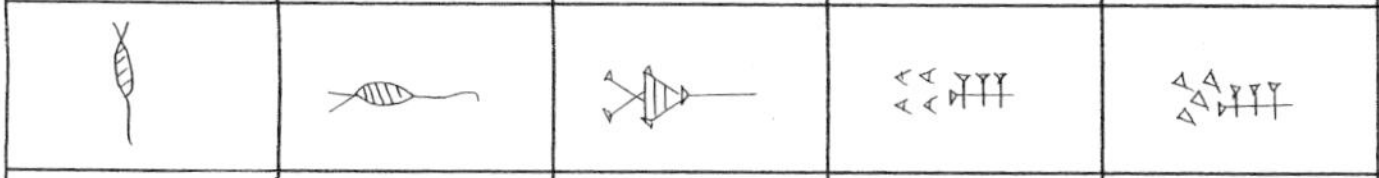					šud sir su$_3$	arāku rāšu	長い、遠い 楽しむ
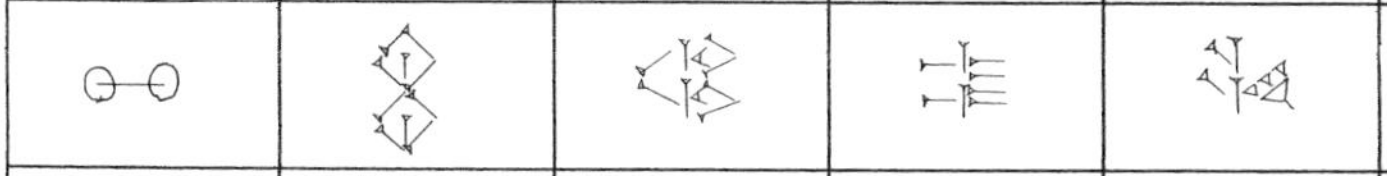					nunuz	pelu līpu	卵 子孫
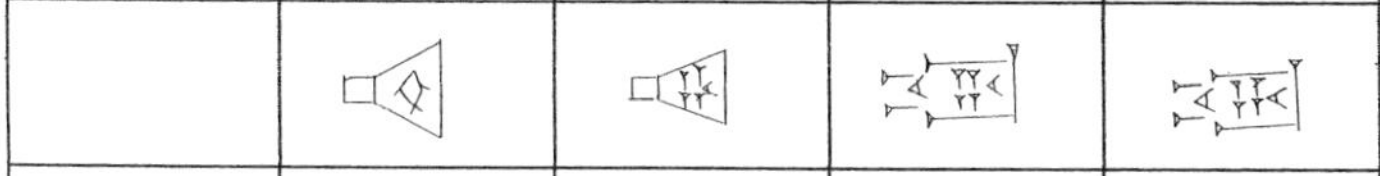					nina nanše sirara	ninua	ニネベ町 ナンシェ神
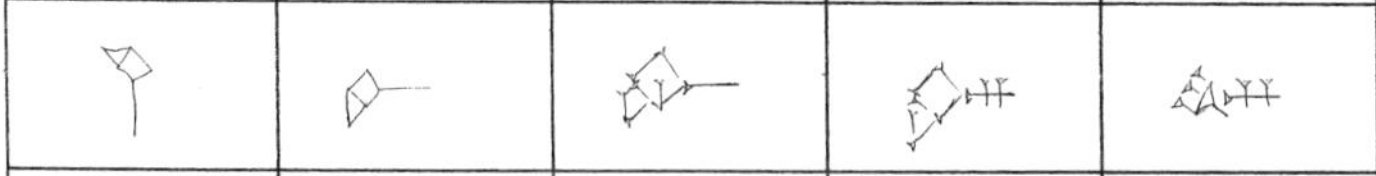					im iškur ni$_2$	šāru adad ṭuppu ramānu	風 天候神 粘土板 自身
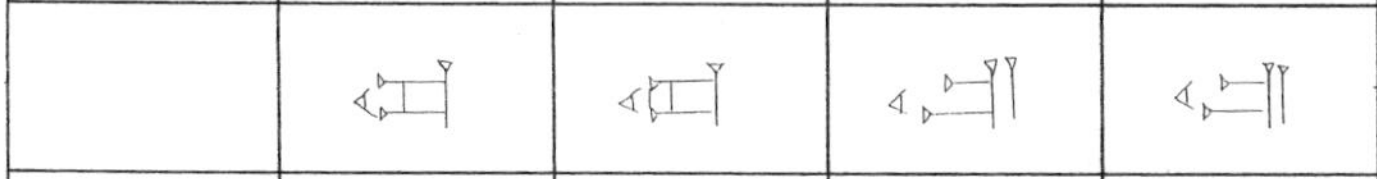					u-gur	namzāru nergal	剣 ネルガル神
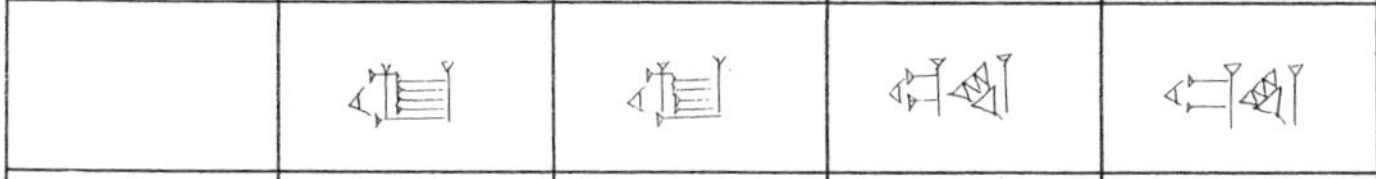					ugun eš$_{48}$-tar$_2$	ihzētu	填め込む イシュタル神
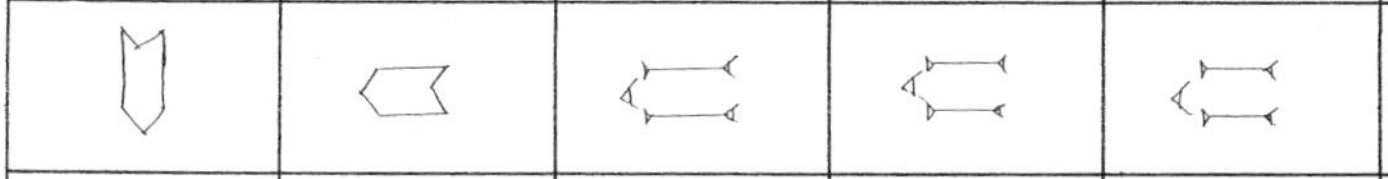					zur amar	būru ṣur	小動物 マルドゥク神
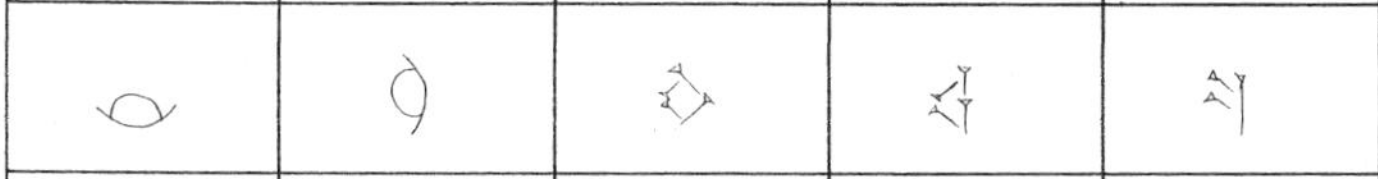					u$_4$(ud) had$_2$ babbar	ūmu šamaš peṣu	日時 太陽 白い
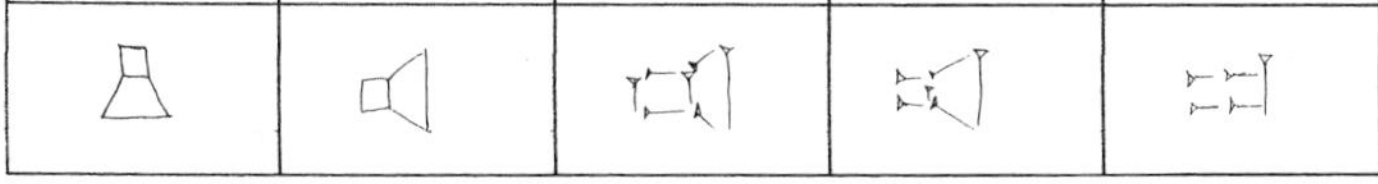					ab eš$_2$	abu bitu aptu	父 神殿 窓

バビロニア・アッシリア

絵文字 / 古拙文字 / 古典楔形 / 後期楔形	音価 シュメール	音価 アッシリア	意味
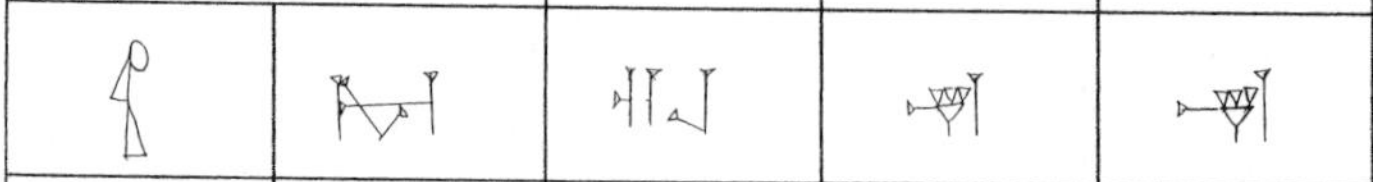	inanna muš$_3$	ištar	イナンナ神
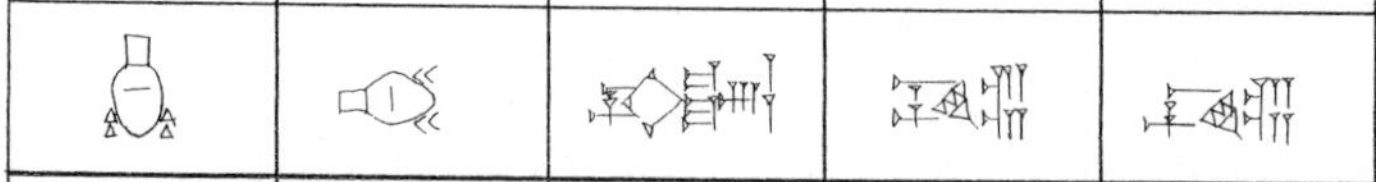	gun biltu	biltu biltu	負担する タレント 1 biltu = 30.3 kg
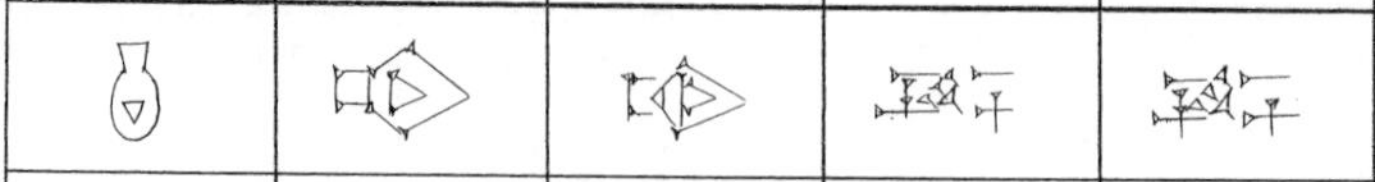	dur tur$_2$	abunnatu riksu	へそ 紐
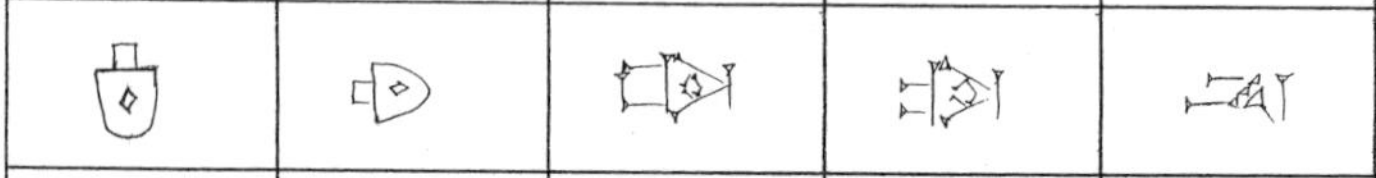	lal$_3$	dišpu ṭābu	蜂蜜 甘い
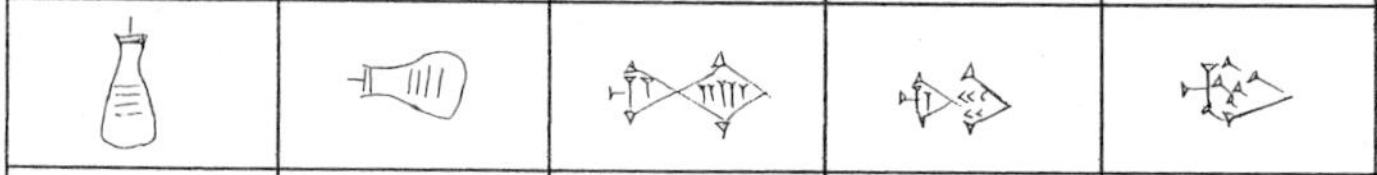	mun	ṭābtu	塩
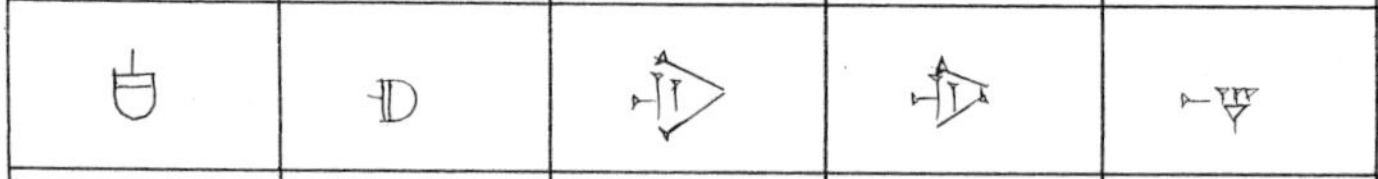	sur šur	eṭēru mašāhu ṣarāru zanānu	支払う 輝く 飛び出す 雨が降る
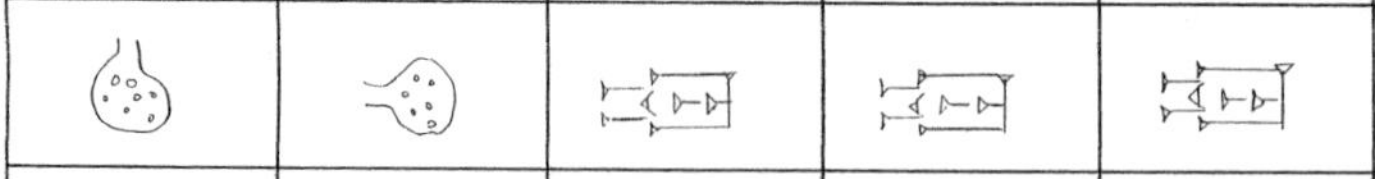	šam$_3$ šan	šamu šīmu	買う 価格
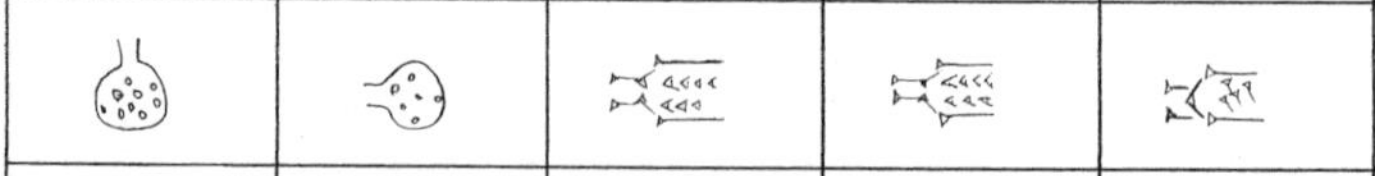	šam$_2$		買う
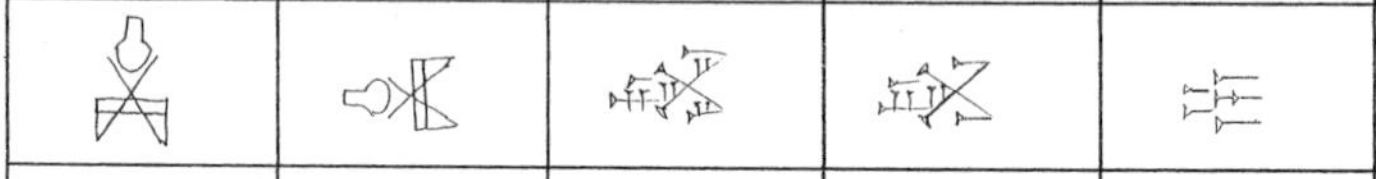	he$_2$ gan kam$_2$	erēšu kannnu kam$_2$	望む 酒樽 (序数詞)
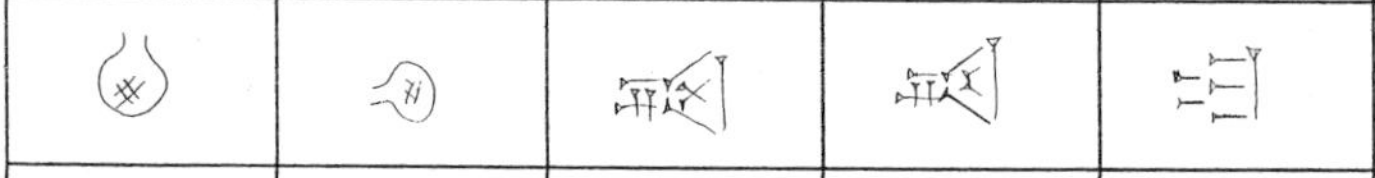	ad at aba$_3$	ad at	父
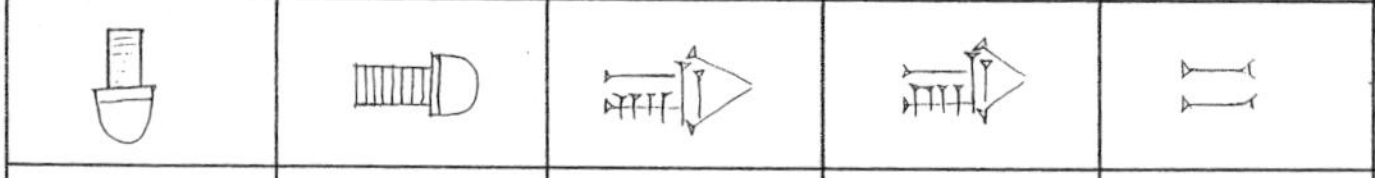	kaš kas$_2$ be$_2$ bi	šikaru šụ	ビール その、この
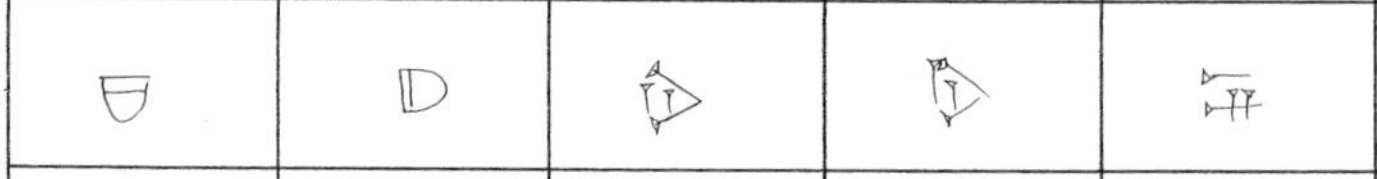	ni(r) i$_3$ li$_2$ zal	šamnu	油、グリース
	da$_3$ du$_3$ kal$_3$ gag	banu epēšu sikkatu	作る する 杭
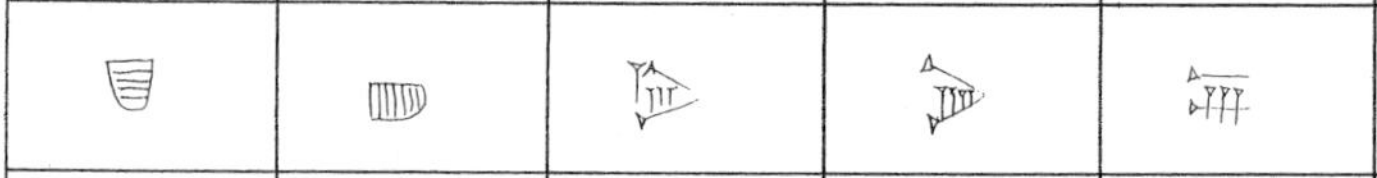	er ir	alāku erru izūtu	行く 紐 汗
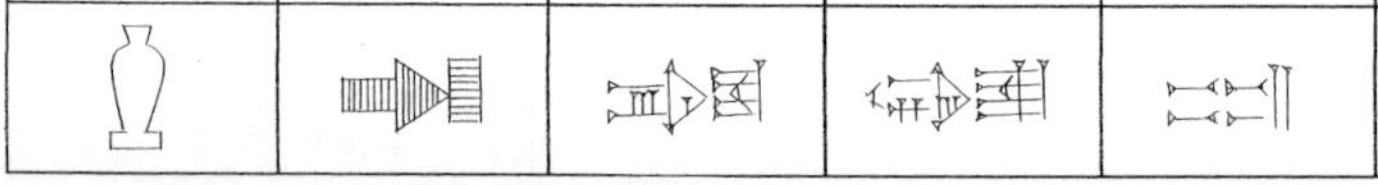	šim ši$_6$(šem) rig	sirāsu riqqu	醸造 芳香樹

バビロニア・アッシリア

絵文字	古拙文字	古典楔形	後期楔形	音価 シュメール	音価 アッシリア	意味
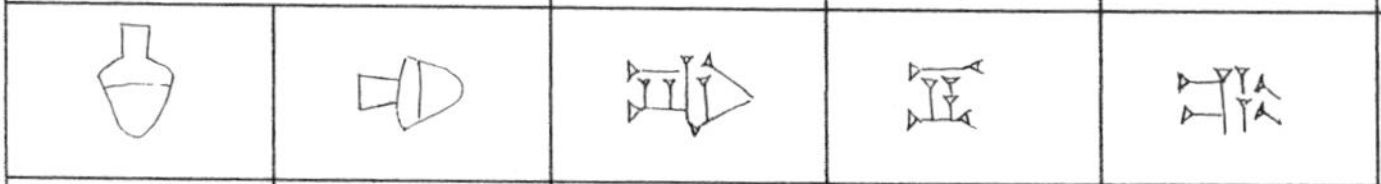				lud dug kurum$_3$	luṭṭu nalpattu	水指し 香炉
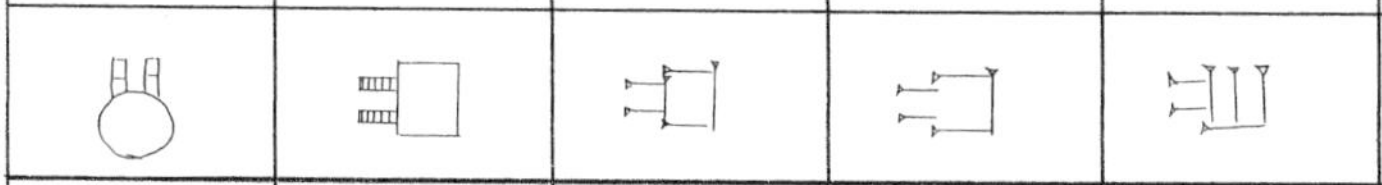				kišib sanga šid rid	upnu sangu manu eṭlu	握り拳 司祭 数える、暗唱する 英雄
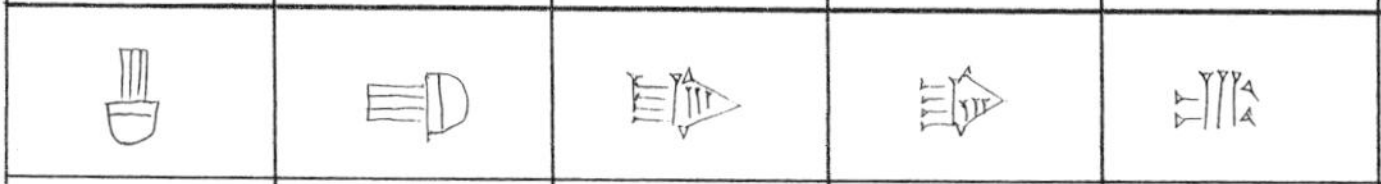				ga ka$_3$	šizbu	牛乳
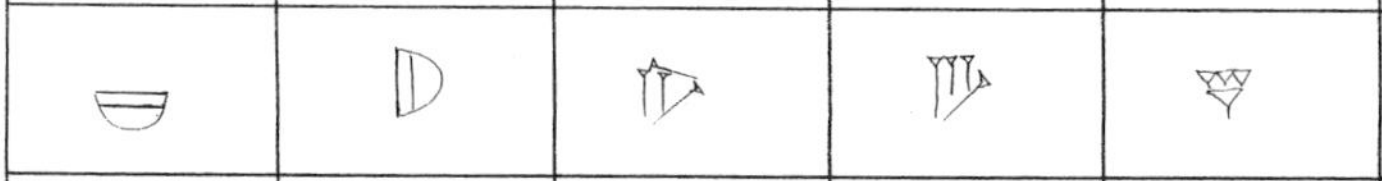				ninda ša$_2$ gar nig$_2$(ni$_3$)	akalu šakānu mimma ša	パン 置く 全ての ～の
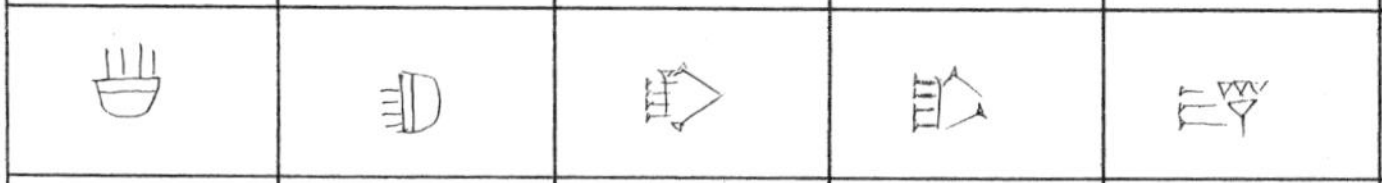				bur	naptanu	食事
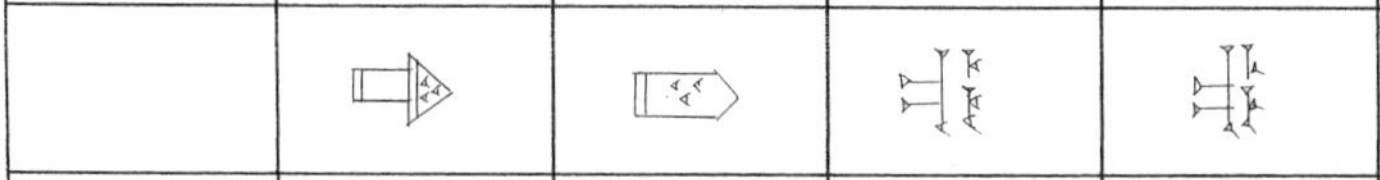				gurun	inbu	果物
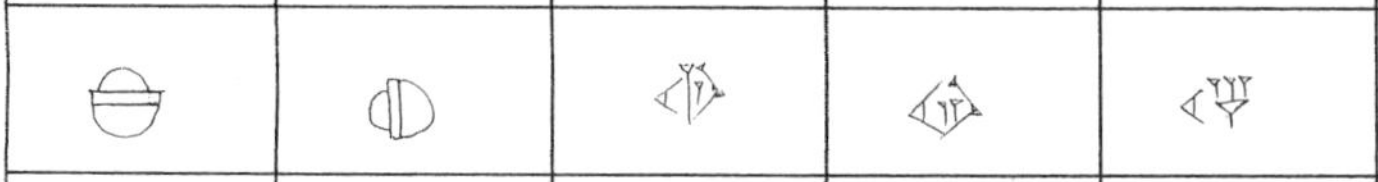				kur$_6$ pad šug	pattu kusāpu kurummatu	籠 菓子 食料
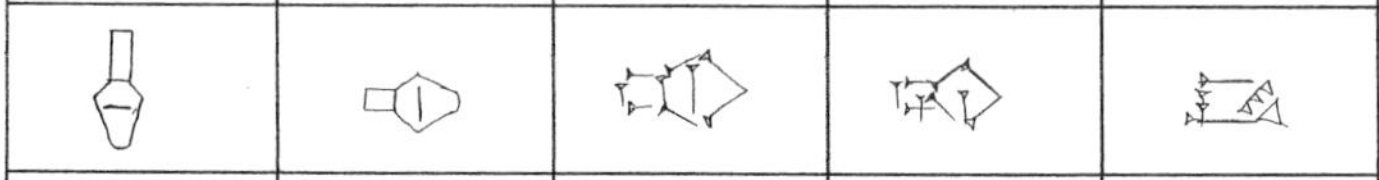				gu$_2$	kišādu ahu biltu	首 脇 税金
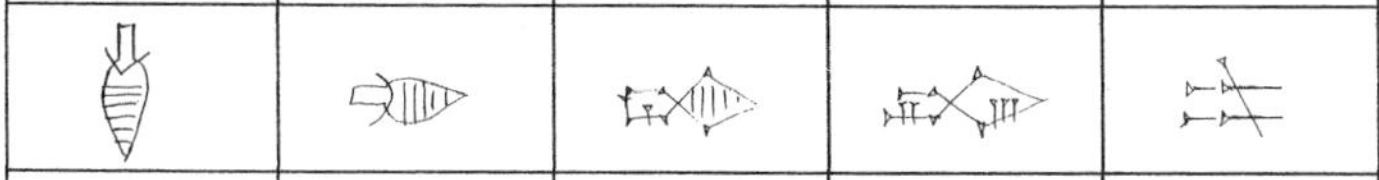				šum tag ta$_3$	ṭabāhu lapātu	喉を切る 触れる
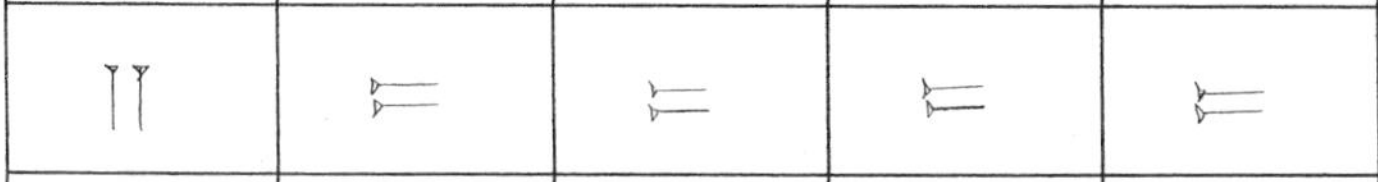				tab tap	šunnu hamāṭu	巻き付ける、二 焼く
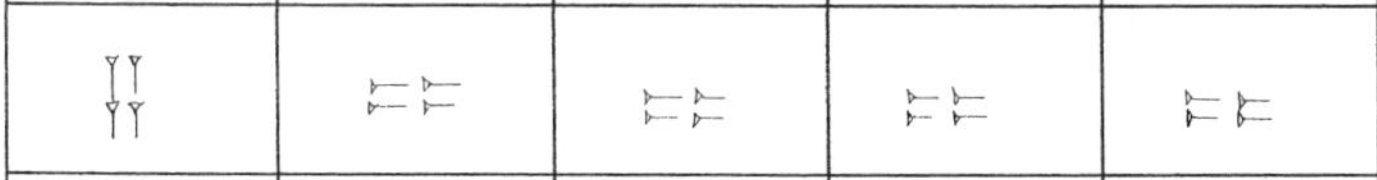				tab-tab limmu$_2$	arba ṣurrupu	四つ 使い尽くす
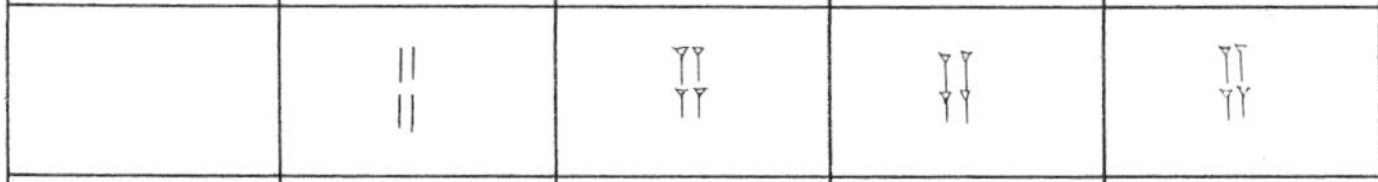				za sa sa$_3$	atta erbettu	あなた 四番目の
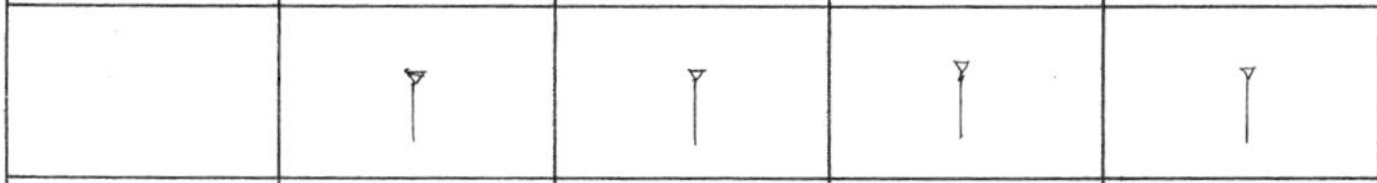				diš	gina ištenana	常に 一 ～へ
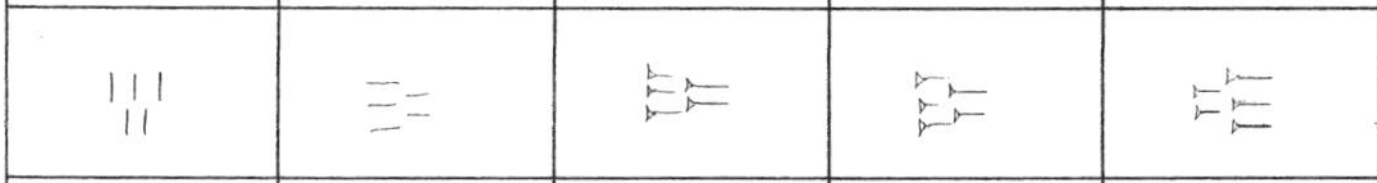				i nat$_2$	nādu hamiš	上げる 高める 五
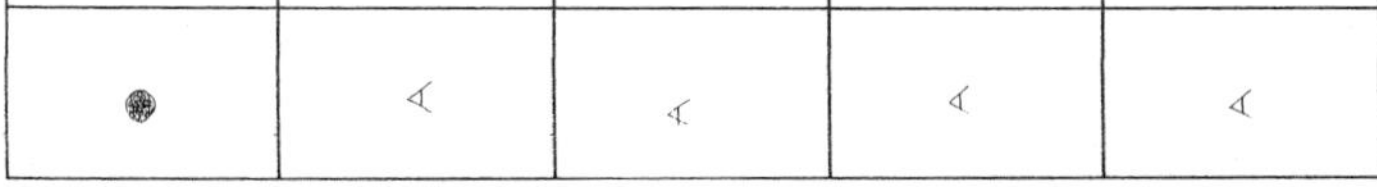				eš u šu$_4$	adad ešeret abātu bēlu	アダド神 十 消える 主君

バビロニア・アッシリア

絵文字 / 古拙文字 / 古典楔形 / 後期楔形	音価 シュメール	音価 アッシリア	意味
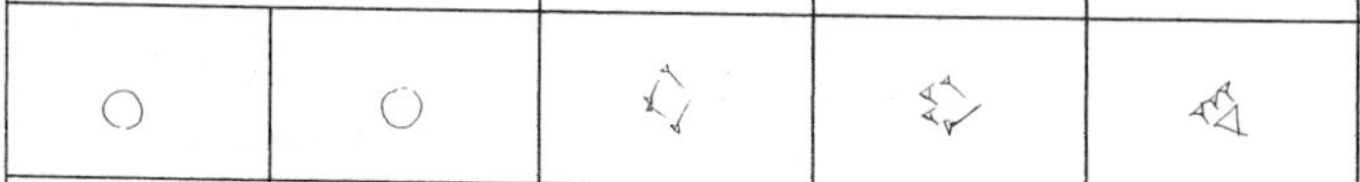	šar$_2$ du$_{10}$ dug$_3$	šāru birku balālu ṭabtu	3600 膝 混ぜる 良い
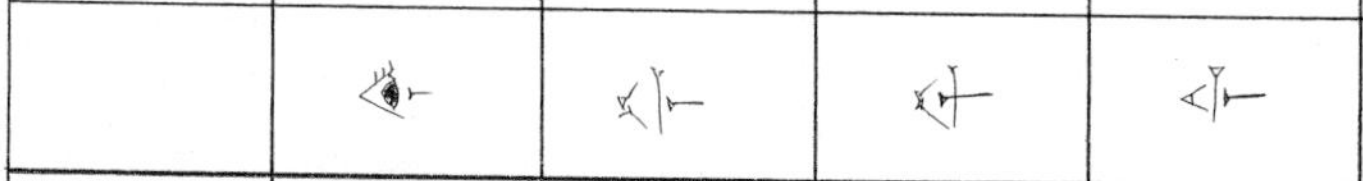	igi ši li$_3$(lim)	pānu īnu mahāru šību	顔、前の 目 受け取る 証人
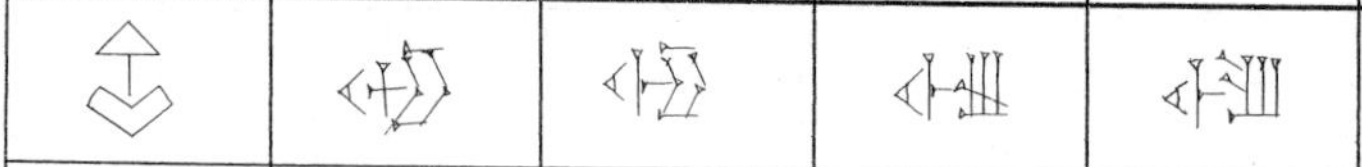	pad$_3$	tamu zakāru	企む 呼ぶ、招く
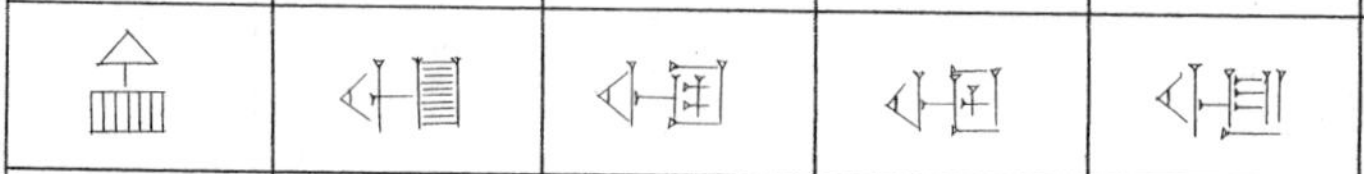	u$_3$	annu u šittu	この そして 眠り
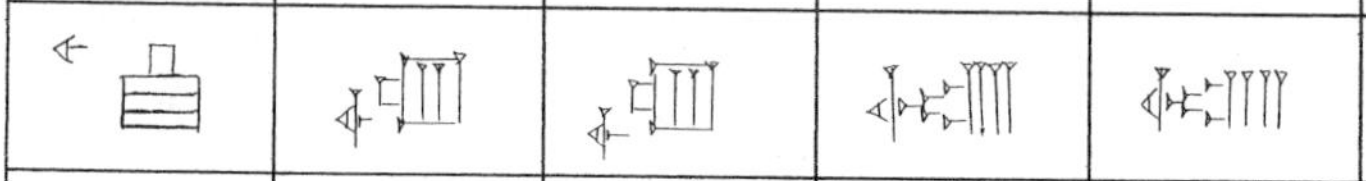	giskim agrig	tukultu ittu abarakku	保護 前兆 会計
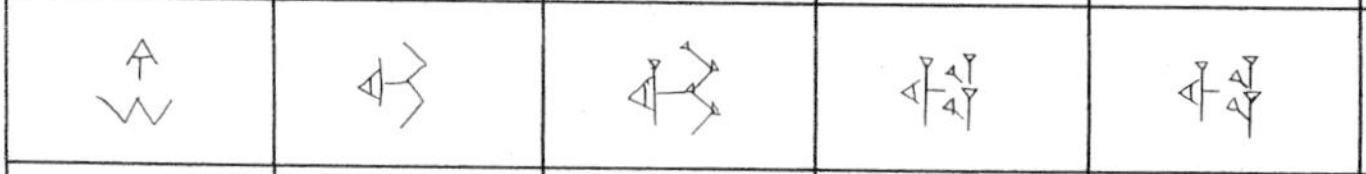	sig$_5$ kur$_7$	damāqu	素晴らしい 美しい
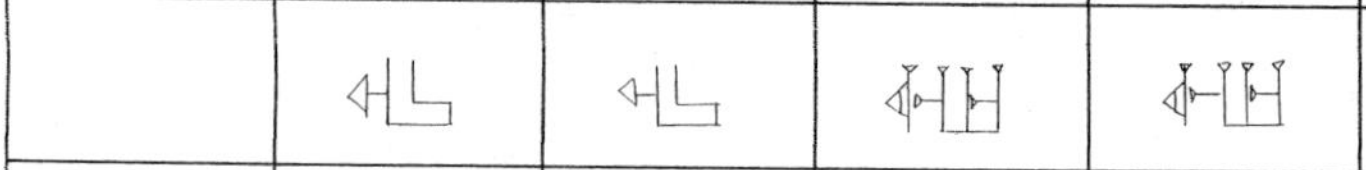	hul	lemnu lumnu šalputtu	嫌う 不幸 破壊
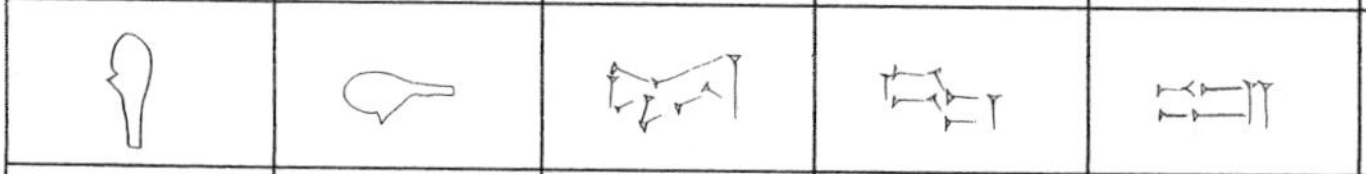	ur$_2$	sūmu	腿骨
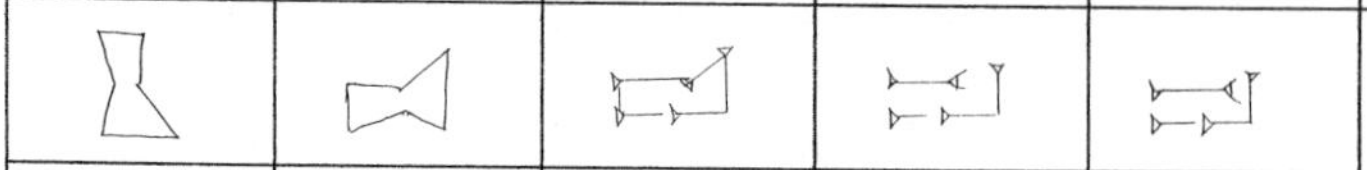	du gen gub di$_6$ tum$_2$	alāku uzuzzu abālu	行く(sg. maru)* 行く(sg. hamtu) 足、立つ(sg.) もたらす(sg. hamtu) もたらす(sg. maru)
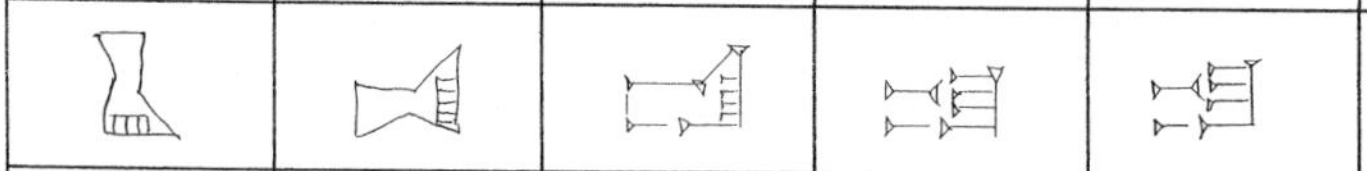	kas$_5$ suhuš suh$_6$	išdu	基礎
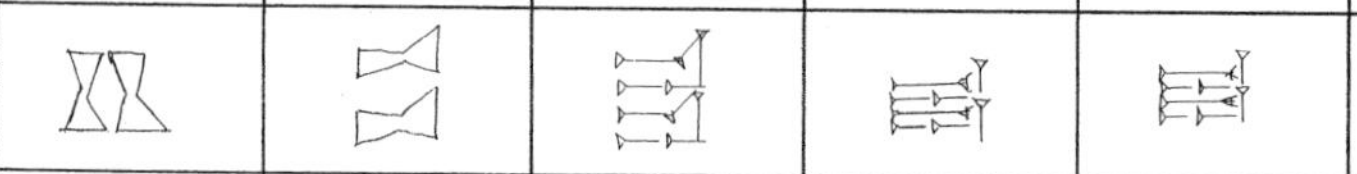	lah$_4$ sub$_2$ re$_7$ sug$_2$	redu	もたらす(pl.) 行く(pl. maru) 行く(pl. hamtu) 立つ(pl.)
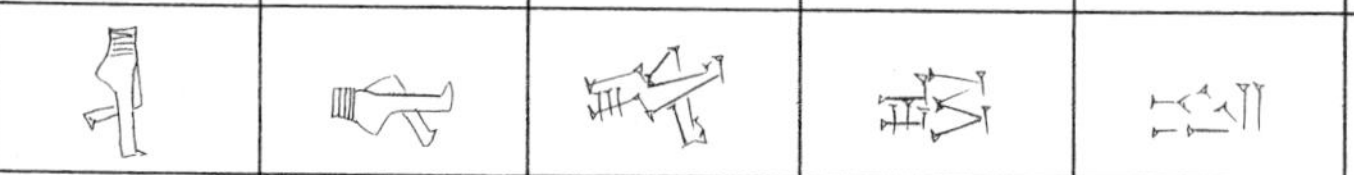	il	šaqu	上げる
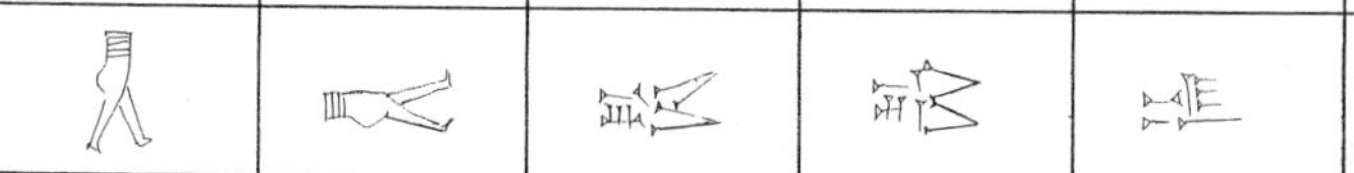	ib$_2$ tu$_4$(tum) dam$_4$	qablu agāgu	胴体 怒る
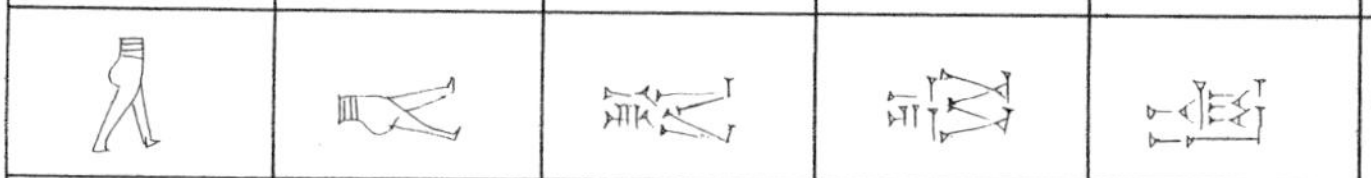	egir	arku arki	後続の ～の後に
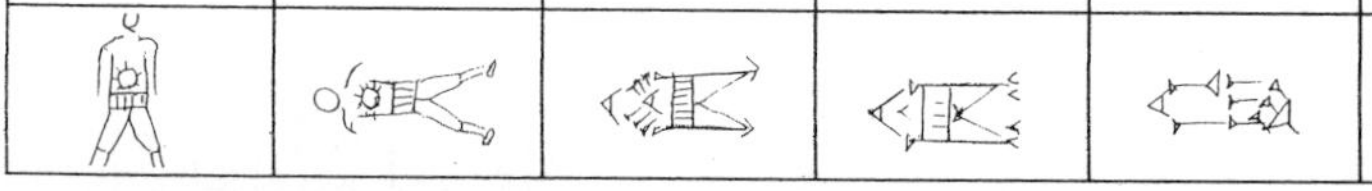	na$_2$(nad$_3$) nu$_2$	eršu itūlu	寝台 寝る

バビロニア・アッシリア

絵文字・古拙文字・古典楔形・後期楔形	音価 シュメール	音価 アッシリア	意味
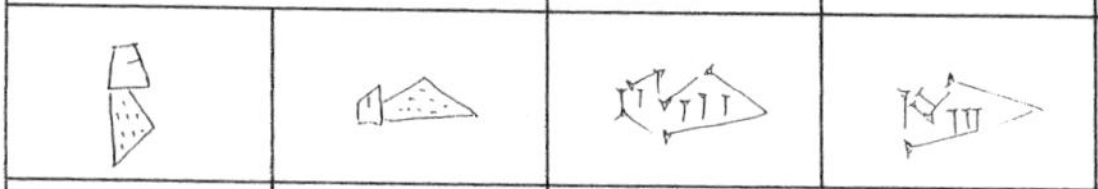	lu$_2$	amēlu	人
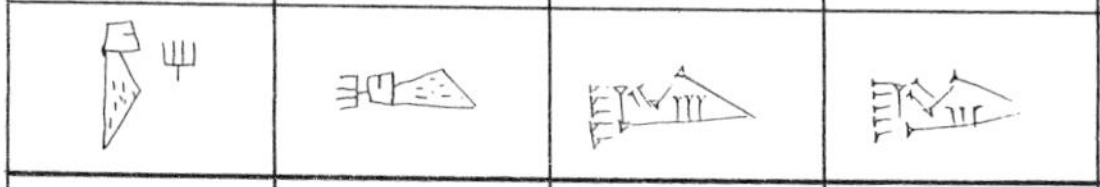	lugal	šarru bēlu	王 主
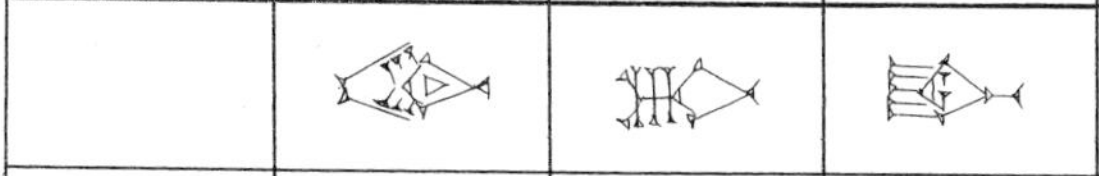	uzu šir$_4$	šīru	肉体 前兆
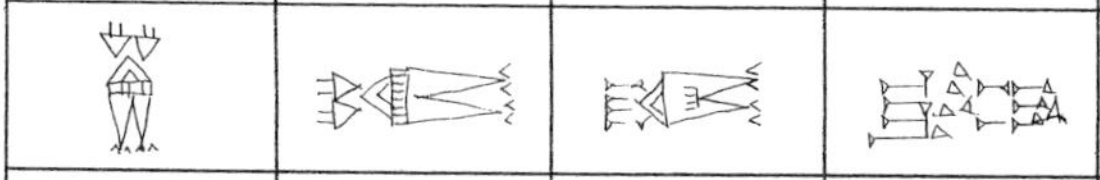	alan	lanu ṣalmu	様子 像
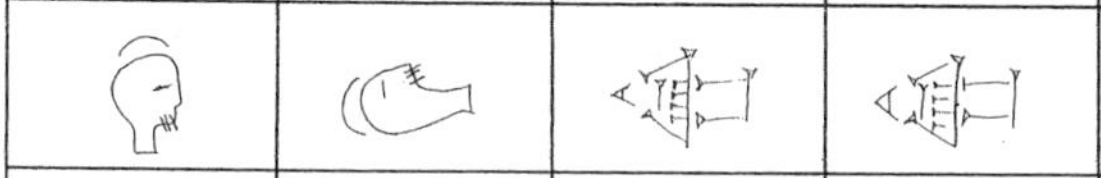	ugu muh	muhhu eli	頭蓋骨 ～の方へ
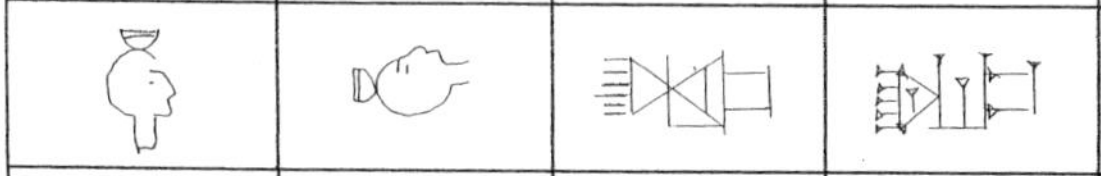	il$_2$ gil$_3$	našu šaqu nāgiru malu	上げる 高い 使者 太った
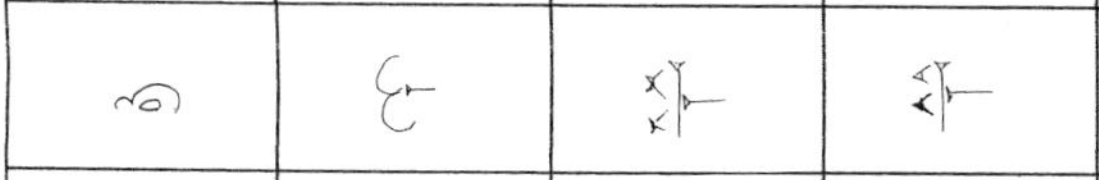	tal$_2$ wa pi, bi$_3$ geštu	rapāšu pānu uznu	大きい (容量) 耳
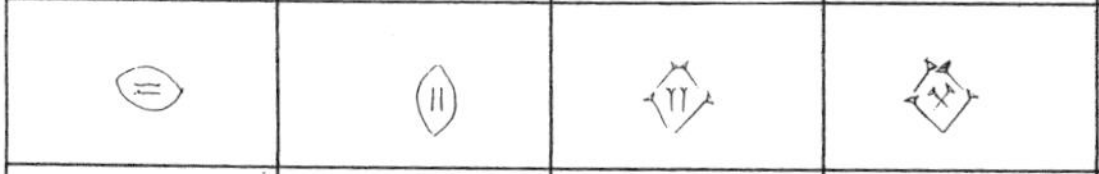	ša$_3$ šag$_4$	libbu	心、真ん中
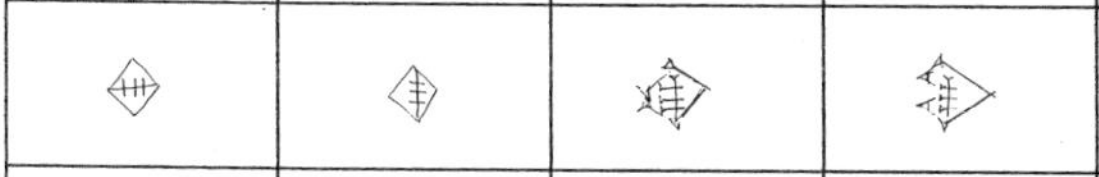	har kin$_2$ hur ur$_5$	semēru eṣēru hašu šanānu	輪 描く 肺、内臓 等しい
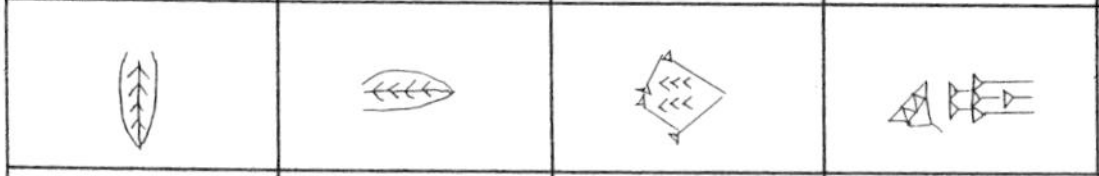	ellag$_2$ pir$_3$	kurṣiptu kalitu sapāhu	蝶々 腎臓 散らす
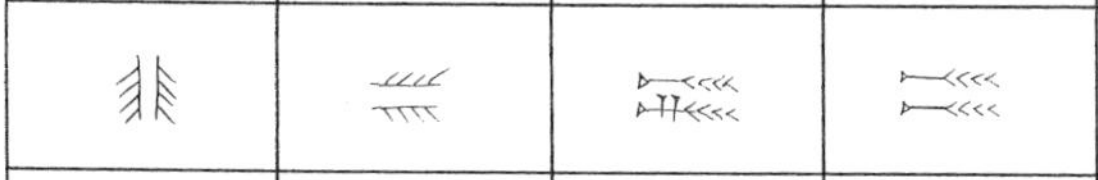	gab kap$_2$ du$_8$ (duh)	irtu mahretu paṭāru	胸 反対側 開放する
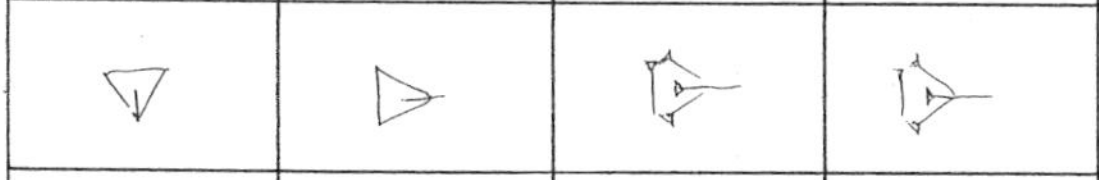	mi$_2$ rag sal bal	sinništu raqāqu	女 痩せた
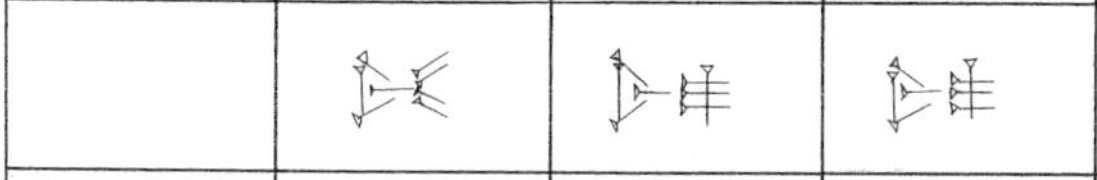	zum sum$_2$ zu$_8$	mašādu šassuru	櫛 子宮
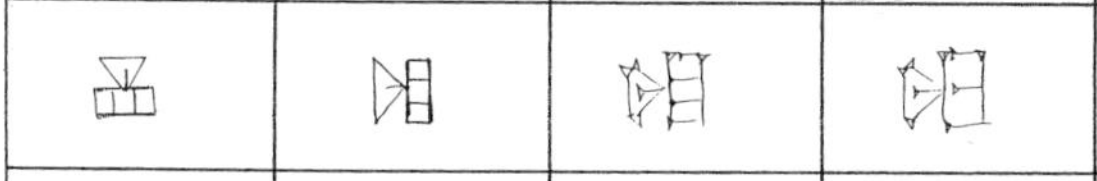	nin nim$_2$ eriš	bēltu ahātu	貴婦人
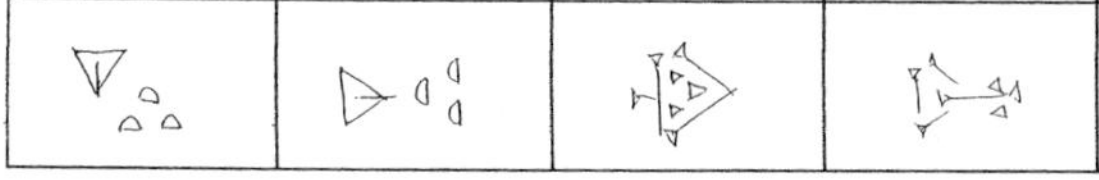	geme$_2$	amtu	下女

バビロニア・アッシリア

絵文字		古拙文字	古典楔形	後期楔形	音価 シュメール	音価 アッシリア	意味
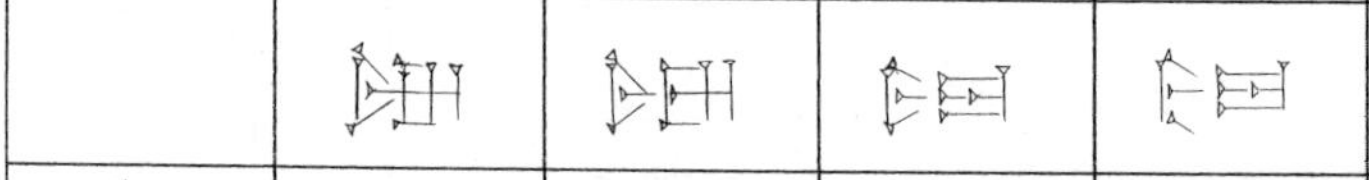					dam tam ta$_4$ tam$_2$	mutu	配偶者 つれあい
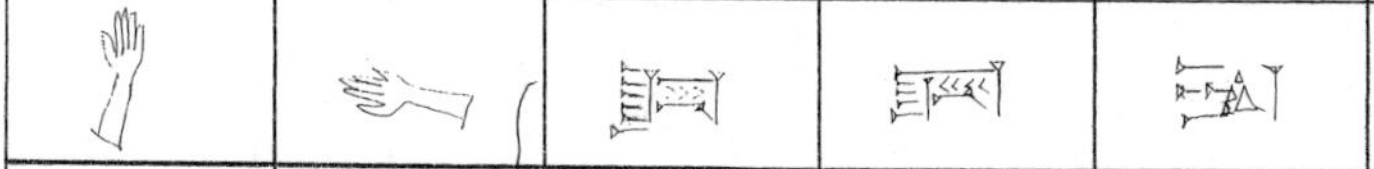					a$_2$	itti idu emūqu	と共に 腕 力
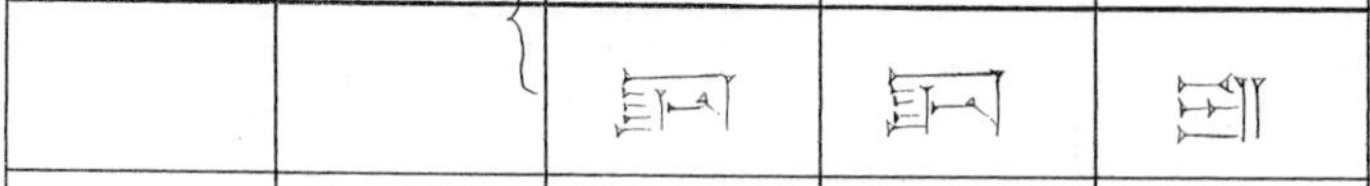					da	idātu idu	傍らに 脇
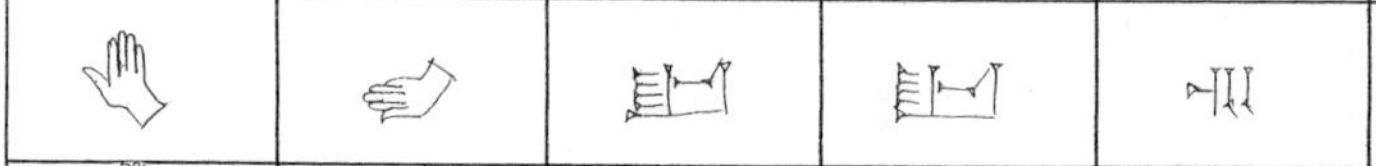					kab gub$_3$	hupper šumēru	ダンサー 左
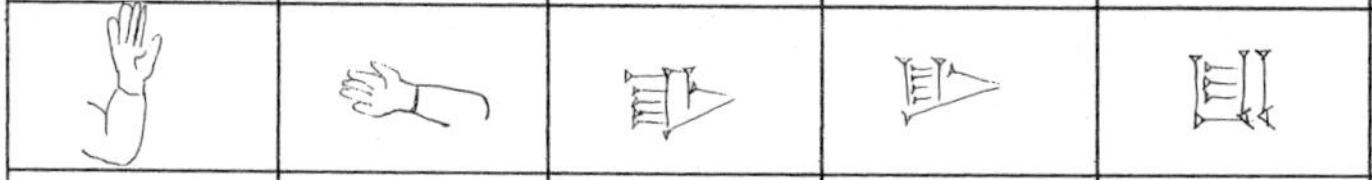					kin(g) gur$_{10}$	šipru eşēdu šapāru	仕事 刈り入れる 特使、神託
					šu	qātu	手
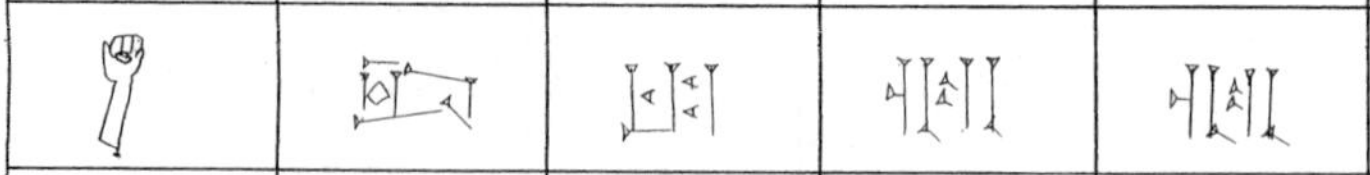					hub tun	tahtu hatu	敗北 撃ち殺す
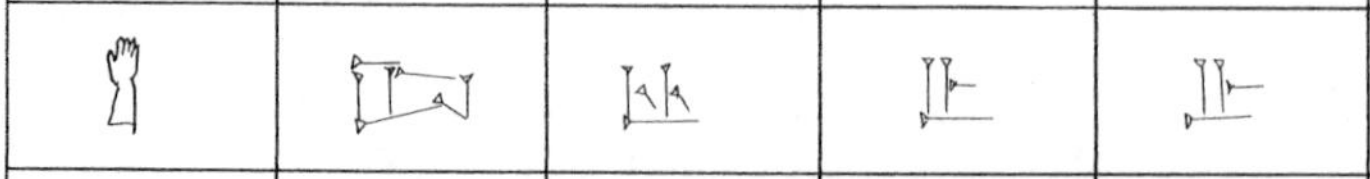					tuk tug du$_{12}$ tu$_{12}$	ahāzu rāšu zamāru	掴む 債権者 音楽を演奏する
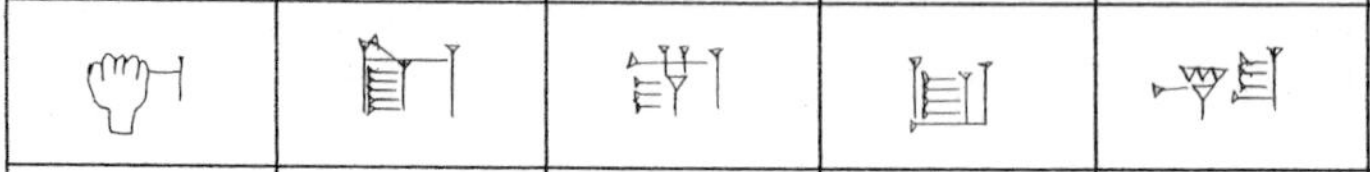					suh muš$_2$	uššu nasāhu tišpak	設立 引き出す ティシュパク神
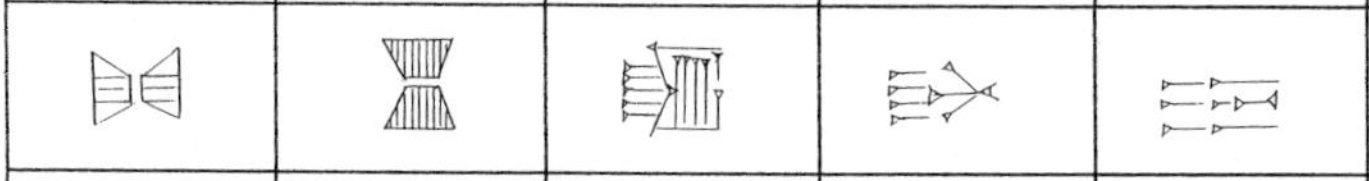					zag	paṭu idu adi kanzūzu	辺境 肩、腕 にまで 顎
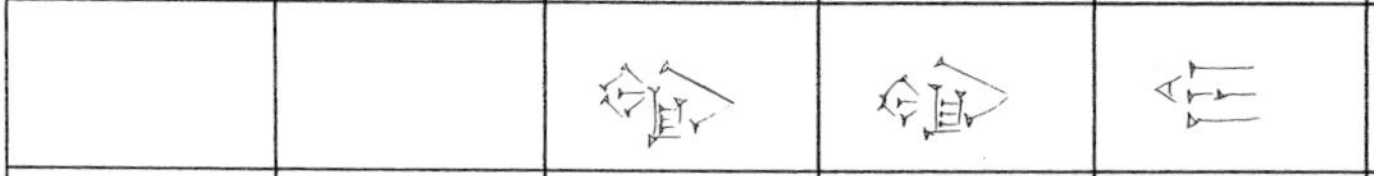					gir$_3$ ger$_3$	šēpa paru	足 雄らば
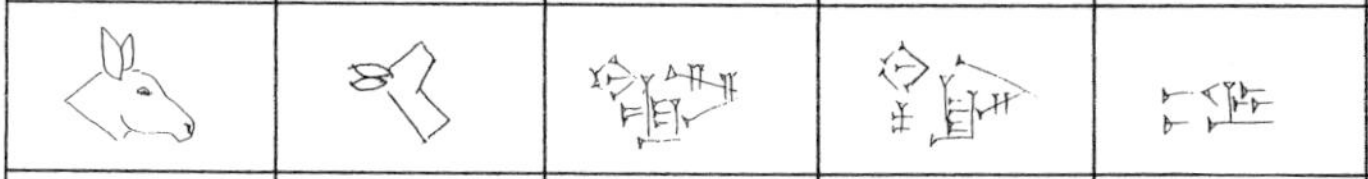					anše	imēru	ろば
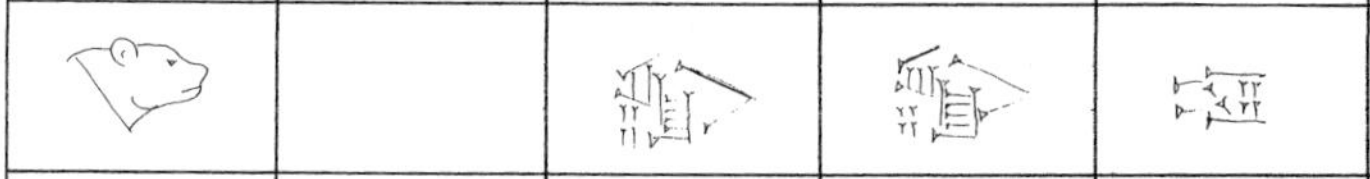					az as	au	熊
					ug pirig	umānu uggu nāšu	動物 怒り ライオン
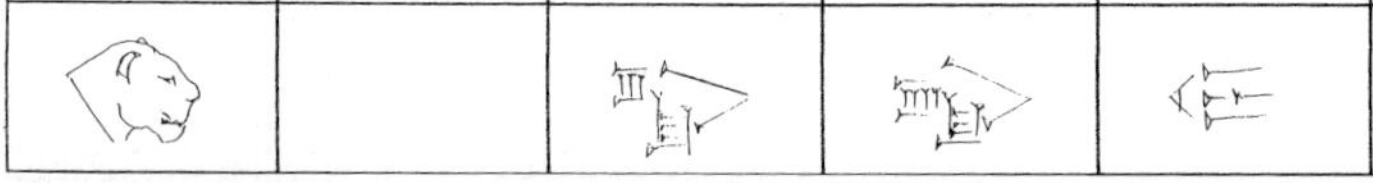					ug$_2$ ne$_3$	šakkan labbu emūqu nergal	シャカン神 ライオン 力 ネルガル神

バビロニア・アッシリア

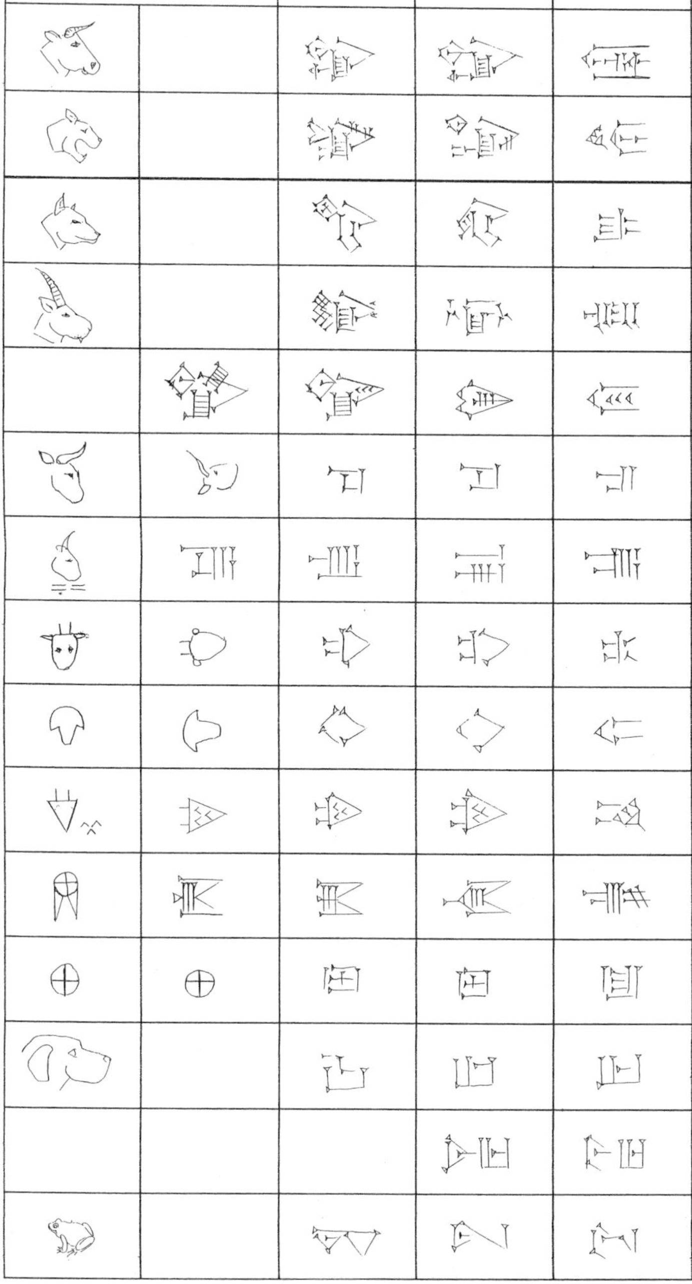

絵文字		古拙文字	古典楔形	後期楔形	音価 シュメール	音価 アッシリア	意味
					alim	kusarikku kabtu	バイソン 重い
					ruš huš hiš$_4$	ezzēzu huššu	怒る 赤い色の
					lib nar lul ka$_5$	nāru parriṣu šēlibu	歌手 嘘つきの 狐
					dar$_3$	ṭurāhu	イベックス 山羊
					kiš	kiššatu kiš	全体、力強さ キシュ町
					sig$_9$ > si	qarnu attaru	つの 支払い
					dir diri(g) mal$_2$	atāru eli	過剰である に加えて
					gud gu$_4$	alpu	牛
					ab$_2$ rim$_2$ lid	arhu	雌牛
					am	rīmu	野生の牛
					ud$_5$ uz$_3$	enzu	山羊
					lu šib udu tib dib	immeru ṣabātu	雄羊 掴む
					lik ur teš$_2$ daš	eṭlu kalbu bašu	英雄 犬 恥じる
					nig nik	kalbatu	雌犬
					uh$_3$ kušu$_2$	kušu	蛙、蟹

バビロニア・アッシリア

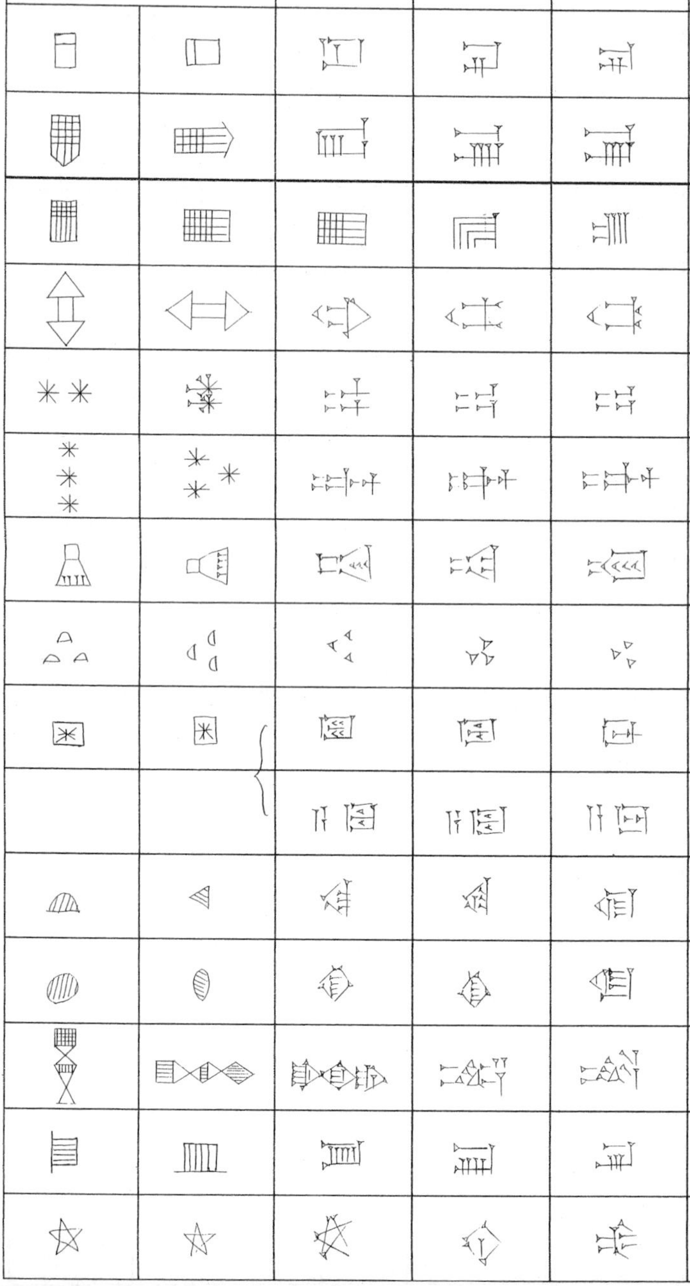

絵文字		古拙文字	古典楔形	後期楔形	音価 シュメール	音価 アッシリア	意味
					pisan ga$_2$ mal(ma$_3$)	pisannu anāku bītu šakānu	容器 私 邸宅 置く
					dag tag$_2$ par$_3$	šubtu šeṭu	住宅 網を広げる
					bit e$_2$	bītu	家
					ul du$_7$	ṣatu kakkabu asamu	過ぎた 星 ふさわしい
					nab nap	kakkabu	星
					mul nap$_2$	nabāṭu kakkab	輝く 星
					unu(g) iri$_{11}$	uruk uruk	ウルク町(Erech) 邸宅
					kur gin$_3$ lad šad	šadu mātu napāhu ekallu	山 国 現れる 宮殿
					engur zikum	apsū nammu šamu	深海 ナンム神 天
					id$_2$(i$_7$)	nāru	川、運河
					du$_6$(dul) til$_2$	mūlu tillu katāmu	高さ 丘 覆う
					ki	erṣetu	土地
					edin	ṣēru	平野
					kar$_2$ gan$_2$ ga$_3$	eqlu iku	農地 イク（面積単位）
					ub ar$_2$	tubqu kibrātu karmu	内部 区域 破壊

バビロニア・アッシリア

絵文字		古拙文字	古典楔形	後期楔形	音価 シュメール	音価 アッシリア	意味
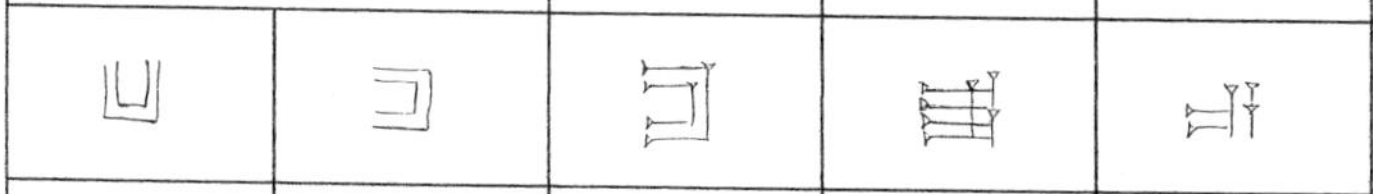					e i$_{15}$	qabu īku	話す(hamtu, maru pl.) e (hamtu pl.のみ dug$_4$) 水路
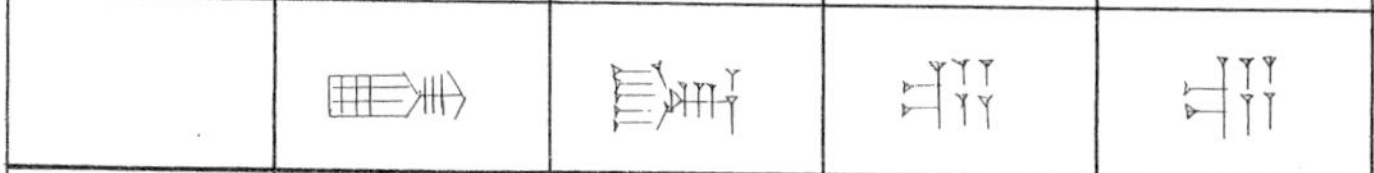					ug$_3$ ＞ un kalam	nišū mātu	国民 国
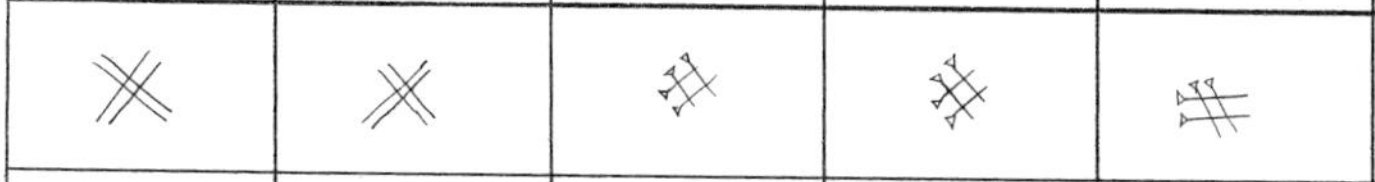					kas iš$_2$ kaskal raš	harranu	道路
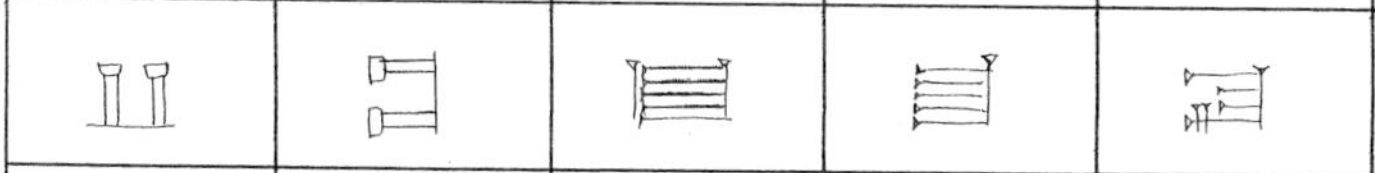					par$_4$ kisal bur$_6$	kissalu	前広場
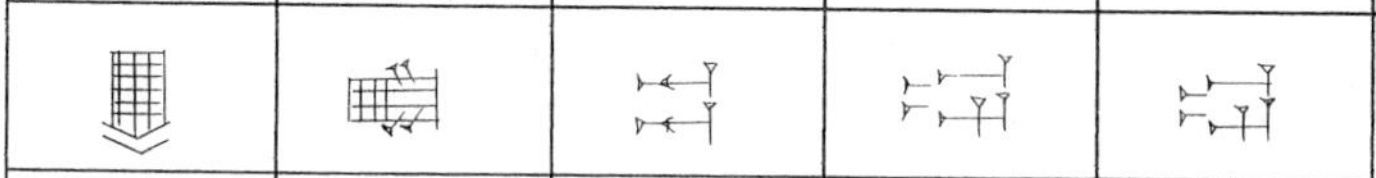					ka$_2$ baba$_3$	bābu	門
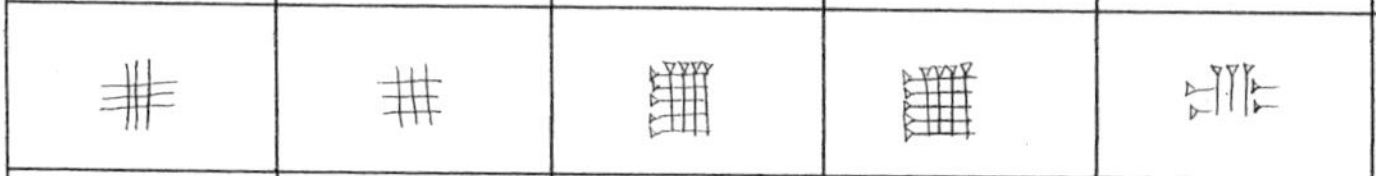					kuš$_3$ u$_2$ bu$_8$ šam	ammatu akalu šammu	肘 食料 芝、植物
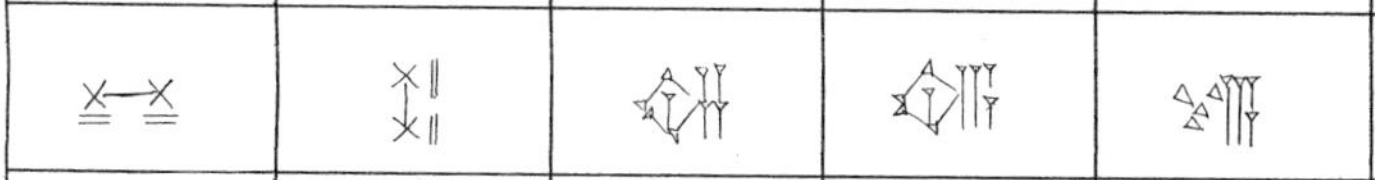					kar qar$_2$	kāru eṭēr	港、倉庫 支払う、持ち去る
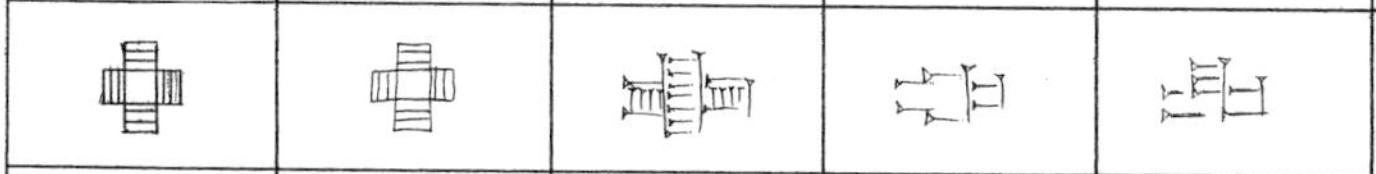					ezen hir šer$_3$ kešda	isinnu zamāru rakāsu	祭り 音楽演奏 結ぶ
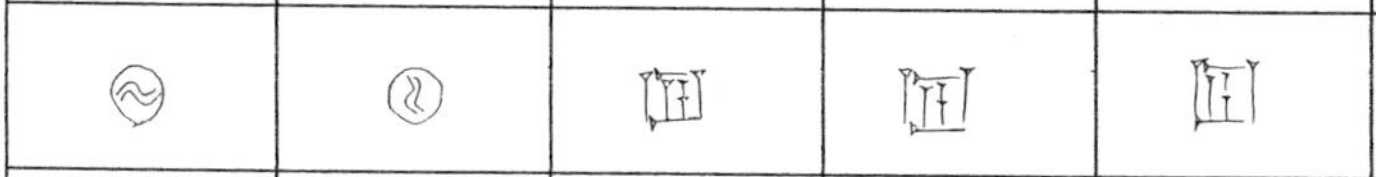					ambar zuk suk	appāru ṣuṣū	沼 芦の生えた
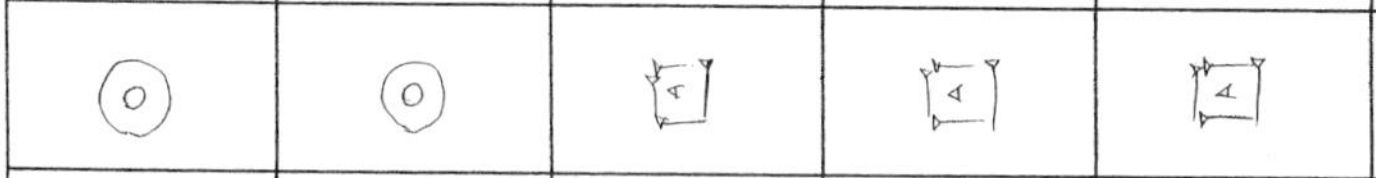					tul$_2$ hab$_2$ pu$_2$	bušānu būrtu kalakku	有害な 泉 倉庫
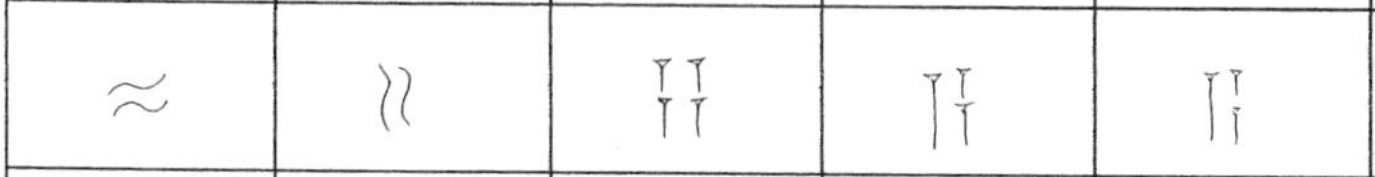					a	abu mu aplu	父 水 子、息子
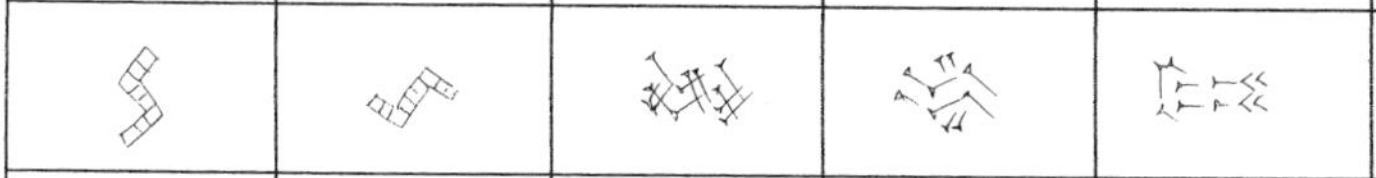					murgu sig$_4$	būdu libittu	肩 煉瓦、壁
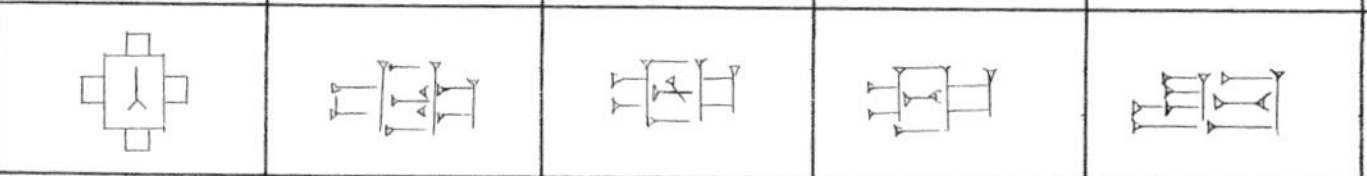					bad$_3$ ug$_5$	duru matu	高壁 死ぬ
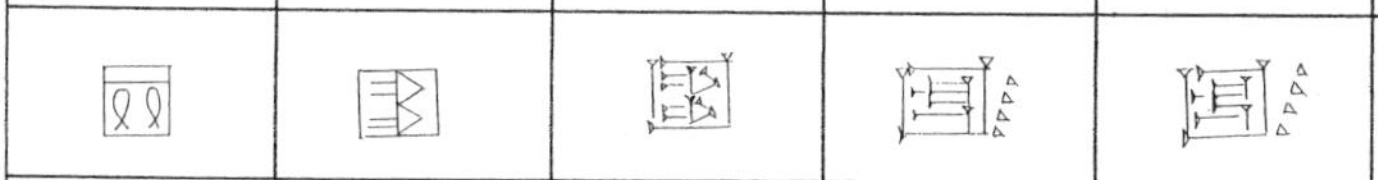					šurun us$_5$ u$_8$ lahar	rubṣu lahru	寝藁 雌羊
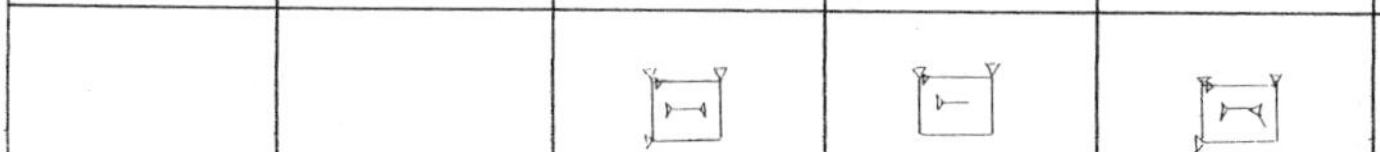					gigir	narkabtu	馬車

バビロニア・アッシリア

絵文字		古拙文字	古典楔形	後期楔形	音価 シュメール	音価 アッシリア	意味
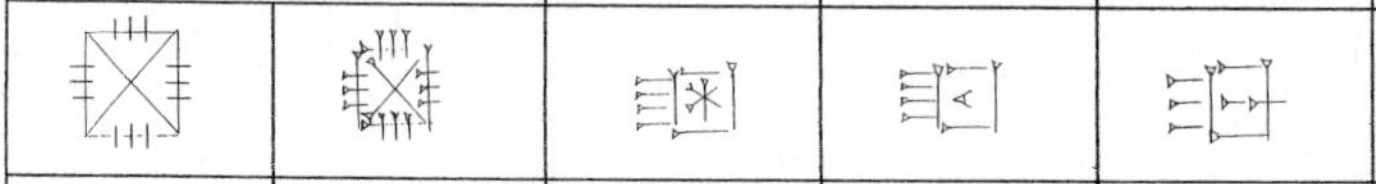					bar$_2$ bara(g)$_2$	parakku	至聖所
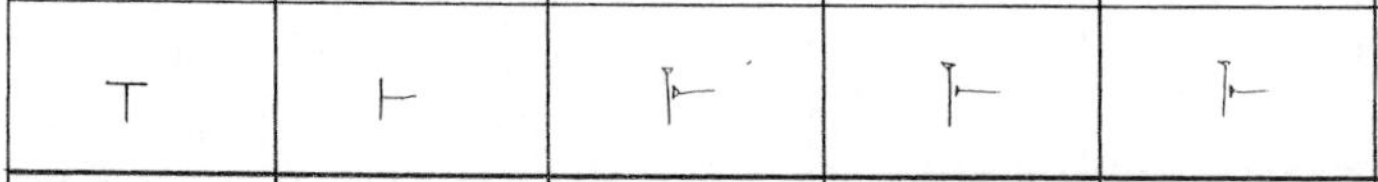					me išib mi$_3$	parṣu meatu ellu	法規、命令 百 純な
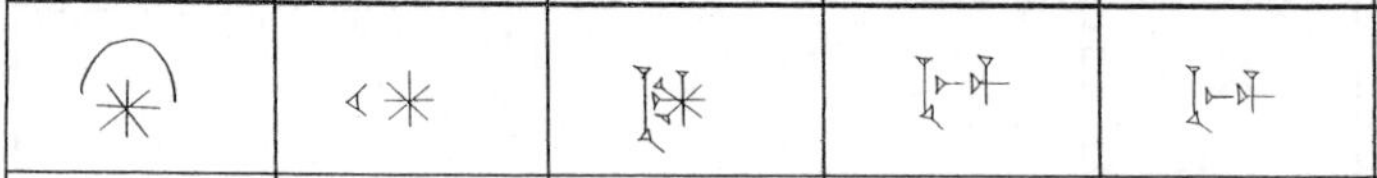					en$_2$	šiptu	呪文
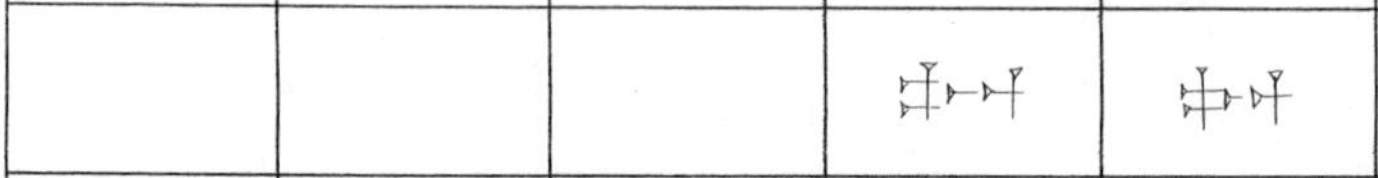					garsu	parṣu billuda	典礼 所有権
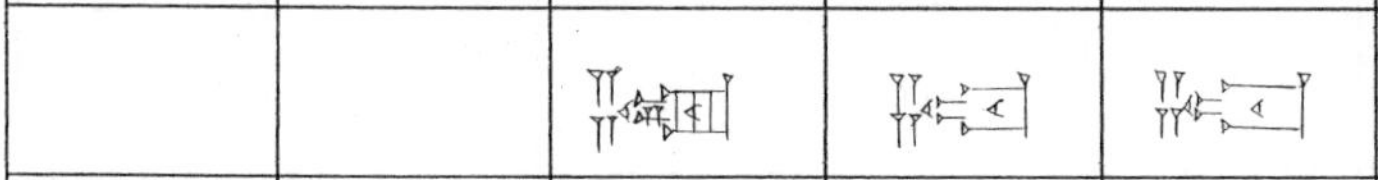					gug	pendu gūqqu ellu	烙印 月々の奉献 純な
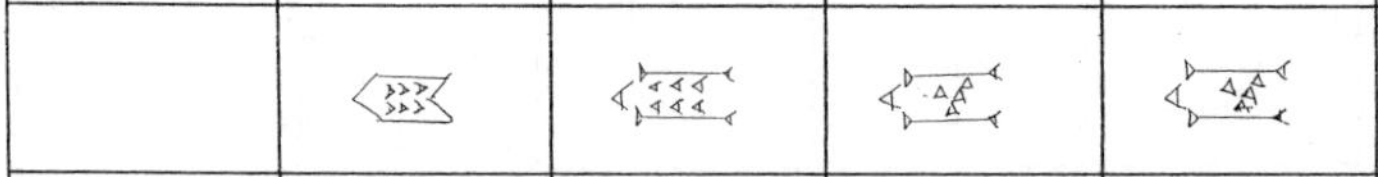					siskur$_2$	nīqu	捧げ物
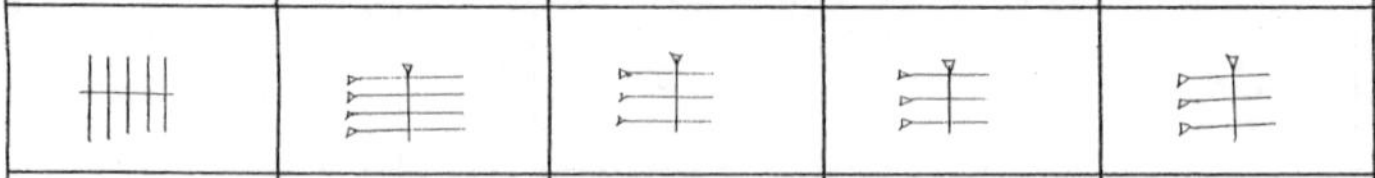					aš$_2$ ziz$_2$	arāru kunāšu	呪う エンマ小麦
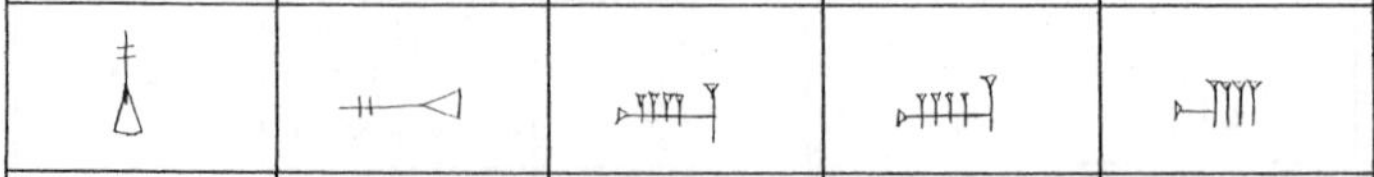					nun sil$_2$ zil	rubu	王子
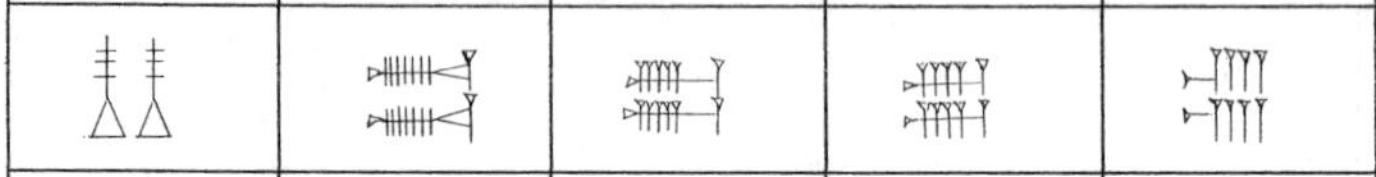					nir	etellu	権威者、英雄
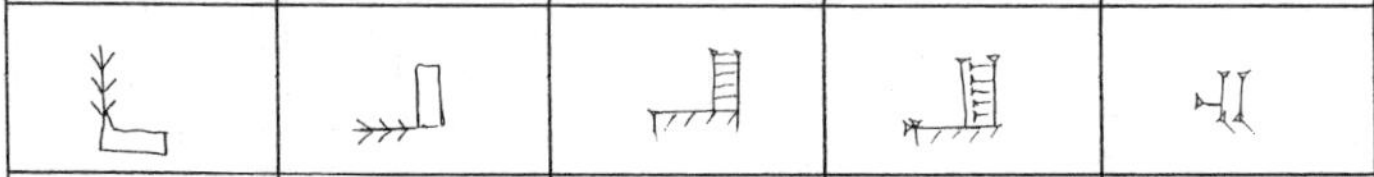					en	bēl bēlu	バアル神、マルドゥク神 主君
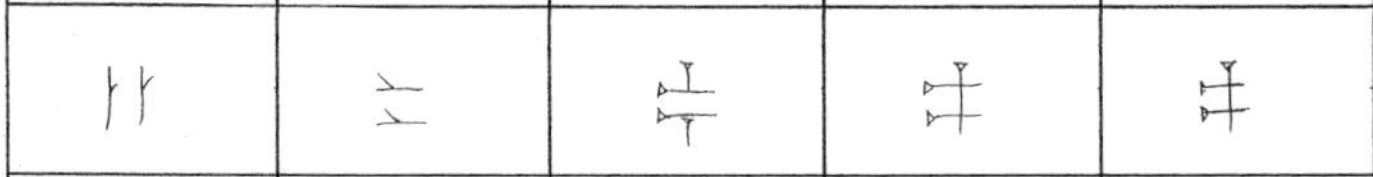					sig$_3$ pa had ugula	mahāṣu artu haṭṭu aklu	叩く 小枝、翼 王権 監督
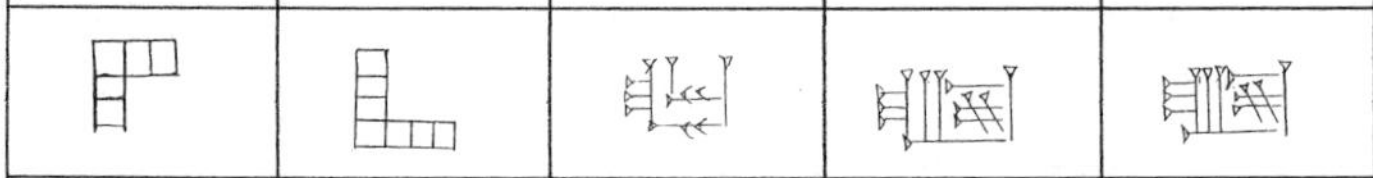					nigir$_2$ dun$_4$	nāgiru ṭēpu	執事 武器
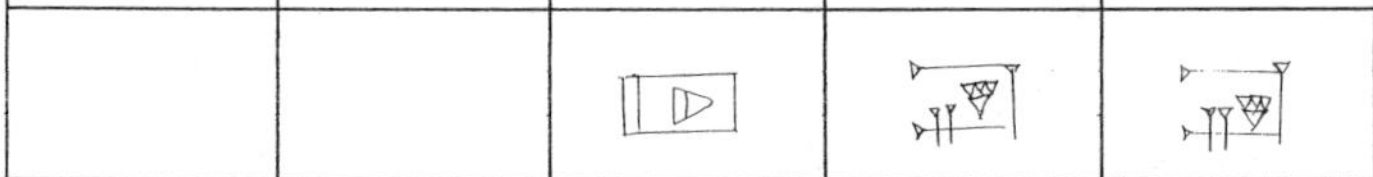					galga	malāku	助言者、審査官
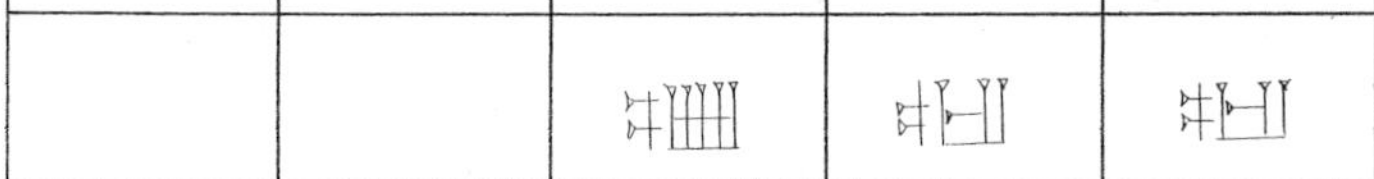					šab šap	nakāsu baqāmu	切る 刈る
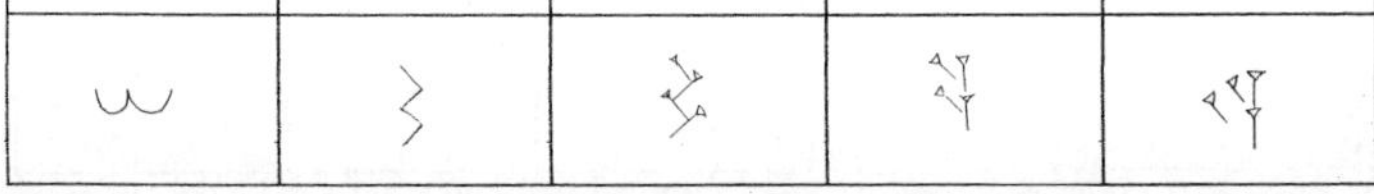					erin$_2$ pur$_2$ nuru zalag$_2$	šābu ummānu nūru namāru	傭兵 軍 光 輝く

バビロニア・アッシリア

絵文字		古拙文字	古典楔形	後期楔形	音価 シュメール	音価 アッシリア	意味
					gašan	bēltu	女主人 イシュタル
					sip$_2$ sipa šab$_5$	rēu	牧者
					lah$_3$ sukkal	mesu galātu sukallu	洗う 震える 大臣、使者
					de$_2$ simug	šasu abāru nappāhu	叫ぶ 運ぶ 鍛冶屋
					umun$_2$ murub	qablu šakkanakku	大きさ、戦い 胴体、中央 長官
					šiš uru$_5$ šeš	marāru murru ahu naṣāru	つらい、苦しい 没薬 兄弟 保護する
					dagal ama	rapāšu ammu	大きい 母
					tur dumu	ṣehēru māru	小さい 子
					ša zur$_8$ na$_5$	mānu pitnu ša	外観 太鼓 ～の
					kir$_2$ šem$_3$ ub$_3$ lipiš	kirru uppu libbu	ビール容器 ティンパニ 心
					dub$_2$ balag bum$_2$	napāṣu balaggu tarāku	引き裂く 管楽器 叩く
					al	allu	鍬
					mar war$_2$	marru	鍬
					ban	qaštu	弓

バビロニア・アッシリア

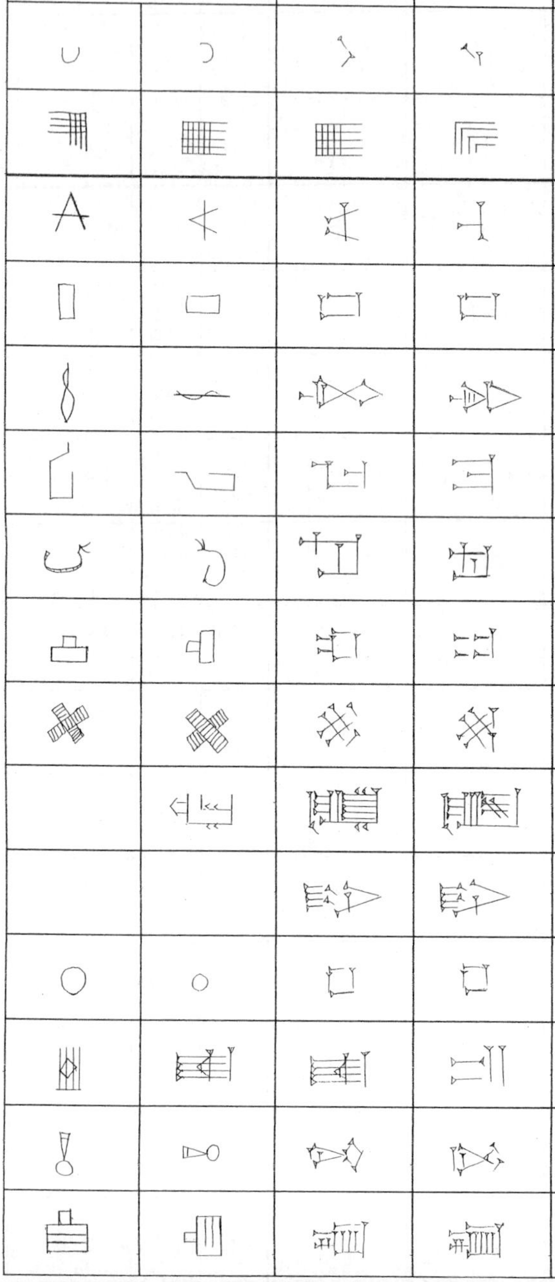

絵文字		古拙文字	古典楔形	後期楔形	音価 シュメール	音価 アッシリア	意味
					$dilim_2$ liš	itqurtu	小鉢
					sa	gidu mašādu	筋肉 押し潰す
					kad kut_2	petu kitu kum	門番 リネン 亜麻
					giš iz is	iṣu	木材
					dim tim ti_3	dimtu riksu	マスト、支柱 紐
					$peš_3$ ma	tittu ma	いちじく 船？
					ma_2	elippu	船
					urudu	erū	銅
					kib tur_4 ul_2 šennur	ullu šalluru	鎖、手綱 花梨の木
					šudun	nīru	くびき
					rap rab	rappu	足かせ
					kur_4 $lugud_2$ lagab $nigin_2$	kabru karu lagabbu lamu	厚い 短い 塊 囲む
					iš $kuš_7$ mil sahar	ištar našpantu kizu epēru	イシュタル神 破壊 召使い 砂、ほこり
					za_2 na_4	abnu	石
					dub	ṭuppu šapāku	粘土板 注ぐ

バビロニア・アッシリア

絵文字	古拙文字	古典楔形	後期楔形	音価 シュメール	音価 アッシリア	意味
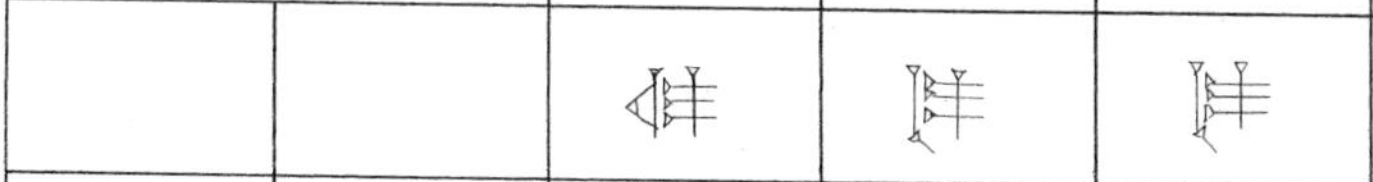				kibir gibil$_2$	kibirru qilutu šarāpu	おがくず たいまつ 燃やす
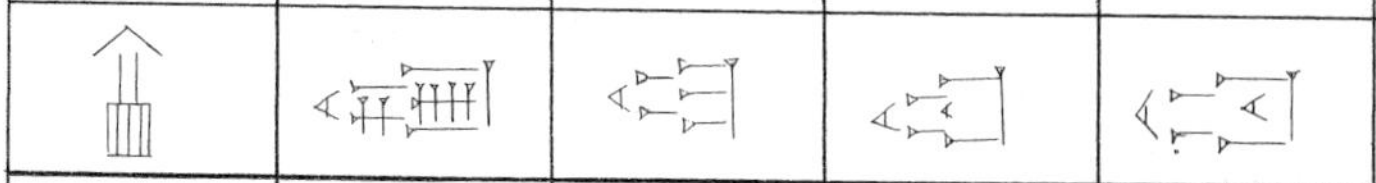				gul sun$_2$	abātu habātu nartabu rīmtu	壊す 盗む ビールモルト容器 野牛
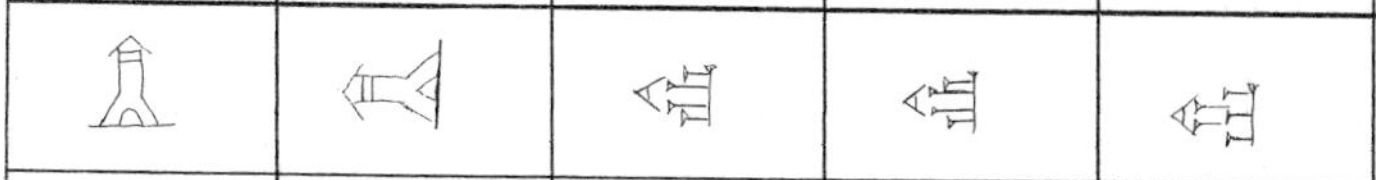				gir$_4$	kīru	かまど
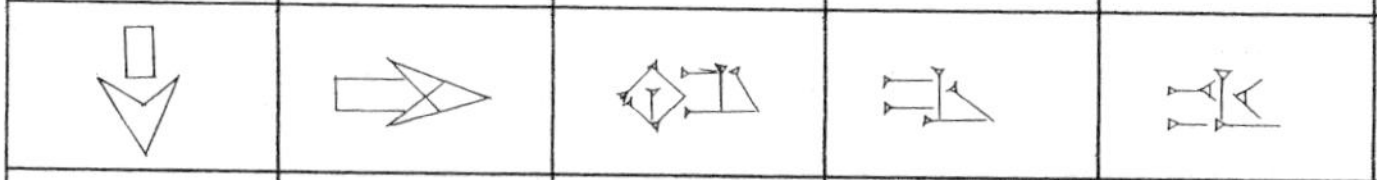				geštin	karānu	葡萄酒
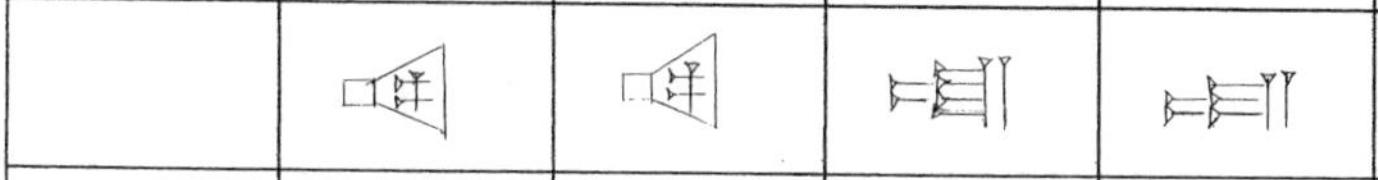				zi$_2$ ze$_2$	martu	苦い物、胆汁
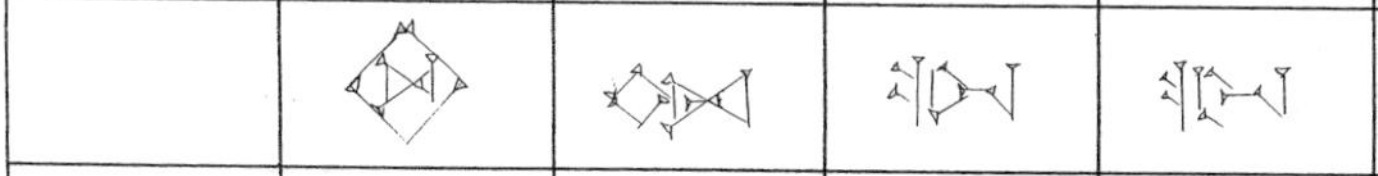				uhu$_2$ uh$_2$	rutu	泡、唾
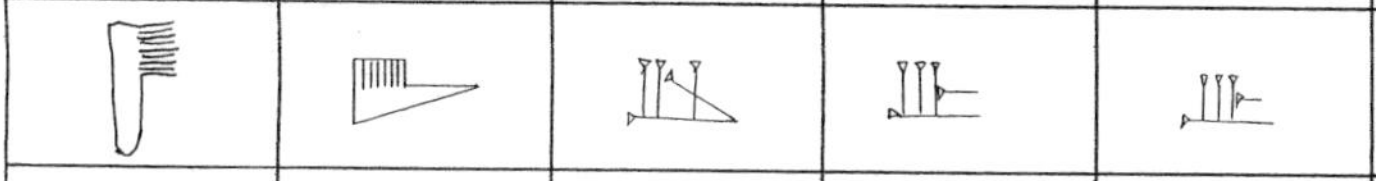				ur$_4$	esēdu hamāmu	刈り入れる 集める
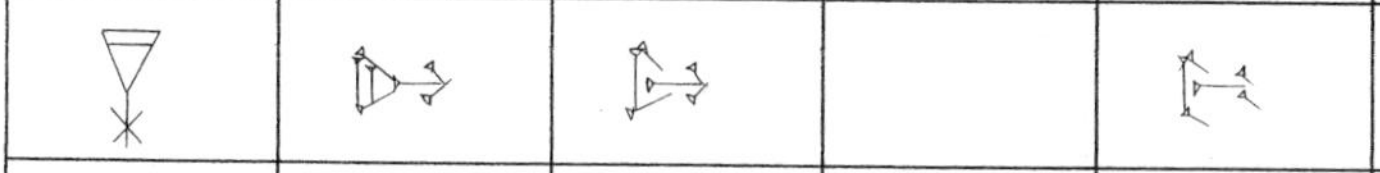				gu qu$_3$	qu	紐 食用植物
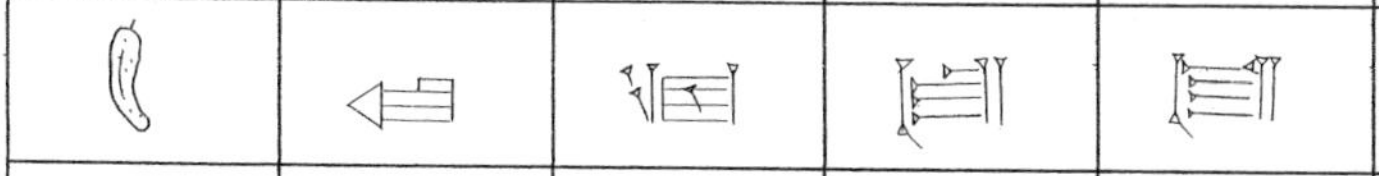				hul$_2$ ukuš$_2$ bibra	hadu qiššu	喜ぶ 胡瓜
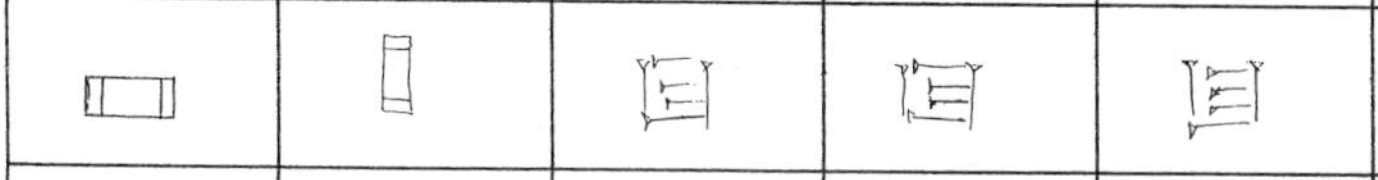				še$_3$ tuk$_2$ zi$_3$(zid$_2$)	zu ṣubātu qēmu	耳垢 織物 小麦粉
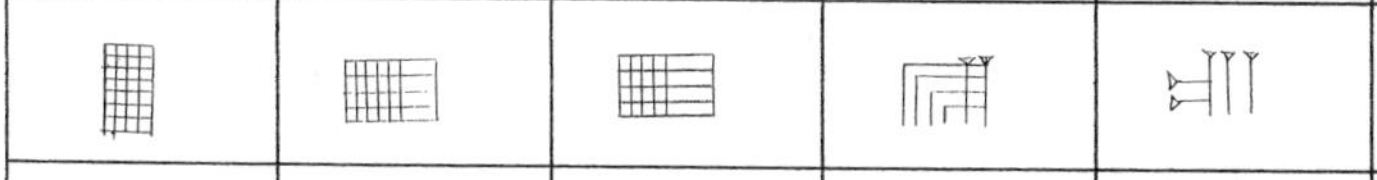				git lil$_2$ ge$_2$ ke$_4$	šāru salāʾu (kid) kitu	風 汚れた (能格) 筵
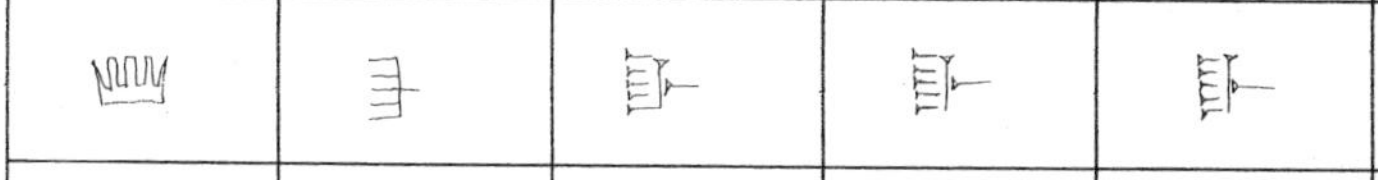				gal kal$_2$	rabu	大きい
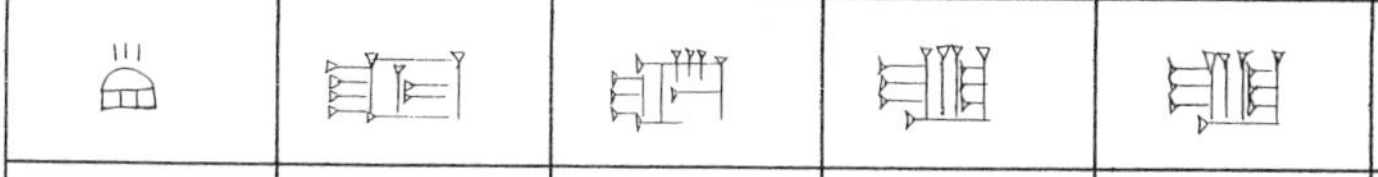				aga mir uku mere	rēdu agu agāgu šāru	憲兵 冠 怒り 風
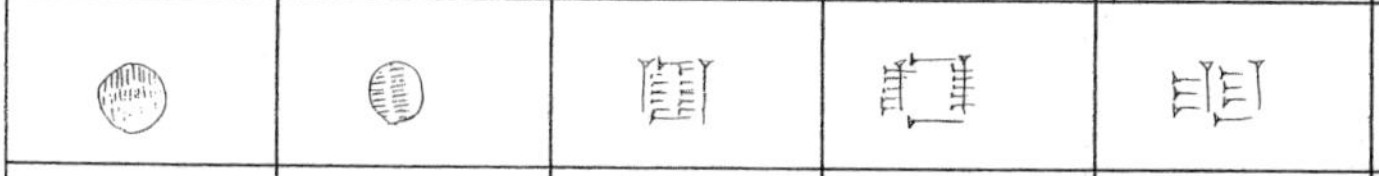				lu$_3$ gug$_2$ kuk	dalāhu adāru kukku	混乱する 薄暗い 菓子
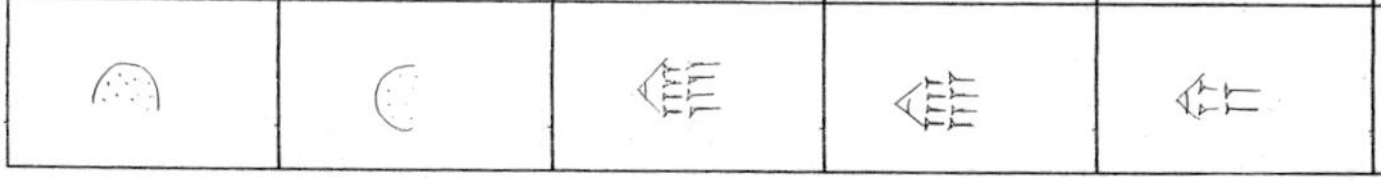				mi, me$_2$ ge$_6$(gig$_2$) ku$_{10}$	ṣillu ṣalāmu tarāku	日陰 夜になる 暗い

バビロニア・アッシリア

絵文字		古拙文字	古典楔形	後期楔形	音価 シュメール	音価 アッシリア	意味
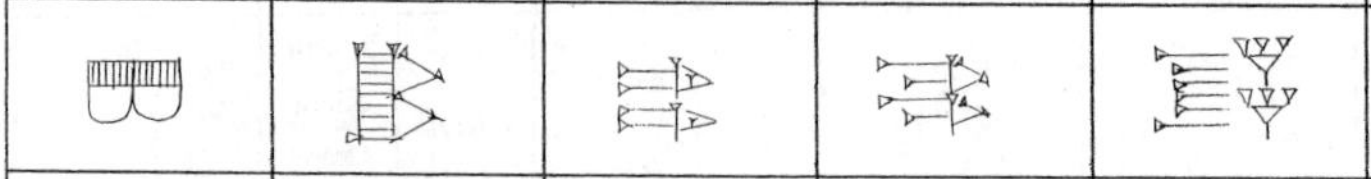					uri tilla	akkadū urarṭu	アッカド アルメニア
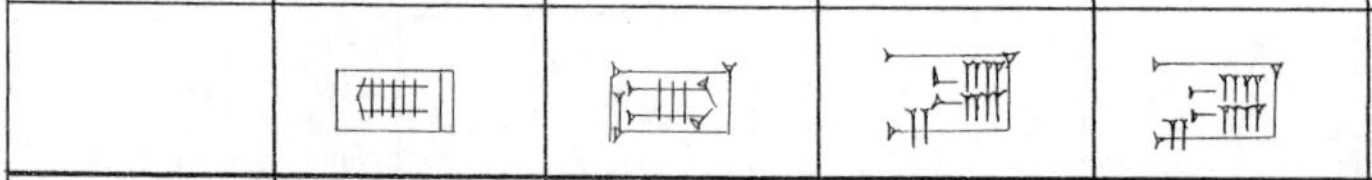					uru ur$_3$	ūru šakāku sapānu	屋根、まぐわ まぐわ 転がす
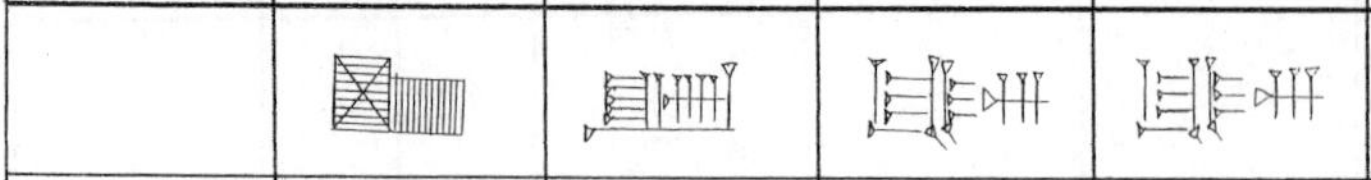					erin šeš$_4$	erēnu pašāšu	杉 塗油する
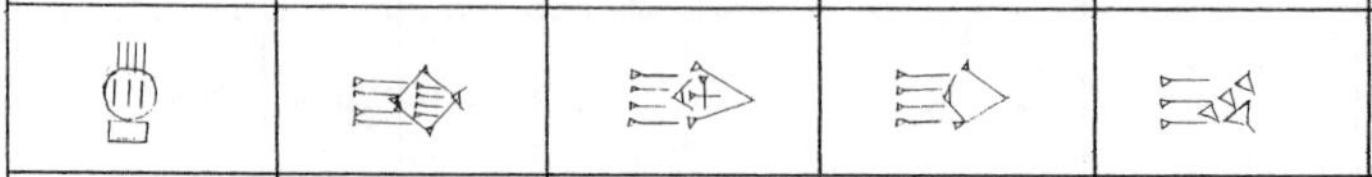					kar$_3$ gar$_3$	karru abbuttu	刀の柄、握り 髪型
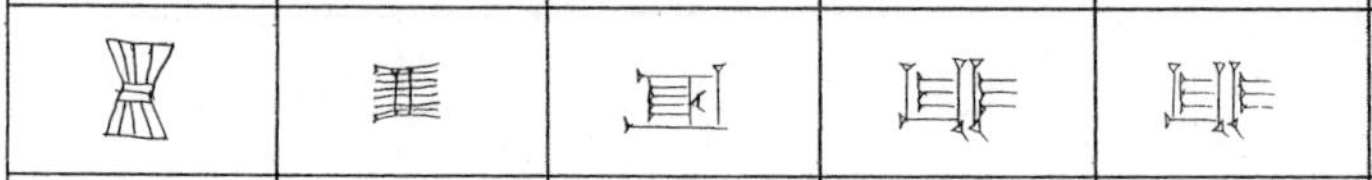					šik$_2$ šig$_2$ ua$_3$ u$_{15}$	šipātu	羊毛
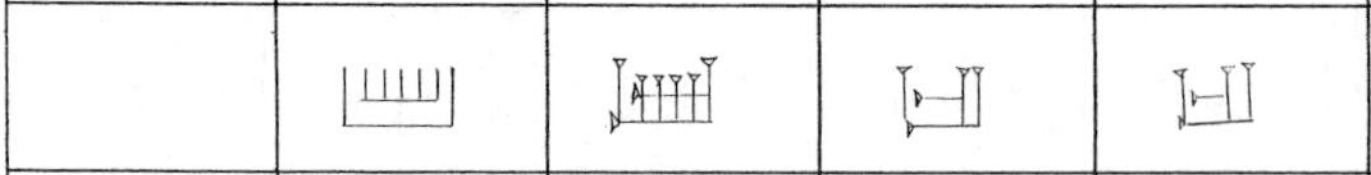					ib dara$_2$ urta	tubqu nēbettu (nin) urta	内の 腰のベルト ニヌルタ神
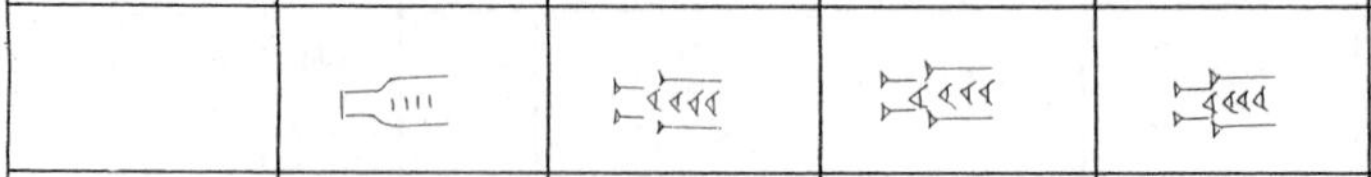					zik zib$_2$ haš$_2$	tēlītu šabru	熟練 腿
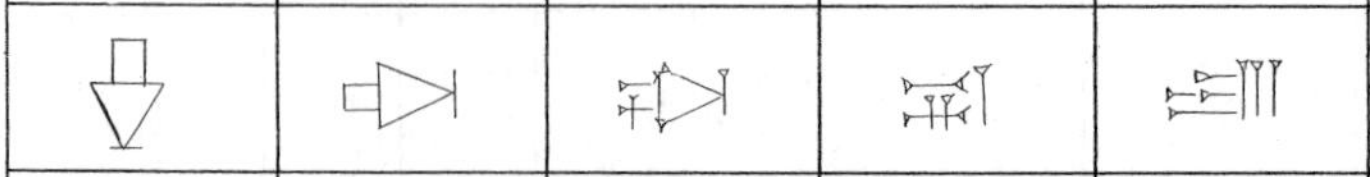					ta	itti ištu ＞ ultu	～と共に ～から
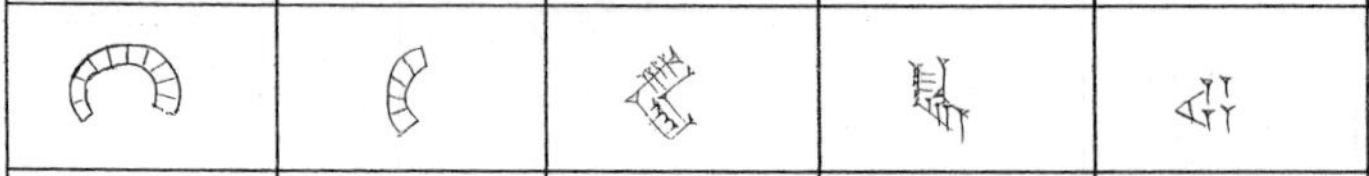					ku$_3$ (kug) kuk$_2$	ellu	純な
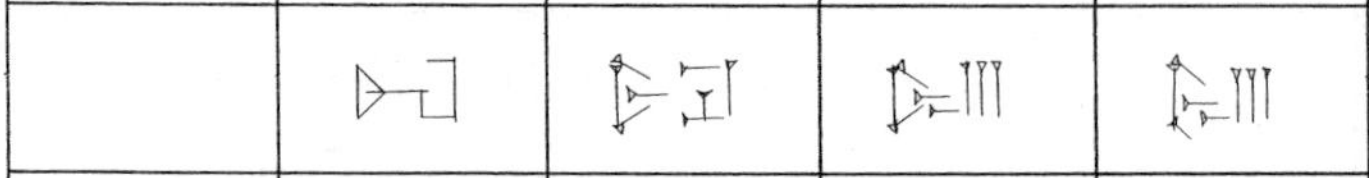					el il$_5$ sikil	ebēbu	純である
					ši$_3$ šeg šik	enēšu ṣehru zaktu	弱い 小さい 尖った
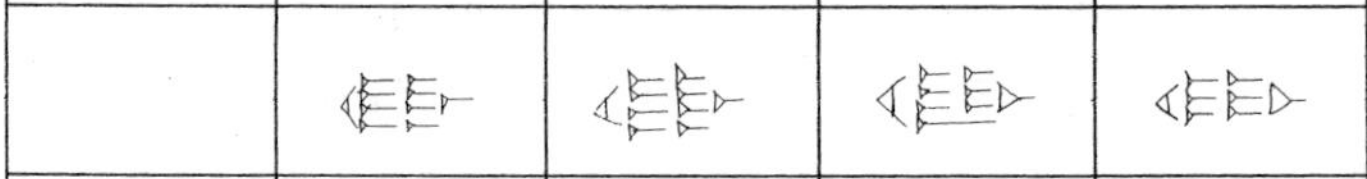					dugud	kabātu nakbatu	重い 力強さ
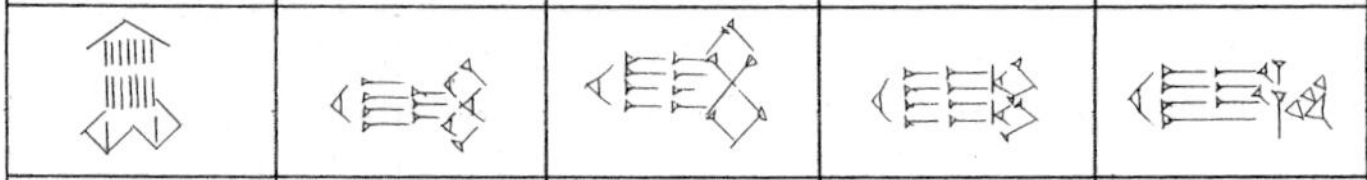					qiq gig	kibtu marāṣu	小麦 病気 病む
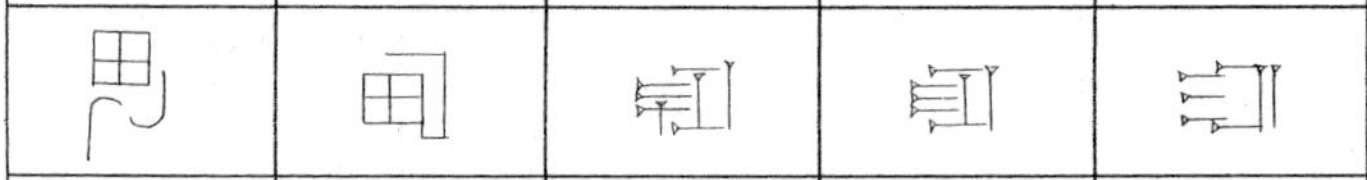					ra	mihṣu zaqātu	叩く 刺す そちらに(奪格)
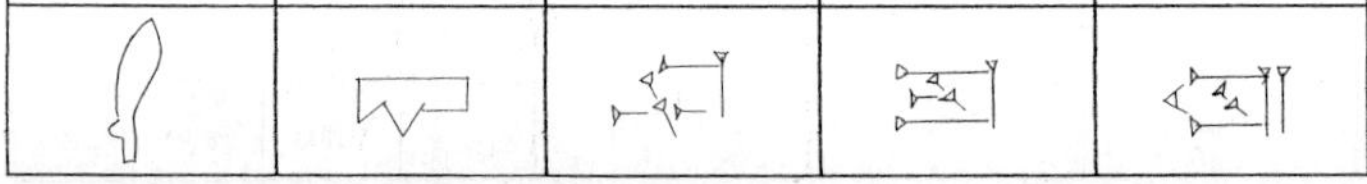					qim gim gin$_7$ dim$_2$	itinnu kīma banu	企業主 ～のように 作る

バビロニア・アッシリア

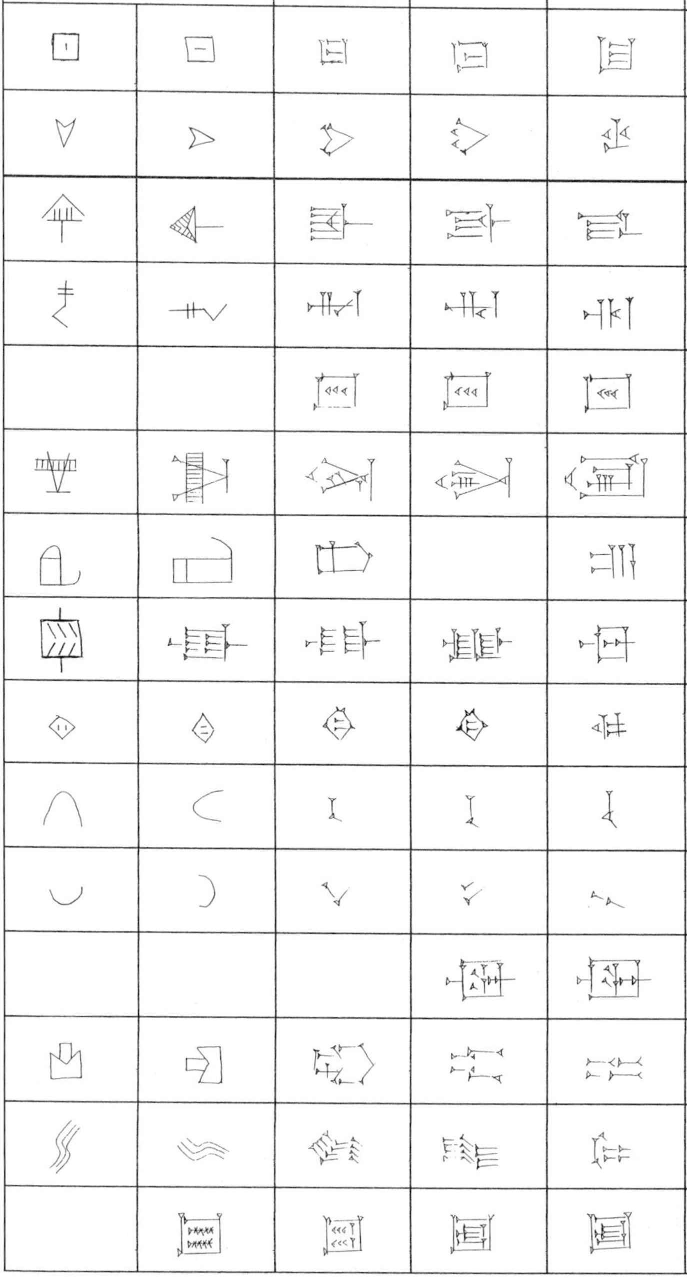

絵文字	古拙文字	古典楔形	後期楔形	音価 シュメール	音価 アッシリア	意味
				ku dur$_2$ tuš gi$_7$ eš$_2$	ašābu nadu ṣubātu tukul	存在する 作る 衣服 武器
				dun$_2$ tin din	hajjātu balāṭu	視察官 生きる
				ši$_7$ sig$_7$	arāqu	緑である 生きる、居る pl (単数は til)
				ri dal	ramu zāqu parāšu	叩く 息をする 飛ぶ
				tuku$_4$ bul pul bu$_4$	eššebu napāhu našu	ふくろう 吹く 震える
				tum$_3$	abālu	持ち来る (sg. maru) tum$_3$ (sg. hamtu は di$_6$) (pl. は共に laḫ$_4$)
				guruš kala(g) lab esig	eṭlu danānu lamassu ušu	英雄 強くある 守護神 閃緑岩
				na$_3$ ag ša$_5$	nabu epēšu haṣāṣu	ナブ神 作る 切る
				ti sa$_2$ šub$_3$ silim	dīnu šanānu salāmu šalāmu	裁判する 比べる 好ましい 完全である
				šu$_2$	sahāpu erēqu katāmu kiššatu	投げる 暗い 隠す 合計
				gam gur$_2$ gum$_4$	kapāpu matu kamāšu	穴を掘る 死ぬ 曲げる
				me$_3$	tāhāzu	戦う
				kun$_3$ qu gu$_8$(gum)	hašālu	砕く
				lum hum kus$_2$	unnubu hamāšu	実を結ぶ 押し潰す
				zar sar$_6$	ṣarāru	湧き出る 流れる

バビロニア・アッシリア

絵文字	古拙文字	古典楔形	後期楔形	音価 シュメール	音価 アッシリア	意味
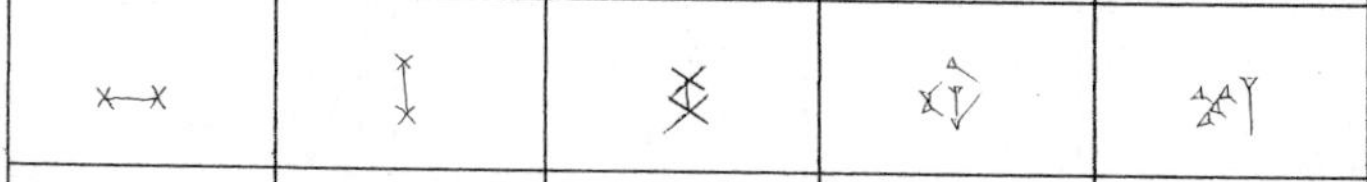				gal$_{5}$ te temen	letu ṭehū temennu	ほほ 近づく テラス
				lal	šaqālu kamu mahāṣu	支払う 繋ぐ 遠のく
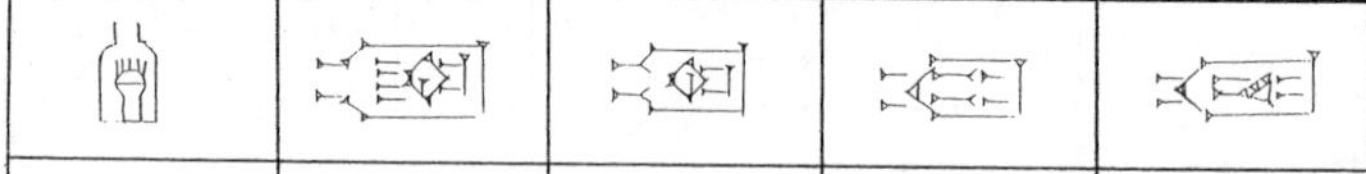				ram ag$_{2}$	rāmu madādu	愛する 量る
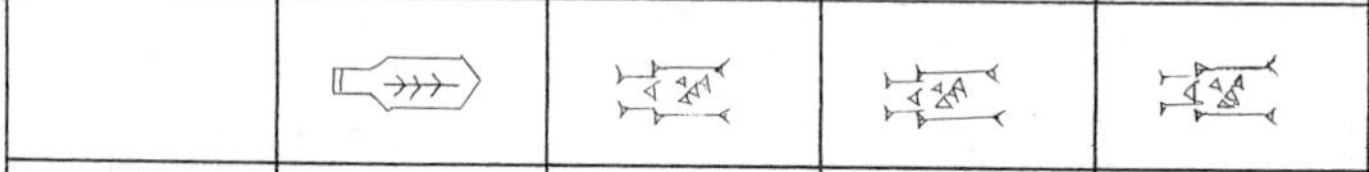				gaz kas$_{3}$	dāku hepu hašālu	殺す 破壊する 押し潰す
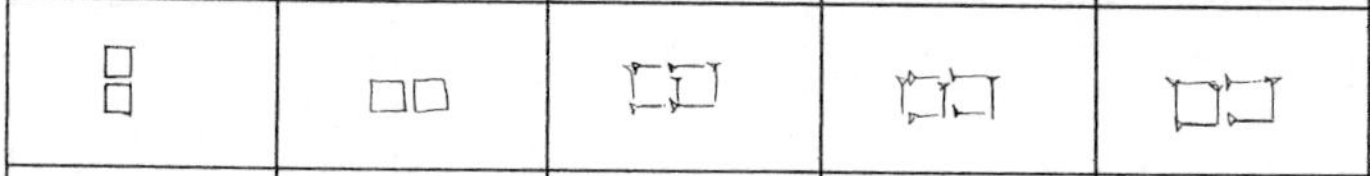				nigin	lamu pahāru	取り囲む 集める 10 sila$_{3}$
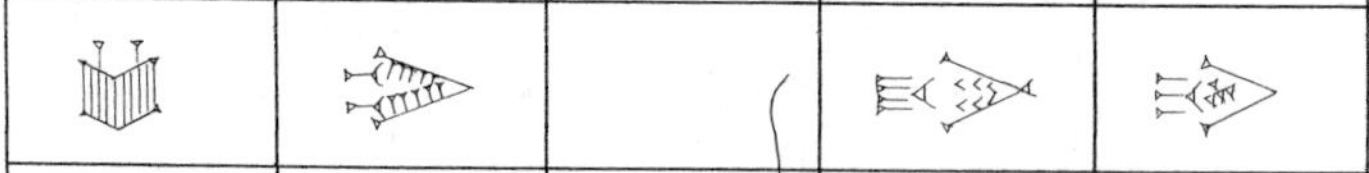				lil	lillu	間抜けな
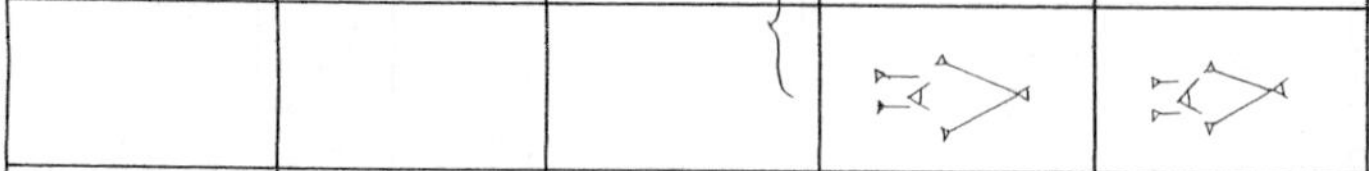				galam	naklu	巧みな、ずるい
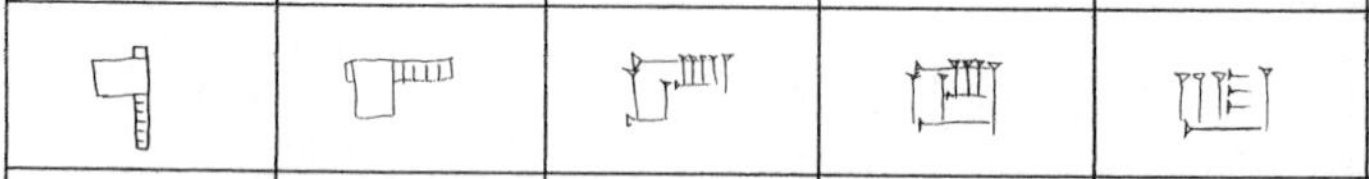				aga$_{2}$ gin$_{2}$ tu du$_{5}$	pāštu šiqlu mēlu šuplu	斧 シェケル（重さ） 高さ 深さ
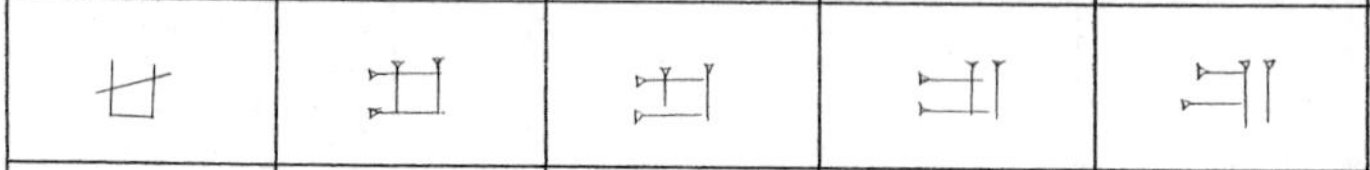				gur taru kur$_{3}$	kurru	（容量単位） 1gur=144sila$_{3}$ (120L)
					taru kapāru	1gur・lugal =300sila$_{3}$ 回す 磨く
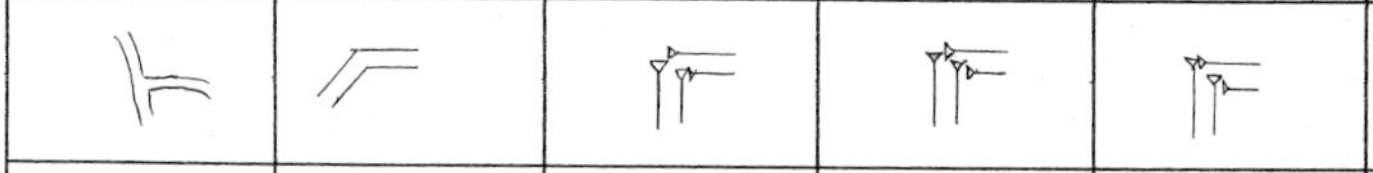				lal$_{2}$	ṣamādu šaqālu	手当てする 支払う
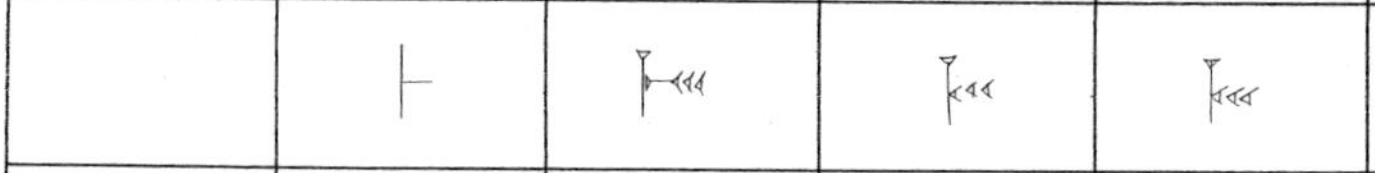				meš miš	meš miš	（複数）
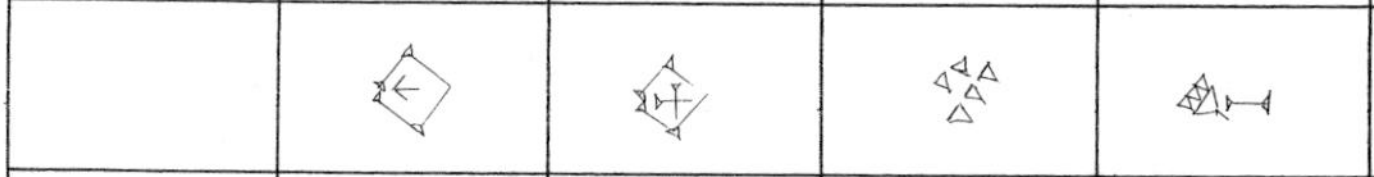				kam ka$_{13}$ udul$_{2}$	kam qam$_{2}$	（序数詞）
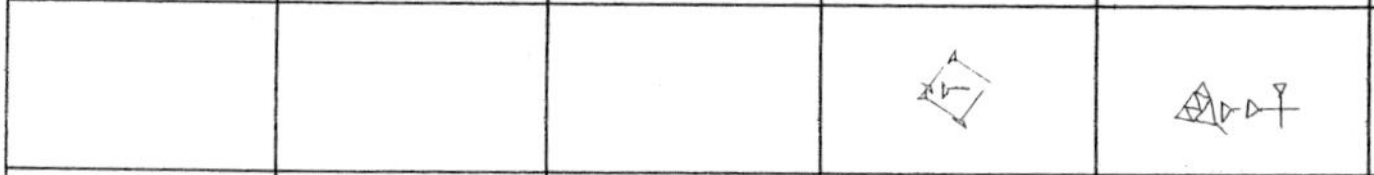						（重複音）
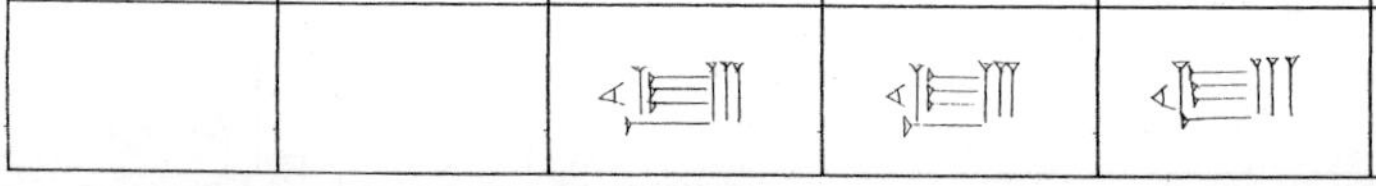				kimin u$_{7}$		（反復記号）

バビロニア・アッシリア

絵文字		古拙文字	古典楔形	後期楔形	音価		意味
					シュメール	アッシリア	
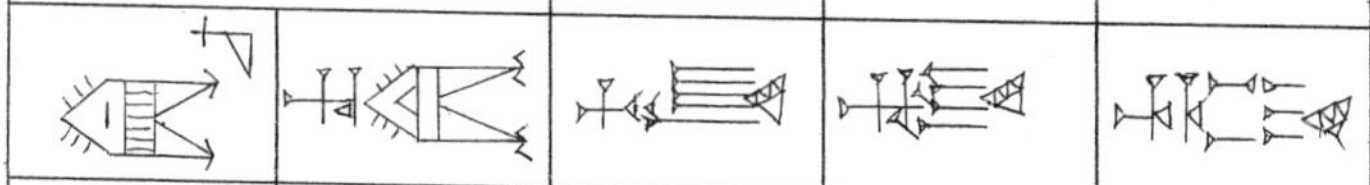					sa$_4$	nabu nebu	明言する 輝く
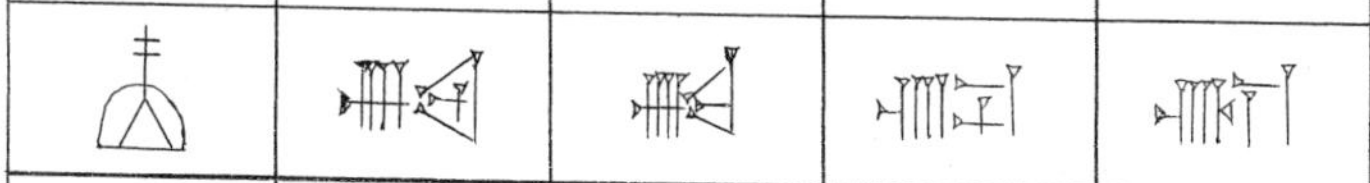					tur$_3$	tarbaṣu	家畜小屋で飼う
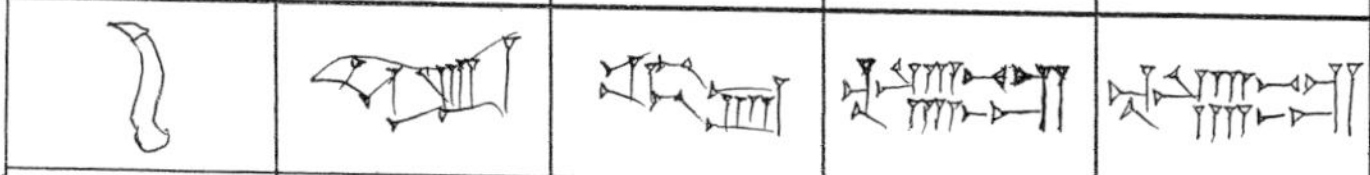					umbin	ṣupru	爪
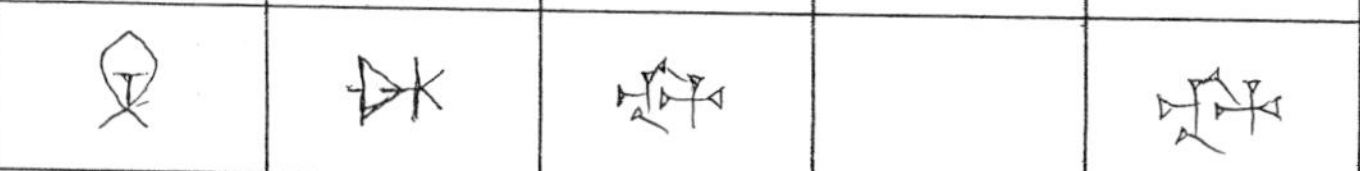					bulug	kudurru pulukku	子孫 国境
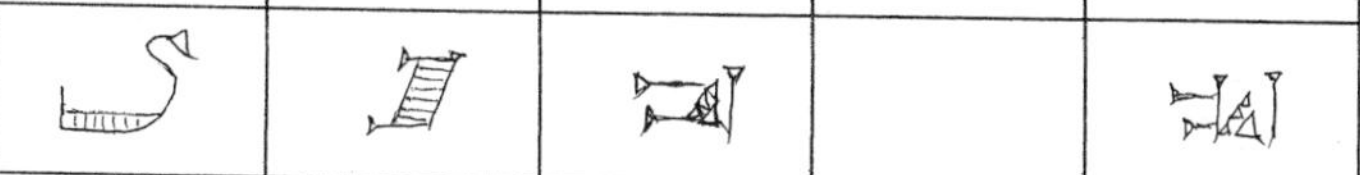					si$_4$ su$_4$ gun$_3$	pelu barumu	赤い 雑色の、輝く
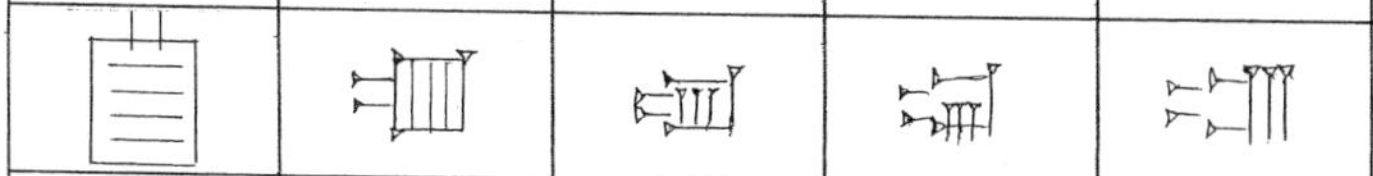					um	umma	母、老婦人
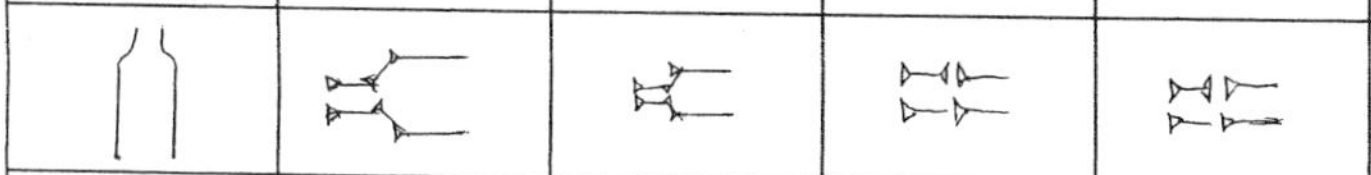					ninnda$_2$	namaddu illūru	秤量フラスコ アネモネ
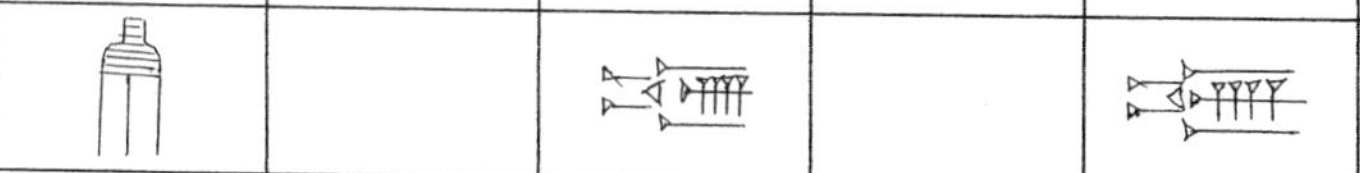					azu ušbar$_2$	bāru išparu	占い 機織り
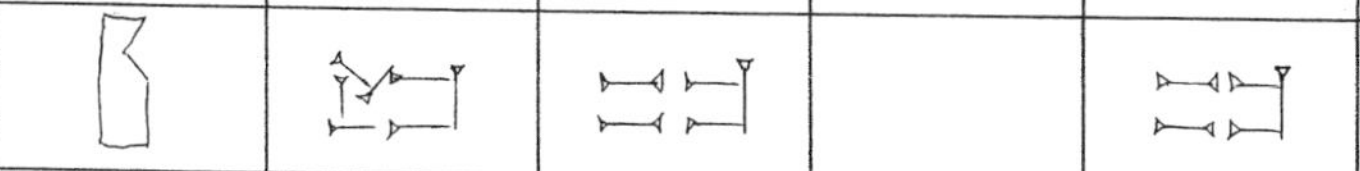					gizzal	gišallu matāku	櫂 ポタポタ落ちる
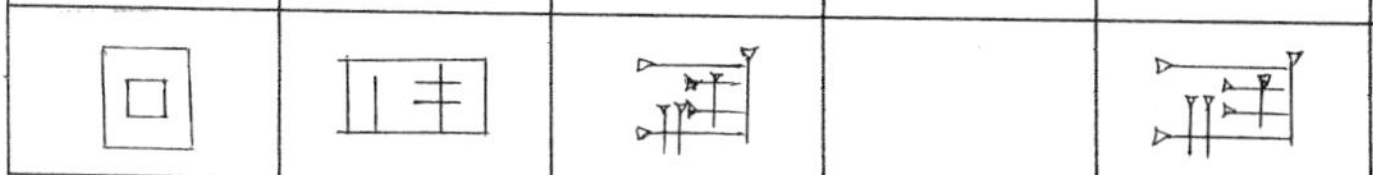					sila$_4$ išhara$_9$	puhādu ištaru	子羊 イシュタル神
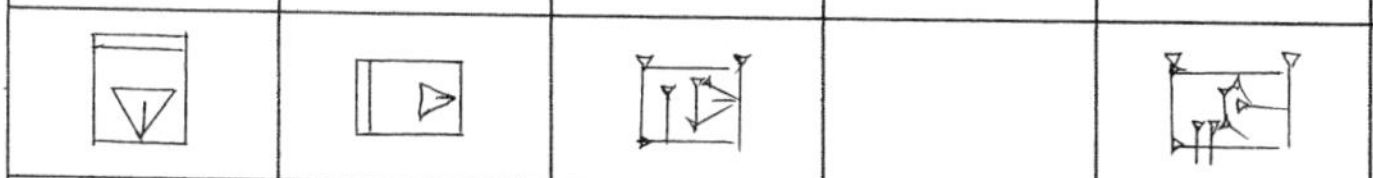					arhuš ama$_5$	rēmu rēmtu	母胎 女部屋 憐れみ深い
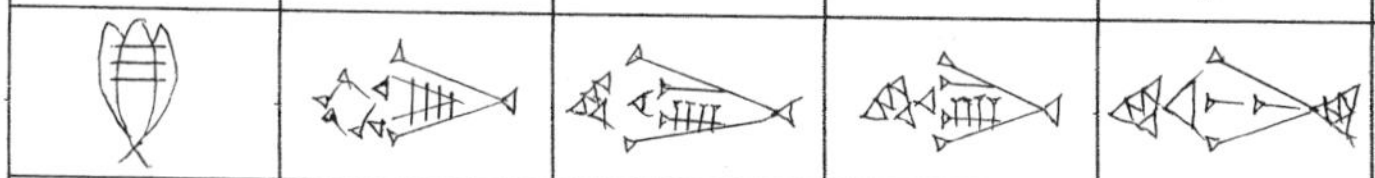					suhur suh$_2$	purādu qimmatu	大鯉 毛
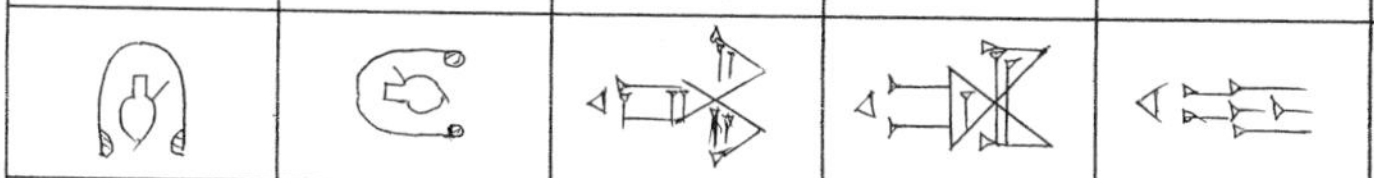					šaman$_2$ šakan	šappatu šiqqatu šamallu	水差し 小瓶 見習い
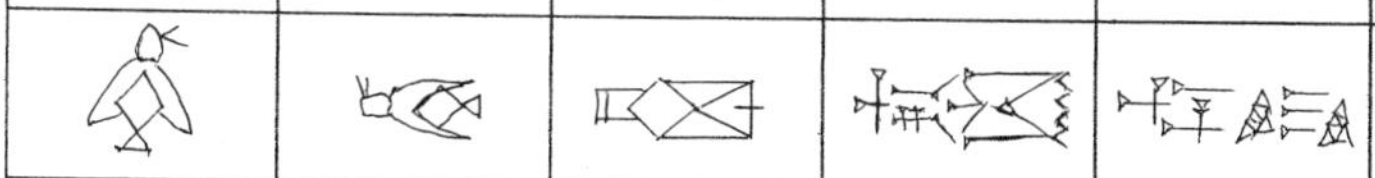					Dalla idigna	dalla šūpu idiglat	ダラ女神 輝かす チグリス川
		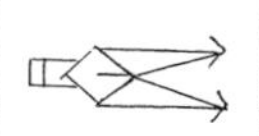		(maš-tik-gar$_3$)		kamkammatu	環

V グローサリー

A

A	水
A-AB-BA	海
AB	窓、穴
abālum	運ぶ　< wabālu cf. babālum 過 ūbil　ptēěl 支配する 分詞　muttabbilu 官吏
abārum	起訴する
abātum	破壊する　nifāl 過 innabit 飛ぶ
abbutu	奴隷印の髪型
abiktu	敗北
abītu	命令　< awātu
abnu	石　NA$_4$
abriš	追い棒として
abru	牛追い棒
abu	父　複 abē
abu	第五月、七～八月、 NE < NE-NE-GAR 物が加熱される月
abullu	町の城門
aburiš	安楽に
adad	天候神　IM
adanniš, addaniš	非常に
adārum	恐れる
AD-DA	父　abu
addāru	第十二月。二～三月、 ŠE < ŠE-GUR$_{10}$-KU$_5$ 麦の収穫月
adi(ma)	まで、～の間、～に限り EN-（NA）
adirātu	恐れ（女複）
adū	今（neo-bab）
adūm	固定する　piěěl 過 uaddi
agāgum	怒る　過 igug
agārum	借りる
AGRIG	執事　IGI-DU
agū	この（neo-bab）　女 agatu
agur(ru)	煉瓦工事
ahāmiš	一緒に
ahāzum	取る、金箔を張る
ahītu	傍ら
ahū	兄弟 ŠEŠ, PAP、よそ人 KUR$_2$、 複 ahe, ahhū 女 ahātu
aiaru	第二月、四～五月　cf. ayaru
AK	～の、作る
akālum	食べる、パン　NINDA
akanna	ここに
akītu	新年祭
akkī, aki	同様に、同時に（neo-bab）
ak-kum	貴男の元に、貴方から
aklu, akul	UGULA < PA　監督、将軍 < wakil
alādum	生む　分詞 ālidu
ālakē	行進　ālikum の複数
alaktu	キャラバン
alākum	行く　一単 allik 過 illik 分詞 āliku ptaāl 過 ittalak

alālum	中止する、吊す
ālikum	行くこと
allaku	メッセンジャー
almattu	寡婦　$^{MI2-}$
alpu	雄牛　複 alpē（家畜）
altapra	< aštapra 完了、一単 < šapāru 書く
alţu	傲慢な < ašţu
ālu	町　URU　複 ālānū
am	私に
amārum	見出す　過 īmur
amātu	言葉　< awātu
amēlu, amilu	人 LU$_2$< awīlu
^{amelu} bal	洗浄人
^{amelu} banu	KIM 建築家
^{amelu} mukin	証人
^{amelu} nāqid	牛飼い
^{amelu} qīpu	代理人
^{amēlu} rabū	貴族　LU$_2$-GAL シュメール語では、 王（大きい人）
^{amelu} šangu	司祭
ammaka	そこで
ammala	～の理由で
ammar	～と同じ程
ammatu	尺
ammīni	なぜ
amtum	女奴隷
amurrum	アモリ人　MAR-TU
amūtum	肝臓
ana	～のため
ana mala	完全に
ana şāti	いつでも
ana tarşi	～に対して
anāku	私
anhūtu	損害
anim	私に　an-ni, nim > am
annanna	某、何々　so-and-so
annanum	ここで
annaqu	輪
annia	この
annū	これ　女複 annāti
ANŠE	驢馬
ANŠE-NITA$_2$	代理人、総督
anumma	今
AN-ZŪ	アンズウ鳥
apalam	返事
apālum	与えて宥める、答える、支払う
apāniš	窓を通して
apil, aplu	長子
apil apli	孫
APIN	鋤、耕作　epennu
apūm	輝かす、美しくする　šafēl　過　ušāpā
aplu	跡取り息子　構文体 apil
appu	鼻、顔
apputu	どうぞ、どうか

apputum	緊急の
aptu	窓
apu	芦
aqārum	高価である
aqru	高価な　女 aqartu
arādu	出かける < warādum
arahsamnu	第八月、十〜十一月
	APIN < APIN-DU$_8$-A 耕地を開く月
arahum	急ぐ
arākum, arku	後ろにいる、長い GID$_2$-DA
arārum	震える
arbau	四　女 irbitti
arbūtum	飛行
ardu, urdu	奴隷 < wardum IR$_3$
arhiš	至急
arhu	月 (month)
arhu uşşu	先月
ariktu	長期間　< arāku GID$_2$-DA
arka	後に
arkānu	その後
arki	〜の後
ārum	出発する、届く　過 iar
arūm	運ぶ　過 ūrā ptēēl　過 ittarri
asāmum	勲章で飾られる
asib	< wašābu 置く、住む、の継続、三単男
asītu	堆積
askuppu	敷居
aslu	羊
aşūm	出かける
	šafēl　過 ušēşi
ašābum	置く、座る　< wašābu
	過 ūšib šafēl　過 ušēšib
A-ŠAG$_4$	A-ŠA$_3$ 畑
ašar	〜の代わりに
ašarēdu	頭、首位
ašaršani	他の場で
aškuppu	敷居
ašlu	縄
ašranu	そこへ
ašru	場所　構文体 ašar
aššatu	妻
aššum	〜するために、〜に関して
aššurītu	アッシリア人
aštu	傲慢な cf. alţu　男複 alţūti
atānu	雌驢馬　ANŠE MI$_2$
atappulu	責任　cf. apālu
atār-addaru	追加のアダル月
	DIRI-ŠE-GUR$_{10}$-KU$_5$ 大麦の収穫の追加月
atārum	増す
atta	貴方は < anta 女 attī < anti
attamannu	各人 (mid-ass)
attaru	支払い　SI
atteru	運搬車
attu-	〜に属する (mid-bab)

attu-nu	貴方がた
attū-šu	彼の
atu	門番、管理人　NI-DU$_8$
atūm	見る piēēl　過三複 uttū 選ぶ
awātu	事柄、言葉
ayaru	第二月　GU$_4$ < GU$_4$-SI-SA$_2$
	公正な牛の月、四〜五月
awilum	人 LU$_2$> amelu

B

babālum	運ぶ < wabālum
Bābilu	バビロン町 bab-ilu^{ki}
	< KA$_2$ -DINGIR-RA「神の門」
	色々の表記法 TIN-TIR^{ki}, E^{ki} がある
bābu	門 KA$_2$　複 bābāni
babbanū	優れた
bairu	漁師
bakūm	泣く
BAL, PAL	越える　ebērum
balāţu	人生 TIN
balāţum	生きる、健康である
balkātu	取り壊す
ballīţu	健康にする
balţu	生活の
balu	〜なしに
banat	母
ban	容量約10 L
bāni	建設者 < bānum 建てる
bānū	子を産む者
banū	輝いた
bānum	建てる KAK
banūm	作る、生む DU$_3$　過 ibni 分詞 bānū
baqāmum	切る
baqārum	議論する
barbaru	狼　女 barbarratu
barru	帽子^{TUG}-
bārūm	捕獲する
barūm	見る
bāštu	威厳
bāšūm	存在する IG　過 ibši
	šafēl 命　šubšā 置く
batāqum	切り落とす
bātum	夜を過ごす、時を過ごす
baūm	求める
baultu	領土　複 baulātu
bāum	求む　piēl 過 ubau 言う
BE$_2$	< b + e
beālu	処理する
bēltu	娘、bel の女性名詞、バアル神の妃、
	イシュタル女神、GAŠAN 女主人
bēlu	主人、主なる神、バアル神 EN　複
	bēlē
bēlum	占領する　過 ibēl
bēlūtu	支配

bertu	砦
bēru	二時間（の距離） DA-NA
berūm	飢える
bēt	から < ultu < ištu
BI	その
bibiltu	好奇心、希望 構文体 biblat
bilat	重量単位 タレント
biltu	荷、贈物 cf. abālum
biltu	GU$_2$-UN 重さ 60ma-na で 約30kg
binūtu	創造
bīrtu, bīri(t)	～の間、真ん中 構文体 bīrit cf. ina bīrit 間に
bīri	見よ（命令）< barū 見る
bīru	光景、幻影
bīru	若い雄牛 GU$_4$-NINDA$_2$
birutim	要塞
bīt dūrāni	要塞
bit-kāru	倉庫
bīt niṣirti	宝物殿
bītu	家、神殿 E$_2$
buāru	健康
bubūtu	飢え 複 bubūātu
būdu	肩
bukru	初子の
bullū	破壊された
bulṭu	人生
būlu	動物
BURANUN= UD-Kib-NUN	i$_7$- ユーフラテス川
būru	井戸
bussurtu	報告、使節
bušū	財産 cf.bašū
buū	求める（neo-ass）

D

DA	側で、共に、隣に
dabābum	言う、告訴する
dababtu	装置
dadmū	住居
dagālum	見る
dagālu pan	服従する
DAH	付加する
daiānu	裁判 DI-KU$_5$
dakāšum	膨らむ
dākum	殺す 過 idūk
dakūm	壊す 過 iduki
dalāhum	乱す、悩ます
dalālum	祝う 過 idulul
daltu	扉 複 dalāti
dālum	歩き回る
damāqu	好意的である
damiqtu	好意
damqaru	商人
damqu	好意的 女 damiqtum
dāmu	血（mid-bab） 複 dāmē
danānu, dannu	強くある piël 過 udannin 強める
danānum	力強い
dannatu	土台、砦、必要性
danniš	優れて MA-GAL
dannu	権威ある、力強い 男複 dannūti
dannūtu	強められた、要塞
dānu	裁判する、判断する
dānum	裁判する、判事
dāpinu	力強い
dappu	塊
dariatu	永遠
dārītu	長さ
dārū	続けて
dāṣum	虐待する
diāšum	殴打する
diatu, dātu	知識
DIB$_2$	獲得する
DI-KU$_5$	裁判 dānu
dikū	集合
dikūm	集める 過 idki
dīktu	殲滅された軍 cf.dākum
DIM	作る
dimtu	涙 複 dimātu（neo-ass. diātu）
DI-mu	= šulmu 平和
dinānu	代理（mid-bab）
DINGIR	神
dīnu, dēnu	裁決、意見
dipāru	たいまつ
diš	一
dišu	芝
ditallu	灰
DU$_3$	建てる
DU$_8$ = DUH	胸、開く petū, GAB
DUG$_3$	= ṭābu 良い
dūki	戦士
dūku	殺す
dullu	仕事、典礼
dumqu, dunq	慈悲 , 好意
DUMU	息子 = mār
DUMU-MI$_2$	娘 = mārat
dūru	壁、要塞 BAD$_3$ 複 durānī
duššū	繁栄させる
duššupu	甘い
dūzu	第四月、タンムズ月、šu < šu-numun-na 穀物の種の月、六～七月

E

E	溝、路、話す
E$_2$	家、神殿 = bīt
E$_3$ = U$_4$. DU	昇る
E$_2$-AN-NA	エアンナ神殿、アン神の神殿
ebbu	純粋な、清い
ebēbum	純粋にする

ebertu	階段
ebērum	渡る　ištafāl　過 uštēbir 広げる
eblu	6 イクの広さ
ebūru	収穫
edēlum	閉じる
edērum	囲む、抱擁する ekallu
edēšum	新しくする piěl　過 uddiš
ediš	ただ一人
edū	>idū
E$_2$-GAL	宮殿、寺院（大きい家、の意味）
EGIR	～の後　arki
egūm	疲れる、怠る
EHI=A$_2$-HI-DU	保育児
ekallu	宮殿　< E$_2$- GAL　複 ekallāti
ekēmum	掴む　　過 ēkim
ekletu	灰色、暗色
el	～の方へ
elam(tū)	エラム国 NIM
elātu	上層部、上流階級
eleppettu	eleppu の複数　^{giš}ma$_2$ ^{meš}
eleppu	船　女複 eleppātum
elēnu	上部の
elēşum	喜ぶ
eli	～に対し、より
eli-hi	そちらに
eliš	上方の
ellu	聖なる、輝かしい、女 ellitu
elūm	上げる、登る E$_{11}$=DUL-DU
ema	～の間に
ēma	どこでも
emēdum	立つ、置く　過 ēmid
emu	義父
emū	～となる < ewūm
emūqu	力　複 emūqē
enēqu	吸う
EN-LIL$_2$-(LA$_2$)	エンリル神
enma	かように　cf. umma
enna	今（neo-bab）
EN-NAM	隊長　$^{\text{LU2}}$-
ENSI$_2$=PA-TE-SI	首長
ēnu	流れ、泉
enū	品物
enuma, inuma	～の時
EN-ZU, ZU-EN	シン、月神、ナンナル ^{D}-
epennu	耕作、鋤 APIN
epēqum	掴む、一つにする
epēšum	為す、作る、仕事 AG　過 ēpuš
	ifteāl　過 iteppuš
epinnu	鋤
epiru, ipri	土泥、ゴミ
epištu	事柄　複 ipšēti
epšetu	行い、事柄
eqlu, eqilu	野、畑 A-ŠA$_3$　複 eqlētu
erbā	40、神エア NIMIN
erbu	収入 < erēbu 入る
erēb šamši	日没
erēbum	増やす　過 ērib
erēbum	入る　過 ērub
	šafāl 過 ušērib 入らす
EREN, ERIN	杉 ^{giš}-
erēpum	曇ってくる
erēšum	整える、耕す、耕耘　APIN
erēšum	要望、望む KAM$_2$
Eridu	エリドゥ町 NUN-KI, URU-DUG$_3$
erinu, erēnu	杉　ERIN
ERIN$_2$-GAB	救い　nērārū
erištu	希望
errēšu	農夫
erru	腸　複 errū
erţetu	土地　KI
E$_2$-SAG-IL$_2$-(A)	バビロンにあるマルドゥク神殿
esēhum	分ける
esērum	包囲する
eşēdum	収穫する
eşemtu	骨
ēš	どの方へ
ēšrā	20
ešērum	直線である、指す ištafāl　過 uštēšir
eššiš	もう一度　cf. edēšu
eššu	新しい
eššūtu	新しさ
ēšur	10
etēqum	行進する、先立つ、通過する　ifteāl
	過一単　etetiq > mu-še-tiq 先導者
etiellu	英雄　NIR, NIR-GAL$_2$
eţērum	支払う　SUR　過 ēţir
eţlu	若者
ezēbum	去る、救う

G

GA	乳
gabbu	全部（mid-bab）
gabrū	ライバル
gabšu	丈夫な
gamālum	甘やかす、報いる
gamārum	完成する
gammalu	駱駝　複 gammalē
gamru	完成された、完全な
GANA$_2$	地
GANA$_2$-KI(-A)	不毛の土地
gappu	羽毛
gapšu	巨大な
GAR	置くこと、代理　šakni
gārū	敵
gārum	逃げる ifteāl 過 igdūr
garutu	訴訟
gašru	強い
gegunū	寺院の主塔

gerūm	口論する
GEŠTU	知識 GIŠ-PI-ŠE
GI$_4$	回す（重複動詞）
gimilla	親切心
gimru	全て　構文体 gimir
GIN$_2$	重量単位、シェケル
GI-NA	確かな
GIR$_3$	道
GIR$_3$-PAD-DU	骨
girru, gerru	旅行、道　複 girrē
gīru	火
GIŠ	木
GIŠ-ŠAR	庭園　KIRI$_6$
GU$_2$～GA	首を置く、服従する
Gula	女神グラ ME-ME
gunu	地方
guqqu	毎月の奉献 GUG
GUR	300シラ 容量単位（255リトル）

H

HA=KU$_6$=ZAH$_2$	魚
habālum	傷つける
habālum	借りる
habātum	奪う、毀す
hābilu	泥棒
hadiš	喜んで
hadūm	喜ぶ
HA-LA	分け前、配る事
halābu	被覆
halāpum	装う、滑り込む
halāqum	壊す、なくなる
halāṭum	絞り出す
halhallatu	太鼓
hallu	腿
halqu	遺失物　女 hariqtum
hamāṭum	引き裂く
hamšu	5　女 hamuštum 構文体 hamiš 女 hamšat
hamṭiš, handiš	早く
hamṭu, hanṭu	早い
hanāmum	花咲く
hanša	50
hapātum	強力である
harābu	壊す
harānu, harrānu	道、隊商
harārum	鍬を入れる
harbūtum	荒廃　cf. arbutu
harmum	鞘に納める
harūm	掘り出す
hašāhum	望む　過 ihšuh
hašālum	粉にする
hašū	肺
hātum	番をする
haṭūm	罪を犯す
hāṭum	占領する　過 ihīt
haṭṭu	王権　^{GIŠ}PA
hayartim	雌驢馬
HE$_2$	～であれ（願望）
hepu	壊す
herū	掘る
hesū	虐待する（neo-ass）
hibiltu	損害
hibištu	製品
hidūtu	喜び、祭　複 hidāti
hipūm, hepūm	壊す　過 ihpi
hiretu	連れ合い、結婚相手
hirişu	壕　複 hirişē
hişbu	製品、利益
hiṭ(ṭ)u	違反　複 hiṭṭānū
hubtu	戦利品 cf. habātum
humuşşīru	鼠
hurāşu	黄金
HURSAG	山
huršniš	山のように
huršu	山　複 huršani
huşābu	枝 ^{GIŠ}-
hušahhum	飢え

I

I$_3$	油
ia	私の
ianu	どこに
iāši, iāti	私に
ibru	友人、友情
ID$_2$, I$_7$	川
iddati	それについて、その後
idi	～の傍らに
idi	賃貸料
iddin	与える MU　nadānu の過去、三単男
IDIGNAT	ティグリス川
idit	その後の
idlu	戦士
idu	腕、傍ら　複 idē
idūm	知る
igāru	壁
IGI	目、前、証人 pān
IGI～BAR	眺める
IGI-NIM	上の
igi šalašu gal$_2$	1/3
ihzu	刀の柄
ikkaru	百姓
ikīmu	把握
IKU	面積単位 イク　$(60m)^2$
ilani	神々 DINGIR^{meš}
ileppu	船=eleppu GIŠ-MA$_2$
ili	～に対して
ilittu	子孫
ilkakāti	活動（複）　cf. alāku

illikam	やってきた < alāku-am の過、三単
iltēn	一（neo-bab）< ištēnu
iltu	女神 DINGIR
ilu	神 DINGIR　複 ilānū
ilūtu	神性
IM	嵐、^{d}IŠKUR アダド神
imēru	驢馬 ANŠE
imirta	牧羊地？
imitta	右へ
immat	その時（neo-ass）
immeru	羊　UDU
ina	へ、によって
ina kiribi	そこで
inakitim	実際に
ina muh-hi	～の方に
Ina nna	イナンナ女神、インニンナとも
inanna	今
ina pānu	～の前で
ina umēšum	その時
inbu	果実、甘さ
INIM = KA	言葉
inṣabtu	輪、イヤリング
intabšū	ここにあった、bāšu 存在する、の N 話態、完了、三複男
īnu	目 IGI　複 īnē
inūma	～の時
ipištu	事柄 cf. epēšum
ipri	塵埃
ipru	大麦支給 ŠE-BA
ipšu	なす　epēšum の過、三単
irṣitu	土地 KI
irtu	胸
īruš	erēšu　望む、の過、三単
īruš	APIN　erēšu 植える、の過、三単
isqu	土地の分配
iṣṣēr	～のため < ina ṣēr
iṣṣuru	鳥
iṣu	木
^{iṣu} epennu	木製の鋤き　^{GIŠ} APIN
išariš	相応しい方法で
išaru	真っ直ぐな　女 iširtu　cf. ešēru
išārum	案内する　cf. ešēru
išātu	火、病気
išbul	< šabālu < abālu< wabālu 送る、の Š 話態、過、三単
išdu	土台　構文体 išid
išertu	寺院
IŠIB	司祭
IŠKUR	嵐の神、IM、アダド
išpikū	収穫量（複）
išqatu	足かせ
iššakku	支配者　ENSI
iššir	našāru 分ける、の過、三単男
iššu	婦人、妻
ištaprakka	< uštaparak < parāku 拒む、の Š 話態、完、三単
Ištaru	イシュタル女神
išten	一
išteniš	一緒に TEŠ$_2$-BI$_4$
ištī-	共に（neo-ass. issi）
ištu	～から TA = iltu
išūm	持つ　　過 īši
ITI,ITU	月（month）
ittalaka	alāku 歩く、の完了、三単
ittaši	< intaši < našu 運ぶ、の完了、三単
ittašū	išū 持つ、の N 話態、完了、三複男
itti	によって、と共に、の所に
ittu	時点、終点
itu	と共に（mid-bab）
itū	周辺　女複 itātum
itūlum	横たわる
iṭū	暗さ
izuzzum	受けて立つ
izzu	恐ろしい　女 izzitu 男複 izzūti

K

KA	言葉、話す、口 uzu-
Ka	貴方の、貴方に
KABAL = zabal = u$_4$-ka-bar	ブロンズ
kabattu	肝臓
kabātum	難しい、重くある
kabittu	心、精神
kabtu	重い　女 kabittu
kabtu	急いで
Kadi	女神イシュタラン
kādum	掴む、固持する　iftaāl　過 iktadin
kakku	武器 ^{GIŠ} TUKUL 複 kakkē
kalālum	完成する、示す šafēl 過 ušaklil
KALAM	国土
kalāmum	示す piēl 過 ukallim
kalbu	犬
KAL(G)	力強い
kališ	全部で
kalmatu	昆虫
kalu	全て
kalūm	取り押さえる、保持する
kālum	保持する
kallumu	見られるようにする
KAM	= AK AM　it is of ～
kam	数の限定詞
kāma	あなた方の
kamārum	詰め込む、立場に立つ　KAB
kamāsum	連結する
kamūm	結ぶ、強化する
kanākum	署名する、シールする

kanānu	巻き上げる
kanāšum	屈む　šafēl 分詞 mušaknišu
kanūku, kanīku	署名文書　女複　kanīkātum
kānum	立証する、正す、固定する DU piēl 過 ukīn　不定法 kunnu
kapāru	拭い取る
kapāṣum	曲げる
karābum	祝福する、祈る
karānu	葡萄酒
karārum	押さえる
karāšu	キャンプ
karpatu	壺　DUG
karšu	胃腸
karūm	短くある
kāru	岸壁、港
kaskasu	あばら骨
kaspu	銀　KU$_3$-BABBAR
kasūm	結びつける
kaṣārum	結ぶ　過 ikṣur　備する
kašādum	占領する、届く　過 ikšud
kašāṭu	切り落とす
katāmum	覆う　過 iktum
katāum	保証する
kattūm	証人　複 katti
KE$_4$	～の～が（能格）< AK E
kee	～にように、～の代わりに
kēna	はい（yes）、全く
kenu	正しい　SI-SA$_2$
kerru	会戦
KI	土地、地名の限定詞　(KI ～ TA で) ～から
ki	貴女の、貴女に
kī	～の時
kīam, kia-am	又、～のように、同等の
kibrātu	地域　複 kibrāti
kibrāt arbai	四方位
kibru	地方　女複 kibrātu
kidinu	保護
kīdu	外側、残り
kīlu	監獄
kīma	～のように、どんな　GIN$_7$
KIN	遣わす、求める
kināštum	司祭会議役員
kinātu	使用人
kīn	kānu 固定する、の継続、三男
kīniš	真実に
kīnu, kēnu	真実の
kīpu	支配者　複 kīpāni
kirbu	真ん中　構文体 kirib
KIRI$_6$	庭園 kirū　複 kirātu
kirib	不在
kislim	第九月、十一～十二月 GAN < GAN-GAN-NA　瓶の月
kīssat	馬のかいば

kīsu	カバン
kišādu	首
KIŠIB	署名、（回転）印
KIŠIB-la$_2$	指
kiššatu	群衆、世界
kiššitu	戦利品
kištu	森
kitru	助け
kittu	真理
kitu	リンネル、亜麻布
kiziem	爵位官職？
kū	貴方の
KU$_2$=ka nig$_2$	食べる
KU$_5$	終わらす、切る　< KUD
KU$_3$-BABBAR	銀　kaspum, KU$_3$
kubšu	帽子
kudduru	子孫　NI$_3$-DU
kudurru	国境
KU$_3$-GI, KUG-GI	金（GOLD）hurāṣu
kullum	保持する、拘留する
kullumu	示す、与える
kūm	～の代わりに
ku-um, kum	貴方に
kunāšu	エンマ小麦　ZIZ$_2$-AN-NA
kunukku	シール、証文文書、回転印章 $^{abnu-}$
kunuti	貴男方を
kuppu	呰
KUR	山、国 šadū, mātu
KUR$_2$	他の
kur	グル　GUR　新王朝では約150L
kurmatu	栄養、食料　PAT
kusapu	菓子名　PAD-NINDA-A
kussū	王冠
kuṣṣu	冬
kušer	似合う
kutimmu	金細工人

L

lā	（否定詞）～ない、従属節・命令文・ 疑問文の否定
la	～へ（neo-bab）
LA$_2$ < LAL	繋ぐ、マイナス、支払う
laābu	病気で弱くなる
labānu	投げ捨てる
labāru	老いる
labāšum	装う
laberūtu	老人
labiru	古い
labnatu	煉瓦工事
^{d}LAMA	守護神 kalag
lāma	前に
lamādum	習う
^{d}LAMA-LUGAL	王の魂
la-mamnu	誰でもない

lamānu	悪くなる　cf. lemēnu
lamassu	守護神
lamūm	囲む　過 ilme < lawūm
lānu	様子
lapāni	前に（neo-bab）
lapātum	邪魔する
laqāu	伴う（neo-ass）< leqūm
larsa^{ki}	ラルサ町　UD-UNUG^{ki}
laššu, lā išu	ない　there is not
lati	雌雄の牛たち　AB_2-GU_4-HA_2
lemēnu	悪くする
lemnu, limnu	悪　女 lemuttu
lemuttu	悪（neo-ass）　複 lemnētu
leqūm	伴う、得る、取る　ŠU-BA-TI
letūm	分ける
leūm	出来る
li	～のため、～に、～するように（嘆願）
liati	雌の野牛　pl. < littu
libbi	その中に　$ŠA_3$-BI
libbu	心、真ん中　$ŠA_3$
libittum	煉瓦
lidiš	あさって
limētu	近所
līmu	年称号
lipištu	事柄
liplippu	子孫
līpu	小枝、若芽
lipū	脂肪
lišānu	舌、言葉
littu	雌の野牛　AB_2
lū	あれかし（願望）
LU_2	人 amilu < awilum
lū -- lū	も～も、あるいは～か
lubultu	衣服
LUGAL	王、持ち主 šarru
LUKUR	尼僧、ナディトゥ
lūm	動物、雄牛 < lium

M

ma	そして、（強調）
MA_2	船　giš-
maada	沢山（neo-bab）
maadiš	沢山の
madādu	計る
madat(t)u	貢物　cf. nadānum
mādum	沢山ある　女 maatu 男複 mādūti
magārum	許しあう、認める　分詞 māgiru
magrītu	憎悪　複 magriatu
magrūtu	契約
MAH	偉大な
mahar	～の前に
mahārum	受けとる、一番である、収穫する ŠI, GAN_2-BA
mahāṣum	打つ
mahazu	要塞都市
mahhūr	前へ
mahhutaš	心を取乱して
mahīru	市場価格
mahri	前に、初めて
mahru	以前の、 構文体 mahar
mahrūm	先ず < mahrīum
mahua	芝生
mākālu	食料
makāru	注ぐ
makkūru	財産、金持ち　NI_3-GA
mala	～と同じ程の < ammala
malāhu	水兵
malākum	相談する
malālum	盗む
māliku	相談者
malqētu	課税
malūm	満たす　piēl 過　umalli　SI-A
malku	王子
mamītu	誓い
mamma, mammam	誰も、誰か
-man	～でも
MANA	マナ重量、60 シェケル＝500 g
manama	どんな？
mandatu	贈物
mandidi	仕出し屋
mannu	どれ？　誰が？　誰に？
manū	マナ　MANA
manūm	数える　過 imnu
maqātum	落とす、打倒する、刈り取る šafēl 過 ušamqit　不定法 šumqutu
marāṣum	山が険しくある、病気になる
Marduk	マルドゥク神　AMAR-UTU, ASAR-LU_2-HI
marhītu	めかけ
mariṣ	険しく
markasu	紐
marṣātu	病気　女複 narṣātum
marṣum	病む
maršītu	群羊 cf. rašū
mārtu	娘
māru	息子　DUMU
mārum	送る
maruštu	悪
maṣrahu	始まり
maṣ(ṣ)artu	徹夜、歩哨 EN-NUN　複 maṣarāti
maṣūm	見出す
$MAŠ_2$	羊、利子
mašāhu	測る、桝
mašārum	去る　piēl　過　umaššir
mašihu	桝、容量具
mašku	皮膚
maškanu	倉庫、場所

mašrahu	輝き
maštītu	飲物
mašum	忘れる　過 imši
mašūm	隠す（neo-ass）
matīma	時々、何時（neo-ass）
mātu	国 KUR　複 mātāti
mātum	死ぬ
mazzaltu	位置（mid-ass）
mazzizu	立場 < izuzzu
-me	（直接話法を示す）
ME-A	言葉
mehru	同等物、コピー
mehru	答え
melammu	輝き
melēlu	ダンス
mēleşu	喜び
memēni	誰か、何か（neo-ass）
mena, mina(mma)	なぜ？
mērešu	耕作
mesūm	洗う
MEŠ	など（複数）
mētaqtu	行進の連続
mētiqu	通路　cf.　etēqu
MEZ LAG	マルドゥク
migru	気に入りの、構文体 migir
milammu	光沢
milku	相談
millatu	略奪
mīlu	豊富
mimma, minu	それが何であれ、何が
mīnā(mma)	なぜ？（mid-bab）
mīni	いかに？
mīnum	何？
miqittu	敗北
miqū	魅力
mişar	エジプト
mişru	辺境　構文体 mişir
mišlu	1/2　半分　MAŠ
miššum	なぜ？
mitgurt	契約
mithāriš	同じ部分で
mitiqu	過程
mītu	死者
MU	私の、年、名
mū	水　複 mē
mubīr	原告
MUHALDIM < nuhatim	MU（一字で表す）料理する
muhhi	越えて、永遠に
	ina muhhi で～（人）の所へ
muhhu	頭蓋骨　UGU
muhīp	根絶する者
mukin	証人
mukīn	建設者 < kānum

multalhu	強力に < muštalhu
multašpiru	支配者 < muštašpiru
mulţu	櫛 < mušţu
muqaqqir	泥で汚す者
muqattum	債権、弁償、複 muqūta
muriššu	歓喜させる者
	< rāšu piěēl 分詞
murşu	病気
murtēu	司牧者 < rēu ptaăl 分詞
musipih	破壊者 < sapāhum 分詞
mūşu	出口
mušakil	飼育者 < akālu 食べる
mušallimu	健康ならしむる者 < šalāmu piěēl 分詞
mušarkis	実行家 < rakāsum štapāl 分詞
mušarū	碑文　MU-SAR
MUŠ-EN-KAK	ムシュケーヌ、平民
mušepišu	労働指導
mušetiq	先立つ者、先導者 < etēqu　先立つ
mušezib	KAR　救い主
	šūzubu < ezēbu　救う、のš話態
mušiknišu	服従させる者 < kanašu 分詞
mūšītu	夜
muškēnu	ムシュケーヌ < šukēnu　貧民(neo-ass)
mušpalu	深さ
muššurāt	纏め役　< wašāru　纏める
muššuru	緩める（mid-bab）< wašārum
muštarhu	強力に < šarāhum
muštašpiru	支配者 < šapārum　štapāl 分詞
muštu	櫛
mūšu	夜
mūtu	死
mutu	夫（mid-ass）

N

na$_3$	ナブ神の略
NA$_4$	石 abnu, ZA$_2$
naādum	注意を払う
naārum	殺す cf. nērum
nabalkutu	反抗する　BAL
nabalu	島
nabālum	破壊する　過 ibbul
nabnītu	創造
nabu	ナブ神  又は  とも書く
Nabu-kudduri-uşur	ネブカドレザール王
nabūm	呼ぶ　過 ibbi 現 inambi
Nabu-naid	ナボニドス王
nābutum	逃げる
nadānum	与える　MU
	過 iddin　現（neo-bab）inamdin
	現（old-bab）inaddin
	現（old-ass）inaddan
nādinānu	売り手　SI$_3$
nadītum	ナディートゥ（尼僧）

nādna	与えられた物（動詞不定法）< nadānu
nadūm	投げる
nādum	高める NI$_{2}$-TUK 崇める
nagāšum	あてなく彷徨う
naglabu	柔らかさ
nahāsum	生ずる
na(h)rāru	救い
nāidu	高い
nakādum	心配する 過 ikkud
nakāmum	貯える piēl 過 unakkim
nakāpum	叩く
nakaru	異人、敵
nakārum	取り替える、違う piēl 過 unakkir
nakāsum	切る
nakiru	敵
nakkamtu	財宝
nakru	敵 複 nakrūti 女 nakartu 女複 nakrāti
nāku	眠る
nakuttu	心配
nalbašu	衣服
namaddu	お気に入りの、構文体 namad
namāru	輝く
namāšum	出かける、動かす ifteāl 過 ittmuš
namkaru	灌漑用堀
NAM-LUGAL	王権
namriru	栄光
namriš	輝いて
namtarru	運命 NAM- TAR
namurratu	恐怖
namurru	恐ろしい
nāmurtu	贈り物
Nanā	ナナア女神
nanmurtu	会合
nantallū	暗黒
nanzāzu	状態
napāhum	燃やす
napālu	壊す
naparkūm	やめる
naparqudum	背に乗る
napāsu	赤毛のウール
napharu	合計 PAP, ŠU-NIGIN$_{2}$
napištu	人生 複 napšāti
naplāsu	一瞥、一目
naplusum	眺める
naptanu	食事
naqārum	壊す 過 iqqur
nāqid	牧人、牛飼い
naqūm	捧げる 過 iqqi
narāmu	愛しい cf. rāmu 女 narāmtu
narārum, nērārum	救う
narbūtu	力 cf. rabū
naria	石碑 < NA-RU$_{2}$-A
narkabtu	四輪馬車 cf. rakābu 複 narkabāti
nāru	川、水路 ID$_{2}$, I$_{7}$, A-ENGUR
nāru	歌手 複 nārē 女 nāratu
nasāhum	引き剥がす
nasāqum	誉める
naşārum	守護する、分ける <PAP 命 uşur
našāqum	キスする piēl 過 unaššik
našāšum	動く
našāu	上げる、運ぶ
nāši	我々に
našpaku	貯蔵タンク
naš-paţri	剣持ち役人 GIR$_{2}$-LA$_{2}$
našūm	挙げる、運ぶ IL$_{2}$ 過 išši 命 iši
	分詞 nāšū 構文体 nāš
nāšum	震える
natbāku	層、盛り土
naţālum	見つめる
naţūm	適する
nawārum	照らし出す
nazārum	悔やむ
nazāzum	建てる šafēl 過一単 ušeziz
nehelşum	滑る
nehu	静かである
nekurtu	恨み
nēmel	原因（neo-ass）
nēmelu	利益
nepelkū	広くある
nepūm	抵当として取る
Nergal	ネルガル神 U-GUR
Nergal-šar-uşur	ネリグリッサール王
nertu	死罪
nērāūtu	救い ERIN$_{2}$-GAB
nērum	殺す
nesepu	皿、小鉢 NI-SIP
nešu	ライオン
nēšu	生活
nešum	生きる
NI	彼の、彼に
nību	数字 cf. nabūm
nidittu	贈物、貢物
nīhu	平和的 女 nīhtu
nikkassu	請求書 NI$_{3}$-KA
nim	我々に
NIN DINGIR	女司祭長 EN-TU
NIN GAL	ニンガル女神
NIN HUR-SAG	山の女神、出産の神
nīnu, nīni	我々は
Nin-urta	ニヌルタ神、ウルタ女神 MAŠ
niqū	捧げ物 複 niqē
nirari	救い < nērārum
nīru	くびき
nisānu	第一月、三～四月 BAR$_{2}$
	< BAR$_{2}$-ZAG-GAR 内陣に神力を置く月
nisiq abni	貴石
nisqu	高価 構文体 nisiq
nişirtu	宝

nišakku	支配者
niširtu	区域
nišīt īnē	目を上げる、お気に入りの
niš'ītu	上げること
nīšu	誓い、手を上げること
nišu	人々　複 nīšē
nū	我々の
NU	ない（否定）
nubatti	夕刻の休憩時間
NU-GIŠ-ŠAR	庭師　GIŠ-ŠAR = KIR$_6$
nuhum	休息する
nukaribbu	庭師　NU-KIRI$_6$
nukrutu	恨み
nukušu	扉の軸　複 nukušē
NUMUN	種子
Nun-gal	エンキ神
nūnu	魚
nūru	光、光輝　ZALAG$_2$
Nusku	神ヌスク ENŠADA = PA-KU

P

PAD$_3$	任命する、誓う
padānu	道
paggar	死体
pagru	死体
pāgu	盗む
pahārum	集める、強化する
pāhutu	義務（mid-ass）
PAL, BAL	越える、過ぎる
palāhum	恐れる
palāku	分ける
palāšum	貫く
palū	治世
pānama	以前に
pānī	～の前で（neo-ass）
pānu	～の前で、顔 IGI　複 pānū 過 ipqid　現 ipaqid
pānu	容量約60L = 6 ban$_2$
pa-pa	陸軍士官 >šāpiru
paqādum	任す piēl 過 upaqqid
paqārum	議論する
parakku	王座 BARA$_2$-GA
parāku	拒む
parārum	壊す piēl 過 uparrir
parāsu	切る、分かつ
parāṣu	打開する
parāšum	飛ぶ ittafāl　分詞 muttaprišu
parṣu	命令、儀式、葬儀
paršadum	飛ぶ、逃げる　nifāl　過 ipparšid
par-šigu	ターバン　BAR-SIG
paršumu	古い（neo-ass）
parū	騾馬　複 parē
parzillu	鉄 AN-BAR
pašāhum	休息する
pašāqum	狭くなる
pašārum	買い戻す、緩める
pašāšum	塗る　　過 ipšuš
pašāṭum	取り除く
pašqu	困難な　男複 pašqūti
PA-TE-SI	首長　　ENSI
patālum	共に来る、巻き付ける、回す
paṭārum	分かつ、溶かす
paṭru	短剣
pāṭu	領域、辺地
pazzurtu	秘密の
pehū	閉める
pertu	頭髪
pētū	運搬者
petūm, pitūm	開く　　過 ipti
pi, pānu	容量　約60L = 6ban$_2$
pihātu	長官、地方、領域
pillurtu	十字架
pilšu	穴
pilū	石灰岩
pilu	葡萄酒
pīqat	恐らく
pirištu	秘密
pithu	入り口
pitiltu	紐
pitnu	籠
pitqu	製品、構築物　構文体 pitiq
piṭru	割れ目
pū	口　pī（pl.）
puhru	集会
pūhu	交換
puluhtu	恐れ
purussū	決定
pušqu	狭いところ
pūt	～の前　SAK-KI
pūtu	顔面、入り口

Q

QA	容量　SILA$_3$qū 60 シラ = 50 リットル
qabal kakkē	戦争
qabal tāmtim	海の中で
qabaltu	真ん中
qablu	真ん中、戦争　構文体 qabal　双数 qablān
qablūm	中の < qablīum
qabūm	言う、命令する
qādu	火を付ける
qalū	燃やす
qamū	燃やす
qannu	衣服
qapādum	計画する
qappātu	椰子製かご
qāpum	信頼する　　過 iqīp
qāpum	破滅する　　過 iqūp

qaqqadu	頭 SAG-du　複 qaqqadē
qaqqariš	土のように
qaqqaru	土、泥で汚す KI
qarābum	近づく　ifteāl　過 iqtirib　攻撃する 不定法 qitrubu　猛攻撃
qarādum	強くある
qarānum	積上げる　piěl 過 uqarrin
qarārum	巻き上げる
qardu	勇敢な
qar(r)ādu	英雄
qaštu	弓
qāšum	与える　BA
qatānum	薄い、狭くある
qātu	手、～をもった、管理する　ŠU 女複　qātātu 女双 qātān
qatūm	終わりとなる
qebērum	埋める
qēmu	粉
qēpu	代表者（mid-ass）　複 qēpūtu
qerēbum	近づく
qerītu	倉庫　複 qerātu
qibītum	命令する
qibūm	言う
qinnu	巣
qīpu	代理人
qīštu	贈物
qitrubiš	掴み合いの喧嘩で
qū	紐
qu	容量　SILA$_3$　約0.85L
qūlu	悲嘆
qurādu	強い　複 qurādē
qurudu	力
qurunnu	積み上げ
qutrinnu	煙
quūm	待つ
quzippu	衣服

R

RA	押す、に対し
rabi	司祭、大いなる
rabiānu	市長、長官
rabiš	大きく
rabū	大きい　女 rabītu　男複 rabūti 女複 rabāti
rabūm	大きくする
rabūtu	大きさ
rādu	雷雨
radūm	加える　piěl 過 uraddi
RA$_2$-GAB	騎士　　rakbu
ragāmu	口述
rahāsum	打ち壊す
rāimu	愛する人
rakābum	乗る
rakāsum	結ぶ piěl　過 urakkis
rakbū	伝令
rākibu	騎手
ramākum	沐浴する
ramāni šu	彼自身で
ramānu	自身
ramūm	キャンプする　過 irmi
rāmum	愛する　過 irām 現　irām šafěl 命 šuriim
rapalti	広げた < rapāšum
rapāšum	広げる
rapšu	広い　女 rapaštu
raqāqum	薄くある
rāqum	空である、からにする
raşāpum	集める　過 irşip
rašādum	置く šafěl　過 ušaršid
rašbum	堂々とした態度　女 rašubtu 力
rašūm	持つ　過 irši
rāšum	歓喜する
rebū	第四の
rēdū	兵士
redūm	導く
rěhu	残り
rehu	注ぎ出す
rehuanu	残金
rēmēnū	慈悲深い
rēmu	憐れみ
rēmu rašū	憐れむ
rēmūtu	恩賜品
rēq	遠い、遠くにある
rēqūssa	将来に
rēqūtu	距離
rēşu, rīşu	手伝い　複 rēşē
rēš　ēni	源流
rēšu	頭
rēšutu	要点　複 rēsēti
rēū	羊飼い　複 rēūti
reūm, ri	司牧する　SIPA = PA-UDU
rigmu	悲嘆
rihiştu, rihiltu	大洪水
rikistu, rikiltu	条約、布告（mid-ass）　複 riksāti
riksu	結合
rīmu	恩恵
riqqu	梁　複 riqqē
rīşu	援軍　複 rīşī
rīşūtu	救助
rišātu	喜び
ritūm	固定する　ptaāl 過 erteti piěěl　過 uratti
rittu	手の指　KIŠIB-LA$_2$
ruāmu	魅力
rubē	王子達
rubū	王子
rubūtu	支配
ruhū	魔法

rukūbu	乗り物
rūqātu	距離、遠い所
rūqu	遠い

S

SA = ŠA$_{10}$	束、筋肉、網
SAG	頭、最上の、横幅
sagū	寺院
sahāpum	圧倒する、地に投げる、設置する 過 ishup piēěl 過 usahhip
sahārum	気にする、求める
sakāpum	投げ落とす
salāu	軽んずる
salīmu	平和条約
salūm	祈る piēěl 過 usalli 不定法 sullū
samanu	八
sāmu	赤褐色になる
sanāqu	狭くある、調べる
sapāhum	破壊する
sapānum	圧倒する
SAR	面積単位 サール 約（6 m)^2
sarārum	嘘をつく
sarruru, surru	祈る
sartu	嘘
sārum	踊る、ふざける
sattukki	定期的奉献 SA$_2$-DUG$_4$
sebū	七
sehru	近所、環境
SI ～ SA$_2$	正しい、真っ直ぐ
SIG-TA	下の
sihirtu	巡回、全部
sikku	監禁
sikkuru	雷電
SILA$_3$	容量単位 1 /300GUR
simānu	都合の良いとき
simanu, siwanu	第三月、五～六月 SIG$_4$<SIG$_4$-GA 煉瓦月
simat	叙勲した cf. asāmum
simēru	輪、環
simtu	型、会員、装飾
sin	月神、安産神 EN-ZU
sinništu	雌、女、婦人、妻（mid-ass）MI$_2$
siparru	青銅、ブロンズ ZABAR < U$_4$-KA-BAR
sippu	敷居、ドアの枠
siqru	命令
sirāsu	醸造人、醸造業 lu$_2$ŠIM 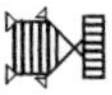
sisū	馬 ANŠE KUR RA 原義はシュメールで「山の驢馬」 複 sisē
sittu	休息
SUKKAL	伝令
SUKKAL MAH	首相
suluppu	なつめ椰子 ZU$_2$-LUM-MA
SUM =SIM$_2$ = SIG$_{10}$	与える nadānum
sūmu	赤印、黒マーク
sūqu	街、市場、ちまた SIL-LA
sussulu	バスケット $^{giš-}$
sūtu	BAN$_2$ スート、 約10L
sūtu	小作物

Ṣ (ts)

ṣabātum	掴む、占領する、管理する、悪党 ŠU BA TI 過 iṣbat
ṣābē tahāzi	戦士
ṣābitu	妨げている
ṣābu	兵、労働者 複 ṣābē
ṣahāru	小さい cf. ṣehēru
ṣalālum	守る
ṣalāmu	黒い
ṣaltu	喧嘩
ṣalū	願
ṣalūlu	保護
ṣalmu	像 構文体 ṣalam
ṣamādu	武装する
ṣānum	飾る
ṣarāhu	叫ぶ nifāl 過 iṣṣaruh 興奮される
ṣarāmu	努力する
ṣarāpu	赤く染める 過 iṣrup
ṣarāpu	買う (neo-ass)
ṣātu	永遠 cf. aṣūm
ṣehēru	子供
ṣehērum	少ない、小さい
ṣēlu	あばら骨
ṣēnu	荷を積む
ṣēnū	羊、家畜 複 ṣēnē USDUHA < US$_5$-UDU-HA$_2$
ṣēru, ṣīru	平野、未開地
ṣēru, ṣērru	蛇 MUŠ
ṣibtu	増加 複 ṣibātum
ṣibūtu	事業、約束、利子 複 ṣibiātum MAŠ$_2$
ṣidītu	準備
ṣihru	小さい 男複 ṣihrūti
ṣīhtu	喜び、笑い
ṣillū	針
ṣimdatu	布告、命令
ṣimittu	チーム、貼付 構文体 ṣimdat
ṣīr	～に対して
ṣirlala	休憩所？
ṣirū	縁、へり
ṣīru	至高の、高い、高くする MAH 女 ṣīrutu 女複 ṣīrāti
ṣīru-uš šu	彼に対し
ṣīt šamši	日の出
ṣītu	先に行く cf. aṣūm
ṣubātu	衣服（単複）
ṣubbūm	注視する

şuhāru	少年　女 şuhārutu
şululu	屋根　cf. şalālum
şumbu	荷車　複 şumbi
şummirātum	憧れる　女複 şummurātu
şum(m)ū	渇き（neo-bab）
şummurum	努める
şupru	指の爪

Š （sh）

ša ša$_2$	の、所の　女 šat　複 šūtu　女 šāt
ša	誰でも、何でも
šaālum	尋ねる
šaārum	戦う
šabattu	第十一月、一～二月
šabāum	満足する cf. šebūm
ŠA$_3$-bu	心　libbu
šabārum	毀す
šabāsum	怒る
šabāšum	借金を集める
šabaţu	第十一月、一～二月　ZIZ$_2$
	< ZIZ$_2$-A-AN　エンマ小麦の月
šābulum	萎びる
šadādu	遅らす
šadū	山　KUR　複 šadē
šagātu	ベルト
ŠAGAN	総督　ANŠE-NITA$_2$
šahluqtu	破壊
šahātum	心配する　過 išhut
šahāţum	剥ぐ、はねる
šāimu	購入者
šakānum	置く GAR　過 iškun　ifteāl
	過 ištakan　もたらす
šaknu	管理者 < šakānum GAR
šakanki	総督 < šakkanakku
šakkanakku	総督
šākū	執事 LU2-
šalālum	運び出す　過 išlul
šalamtu	死体
šalāmum	完全である、栄える、健康にする <GI
šalaši	三度目
šalāţum	貫通する
šalbabu	有力な
šalintum	無事である < šilim
šallatiš	戦利品として
šallatu	戦利品
šalmeš, šalmi	安全に
šalmu	適した、完全な
šalmu	死体　複 šalmāti
šalpūtu	不運
šalšu	三
šālum	尋ねる（mid-bab）
šamaš	太陽
šātu	その
šatū	飲む
šaţārum	書く　過 išţur　šafēl 過 ušašţir
ŠAM$_2$	買う、値段
šamāhu	芽を吹く
šamāru	尊敬する
šamaš	太陽
šamaššammu	胡麻　ŠE-GIŠ-I$_3$
šamnu	植物油　I$_3$-GIŠ
šamū	天　複 šamē
šāmu	買う、決する、価格 ŠAM$_2$
šanabi	2/3
šanānu	喧嘩する
šanātu	年 < šattu　複
šanāū	他の
šangū	司祭　SANGA, KIŠIB
šangūtu	司祭職
šanītu	反復
šanū	第二の、他の
šanūm	繰返す piēēl　過 ušannā
	知らせる
šapālum	深い、下にある
	piēēl 過 ušappil 深める
šapāhum	広げる
šapartu	安全
šapārum	送る、書く　ištafāl 過 ultašpir
	分詞 multašpiru 支配する
šāpiru	司令官、士官　PA-PA
šaplānu	下方の
šapliš	下方に
šaplū	低い
šapru	使い、公使
šaptu	唇　双数 šaptān
šaqālum	支払う
šaqattu	高められた
šaqū	水をやる、高い、重要となる
šaqummu	安静、動静
šarāhum	力がある ifteāl 分詞 muštarhu
	複 multarhē 力
šarākum	与える
šarāpum	燃やす　過 išrup KIBIR
šarāqum	盗む　過 išruq　命 šuruq
šarēši	宦官
šarēššarru	宦官　複 šarēššarrānū
šarhu	壮麗な
šarratu	女王、王妃
šarru	王　複 šarrū, šarrānū
šarrūtu	王室、王政（mid-ass）
	NAM-LUGAL
šar-šar	フェニキア
šāru	風　IM
šāşu	取去る
šašmu	戦い
šat	cf. ša
šatammu	執事　ŠA$_3$-TAM
šatāqu	押し潰す

šattu	年　複 šanāti
ŠE	大麦
ŠE$_3$	まで、～のため
šēbu	老いた（neo-ass）
šebūm	十分である
šēbultu	船荷
šēbūtu	白髪の
šēdu	山頂、守護神
šegūm	発狂する
šelašā	30
šēlibu	狐
šemū, šimū	聞く　過 išmi
šēmū	好意的な
šena	二　女 šitta
šēnu	靴
šēpi ṣabātu	足を掴む、従順である
šēpu	足　複 šēpē 女双 šepān
šērtu	明日（neo-ass）
ŠEŠ	兄弟
ŠEŠ-KI	ナンナル神
šeu	大麦 ŠE
šiamātu	販売
šiāru	明日
šibbu	腰紐
šibšu	料金
šību	老人　複 šibūtu
šībū	証人
šiddu	表面
šihṭu	はねる
šikaru	ビール、ワイン、酒　BI
šilihtu	運河
ŠILIM	良い　šalāmu
šīlu	小さな穴
šimiru	輪
šīmtu	運命
šīmu	値段 ŠAM$_2$ < šāmu 買う
šina	2
šinnu	歯　女双 šinnāh
šipātu	羊毛
šipirta	情報
šipru	仕事　構文体 šipir
šiprum	派遣する
šiptu	呪文
šiqlu	シェケル（重量）GIN$_2$ 60 šiplu ＝500g
šīqu	オアシス
širku	供物、贈り物、奉献 <šarāku 与える
širkūtu	奉納従事者　RIG$_7$-u$_2$-tu$_2$ < PA-KAB-DU-u$_2$-tu$_2$ 神殿で「手足」となる奴隷
šīrū	肉体、胴体　SU
šišītu	薄膜
šitaru	輝く
šiṭru	碑文　構文体 šiṭir
šū	彼、彼の　女 šī 複 šunu 女 šina
ŠU$_4$	沈む
šuātu, šātu	その　男複 šātunu
šublum	送る
šubtu	住まい cf.ašābu 構文体　šubat
šugītu	老尼僧　mi 2 _
šukēnum	従う
šukkalu	使い、代理者
šulumu	平安
šulluš	三回する
šulmānu	贈物　複 šulmānāte
šulmu	健康！（挨拶言葉）
šulšā	三度
šumēlu	左側
šumu	名前
šumma	もし
šundulu	贅沢な
šunuti	彼らを、彼らに
šupāru	支配者
šupū	可視的な
šuqal(l)ulum	揺れる
šūquru	高価な cf. aqāru 男複 šūqurūti
šuquitu	重量
šurbū	大きな cf. rabū
šurinnu	幹
šurqu	盗品
šurratu	最初
šuršu	根
šūru	牛
šūṭū	禁じられた
šūt	cf. šū
šutāpu	仲間
šutāūm	怠ける
šuteṣbūm	計画により運び出す
šutlumum	与える、許す
šūtu	属する
šūturu	力ある

T

TA	より
TAB	二つ
tabākum	振り投げる　過 itbuk
tabālum	運び出す
tabrītum	怪しむ cf. barūm 複 tabrāti 光景
tabūm	起き上がる cf. tebūm
tāhāzu	戦い、虐殺
tahluptu	被覆 cf. halāpu
tahtū	敗北
takālu	信頼する piēl 分詞 mutakkilu

	nifal 過 ittakil 信ず
takāpum	汚される
tallu	鳩尾（みずおち）
tamāhum	取る　šafēl 過 ušatmih
tamartu	貢物 cf. māru
tāmertu	牧場
tamharu	戦い cf. mahāru
tamkāru	商人
tamirtu	近所
tamūm	誓う
tāmutu	海
tanattu	光栄 cf. nādu　複 tanādātu
tanzimtu	不平、不満
tapharu	宝
tappū	同僚
tapputu	兄弟縁組み
tarākum	暗くなる
tarāṣum	伸ばす、及ぶ
tarbītu	養われた者　cf. rabu
tarāṣum	伸ばす、広げる　šafēl 過 ušatriṣ
tarbaṣu	ペン
tarṣu	～に対し
tārum	返す　　過 itūr
	piēl 過 utīr 直す
tarūm	取り去る
tašrīhtu	群衆　cf. šarāhu
tašrītu	第七月、九～十月
TATTAB	四つ < TAB-TAB
tazkītum	釈放、清掃
tebētu	第十月、十二～一月
tebūm	起き上がる
temenu	礎石
tēnišētu	人類
terhatu	花嫁料
tērtu	方向、指図
tešmū	寛容
tēšlītu	祈り
tiāmtu,tāmt	海　TI-AMAT
tību	攻撃
tibūm	来る、攻める　過 itbi
	šafēl šutbū
tibūtu	進歩
tidūku	戦争 cf. dāku
TIL	絶やす
TIL-LA	全て
tillu	丘、廃墟
tīru	見張り番
tizqaru	優れた
tuāru	手続きの再開 cf. tāru
TU(D)	生む
TUK	保つ
tukultu	救い cf. takālu
tultu	昆虫の幼虫
tulā	胸
tulū	つの
tuquntu, tuqmatu	対立
turta	司令官$^{LU2-}$ < tērtum

Ṭ（θ）

ṭābtu	善良、塩
ṭābu	親切な
ṭābum	良い
	piēl 不定法 ṭubbu 喜ぶ
ṭābūtu	繁栄した（mid-bab）
ṭahūm, ṭehūm	近づく、貫く、過　iṭhi
ṭarādum	送る
ṭebūm	潜る
ṭehi	～の近くに
ṭehūm	近づく
ṭehhū	周辺地域
ṭēmu	解、ニュース
ṭiṭṭu	土
ṭubbu	喜び、健康
ṭuppu	粘土板　　DUB
ṭupšarru	碑文　　DUB-SAR

U

u_3	そして
U_4 = UD	日、太陽
U = ŠUŠ	十、指
U_2-A	食糧供給者
ubālu	運ぶ < wabālum
ubānu	指
udāu	知る　(neo-ass)
	現 udda 過 udi
UD-DA	～の時
udīnu	禿鷹
udū	道具、袋
ugaru	野、牧場
ul	not　　～でない
ullānu	距離、～なしに
ullū	古の　男複 ullūti 遠い
ullū	それ
ulluṣu	歓呼 < elēṣum 不定法
ultu	～から（mid-bab）< ištu
ulūlu	第六月、八～九月
ūm^4 KAM	四日間
ūmā	今（neo-ass）
ūmē pāni	昔日
ūmē ṣiāte	昔日
ūmišam	毎日
ummā	かく、以下のように
ummānu	民衆、軍　複 ummānāti
ummānu	職人、資本　複 ummānē
ummeātu	夏
ummiānu	職人、寄付者、貸主
ummu	母
umšu	熱

ūmu	日（day）複 umē
umussu	毎日
unnedukku	手紙
unqu	輪、環
unūtu	容器
uqnū(-banī)	ラピス・ラズリ
UR$_3$	屋根、消す
urdānūtu	奉仕（neo-ass）
urdu	奴隷 ardu < wardum
urhu	月（month）（mid-ass）
	arhu< warhu ITU
urhu	道　　GIR$_2$
urkiš	後日（mid-ass）
urnintu	勝利
urrī u$_3$ mūš	昼も夜も
īurru	日、光
urruhiš	早急に
urtānu	官吏（mid-ass）
uşāu	出かける < waşūm
uşurtu	計画、プラン
UŠ	縦幅
ušābu	住む、座る < wašūbum
ušmānu	キャンプ
UŠUM-GAL	竜
utārum	巨大にする < watārum
utru	過剰
utukku	霊魂
utūtu	選出 cf. atūm
uţţetu	大麦 ŠE-BAR
uznu	耳
W	
wabālum	送る > abālu（mid-bab）
	> ubālu（neo-ass）
walādum	生まれる
wamāum	誓う
wapū	見えるようになる
warādum	下へ行く
warāqum	黄緑になる
wardum	奴隷 > ardu（neo-bab）
	> urdu（neo-ass）
warhu	月 > urhu（mid-ass）
warkānu	後に
warkī ka	貴方の後ろに
warkū	後ろにある所の
warūm	導く > arū
wārum	征く、攻撃する
waşūm	出る > aşū（mid-bab）
	>uşāu（neo-ass）
waşūtu	出発
wašābum	座る >ašābu（mid-bab）
	>ušābu（mid-ass）
wašārum	緩む >ušāru（mid-ass）
	> muššuru（mid-bab）
wāšibu	住まい > āšibu
watārum	巨大にする > utāru
watūm	見出す
wildu	後世
Z	
zaānum	飾る piĕl 過 uzain　cf.şānum
zabālum	分かつ
zaerum	嫌いな者、敵
zakārum	呼ぶ　過 izkur
zakū	綺麗にする
zamārum	歌う
zammāru	= zammeru
zammeru	男性音楽家　複 zammerē
zammertu	性音楽家　複　zammerēti
zanānum	雨が降る　雨となる　šafĕl 過 ušaznin
zānum	飾られる
zaqāpum	起こす
zaqārum	高くある　　「高くする
	piĕl 過 uzaqqir
zaqātum	突き刺す
zāzum	分割する
zēru	種子、胤
zēru	嫌う
ZI	生命
zibbatu	尾
zību	捧物　複 zībē
zihhu	吹き出物
zikaru	男、英雄
zikru	名のり　構文体 zikir
zinnu	雨
ziqpu	短剣の先　構文体 ziqip
ZI-RI	毀す、へこます
zittu	分け前、　HA-LA
ziqqurratu	ジッグラト
zummū	奪われた
zumru	身体

略語表

現	現在形
過	過去形
命	命令形
一単男	一人称、単数、男性
女複	女性、複数
neo-ass	new-assyrian age
mid-bab	middle-babilonian age
ŠE, etc（大文字表記）	シュメール語であることを示す

あとがき

バビロンはシュメールのウル第三王朝時代には ka_2-dingir-ra 神々の門と呼ばれていた。

これがアッカド語でバブ・イル→バビロンとなったのだが、他にシュメール語で、thin-tir [ki] つまり生命の森の町、とも又 e [ki] 運河の町とも呼ばれていた。その農耕、牧畜の平和な国柄が分かる。しかし、バビロンの町やバベルの塔は再々破壊された。

特にアケメネス朝ペルシャの王クセルクセス一世（前486～465年）によって、ジグラットもマルドゥクの神殿も徹底的に破壊された。その後マルドゥク神殿エサギラはアレクサンドロス大王によって復興されたのだが、ついにジグラットは再建されず、現在もただの大きな穴が残っているだけだという。

C.L. ウーリーは英米の協力を得て、ウルにウル・ナンムが創設した、三層のジグラットを復元することに成功した。しかしその後、ジグラットの復元は一つも進められていないのが現状である。

イラクから米軍が撤退した今、もし、平和への道を歩むのであれば、早くバビロンにジグラットが再建されて貰いたいものだと思っている。

平成24年７月

飯島　紀

〔著者紹介〕

飯島　紀（いいじま・おさむ）

1928年　東京都目黒区生れ。
1953年　（旧制）京都大学理学部卒業。同文学部にてセム語等履修。
1988年　パナソニック㈱退職。
現　在　日本オリエント学会会員。

〈著　書〉

『はじめての古代エジプト語文法』（信山社、2010年）
『日本人の成り立ち』『日本人とは誰か』『アフレベース随筆』『セム族流転小史』『蒙古シリア系文字入門』『アッシリア語（現代アラム語）入門』『グルジア語文法』（共著）『楔形文字の初歩』『シュメール語入門』『シュメール人の言語・文化』『シュメールを読む』『シュメールを求めて』『ハンムラビ法典』（泰流社）など

オリエンス語シリーズ

バビロニア語文法
──バベルの塔を見上げて人々は何を語ったか──

2012(平成24)年７月30日　第１版第１刷発行

著　者　飯　島　　紀
発行者　今井　貴・稲葉文子
発行所　株式会社　信山社

〒113-0033 東京都文京区本郷6-2-9-102
Tel 03-3818-1019　Fax 03-3818-0344
henshu@shinzansha.co.jp
笠間才木支店編集部 〒309-1611 茨城県笠間市笠間515-３
Tel0296-71-9081　Fax0296-71-9082
笠間来栖支店編集部 〒309-1625 茨城県笠間市来栖2345-１
Tel 0296-71-0215　Fax 0296-72-5410
Printed in Japan

印刷・製本／亜細亜印刷・渋谷文泉閣
出版契約№2012-8813-１-01010
ISBN978-４-7972-8813-１ C3387 ￥4600E 分類890.000-e-003
8813-01011 : p368 012-0100-020 〈禁無断複写〉